Über dieses Buch In den vierziger Jahren hat eine Gruppe von Wissenschaftlern um Franz L. Neumann, Otto Kirchheimer und Herbert Marcuse im amerikanischen »Office of Strategie Services« Analysen der NS-Diktatur entwickelt und Vorschläge formuliert, wie, nach dem militärischen Sieg der Alliierten, in Deutschland wieder demokratische Verhältnisse eingeführt werden könnten, auf welche Weise Wirtschaft, Gesellschaft, Staat und Parteienstrukturen neu organisiert werden sollten, um einen abermaligen Rückfall in die Barbarei auszuschließen und eine Sozialordnung zu errichten, die sowohl die Lebensbedingungen als auch das Bewußtsein der Bevölkerung gegen »autoritäre Tendenzen« wappnet.
Die in den »National Archives« in Washington aufbewahrten »Research and Analysis Reports« dieser Wissenschaftlergruppe befassen sich unter anderem mit den Untergrundbewegungen im Nazi-Deutschland, mit der Aufdeckung von Kriegsverbrechen, mit der Rolle der Industrie im NS-Regime, mit der politischen Emigration, mit dem Schicksal der SPD, der KPD und der Gewerkschaften, mit Plänen zur Reorganisierung der Verwaltung, mit Problemen der Entnazifizierung.
Die Publikation dieser Analysen heute ist keineswegs nur von archivarisch-historischer Bedeutung; sie belehrt vielmehr darüber, wie nachdrücklich sich deutsche Intellektuelle in der Emigration durch Begriffsarbeit am Kampf gegen die nationalsozialistische Gewaltherrschaft beteiligt haben und welche Hoffnungen und Erkenntnisse sie mit der Wiederbelebung der Demokratie in Deutschland verknüpft haben. Zugleich läßt sich, im Rückblick, an ihnen ermessen, um welchen Preis die Diagnosen und Ideen dieser Oppositionellen nach 1945 aus der öffentlichen Debatte in diesem Lande verschwunden sind.

In einem gleichzeitig erscheinenden zweiten Band Nr. 4361 hat der Herausgeber bisher unveröffentlichte Analysen politischer Emigranten zusammengestellt, die in der Zeit von 1946 bis 1949 im Auftrag des amerikanischen Außenministeriums entstanden sind.

Der Herausgeber Alfons Söllner, geboren 1947, studierte Politikwissenschaft, Philosophie und Germanistik in München und Cambridge/USA; er publizierte über die Frankfurter Schule und gab verschiedene Arbeiten von Franz L. Neumann heraus. Er lehrte Politikwissenschaft am Otto-Suhr-Institut der Freien Universität Berlin und arbeitet derzeit am Zentrum für Antisemitismusforschung der Technischen Universität Berlin.

Zur Archäologie der Demokratie in Deutschland

Band 1:
Analysen von politischen Emigranten im amerikanischen Geheimdienst 1943–1945

Aus dem Amerikanischen
übersetzt von Sabine Gwinner,
Manfred Paul Buddeberg
und Niko Hansen

Herausgegeben von
Alfons Söllner

Fischer
Taschenbuch
Verlag

Herausgeber und Verlag danken dem National Archives and Records Service, Washington D. C., für die Überlassung der Dokumente und für die großzügige Unterstützung bei der Vorbereitung ihrer Publikation in deutscher Sprache.

Ungekürzte Ausgabe
Veröffentlicht im Fischer Taschenbuch Verlag GmbH,
Frankfurt am Main, Juli 1986

Lizenzausgabe mit freundlicher Genehmigung
der Europäischen Verlagsanstalt, Frankfurt am Main

Umschlaggestaltung: Jan Buchholz/Reni Hinsch
Gesamtherstellung: Clausen & Bosse, Leck
Printed in Germany
1480-ISBN-3-596-24360-2

Inhalt

Alfons Söllner

Archäologie der deutschen Demokratie. Eine Forschungshypothese zur theoretischen Praxis der Kritischen Theorie im amerikanischen Geheimdienst

Meinen Eltern gewidmet

»Wer aber vom Kapitalismus nicht reden will,
sollte auch vom Faschismus schweigen.«
Max Horkheimer 1939

»Europa wird sozialistisch sein, sobald es frei ist.«
Thomas Mann 1944

»Der Schoß ist fruchtbar noch, aus dem das kroch.«
Bertolt Brecht 1955

Anfang des Jahres 1943 trat eine Gruppe deutscher Emigranten, die bislang an Horkheimers Institut für Sozialforschung gearbeitet hatte, in den amerikanischen Geheimdienst ein, genauer in die Research & Analysis Branch (R & A) des Office of Strategic Services (OSS). Es handelte sich um den Gewerkschaftsjuristen und Politologen Franz L. Neumann, der soeben ein voluminöses Werk über den Nationalsozialismus publiziert hatte, um den Staatsrechtler Otto Kirchheimer und um den Philosophen Herbert Marcuse. Das vorliegende Buch dokumentiert Arbeiten, die in diesem Rahmen von diesen Autoren bzw. unter ihrer maßgeblichen Anleitung über Deutschland, seine nationalsozialistische Gegenwart und seine demokratischen Zukunftsmöglichkeiten verfaßt worden sind.

Diese Arbeiten sind für ein deutsches Publikum unter mehreren Gesichtspunkten von besonderem Interesse. Erstens gehören sie in den Zusammenhang jenes »anderen Deutschland«, das auf die Perspektiven der deutschen Demokratie Einfluß zu nehmen versuchte, noch bevor der Nationalsozialismus militärisch besiegt war. Zweitens werfen sie Licht auf eine bislang apokryph gebliebene Entwicklungsphase der neueren Sozial- und Politikwissenschaften, speziell des Zweiges der Kritischen Theorie der »Frankfurter Schule«, der für die Demokratiewissenschaft der Nachkriegsära eine gewisse Bedeutung erlangte. Schließlich geben sie Aufschluß über die verschlungenen Wege, die eine kritische Intelligenz in den vierziger Jahren gehen mußte, um der Idee einer sozialistischen Demokratie in Deutschland auf der Spur zu bleiben. Intellektuelle, Sozialisten und Juden, hatten diese Autoren Deutschland verlassen müssen und sahen sich nun, wenn sie mit ihren politischen

Überzeugungen Ernst machen wollten, im Bündnis mit einer Macht, die zwar ihren Antifaschismus als Element der Kriegszielpolitik akzeptierte, aber mit sozialistischen Experimenten wenig im Sinn hatte.
Die Vor- und Frühgeschichte der westdeutschen Demokratie ist in den letzten Jahren verstärkt beachtet worden. Nach den älteren Studien, die den Gesamtprozeß des Übergangs vom Nationalsozialismus zur Bundesrepublik und seine militär- und außenpolitische Verlaufsform ins Auge faßten,[1] hat sich die Forschung differenziert, aber auch polarisiert. Ist die westdeutsche Demokratie durch äußeren Zwang oder durch genuine Selbstbestimmung entstanden?[2] War die Frühgeschichte der Bundesrepublik Deutschland Erneuerungs- oder Restaurationsgeschichte?[3] War der sozialistische Konsens der Stunde Null nur ein grandioses Täuschungsmanöver, mit dem sich die traditionellen Eliten über den »Zusammenbruch« hinwegretteten?[4] Solche Fragen stehen inzwischen nicht nur für ein verändertes Forschungsinteresse, sie artikulieren auch die verschärften Identitätsprobleme einer bislang bruchlos scheinenden Gesellschaftsentwicklung. Die Entzauberung eines lange wirksamen Ursprungsmythos, der These vom »demokratischen Neubeginn« nach 1945, ist mehr als eine historische Umwertung; sie ist, wie Konservative mit richtigem Gespür für den zerbrechlichen Zusammenhang von Tradition und Gegenwart bemerken, geeignet, die Identitätskrise rückwirkend zu verstärken.
Verglichen mit dem reichlich bewirtschafteten Forschungsgebiet der Vor- und Frühgeschichte der Bundesrepublik ist das Erkenntnisinteresse der vorliegenden Dokumentation begrenzt. Sie bietet den Rohstoff für eine noch unerprobte Hypothese. Es wird nicht beansprucht, die Tätigkeit des OSS, die sich in einer gigantischen Dokumentenmasse (der Katalog der National Archives in Washington spricht von ca. 180 qm) niedergeschlagen hat, zu überblicken; berücksichtigt wurden zudem nur die unmittelbar auf Deutschland gemünzten Studien, die in der Forschungsabteilung des OSS angefertigt wurden – die nachweisbare oder vermutete Einflußnahme der deutschen Emigranten war dabei das enggefaßte Auswahlkriterium; sodann liegt es außerhalb des Vorsatzes dieser Dokumentation, den tatsächlichen Einfluß der R & A-Studien auf das komplexe Spiel der amerikanischen Kriegs- und Politikmaschine zu untersuchen – über die-

1 Vgl. z. B. Harald Zink, *The United States in Germany,* Princeton 1957; Hans-Peter Schwarz, *Vom Reich zur Bundesrepublik,* Neuwied 1966.
2 Vgl. z. B. Fichter/Schmidt, *Der erzwungene Kapitalismus,* Berlin 1971; Huster u. a., *Determinanten der westdeutschen Restauration,* Frankfurt/M. 1972.
3 Vgl. Theo Pirker, *Die verordnete Demokratie. Grundlagen und Erscheinungen der »Restauration«,* Berlin 1977.
4 Vgl. Lutz Niethammer, *Entnazifizierung in Bayern,* Frankfurt/M. 1972. Neudruck mit einem neuen Vorwort: *Die Mitläuferfabrik. Die Entnazifizierung, am Beispiel Bayerns,* Bonn 1982.

sen Zusammenhang wird lediglich eine Vermutung geäußert; schließlich ist nicht beabsichtigt, die Dokumente auf ihren deskriptiven Wahrheitsgehalt hin zu überprüfen – dies verlangte, die darin enthaltenen Aussagen mit der Summe der heutigen Forschung zu konfrontieren.

Die vorliegende Textsammlung schlägt einen anderen Weg ein, als es die diplomatiegeschichtliche Tradition nahelegt. Sie nimmt das archivarische Material nicht als Dokumente, die es auf den Gang der »großen Politik« hin auszudeuten gilt; sie erblickt in ihnen vielmehr Zeugnisse einer Praxis, die für sich selber zu stehen beanspruchen. Die Geschichte, die dabei in den Vordergrund gerät, ist eine primär intellektuelle, theoretische – und gleichwohl eine politische. Gerade in der Beschränkung auf »Ideenpolitik« tritt ein Element hervor, das für die politische Emigration generalisiert werden kann: die Erfahrung der politischen Ohnmacht, die aus der Trennung von Theorie und Praxis resultierte. Indem die Texte somit als Gegenstände einer Wissensgeschichte und Wissenssoziologie der Emigration aufgefaßt werden, rückt unser Vorhaben auch in einen gewissen Gegensatz zu der bislang einzigen Publikation von amerikanischen Geheimdienstdokumenten in Deutschland: zu der von Borsdorf und Niethammer besorgten Edition von OSS-Deutschlandberichten aus dem Jahre 1945.[5] Während die Field Intelligence Studies mehr oder weniger konkrete Erfahrungsberichte amerikanischer Offiziere sind, die Deutschland bereist haben, und insofern hochinteressantes Informationsmaterial über die Situation »zwischen Befreiung und Besatzung« versammeln, stehen die hier vorgelegten Deutschland-Studien gleichsam auf der anderen Seite des geheimdienstlichen Informationskanals. Sie sind relativ abstrakte Texte, deren Identität es erst zu bestimmen gilt – sie sind enorm empiriehaltig, verbergen jedoch das organisierende Zentrum für diese Empirie; sie sind nicht unmittelbar politisch orientiert, enthalten sich aber auch der Theorie; schließlich sind sie, jedenfalls bis weitere Forschung das Gegenteil beweist, Resultate einer anonymen, Individuen nicht unmittelbar zurechenbaren Praxis.

Der Grund für die mehrfache Zweideutigkeit liegt in ihrer Verwicklung in die Politik, in einer Vermittlung von Theorie und Praxis, die für die politische Emigration möglicherweise allgemein Geltung hatte. Diese besondere Konstellation wird im folgenden zum Anlaß genommen, von »archäologischen« Dokumenten zu sprechen – zu ihrer Erforschung und Beschreibung bedarf es einer Methode, die selbst »archäologisch« genannt werden kann. Die Idee einer »Archäologie der deutschen Demokratie«, die den Status einer Forschungshypothese hat, wird in der Einleitung in vier Schritten entwickelt:

5 Borsdorf/Niethammer (Hrsg.), *Zwischen Befreiung und Besatzung. Analysen des US-Geheimdienstes über Positionen und Strukturen deutscher Politik 1945,* Wuppertal 1976.

- erstens gilt es, einige Anhaltspunkte für die Geschichte der Kritischen Theorie in den vierziger Jahren zu skizzieren (I);
- zweitens soll, anhand von Foucault, eine in Deutschland eher randständige methodologische Diskussion aufgegriffen werden (II);
- drittens sollen die interne Struktur und die Arbeitsweise der Forschungsabteilung des amerikanischen Geheimdienstes dargestellt werden (III);
- viertens sollen die theoretische Praxis, der »Diskurs« der Deutschland-Studien selber beschrieben und eine Vermutung über den Anteil von Neumann, Kirchheimer und Marcuse daran vorgetragen werden (IV).

Die Methode hat sich an ihrem Gegenstand zu bewähren – die beste Verifikation der Hypothese von der »Archäologie der deutschen Demokratie« ist die Lektüre der Texte selber, zu der die Vorbemerkungen zu den einzelnen Kapiteln eine erste Anleitung geben.

I. Die offene und die verdeckte Geschichte. Zur Entwicklung der Kritischen Theorie in den vierziger Jahren

Die Versuche, die »Frankfurter Schule« aus ihren geschichtlichen Ursprüngen zu verstehen, mehren sich in den letzten Jahren.[6] Obwohl die »Vergeschichtlichung« einer wirkungsmächtigen Theorietradition als Antwort auf ein gegenwärtiges Theoriedefizit berechtigt erscheint, so hat sie doch zugleich unverkennbare Nachteile mit sich gebracht: Durch die Stilisierung einer »klassischen Phase« der Kritischen Theorie, die mit den dreißiger Jahren, mit der Epoche der *Zeitschrift für Sozialforschung* identifiziert wird, geraten die späteren Arbeiten ins Abseits. Nicht zufällig klafft hier eine Rezeptionslücke, die vor allem die Periode der vierziger Jahre betrifft, und sofern die vierziger Jahre erörtert werden, geschieht dies unter dem Vorzeichen des Verfalls. Diesen Eindruck gilt es zu korrigieren – nicht nur deshalb, weil die mittlere Phase der Kritischen Theorie der vorangegangenen an Produktivität in nichts nachsteht, sondern auch, weil es gerade die vierziger Jahre waren, in denen sich jener paradigmatische Umbruch ereignete, der das Konzept der »Frankfurter Schule« als das einer Gegenwartswissenschaft, und d. h. als kritische Theorie der westlichen Demokratien, überhaupt erst lebensfähig gemacht hat.
Nun läßt sich freilich nicht leugnen, daß die Theoriebildung des engeren Horkheimer-Kreises in den vierziger Jahren eine Art von »Rückwen-

6 Martin Jay, *Dialektische Phantasie,* Frankfurt/M. 1976; Helmut Dubiel, *Wissenschaftsorganisation und politische Erfahrung,* Frankfurt/M. 1978; Alfons Söllner, *Geschichte und Herrschaft,* Frankfurt/M. 1979.

dung« aufweist. Es kommt zu einer Rückbesinnung auf Themen, die in den dreißiger Jahren zwar nicht gänzlich fehlten, die jetzt aber in den Mittelpunkt der Aufmerksamkeit treten und die man als anthropologische Begründungsfragen der Sozialwissenschaften bezeichnen könnte. Sie betreffen das Verhältnis des Menschen zur (inneren und äußeren) Natur, deren Veränderung durch Wissenschaft und Technik und den Doppelsinn des Rationalisierungsprozesses als Fortschritt und Rückschritt der Humanisierung. Zu beachten ist dabei jedoch, daß die Anthropologie nicht als ungeschichtliche Grundlagendisziplin, als Ontologie aufgefaßt wird, sondern als Teil der materialistischen Gesellschaftsanalyse: Es gibt keine un- oder übergeschichtliche »Natur« des Menschen, sondern nur eine gesellschaftlich erzeugte, so sehr freilich für jede neue geschichtliche Formation die Überreste der vorangegangenen als gegeben, als quasinatürliche erscheinen.
Wie sehr die anthropologische Fragestellung durch die gesellschaftstheoretische Fragestellung, und zwar die der unmittelbaren gesellschaftlichen Gegenwart bedingt ist, zeigt sich an dem Gegenstandsbereich, der die Theoriebildung in den dreißiger mit der in den vierziger Jahren verbindet: Nach wie vor ist es der Faschismus, genauer: der Nationalsozialismus, der den terminus ad quem der politischen wie der forschungstechnischen Aufmerksamkeit darstellt. Von Anfang an und in seiner kriegerischen Phase erst recht praktizierte der Nationalsozialismus jene Anthropologie, die die Urgeschichte als Gegenwart, die psychologische Regression der Massen als »gleichzeitige Ungleichzeitigkeit« (Bloch) der technischen Modernität erwies. Wenn der Nationalsozialismus aber als eine Gesellschaft verstanden wird, die ökonomisch, politisch und schließlich militärtechnisch auf der Höhe der fortgeschrittenen Rationalität steht, eröffnet die dazu notwendige Abstraktion, die im Begriff der technischen Rationalität zentriert ist, auch die Möglichkeit, die Theoriebildung auf den westlichen Kapitalismus auszuweiten. Anfang der vierziger Jahre sind es vor allem Marcuse und Kirchheimer,[7] die den Begriff der technischen Rationalität zur Kritik der westlichen Demokratien verwenden, Horkheimer greift ihn dann in einer wichtigen philosophischen Abhandlung auf,[8] und Adorno konkretisiert ihn in der Analyse der amerikanischen Kulturindustrie.[9]
Für die Kritische Theorie in den vierziger Jahren lassen sich zwei markante Punkte festmachen, die sowohl den Abschluß einer Entwicklung als auch einen paradigmatischen Neubeginn anzeigen: der erste ist die

7 Marcuse, »Einige gesellschaftliche Folgen moderner Technologie« (1941), Kirchheimer, »Strukturwandel des politischen Kompromisses« (1941), beide jetzt in: Horkheimer u. a., *Wirtschaft, Recht und Staat im Nationalsozialismus,* Frankfurt/M. 1981.
8 Horkheimer, *Zur Kritik der instrumentellen Vernunft* (1947), Frankfurt/M. 1974.
9 Horkheimer/Adorno, *Dialektik der Aufklärung* (1947), Frankfurt/M. 1971, S. 108ff.

Kontroverse über das Verhältnis von Politik und Ökonomie im Nationalsozialismus gegen Ende des Jahres 1941, der zweite ist mit der Vollendung der *Dialektik der Aufklärung* durch Horkheimer und Adorno um die Mitte des Jahrzehnts erreicht. Beide Sachverhalte haben ebenso theorie- wie personalpolitische Konsequenzen für die Mitarbeiter des Instituts für Sozialforschung, sie stehen überdies in einem Kontext, dessen Aufklärung zum Verständnis der Nachkriegsgeschichte der Kritischen Theorie von zentraler Bedeutung sein dürfte.

Die Frage, an der sich die interne Kontroverse über den Nationalsozialismus entzündete, ergab sich zwar aus dem Zusammenhang mit den breitangelegten zeitgeschichtlichen Forschungen des Instituts, hatte aber einen einzigen, einen methodologischen Kern.[10] Es ging darum, ob bei der Deutung des nationalsozialistischen Herrschaftssystems vom Primat der politischen oder vom Primat der ökonomischen Vergesellschaftung auszugehen sei, also um ein Problem, das, in dieser Radikalität gestellt, die Substanz des Materialismusparadigmas selber affizieren mußte. Die Erörterung dieses Problems führte zu einer wissenschaftlichen Frontenbildung, wobei auf der einen Seite Neumann, Kirchheimer, Gurland und, ein wenig entfernt, Marcuse und auf der anderen Seite Pollock, Horkheimer und, eher bedeckt, Adorno standen. Während die Neumann-Gruppe, insoweit traditionell polit-ökonomisch, den Begriff des »totalitären Monopolkapitalismus« favorisierte und seine Erklärungskraft in ausführlichen empirischen Studien belegte, behauptete Pollock, ausgehend von einer idealtypischen Begriffsbildung, daß der Nationalsozialismus eine »staatskapitalistische Ordnung« darstelle, in der zentrale Mechanismen der kapitalistischen Ökonomie außer Kraft gesetzt seien.

Es wäre sicher verfehlt, anzunehmen, daß Neumann, Kirchheimer und Marcuse *wegen* dieser unentschieden gebliebenen Kontroverse das Institut verlassen haben[11] – der Grund dafür war vielmehr die verschlechterte finanzielle Ausstattung des Instituts; gewiß aber ist, daß anläßlich dieser Kontroverse jene Gruppe zum erstenmal deutlich hervortrat, die dann Ende 1942 das Institut verließ und sozusagen »geschlossen« zur Research and Analysis Branch des OSS in Washington überwechselte. Dieser Schritt beruhte bei allen drei Forschern auf Voraussetzungen, die sich in den Arbeiten der dreißiger Jahre bereits manifestiert hatten und in die Zeit vor der Emigration zurückwiesen. Obwohl die Forschungen besonders Neumanns und Kirchheimers zunächst vor allem rechtstheoretisch und polit-ökonomisch orientiert waren, stand das politische Herrschafts-

10 Vgl. ausführlicher: Dubiel/Söllner, »Die Nationalsozialismusforschung des Instituts für Sozialforschung«, in: Horkheimer u. a., *Wirtschaft*..., a. a. O., S. 7ff.

11 Genaueren Aufschluß kann der im Horkheimer-Archiv in Frankfurt/M. liegende Institutsbriefwechsel geben.

system des Nationalsozialismus im Vordergrund; auch Marcuse hatte 1934 mit einer staatstheoretischen Abhandlung Aufsehen erregt. Was die drei Autoren also vereinte, war die geschärfte Aufmerksamkeit für die besondere politische Dynamik, die die deutsche Gesellschaftsentwicklung seit der Weltwirtschaftskrise kennzeichnete. Wie diese politikwissenschaftliche Fraktion des Instituts für Sozialforschung, wie man sie nennen könnte, sich zum hausinternen Materialismusparadigma verhielt, wird deutlich an Neumanns 1942 publiziertem Werk *Behemoth,* das die Nationalsozialismusforschung des Instituts exemplarisch zusammenfaßte und Neumanns prominente Stellung innerhalb der Gruppe begründete[12] – dies läßt es sinnvoll erscheinen, im folgenden der Kürze halber von der »Neumann-Gruppe« zu sprechen.

Daß der *Behemoth* ein epochemachendes Werk nicht nur der Faschismusforschung, sondern der modernen Sozialwissenschaften überhaupt ist, haben schon Zeitgenossen bemerkt.[13] Eine wissenschaftsgeschichtliche Würdigung hätte vor allem hervorzuheben, daß und inwiefern es den idealen Schnittpunkt mehrerer theoretischer Linien bildet, die zu einer empirisch enorm reichhaltigen Gesamtdarstellung der deutschen Gesellschaft in der Epoche des Faschismus verknüpft werden. Methodisch zentral ist die kapitalismustheoretische Argumentation, der Nachweis, daß die deutsche Ökonomie ein hochmonopolisierter Privatkapitalismus sei, der durch Staatseingriffe gestützt, aber eben nicht planwirtschaftlich geregelt sei (S. 307ff.). Diesem Argumentationszentrum ist die Analyse der nationalsozialistischen Herrschaftsordnung einerseits, der deutschen Sozialstruktur andererseits gleichsam angelagert. Wenn Neumann dieses Herrschaftssystem als ein rechtlich unkontrolliertes Terrorregime beschreibt, das durch das völkische Führercharisma legitimiert wird (S. 114ff., 509ff.), faßt er die Charakterisierung der sozialen Ordnung des Nationalsozialismus in Form einer Elitentheorie zusammen: Unterdrükkung und Ausbeutung der ihrer politischen Organisationen beraubten Arbeiter- und Mittelschichten sind das Werk einer in sich konkurrierenden Elitenbande, die sich aus den Spitzen von Partei, Monopolkapital, Staatsbürokratie und Militär zusammensetzt (S. 423ff.).

Wichtig für die Geschichte der Kritischen Theorie in den vierziger Jahren ist aber nicht bloß das theoretische Konzept des *Behemoth*, sondern auch die damit verknüpfte praktische Reflexion. Neumann beginnt mit einer herben Kritik am Versagen der Sozialdemokratie in Weimar (S. 25ff.)

12 Franz Neumann, *Behemoth* (New York 1942, 2. Auflage 1944), deutsch Frankfurt/M. 1977.

13 Z. B. C. Wright Mills, »Locating the Enemy: The Nazi Behemoth Dissected«, in: *Partisan Review,* Vol. 4, S. 432ff.; für heute vgl. Gert Schäfer, »Franz Neumanns *Behemoth* und die heutige Faschismusdiskussion«, in: Neumann, *Behemoth,* a. a. O., S. 663ff., und A. Söllner, *Geschichte und Herrschaft,* a. a. O., S. 139ff.

und schließt mit einer politisch-praktischen Folgerung, die, weil sie an die psychologische Kriegführungs-Strategie der Amerikaner anzuknüpfen versucht, dem eher esoterischen Horkheimer-Kreis fremd war. Interessant an dieser Conclusio ist, daß sie die Bejahung des Kriegseintritts Amerikas mit Forderungen verwob, die nur aus der Tradition der deutschen Arbeiterbewegung verständlich sind – entscheidend sei nicht nur die revolutionäre Überwindung des Nationalsozialismus und seiner monopolistischen Wirtschaft von innen, es müsse zugleich der Demokratisierungsprozeß in den westlichen Demokratien selber vorangetrieben werden, nur so könne ihr Feldzug gegen das nationalsozialistische Europa zum Promotor einer zukünftigen deutschen Demokratie werden (S. 549/50). In welche Richtung die neue Praxisorientierung wies, belegt eine Studie, die 1942 von Kirchheimer, Neumann und Arcadius Gurland gemeinsam verfaßt wurde und die das Schicksal der ökonomisch selbständigen Mittelschichten unterm Nationalsozialismus zum Gegenstand hat, eine Auftragsarbeit für ein Komitee des amerikanischen Senats, die, nebenbei bemerkt, einen aus heutiger Sicht empfindlichen Mangel in Neumanns *Behemoth* zu korrigieren unternahm: die Vernachlässigung der Mittelschichten als der eigentlichen Massenbasis der nationalsozialistischen Bewegung. Das Ergebnis der Studie lautet, daß der ökonomische Abstieg des Kleinbürgertums durch das Bündnis von Partei, Staat und Großkapital kräftig gefördert würde, womit der Nationalsozialismus sein Betrugsmanöver an jenen Schichten verübe, die, verleitet von übersteigerten Abstiegsängsten, ihm in den Sattel geholfen hatten.[14]
Mit dem Eintritt in das OSS bricht dann die öffentlich zugängliche Produktion der Neumann-Gruppe ab, sie verlagert sich in jene Geheimarchive, die es heute zu lüften gilt, um der verdeckten Geschichte der Kritischen Theorie in den vierziger Jahren auf die Spur zu kommen. Was sich in den Büros in Washington abspielte, ist ein prominentes Beispiel für die politische Praxis der Emigration, für ihre Anstrengungen und wahrscheinlich auch für deren Vergeblichkeit.
Als Neumann, Kirchheimer und Marcuse New York verließen, befanden sich Horkheimer und Adorno bereits seit einem Jahr in Kalifornien. Während jene ihre Columbia-Residenz mit Washingtoner Baracken vertauschten, schrieben diese an der *Dialektik der Aufklärung,* jenem Gemeinschaftswerk, das die mit der anthropologischen Fragestellung angebahnte Neubestimmung der Argumentation zu einem paradigmatischen Abschluß brachte.[15] Daß die Reformulierung der Kritischen Theorie in Fortführung der in der Nationalsozialismus-Kontroverse eingenom-

14 Gurland/Kirchheimer/Neumann, *The Fate of Small Business in Nazi Germany,* Washington 1943.
15 Horkheimer/Adorno, *Dialektik der Aufklärung,* a. a. O.

menen Position konzipiert war, läßt sich an der *Dialektik der Aufklärung* unschwer belegen: So wie Pollock seinen Idealtypus des Staatskapitalismus in einen autoritären (Faschismus/Nationalsozialismus) und einen demokratischen Realtypus (Spätkapitalismus) ausdifferenziert wissen wollte, so wurde der diesem Vorhaben zugrunde liegende Gedanke des Primats der politischen Macht zum Modell der *Dialektik der Aufklärung,* obschon Horkheimer und Adorno ihn auf charakteristische Weise umgemodelt haben.

Die *Dialektik der Aufklärung* ist, in methodologischer Raffung gesehen, eine Geschichtsphilosophie, die Politik und Psychologie verknüpfen, die Entwicklung der machtgesteuerten Vergesellschaftung in eine Urgeschichte der Subjektivität gleichsam einschreiben will. Der zentrale Begriff der Macht wird dabei ausgeweitet und zugleich spezifiziert; abgekoppelt von der Marxschen Politökonomie, wird er in seinen anthropologischen Ursprüngen aufgesucht und von hier aus weltgeschichtlich generalisiert. Die methodische Verknüpfung von äußerer Naturbeherrschung und gesellschaftlicher Herrschaft erkennt in der Machtergreifung nach innen, im Prinzip der Subjektivität, den Schlüssel zur Geschichte der Repression: »Das Erwachen des Subjekts wird erkauft durch die Anerkennung der Macht als des Prinzips aller Beziehungen.« (S. 12)[15]

Horkheimer und Adorno erörtern diese These zunächst ausführlich an der griechischen Mythologie, besonders der Odysseusfabel (S. 42ff.); sie finden sie bestätigt im technisch-formierenden Charakter der Moral (Kant) bzw. Amoral (Sade), wie sie die bürgerlichen Aufklärer verstanden (S. 74ff.), und sie entziffern ihre gegenwärtigen Konsequenzen im kollektiven Projektionsritual des Antisemitismus (S. 151ff.). Das Resultat der Rekonstruktion des abendländischen Rationalisierungsprozesses, wie die *Dialektik der Aufklärung* sie versucht, ist die Behauptung von der Wiederkehr der Urgeschichte in der Moderne, ja von der Steigerung des Archaischen in der Gegenwart:

»Unter der bekannten Geschichte Europas läuft eine unterirdische. Sie besteht im Schicksal der durch Zivilisation verdrängten und entstellten menschlichen Instinkte und Leidenschaften. Von der faschistischen Gegenwart aus, in der das Verborgene ans Licht tritt, erscheint auch die manifeste Geschichte in ihrem Zusammenhang mit jener Nachtseite.« (S. 207)

Die komplexe und zudem eher aphoristische Argumentationsstruktur der *Dialektik der Aufklärung* kann hier nicht nachgezeichnet werden; es genügt zu fragen, welchen Sinn der Rekurs auf die Urgeschichte der Menschheit hat und welche Folgen dies für das Verständnis von Theorie und Praxis hat. Zweifellos ziehen Horkheimer und Adorno aus ihrer Geschichtsphilosophie der Herrschaft die Konsequenz, daß emanzipatorische Praxis bis auf weiteres vertagt, Utopie nur noch als negative möglich sei. Diese Folgerung darf aber nicht von ihrer Begründung abgelöst und als pure Regression gedeutet werden. Damit wäre verkannt, daß der Sinn der »Urgeschichte der Subjektivität« durchaus in der Gegenwart liegt, in einer Gegenwart freilich, die durch die kriegerische Expansion des Faschismus und die extrem reduzierten Handlungschancen sozialistischer Intellektueller in der Emigration charakterisiert ist.

Der bisherigen Geschichtsschreibung zur Kritischen Theorie liegt, soweit sie von der Studentenbewegung der späteren sechziger Jahre mitbeeinflußt war, implizit ein Vorwurf zugrunde. Er zielt auf die Umbruchphase in den vierziger Jahren und lautet, daß hier die Einheit von Theorie und Praxis verleugnet worden sei, die Kritische Theorie »zur Kontemplation resigniert« habe.[16] Dieser Einwand könnte, wenn man das Auseinandertreten des ursprünglichen Forschungsteams in zwei Lager betont, dahin radikalisiert werden, daß man die Esoteriker den Exoterikern gegenüberstellt: Die neue politische Praxis der Neumann-Gruppe erschiene dann als die bestimmte Negation einer praxislosen Theoriebildung, die die Idee der sozialistischen Utopie an das Grau(en) der Urgeschichte verloren hätte. Ich möchte im folgenden dieses Urteil durch zeitgeschichtliche Konkretisierung differenzieren.[17]

Die schlichte Gegenüberstellung zweier Lager der Kritischen Theorie, von denen das eine esoterisch und das andere exoterisch zu nennen wäre, ist irreführend, weil sie die Emigration als historisch bestimmenden Bedingungszusammenhang für die Vermittlung von Theorie und Praxis verkennt.[18] Die Schlußfolgerung, die Horkheimer und Adorno in der *Dialektik der Aufklärung* zogen, war sicherlich radikal und insofern einseitig, aber sie formuliert letztlich nur, was auch die von neuem politisch-praktisch tätige Neumann-Gruppe erfahren mußte. Beide Gruppen, die esoterische und die exoterische, unterlagen Verhältnissen, die eine genuine Einheit von Denken und Handeln nicht zuließen. So verschieden die Idee befreienden Handelns im einzelnen auch ausformuliert worden sein mag: als Utopie der Aussöhnung mit der Natur oder als Hoffnung auf ein sozialistisches Deutschland nach dem Faschismus, in beiden Fällen rieben sich die Versuche zu ihrer Realisierung an schwierigen Bedingungen.[19]

16 So noch Jürgen Habermas, *Theorie des kommunikativen Handelns,* Frankfurt/M. 1981, Bd. 1, S. 489. Martin Jay, *Dialektische Phantasie,* a. a. O., bes. S. 168ff., 253ff., enthält sich eines solchen Werturteils.

17 Dies ist auch eine Selbstkritik des Verfassers; vgl. Söllner, »Geschichte und Herrschaft«, in: *Philosophisches Jahrbuch,* 83. Jg., 1976, S. 333ff.

18 Das gilt auch für die breite Emigrationsforschung in der DDR; vgl. z. B. die Beurteilung der Frankfurter Schule in: Eike Middell, u. a., *Exil in den USA,* Frankfurt/M. 1980, S. 232ff.

19 Ernst Loewy konstatiert denselben Tatbestand für die literarische Emigration: »Theorie und Praxis, konsequent verstanden, ließen sich unter den gegebenen Bedingungen nur schwer auf einen Nenner bringen. Wer, ohne sich Abstriche zu gestatten oder gefallen zu lassen, auf

Wenngleich die Geschichte der Kritischen Theorie in den vierziger Jahren die Geschichte ihrer Entzweiung war, so ereignete sie sich doch im Rahmen einer *gemeinsamen* Erfahrung. Adorno hat dieser Erfahrung, die für die Situation des Emigranten generell gültig war, in seinen »Reflexionen aus dem beschädigten Leben« einen Aphorismus gewidmet, der direkt auf die scheinhafte Differenz der esoterischen und exoterischen Emigrationsbewältigung gemünzt ist:

»Jeder Intellektuelle in der Emigration, ohne alle Ausnahme, ist beschädigt und tut gut daran, es selber zu erkennen, wenn er nicht hinter den dicht verschlossenen Türen seiner Selbstachtung grausam darüber belehrt werden will. Er lebt in einer Umwelt, die ihm unverständlich bleiben muß, auch wenn er sich in den Gewerkschaftsorganisationen oder dem Autoverkehr noch so gut auskennt; immerzu ist er in der Irre. Zwischen der Reproduktion des eigenen Lebens unterm Monopol der Massenkultur und der sachlich-verantwortlichen Arbeit herrscht ein unversöhnlicher Bruch. Enteignet ist seine Sprache und abgegraben die geschichtliche Dimension, aus der seine Erkenntnisse die Kräfte bezog.«[20]

Die Gemeinsamkeit der Lebens- und Arbeitsbedingungen in der Emigration erklärt freilich nicht alles, sie erklärt vor allem nicht die theoretischen und methodischen Differenzen, wie sie in der Kontroverse über den Nationalsozialismus zum Ausbruch kamen und dann zunächst unausgetragen blieben. Was bedeuten diese Differenzen? Wie steht es überhaupt mit der Einheit der Theoriekonzeption, die allein das Kriterium sein kann, will man auch für die vierziger Jahre und später von »der« Kritischen Theorie der »Frankfurter Schule« sprechen? Fragen dieser Art sind ernst zu nehmen, soll die Geschichtsschreibung der Kritischen Theorie auch ihrer späteren Entwicklung und nicht nur ihrer »klassischen« Phase gerecht werden.[21] Sie aber können nur dann beantwortet werden, wenn nicht lediglich die offene Geschichte des Instituts für Sozialforschung ausgeleuchtet ist, sondern auch seine geheime – deren Spur führt in die Archive des amerikanischen Geheimdienstes.

dem Recht der Reflexion, Kritik und Theorie beharrte (...), fiel für die ›Praxis‹ aus.« Ernst Loewy (Hrsg.), *Exil,* Bd. 1: *Mit dem Gesicht nach Deutschland,* Frankfurt/M. 1981, S. 25.
20 Adorno, *Minima Moralia* (1951), Frankfurt/M. 1969, S. 32.
21 Vgl. ausführlicher: Söllner, »Politische Dialektik der Aufklärung«, in: Bonß, Honneth (Hrsg.), *Das sozialwissenschaftliche Potential der Kritischen Theorie,* Frankfurt/M. 1982.

II. Wissen und Macht – Emigrationsgeschichte als Archäologie?

»Die Emigration ist ein Punkt, wo sich politische Geschichte und Wissenschaftsgeschichte überschneiden. Durch den Sieg des Faschismus wurden die Geistesströmungen, die zu ihm hinführten, ein Politikum, aber ebenfalls die Geistesströmungen, die er verfolgte und in die Emigration trieb«,[22]

schreibt der Historiker der amerikanischen Emigration, um seinen methodischen Ansatz, den der politischen Ideengeschichte, zu rechtfertigen. An anderer Stelle kritisiert er, aus der Sicht des Politikwissenschaftlers, an der politischen Emigration »den mangelnden Dialog zwischen Realismus und Utopismus, die mangelnde Balance zwischen dem Blick für das Wirkliche und der Phantasie für das Mögliche«.[23] Zu fragen ist, ob das Phänomen der politischen Emigration zwischen diesen beiden Vorstellungen nicht durchzufallen droht. Die Geschichte der politischen Emigration scheint eine verdeckte Geschichte. Kompliziert aber wird sie dadurch, daß ihre Akteure, sofern sie wirklich politisch Einfluß nehmen wollten, an dieser Verdeckung selber mitwirken mußten. Was hat diese Verdeckung erzwungen?
Das Beispiel der Kritischen Theoretiker im amerikanischen Geheimdienst, so extrem es auch sein mag, gibt darüber einige Aufschlüsse: Zehn Jahre lang hatten sie den Nationalsozialismus mit dem Blick auf die Aussichten einer deutschen Revolution erforscht, nun mußten sie sich, wenn sie die Resultate praktisch wirksam lassen werden wollten, einem geheim und anonym operierenden Institutionensystem anvertrauen – Neumann, Kirchheimer und Marcuse produzierten ab 1943 buchstäblich für die Geheimarchive einer Macht, zu deren Mitverwaltern sie geworden waren. Hier freilich zeigt sich die Parallele zu dem, was die *Dialektik der Aufklärung* als theoretische Praxis entfaltete: Auch Horkheimer und Adorno verfolgten die Spur einer freiheitversprechenden Tradition: der Subjektivität, und gelangten dabei immer tiefer in einen kulturgeschichtlichen Verdeckungszusammenhang. Die Stichworte, unter die sie ihre Entdeckungen stellten, lauteten Wissen und Macht.
Diese Konstellation wird im folgenden zum Anlaß genommen, von den Dokumenten der politischen Emigranten als von »archäologischen Texten« zu sprechen. Der Begriff der »Archäologie« hat dabei nicht nur metaphorische Bedeutung, sondern meint ein spezielles Verfahren der Forschung. In Richtung auf eine Archäologie der politischen Emigration

22 Joachim Radkau, *Die deutsche Emigration in den USA*, Düsseldorf 1971, S. 57.
23 Ders., »Das Elend der Exilpolitik 1933–45 als Spiegel von Defiziten der politischen Kultur«, in: Schattenberger, Schrey (Hrsg.), *Gegenstrom. Für Helmut Hirsch zum Siebzigsten*, Wuppertal 1977, S. 130.

will ich hier zunächst nur eine erste Kennzeichnung, einen Schritt zur Klärung der Methode unternehmen.

Aus der jüngsten Methodendiskussion ist der Vorschlag hervorgegangen, die Geschichtsforschung unter den Leitbegriff der Archäologie zu stellen. Der Vorschlag stammt von Michel Foucault, der eine methodologische Begründung des Poststrukturalismus unter dem Titel einer »Archäologie des Wissens«[24] versucht hat. Hierzulande ist Foucault vornehmlich in modischer Manier rezipiert worden. Dies hat dazu geführt, daß man seine Forschungen zur Kenntnis nahm und seine Sprache nachahmte; versäumt wurde hingegen, seinen methodischen Anspruch beim Wort zu nehmen und in eigenständiger Forschung zu erproben. Foucaults archäologische Methode für die Geschichte der politischen Emigration zu Rate zu ziehen, liegt deswegen nahe, weil sie einer Problemlage entstammt, die zu unserem Gegenstandsbereich mehr als nur oberflächliche Parallelen aufweist. Erstens ist es wohl nicht übertrieben, zu behaupten, daß Foucaults Studien zur Geschichte der Psychiatrie, der Medizin und der Humanwissenschaften[25] die These der *Dialektik der Aufklärung* wiederholen, und zwar an einem Material, das mit Horkheimers und Adornos Studien zu Kant und Sade auf derselben historischen Stufe steht; zweitens treten auch bei ihm die Begriffe von Wissen und Macht ins Zentrum, und zwar in einer Konstellation, die der Problemwahrnehmung der Kritischen Theorie in den vierziger Jahren ähnelt, obwohl eine direkte Rezeptionslinie nicht feststellbar ist. Vielleicht läßt sich sogar ein konstruktiver Zusammenhang herstellen: Kann als eine der Aporien der *Dialektik der Aufklärung* gelten, daß sie von einer forschungstechnischen Operationalisierung ihrer Grundkategorien weitgehend absieht, so kann man Foucaults Arbeiten als den Versuch lesen, diese Aporien zu vermeiden – während die *Dialektik der Aufklärung* Geschichts*philosophie* bleibt, zeigt Foucault die Möglichkeit an, den Vorgang der Machtbildung durch Wissen in materialer Forschung zu erproben.[26]

Ich will im folgenden Foucaults Vorschläge zu einer Neubestimmung der Geschichtsforschung kurz referieren, um dann zu prüfen, was sie für das Verständnis der in diesem Band abgedruckten Texte bedeuten. Die Idee dazu ist keineswegs aus der Luft gegriffen, denn Foucault selbst versteht

24 Foucault, *Archäologie des Wissens,* Frankfurt/M. 1973.

25 Ders., *Wahnsinn und Gesellschaft,* Frankfurt/M. 1969; *Die Ordnung der Dinge,* Frankfurt/M. 1971; *Die Geburt der Klinik,* Frankfurt/M. 1976. Zur geistesgeschichtlichen Einordnung vgl. Vincent Descombes, *Das Selbe und das Andere,* Frankfurt/M. 1981.

26 Eine solche implizite Beerbung der frühen Kritischen Theorie scheint mehr Erfolg zu versprechen als die explizite bei Habermas in seinem jüngsten Buch: *Theorie des kommunikativen Handelns,* a.a.O., S. 489ff. Habermas versucht mit seiner Kommunikationstheorie von neuem eine normative Aufklärung der Aufklärung über sich selbst, deren affirmativen Charakter die *Dialektik der Aufklärung* aufs Korn nahm, und läßt die Möglichkeit ihrer forschungsstrategischen Fortentwicklung ungeprüft.

seine *Archäologie des Wissens* durchaus auch als Programm. Obwohl er einerseits ausdrücklich davor warnt, seine Methode »in verwandtschaftliche Nähe zu Ausgrabung und geologischer Sondierung« (S. 180) zu bringen, so ermuntert er doch andererseits dazu, ihre Anwendung auf das Gebiet der Politik zu erproben (S. 277). Das archäologische Verfahren wäre dann gleichsam die Brücke, um wissenschaftsgeschichtliche Studien mit der politischen Geschichte methodisch zu verbinden. Eben dies kann als das zentrale methodologische Problem einer Geschichtsschreibung der politisch-intellektuellen Emigration angesehen werden.

Aufschlußreich sind zunächst die Gegner, gegen die Foucault anschreibt. Es sind dies die in der deutschen Tradition stehende Geistes- und Ideengeschichte einerseits, der Strukturalismus in seiner linguistischen wie marxistischen Ausprägung andererseits. Liegt dem ersten Typus von Geschichtstheorie eine organische Kontinuitätsvorstellung, in letzter Instanz die sinnstiftende historische Subjektivität, zugrunde, so beruht der zweite auf der Annahme einer strukturierten Gesamtheit von Gesellschaft bzw. Sprache (S. 9–30). Gegenüber beiden Totalitätskonzepten beharrt Foucault auf der Notwendigkeit, die vom Historiker zu bewältigende Aussagen- und Informationsmasse in freien, gegeneinander beweglichen formalen Aussagensystemen (»Serien«) anzuordnen, deren gegenseitige Beziehung eine Serie von Serien, ein »Tableau« ergibt. Aussagen, Serien und Tableaus sind »Elemente«, die in verschiedene Modalitätsverhältnisse eintreten können (S. 31 ff.) und auf diese Weise eine diskursive Formation bzw. einen »Diskurs« bilden; dessen Regel und Regelmäßigkeit herauszuarbeiten ist die Hauptaufgabe des Historikers.

In ihr entscheidendes Stadium tritt Foucaults Epistemologie mit der Einführung des Begriffs des »Archivs«; mit ihm soll die Beschränktheit der ideengeschichtlichen und strukturalistischen Analyse überwunden und gleichsam ein neues historisches Apriori, ein letzter, positiver Bezugspunkt der historischen Forschung erreicht werden (S. 187 ff.). Das Archiv, als Formierung von Aussagen, bezeichnet gleichermaßen ein formales und ein praktisches Prinzip; es ist die Regel, nach der Aussagen nicht nur passiv angeordnet, sondern aktiv erzeugt, »formiert« werden. Indem die Geschichtsschreibung sich auf die »Erzeugung« solcher Archive spezialisiert, wird sie zur Archäologie: »Die Archäologie beschreibt die Diskurse als spezifizierte Praktiken im Element des Archivs« (S. 190). Die Folge ist eine Verwandlung des historischen Gegenstandes selber – die Archäologie des historischen Wissens »behandelt den Diskurs nicht als *Dokument,* als Zeichen für etwas anderes (...), sie wendet sich an den Diskurs in seinem ihm eigenen Volumen als *Monument.«* (S. 198) Dadurch soll es möglich werden, die historische Darstellung aus den Fesseln der humanistischen Psychologie, Soziologie und Anthropologie zu lösen, vom »Geheimnis des Ursprungs« zur »systematischen Beschreibung eines Diskurses als Objekt« überzugehen (S. 200); befreit werde so die Forschung vor allem vom »moralischen Zwang« der Kontinuität und Konsistenz, an deren Stelle trete nun das freie Spiel von Widersprüchen und Nichtidentitäten (S. 213ff.); erst durch Insistieren auf den formalen Regelmäßigkeiten des Diskurses komme das entscheidende Thema der Historie, die Diskontinuität und die Veränderung, zu ihrem vollen Recht (S. 236ff.).

Worin besteht nun die Affinität dieser relativ formalen Definitionen zum Studium der in diesem Band gesammelten Dokumente der politischen Emigration? Gibt es eine mehr als metaphorische, eine sachlich ausgewiesene Spur von Foucaults archäologischer Methode zur politischen Praxis der Kritischen Theorie in den vierziger Jahren?

Eine erste Antwort auf diese Frage findet sich, wenn man beachtet, daß der Gegenstandsbereich, aus dem die Archäologie des Wissens gleichsam herausabstrahiert ist, aus Wissensformationen besteht und daß Foucault diese Wissensformationen als eine Form von Praxis begreift: »Ein Wissen ist das, wovon man in einer diskursiven Praxis sprechen kann, die dadurch spezifiziert wird.« (S. 259) Dieses Wissen ist jedoch nicht identisch mit Wissenschaft, es hat zwar in der Wissenschaft, die durch disziplinäre Abgrenzung und logische Vereinheitlichung definiert ist, ein mögliches Modell, als praktische Formierung aber geht es gleichzeitig über sie hinaus; es ist weiter und »unreiner«, weil es Ideologie und Anwendung miteinschließt, es ist weder auf empirische noch auf logische Subjekte reduzierbar, sondern ist eine anonyme Praxis der Formierung von Dingen und Wörtern oder, genauer, von Dingen durch Wörter:

»Anstatt der Achse Bewußtsein – Erkenntnis – Wissenschaft (die vom Index der Subjektivität nicht befreit werden kann) zu folgen, folgt die Archäologie der Achse diskursive Praxis – Wissen – Wissenschaft. Und während die Ideengeschichte den Gleichgewichtspunkt ihrer Analyse im Element der Erkenntnis findet (...), findet Archäologie den Gleichgewichtspunkt ihrer Analyse im Wissen – das heißt in einem Bereich, wo das Subjekt notwendigerweise angesiedelt und abhängig ist, ohne daß es dort jemals als Inhaber auftreten kann (sei es als transzendentale Aktivität, sei es als empirisches Bewußtsein).« (S. 260)

Wenn das Wissen also Resultat einer Praxis ist, so ist diese Praxis allerdings anonym. Das heißt, daß dem im Diskurs auftauchenden Regelsystem ein anonymer, kollektiver Prozeß vorausgesetzt ist, ein formierendes Prinzip, das »prädiskursiv« ist, »unter der Bedingung jedoch, daß man zugibt, daß dieses Prädiskursive noch zum Diskursiven gehört«. (S. 111) Diese ziemlich dunkle Unterscheidung wird erst klarer, wenn

man die materialen Studien hinzunimmt, die Foucault auf die *Archäologie des Wissens* folgen ließ. In ihnen, vor allem in der Darstellung der Straf- und Disziplinierungssysteme des frühbürgerlichen Zeitalters, wird das prädiskursive Element besser greifbar. Foucault untersucht hier, wie die Systeme des Wissens sich in Institutionensysteme auskristallisieren und etwa in den Institutionen der Strafjustiz und des Strafvollzugs, des Internats und des Militärs zur Wirkung gelangten, wie also die Formierungspraxis des Wissens mittels institutioneller Macht verstärkt wird.[27] Er definiert fortan die Diskurse als Diskurse der Macht bzw. als »Dispositive der Macht«.[28] Wenn ein Foucault-Interpret neuerdings in der Einführung des »Monismus der Macht« als der »übergreifenden Relation« den entscheidenden Fortschritt der archäologischen Methode erblickt[29], dann bringt dies auch für unseren Zweck eine wichtige Klärung. Erst jetzt wird nämlich deutlich, daß die diskursive Praxis in zwei Elemente ausdifferenziert ist: in einen Apparat der Formierung, der institutioneller Natur ist, und in ein ihr entsprechendes System des Wissens. Beide Elemente lassen sich zwar lediglich analytisch voneinander trennen, aber sie lassen sich gesondert beschreiben.
Ich habe eingangs die in diesem Band gesammelten Dokumente als Produkte einer intellektuellen Praxis charakterisiert, die für die politische Emigration, sofern sie politisch eingreifen wollte, typisch sind. Im Gefolge der Erkenntnisse von Foucault treten an ihnen vor allem drei Momente als fragwürdig hervor: die Spezialität ihrer Verwicklung in Politik, die eigentümliche Mischung von Wissenschaft und Ideologie und ihre individuelle Unzurechenbarkeit bzw. ihre Anonymität. Während nun die traditionelle Ideengeschichte, sei es als Wissenschafts- oder als politische Geschichte, sich hier vor die Aufgabe gestellt sähe, diese drei Momente als Hindernisse der historischen Interpretation und Erklärung aufzufassen, gestattet es Foucaults archäologische Methode, sie als positive Bezugspunkte der Beschreibung zu nehmen. Unter Voraussetzung der *Archäologie des Wissens* wären diese drei Charakteristika nicht so sehr wegzuinterpretieren als vielmehr als Resultate einer bestimmten Praxis zu begreifen, einer Praxis, die wesentlich Formierung, nämlich Formierung durch Macht ist. Aufzuklären wäre somit zunächst und vor allem der Charakter dieses Formierungs- und Produktionsprozesses selber.
Die historischen Dokumente, um deren Verständnis es in diesem Band geht, sind Produkte einer Praxis, die dem Spannungsverhältnis von Wis-

27 Foucault, *Überwachen und Strafen,* Frankfurt/M. 1976. Zu den auf die *Archäologie des Wissens* folgenden Arbeiten Foucaults vgl. Honneth, Joas, *Soziales Handeln und menschliche Natur,* Frankfurt/M. 1980, S. 123ff.
28 Foucault, *Dispositive der Macht. Über Sexualität, Wissen und Wahrheit,* Berlin 1978.
29 Hinrich Fink-Eitel, »Michel Foucaults Analytik der Macht«, in: Friedrich A. Kittler (Hrsg.), *Austreibung des Geistes aus den Geisteswissenschaften,* Paderborn 1980, S. 45.

sen und Macht auf exemplarische Weise standzuhalten hatten. Sie geben Antwort auf die Frage, was deutsche Sozialisten im amerikanischen Geheimdienst gedacht und geschrieben haben und was sie damit bewirken wollten; sie geben aber insbesondere Auskunft darüber, wie beschränkt ihre politischen Wirkungsmöglichkeiten tatsächlich waren – diese gründeten ausschließlich in dem Expertenwissen, das die Emigranten von ihrem Ursprungsland besaßen und das sie ihrem Gastland zur Verfügung stellen konnten. Das Thema von Wissen und politischer Macht spitzt sich dadurch folgenreich und paradox zu: Die Deutschlandexperten des OSS produzierten und reproduzierten ihr Wissen unter Bedingungen, die zu einer systematischen Transformation ihrer eigenen politischen Intentionen führten, und zwar deswegen, weil ihre Vorstellungen von Sozialismus und Demokratie in einem zukünftigen Deutschland mit dem Strategieprimat der amerikanischen Kriegspolitik in Konflikt geraten mußten.

Das bedeutet nicht, daß die praktischen Produktionsbedingungen des OSS die Analysen der Deutschlandexperten nachträglich transformierten, so als seien die ursprünglich reinen Intentionen von Sozialisten und Demokraten durch späteren Eingriff verfälscht worden. Vielmehr ist anzunehmen, daß diese »Formierung« von den Emigranten selber betrieben wurde – als eine vorweggenommene Mimesis an die Institutionen und Praktiken, an die sie die Verfolgung eigener Ziele zwangsläufig delegieren mußten. Die Kritischen Theoretiker im OSS kannten die Differenz der amerikanischen Deutschlandpolitik zu ihren eigenen Vorstellungen, sie waren realistisch genug, sich bewußt zu halten, daß die Macht, der sie ihr Wissen zur Verfügung stellten, ihr Privileg dazu nutzen würde, den Schnitt an der empfindlichsten Stelle der zukünftigen deutschen Demokratie anzusetzen, nämlich genau dort, wo die antifaschistische Perspektive in die prosozialistische überging. Dieser freiwillige oder erzwungene Machtrealismus ist es, was den Deutschlandanalysen ihren unverkennbaren Charakter verleiht – er macht sie zu archäologischen Texten.

Archäologie, verstanden als Methode historischer Forschung, bedeutet sowohl eine Einschränkung als auch, wie ich hoffe, eine Präzisierung des Erkenntnisinteresses, dem die Emigrationsforschung folgt. Die Einschränkung liegt darin, daß die historischen Dokumente primär unter dem Gesichtspunkt einer Geschichte und Soziologie des Wissens thematisiert werden, was die Abwendung von den traditionellen Fragen der »großen Politik« einschließt. Die Präzisierung beruht in der Annahme, daß die Produktionsbedingungen des Wissens selber es sind, die die Verwicklung des Wissens in die Politik, den Zusammenhang von Wissen und Macht, am ehesten verständlich machen.[30]

30 Einer archäologischen Methode scheint auch die Aufdeckung einer exemplarischen Biographie der »inneren« Emigration geschuldet, die das subkutane Fortwirken der Kritischen

Ein solcher Ansatz scheint für die politische Praxis der Emigration deswegen angemessen, weil und sofern es richtig ist, daß diese Praxis in erster Linie eine Politik des Wissens, eine Einflußnahme *durch* Wissen war. Ihre Aufdeckung ist Archäologie, doch nicht etwa nur in dem Sinne, daß sie sich mit Texten befaßt, die von der sogenannten »Vergangenheitsbewältigung« (die im Deutschland der Adenauer-Ära ohnehin mehr Verschüttung als Aufdeckung war) und sogar von der späteren Forschung nicht berücksichtigt wurden, oder in dem Sinne, daß in ihnen die vom Nationalsozialismus unterdrückten demokratischen Möglichkeiten zur Sprache kamen. »Archäologie« meint mehr und präziser: Ausgrabung von Dokumenten, die unter Verdeckungsbedingungen produziert wurden, Freilegung der Kulturzeugnisse von den Deckschichten, die durch ihre Produktionsbedingungen über sie gelegt wurden, letztlich sogar methodischen Nachvollzug des Eingrabungsprozesses selber. Da es sich hier um Dokumente einer geheimen Praxis, einer geheimdienstlichen Tätigkeit handelt, erhält der Begriff des »archäologischen Textes« einen zusätzlichen Doppelsinn, der Archäologie und Archiv miteinander verbindet: Wenn nämlich das Sammeln von Nachrichten und Informationen in der Absicht ihrer geheimen Speicherung und Archivierung geschah, so wird im Archiv selber ein Stück des Institutionensystems greifbar, das an der Formierung des Wissens durch Macht mitwirkte.

III. R&A im OSS – Strategische Ausrichtung und bürokratische Organisation des Wissens

Die den Deutschland-Studien zugrunde liegende formierende Praxis ist die des Office of Strategic Services (OSS), genauer dessen Research and Analysis Branch (R&A). Man kann in diesen Institutionen eine idealtypische Verkörperung dessen erblicken, was Foucault als »Dispositiv der Macht« bezeichnet – freilich nicht nur deshalb, weil sie Teil des amerikanischen Government waren, sondern auch und vor allem, weil sie eine genuine und spezifische Beziehung zu Wissen und Information aufweisen. Das OSS war auf amerikanischem Boden die erste selbständige und ausschließlich zum Zweck der Informationssammlung und -verarbeitung geschaffene Organisation. Seine Gründung durch Berufung eines Coordinators of Information am 13. Juni 1941 und seine institutionelle Einrichtung durch präsidentiellen Erlaß am 13. Juni 1942 stellten das geheimdienstliche und nachrichtentechnische Pendant zur Umrüstung des amerikanischen Staatsapparates in eine gigantische Kriegsmaschine dar.

Theorie unterm Nationalsozialismus belegt. Vgl. Heinz Maus, *Die Traumhölle des Justemilieu*, Frankfurt/M. 1981.

Seine Bedeutung wird u. a. daran sichtbar, daß es keiner der für die innere und äußere Kriegsführung hauptverantwortlichen Institutionen unterstellt, sondern dem mit Kriegseintritt der USA gebildeten Joint Chiefs of Staff Committee unmittelbar zugeordnet wurde.
Unter dem Aspekt des Verhältnisses von Wissen und Macht erweist sich das OSS in mehrfacher Hinsicht als eine einmalige und epochemachende Organisation. Erstens war es ein Geschöpf jenes amerikanischen Gründeroptimismus, der Pioniergeist, Abenteuerlust und Frontmentalität für die Zwecke hoher technischer Effizienz zu instrumentalisieren wußte und der, nach der Darstellung des OSS-Historikers,[31] in seinem Direktor optimal verkörpert war – in »Wild Bill«, dem Wall Street Lawyer William Joseph Donovan; zweitens bekundet es den engen Zusammenhang zwischen moderner Informationstechnologie und Politik, und zwar in jenem extremen Sinn, der durch die Umwandlung der Politik in Kriegführung definiert ist – näher als jeder anderen Institution stand das OSS dem War Department und der Armee; drittens wurde dieser Funktionszusammenhang von Kriegführung und Informationsbeschaffung gerade durch institutionelle Ausdifferenzierung realisiert – das OSS wurde, wie die offizielle Selbstdarstellung deutlich macht,[32] in kürzester Zeit zu einem großbürokratischen Apparat ausgebaut, dessen interne Spezialisierung und wiederholte Reorganisation zu Faktoren seiner erstaunlichen Leistungsfähigkeit wurden; schließlich bewies das OSS seine Modernität durch die Integration wissenschaftlicher Intelligenz – dieser Aspekt ist für uns der entscheidende.
Um den Funktionszusammenhang von Nachrichtendienst und Kriegsstrategie zu bestimmen, kann man von dem Memorandum ausgehen, das Donovan am 31. Oktober 1942 an das Joint Psychological Warfare Committee richtete.[33] In ihm werden die Funktionen des OSS programmatisch entwickelt und nicht zufällig an der Rolle der R&A Branch als dem »final clearing house« des Geheimdienstes erläutert. Im Hinblick auf eine dynamische Verkopplung von wissenschaftlicher Strategiebildung und Kriegführung entwirft der Direktor des OSS geradezu eine politische Soziologie des Wissens, um die Überlegenheit seiner Konzeption gegenüber jeder traditionellen militärischen Informationsbeschaffung zu beweisen. Im Vordergrund steht eine axiomatische These: »In a global, totalitarian, war, intelligence must be total and totalitarian.« (S. 348) Das bedeutet einerseits die Orientierung der Informationsarbeit an den Aufgaben und Zielen des Militärs: »The Research & Analysis Branch is more distinctly

31 R. Harris Smith, OSS. *The Secret History of America's First Central Intelligence Agency,* Berkeley 1972, bes. S. 1ff.
32 OSS – *War Report,* Washington 1949, National Archives, Record Group 226.
33 Joint Psychological Warfare Committee, »Functions of the OSS«, in: *OSS – War Report,* a. a. O., Bd. II, S. 341ff.

oriented towards the need of the Armed Forces than any other research agencies.« (S. 344) Andererseits kann diese dienende Rolle nur dann effektiv wahrgenommen werden, wenn die Informationsbeschaffung und -bewertung vom Militär institutionell getrennt wird:

»It seems clear that there must be an agency of the Government distinct from the Army and the Navy charged with the duty and responsibility of exercising the functions of Secret Intelligence.« (S. 348)

Das Verhältnis zwischen den unmittelbar für die Kriegführung verantwortlichen Stellen und dem Geheimdienst ist also zweifach bestimmt: durch Unterordnung *und* Ausdifferenzierung. Während dem Geheimdienst das Informationsmonopol zukommt, beanspruchen die Armee und, mit Einschränkungen, War und State Department das Monopol der Kriegführung. Daher wird dem Joint Chiefs of Staff Committee zwar der Primat zuerkannt: »it was never the intention of this organization in any way to determine the strategy or tactical decisions of the war.« (S. 342) Da strategische und taktische Entscheidungen aber nur aus Informationen hervorgehen können, die selber bewertet und interpretiert sein müssen, interveniert das Informationsmonopol zwangsläufig in das Kriegsführungsmonopol. Die Steigerung dieser Interventionskapazität macht den Krieg für Donovan zu einem totalen Krieg über die Erfordernisse der Kriegführung hinaus: durch Verwissenschaftlichung von Strategie und Taktik.[34]

Dies ist ein erster Anhaltspunkt, um die diskursive Praxis, von der die Deutschland-Studien geprägt sind, näher einzugrenzen. Die Herstellung oder wenigstens die Intention zur Herstellung eines institutionell ausdifferenzierten Informationsmonopols bedeutet, daß der Organisation des Wissens bei aller Funktionalisierung für militärische Strategie und Taktik ein gewisser Freiraum zukam. Es ist also davon auszugehen, daß es sich bei den in diesem Band vorgestellten Studien zwar um Texte handelt, die in den Rahmen der amerikanischen Kriegführungs-Strategien gehören; wichtiger und dominierend dürften jedoch die Einflüsse gewesen sein, die sich aus der Tatsache des im OSS institutionalisierten Informationsmonopols ergeben haben. Nun wäre es sicherlich falsch, diesen Freiraum zu überschätzen, etwa im Sinne einer universitären »academic community« oder gar einer alteuropäischen Gelehrtenfreiheit. Worauf es vielmehr ankommt, ist, wie dieser Freiraum selber organisiert war und was diese Organisation für den Diskurs bedeutete, der sich in den Texten dokumentiert. Entscheidend ist die innere Organisation des OSS, die nach streng

34 Zum Zusammenhang von totalem Krieg und politisch-psychologischer Kriegführung vgl. Hans Speier, *Social Order and the Risks of War,* Cambridge/Mass. 1969, bes. Kap. III und IV.

bürokratischem Muster aufgebaut war, also sachliche Arbeitsteilung mit einer hierarchischen Verwaltungs- und Entscheidungsstruktur verknüpfte.

Hilfreich ist zunächst ein Überblick über die Organisationen, in die sich das OSS gliederte. Die Aufgaben des OSS konzentrierten sich zwar auf Informationsbeschaffung und -bewertung, aber es gab auch, wie vermutlich bei jedem modernen Geheimdienst, eine besondere Abteilung zur Ausführung von Geheimoperationen (Secret Operation). Der Intelligence Service im engeren Sinne umfaßte, nach der endgültigen Reorganisation im Januar 1943, fünf Hauptabteilungen: die Secret Intelligence Branch betrieb Spionage traditioneller militärischer Art; ihr wurde alsbald eine eigene Branch für Gegenspionage (X2) zur Seite gestellt; die Foreign Nationalities Branch sammelte Nachrichten über Emigrantengruppen und Exilregierungen; die Censorship and Document Branch fungierte als Sammelstelle, sozusagen als Zentralbibliothek der verfügbaren Informationen; bleibt schließlich die für uns wichtige Research & Analysis Branch. Sämtliche Abteilungen waren unter dem Direktor bzw. seinem Stellvertreter in einem Joint Information Committee zusammengefaßt, das die Arbeit des Geheimdienstes sowohl nach innen organisierte wie auch nach außen repräsentierte, also beispielsweise die Arbeitsresultate an die Abnehmer in Staat und Armee weitergab.[35]

Die R&A-Abteilung fungierte als das theoretische Gehirn des gesamten Geheimdienstes, ihre überragende Position resultierte aus der Verbindung von Wissenschaft und relativer Autonomie, die als das Merkmal eines modernen integrierten Geheimdienstes anzusehen ist. Dominiert von hochspezialisierter wissenschaftlicher Intelligenz, war sie das Lieblingskind des Gründers Donovan, der über gute Kontakte zu Präsident Roosevelt verfügte; gleichzeitig wurde sie, weil ein Konkurrenzunternehmen zu den traditionelleren Informations- und Planungsabteilungen der War und State Departments, eifersüchtig beobachtet. Dies – nicht vor allem die Tatsache, daß in ihr die in diesem Band abgedruckten Deutschland-Studien entstanden sind – rechtfertigt es, der inneren Organisationsstruktur von R&A besondere Aufmerksamkeit zu schenken. Sie ist, in den Worten Foucaults, das zentrale Formations- und Transformationssystem, das es zu analysieren gilt, um den Diskurs der Emigranten im amerikanischen Geheimdienst zu verstehen – als ein Dispositiv der Macht zur Formierung von Wissen.

Die R & A Branch, die in den Jahren ihrer größten Ausdehnung (1943–1945) etwa 1200 Personen beschäftigte (davon ca. 400 in Übersee), war auf oberster Ebene nach regionalen Kriterien untergliedert. Nach dem Scenario des totalen Krieges wurde der Globus in vier Weltregionen

35 OSS – *War Report,* a. a. O., S. 165.

(theaters) unterteilt, die nicht nur das Feindesland, sondern alle operationswichtigen Regionen umfaßten: Europa–Afrika, Ferner Osten, UdSSR, Lateinamerika. Dieser »Kriegstheatralik« entsprachen im Geheimdienst vier große Regionalabteilungen, die selber noch einmal funktional und regional gegliedert waren. Auf diese Weise entstand die für uns einschlägige Central European Section, die Österreich, Polen, die Tschechoslowakei usf. einschloß und deren Hauptaugenmerk natürlich Deutschland galt. Die funktionale Untergliederung zerlegte Mitteleuropa in fünf Sachgebiete: Wirtschaft, Politik, Recht und Verwaltung, soziale Gruppen und Regionalprobleme.[36] In diesen fünf Forschungsbereichen findet sich eine Arbeitsteilung vorgebildet, die, wie zu zeigen sein wird, Konsequenzen für das Deutschlandbild hatte, das sich in unseren Texten findet. Hier ist die Entsprechung zwischen Organisationsstruktur und der Formierung des Wissens im Diskurs unmittelbar greifbar.

Das komplexe System regionaler und funktionaler Arbeitsteilung hatte zunächst eine Aufgabe gegenüber der »input«-Seite des Informationsflusses – es lokalisierte und selegierte die Informationen, es fungierte sozusagen als ein progessiv sich verzweigendes Kanalsystem, das die Informationen aufnahm und an die organisationsinternen Abnehmer verteilte. Die Quellen, aus denen die Informationen flossen, kann man sich nicht vielfältig genug vorstellen.[37] Sie entsprangen nicht bloß den eigens auf Feindausspähung und Gegenspionage spezialisierten Sonderabteilungen des OSS (Secret Intelligence, X 2) und den Abteilungen, die Emigranten und Kriegsgefangene befragten; hinzu kam, dem Konzept der totalen Information gemäß, die systematische Erschließung von öffentlichen (sämtliche Staatsministerien) und privaten (Handelskonzerne, Versicherungen, Privatreisende, Missionare) Informationsträgern; schließlich wurden die ausländischen und inländischen Zeitungen, Zeitschriften, wissenschaftlichen Publikationen usf. ausgewertet. Zum Beleg der Vielzahl und Verschiedenartigkeit der Tätigkeiten zitiert die offizielle Selbstdarstellung des OSS das Beispiel einer winzigen, aber strategisch wichtigen Insel vor Japan; zu ihrer Beschreibung wurden nicht weniger als 500 verschiedene Quellen ausgeschöpft, von einem russischen Buch des 18. Jahrhunderts über eine Anleitung zur Otterjagd bis hin zu einer britischen Admiralskarte.[38]

Zur Redistribution der Daten wurden besondere Einrichtungen geschaffen: Die Central Information Division fungierte als die Zentralbibliothek, sie verarbeitete 1945 monatlich etwa 10000 Titel; die Biographical Records Section hatte 1945 etwa 100000 Biographien gespeichert; die

36 Ebenda, S. 167ff.
37 Ebenda, S. 173ff.
38 Ebenda, S. 175.

Map Intelligence Section hatte ca. 500000 Karten katalogisiert und auf Abruf bereit; das Foreign Publication Committee erfaßte 1944 monatlich 1000 Bücher, 6300 Zeitschriften im Original und 10000 auf Mikrofilm; schließlich ist der Current Intelligence Staff zu nennen, er sammelte die neu eingehenden Informationen, wertete sie in vorläufiger Weise aus und brachte sie periodisch in Umlauf mittels eines »Daily Intelligence Summary« und eines stärker auswählenden »Political Intelligence Weekly«.[39]

Dieses komplexe System der Arbeitsteilung wurde von einem nicht minder komplexen System hierarchischer Entscheidungs- und Verwaltungskompetenzen zusammengehalten. Es erstreckte sich von den Leitern der Subdivisions über die Direktoren der Divisions und Sections nach oben und lief im Projects Committee zusammen, in das jede der regionalen und funktionalen Einheiten Delegierte entsandte. Hier wurde über sämtliche Forschungsprojekte, deren Planung und Ausführung in letzter Instanz entschieden.[40]

Die – hier nur angedeutete – interne Organisationsstruktur der R&A Branch und ihr Stellenwert im Gesamtgefüge des OSS haben für ein wissenssoziologisches Verständnis der Deutschland-Studien eine hohe Bedeutung. Es wird hier gleichsam die Apparatur sichtbar, die wohl einen ausschlaggebenden Determinationsfaktor für die Arbeit der Emigranten im amerikanischen Geheimdienst bildete. Sie war nicht nur ein Transportsystem, das den geheimdienstlichen Informationsfluß an den Abnehmerkreis weiterleitete, sie bestimmte vor allem die Arbeitsweise, die *soziale* Organisation des Forschungsprozesses selber. Auf diese soziale Organisation ist zu achten, wenn man den Diskurs der Deutschland-Studien genauer erfassen will. Was die Arbeitsweise der R&A Branch betrifft, so zitiere ich die Einschätzungen zweier ehemaliger Mitarbeiter, Auskünfte, die dadurch besonders aufschlußreich sind, daß sie aus verschiedenen Rängen der Entscheidungshierarchie, gleichsam von oben und von unten, stammen. Eugene N. Anderson, der von 1943 bis 1945 als Direktor der Central European Section wirkte, schreibt:

»The Section has been run democratically. Each analyst has been intitled to express himself fully and to take the initiative in suggesting ways of improving the work of the Section. He has not had views or judgments imposed upon him. The policy of mutual criticism and assistance has been constantly maintained and the rule established that mutual criticism is to be considered gratefully instead of being resented. (...) The allocation of coverage of topics among the members has also necessitated close cooperation among the analysts. (...) Whenever a topic is assigned, all analysts able to contribute any-

39 Ebenda, S. 169ff.
40 Ebenda, S. 171.

thing on the subject, whether material or ideas, have met in conference with the analyst responsible for the topic and have offered their information and knowledge. It has frequently occured that one analyst might start a report and turn it over to another analyst to complet.«[41]

Dagegen berichtet Arnold H. Price, der in der Section in untergeordneter Stellung arbeitete:

»R&A war nicht ein Olymp, wo jeder schreiben konnte, was er wollte, sondern grundsätzlich wurden alle Berichte vom R&A Branch autorisiert und dann über die Divisions und Sections zur Ausführung geleitet. (...) Für viele Berichte wurde der Auftraggeber den Bearbeitern mitgeteilt, es gab, wenigstens für Berichte über wichtige Fragen der zukünftigen Militärregierung, eine besondere Stelle (von einem hochqualifizierten Gelehrten geleitet), die als Verbindungsamt wirkte, d. h. dafür sorgte, daß die Wünsche des War Department soweit wie möglich erfüllt wurden. Die Berichte wurden innerhalb eines engen Rahmens von Fragestellungen geschrieben, wurden überprüft, aber die Bearbeiter wurden gewöhnlich zu Änderungen angehört.«[42]

Beide Berichte konvergieren in einem Punkt: in der Betonung des ausgeprägt kooperativen Arbeitsstils, der auf Interdisziplinarität und gegenseitige Ergänzung gegründet war. Sie heben den hochgradig kollektiven Charakter der Arbeit hervor, der offensichtlich nicht nur bei der Fertigstellung der Analysen, sondern schon in der Anfangsphase der Problemsichtung und der Materialsammlung und -auswertung dominierte. Aus diesem Umstand – und nicht erst aus ihrer geheimdienstlichen Verschlüsselung – erklärt sich die weitgehende Anonymität der R&A-Studien, die eine individuelle Zuschreibung auch nach weiterer Archivauswertung schwierig machen dürfte. Die Berichte enthalten jedoch auch, und zwar aufgrund ihrer internen Widersprüche, Anhaltspunkte, um das Verhältnis zwischen Eigeninitiative/Eigenverantwortung und Fremdbestimmung/Auftragsbindung genauer kennenzulernen. Die R&A Branch operierte offensichtlich zwischen einem hochgradig diffusen Informationsstrom einerseits und dem an strategischem Wissen interessierten Abnehmerkreis andererseits; sie hatte Synthetisierungsarbeit zu leisten, die zwischen bürokratischer Kontrolle und freier Theorie- und Ideenentwicklung verlief. Gerade diese Mittelstellung scheint ein gewisses Maß an Autonomie garantiert zu haben, eine Autonomie, die in der Notwendigkeit begründet lag, selbständige Bewertungsmaßstäbe zu entwickeln, die der Materialordnung einerseits, dem Strategiebedürfnis der politischen und militärischen Entscheidungsinstanzen andererseits gerecht zu werden vermochten.

41 Eugene N. Anderson, *History of the European Section,* 17. Februar 1945, National Archives Record Group 226.
42 Briefliche Mitteilung an den Autor vom 16. Juni 1981.

Worin dieser Freiraum bestand und wozu er genutzt wurde, wäre zu untersuchen. Das OSS und insbesondere sein »Gehirn«, die R&A Branch, sind repräsentativ für den Versuch, Donovans Idee der totalen Information in die Wirklichkeit umzusetzen. Diese Idee konkretisierte sich zunächst in der Ausdifferenzierung eines Informationsmonopols und in dessen bürokratischer Innenorganisation. Beide Sachverhalte kennzeichnen jedoch noch nicht die qualitative Besonderheit des integrierten Geheimdienstes, diese liegt vielmehr in der Reflexion auf die Rolle der Wissenschaften. Die Idee der totalen Information stellt ins Zentrum der Strategie und Taktik des modernen Krieges die erhöhte Beteiligung der Wissenschaften, speziell der Sozialwissenschaften. So jedenfalls ist Donovans stolze Bilanz seiner Personalpolitik im OSS zu verstehen:

»It was realized that in modern war much more than orthodox military or naval intelligence is required for the successful conduct of operations and formulation of strategy. (...) In order to provide adequate consideration of all aspects of the question at issue, historians, political scientists, economists, psychologists, geographers and anthropologists were selected. It is no exageration to say that never in the history of this country has so well-trained an competent staff of social scientists been put at the full time disposal of the government.«[43]

Für das Verständnis der politischen Praxis der Kritischen Theoretiker im amerikanischen Geheimdienst käme es darauf an zu bestimmen, wieviel Freiheit zur Theoriebildung sie in der R&A Branch tatsächlich in Anspruch nehmen konnten.

IV. Von der marxistischen Faschismusanalyse zur politischen Planung der Militärregierung: der Diskurs der Deutschland-Studien

Die archäologische Methode, wie ich sie anhand einer Foucault-Interpretation skizziert habe, zielt auf die Identifizierung von Wissensformen und -inhalten. Festgestellt werden soll die Formation des Wissens durch die spezifischen Bedingungen seiner Produktion. In unserem Fall geht es um die Frage, wie groß der Einfluß einer kleinen Gruppe deutscher Emigranten auf die Wissensproduktion der Deutschland-Studien der R&A Branch war, wie durch sie das Deutschlandbild dieser Studien geprägt worden ist und welcher institutionellen Prägung dieses Bild seinerseits unterworfen war. Wenn es richtig ist, daß in der inneren Organisation und Arbeitsweise der R&A Branch ein entscheidender Formierungsfaktor

43 Donovan, a. a. O., S. 342.

greifbar wird, so gilt es zu klären, welche Stellung die Deutschlandexperten in diesem Rahmen hatten.
Aufschlußreich dafür ist der bereits zitierte Bericht von Eugene N. Anderson, der die Arbeit der R&A Section für die drei Jahre seiner Amtszeit zusammengefaßt hat. Er betont die überragende Rolle der Deutschlandexperten, was um so signifikanter wird, als Neumann und Marcuse in dem gesamten Bericht die einzigen Mitarbeiter sind, die namentlich genannt werden:

»About the time I took charge of the Section the two leading analysts were appointed – Dr. Neumann, who quickly became the research director of the Section, and Dr. Marcuse, who at once became the leading analyst on Germany.«[44]

Und wo Anderson auf die eigentümliche Arbeitsweise seiner Abteilung, auf den kooperativen Arbeitsstil zu sprechen kommt, beeilt er sich wiederum, das Verdienst Neumanns und Marcuses hervorzuheben:

»The spirit of cooperation among the members has been remarkable effective. Much credit in this respect is owing to Dr. Neumann and Dr. Marcuse, who both believe in and practice this approach to their work.«

Besonders lehrreich ist die Passage, in der Anderson den »output« seiner Abteilung klassifiziert. Wie groß die Fülle der Themen (von der Geographie über Politik und Soziales bis hin zur Militär- und Versorgungstechnologie des Feindes), wie breit der Katalog der Analysetypen (von der Landkarte über Handbücher und konkrete Handlungsanweisungen bis hin zu statistischen Kapazitätsprognosen), wie vielfältig der Abnehmerkreis (vom State Department über das War Department und deren Planungsstäbe bis zum Oberkommando von Heer und Marine) auch gewesen sein mögen,[45] als das Spezifikum der R&A-Arbeiten hebt der Bericht ein einziges Merkmal hervor:

»The uniqueness of our work, however, consists in the background analysis in terms of the total social setting and the value of the future work of the Section may well lie in the continuation of this method.«[46]

Das Charakteristikum, das Anderson unterstreicht, ist ein methodisches, ein bestimmter Ansatz der Forschung und Analyse – für ihn offenbar so etwas wie der »kollektive Geist«, von dem die gesamte Wissensproduktion ihre Anleitung bezog.
Aufgrund des Berichtes von Anderson kann als gesichert gelten, daß der Einfluß der Emigrantengruppe, die vom Institut für Sozialforschung in

44 Anderson, a. a. O., S. 1.
45 Vgl. auch OSS – *War Report,* a. a. O., S. 175ff.
46 Anderson, a. a. O., S. 4.

die Forschungsabteilung des OSS hinüberwechselte, beträchtlich war. Neumann, Kirchheimer und Marcuse waren im Team diejenigen, die ihrer Vorarbeiten, ihrer Vorgeschichte und ihrer Arbeitsweise wegen die größte wissenschaftliche Kompetenz besaßen.[47] Der Hinweis auf die Methode gibt auch das entscheidende Stichwort, das es aufzugreifen gilt, wenn der Diskurs der Deutschland-Studien genauer bestimmt und vor allem der in ihm wirksame Formationsprozeß beschrieben werden sollen. Die Beschreibung dieses Prozesses setzt allerdings voraus, daß die Pole festgemacht werden können, zwischen denen sich – wie widersprüchlich und sprunghaft auch immer – der Diskurs gleichsam bewegt hat und durch die seine Identität eingegrenzt worden ist.

Dazu ist auf die Nationalsozialismusanalyse in Franz L. Neumanns *Behemoth* zu rekurrieren, deren theoretische Voraussetzungen bereits skizziert wurden. Von Bedeutung ist hier, wo es um den Angelpunkt der Theorie-Praxis-Vermittlung im OSS geht, die Passage, in der Neumann die politischen Schlußfolgerungen aus seiner Analyse zieht. In ihnen ist in gedrängter Form gleichsam die praktische Programmatik enthalten, mit der die Autoren der Kritischen Theorie sich dem amerikanischen Geheimdienst zur Verfügung stellten. Es heißt da:

»Und was, wenn Deutschland besiegt wird? Ist es überhaupt zu besiegen? Ganz gewiß. Aber seine Niederlage muß nicht nur als militärische und ökonomische, sondern auch als psychologische Aktion geplant werden. (...)

Um die Aggression zu beseitigen, muß außer der Entmachtung von Partei, Wehrmacht und hoher Bürokratie die Macht der Monopolwirtschaft endgültig gebrochen und die ökonomische Struktur Deutschlands endgültig beseitigt werden. (...)

Der Nationalsozialismus kann im psychologischen Bereich nur mit einer politischen Theorie besiegt werden, die sich als ebenso wirksam erweist wie er, ohne dabei die Freiheiten der Menschen zu opfern. (...): Erste Bedingung für die psychologische Kriegführung ist deshalb, den Demokratisierungsprozeß in England und den USA nicht aufzugeben, sondern im Gegenteil voranzutreiben. (...): Um den Nationalsozialismus im Bewußtsein des deutschen Volkes zu vernichten, ist das Beispiel einer gut funktionierenden Demokratie gleich wertvoll wie eine mächtige Armee. Die Risse und Widersprüche im nationalsozialistischen System und selbst die militärische Niederlage Deutschlands führen nicht zum automatischen Sturz des Regimes. Der Sturz dieses Regimes kann einzig durch das bewußte politische Handeln der diese Risse und Brüche ausnutzenden unterdrückten Massen erfolgen.«[48]

47 Bestätigt findet sich dies in den Interviews, die Rainer Erd mit ehemaligen Mitarbeitern des OSS, u.a. mit H. Stuart Hughes, Carl Schorske und John Herz, führte. Vgl. Rainer Erd, »Gespräche über Franz Neumann«, Manuskript, Frankfurt/M. 1981, Kap. III. Ich danke Rainer Erd für die Erlaubnis, in dieses Material Einsicht zu nehmen.
48 Neumann, *Behemoth*, Frankfurt/M. 1977, S. 549/50.

Zieht man nun zum Vergleich die Formulierung heran, mit der Donovan in seiner bereits zitierten ›Wissenssoziologie des Geheimdienstes‹ die Rolle der Sozialwissenschaften umrissen hat, so ergibt sich eine interessante Konstellation. Donovan schreibt:

»In modern war the traditional distinctions between political, economic and military data have become blurred. Enemy armament production, or military transportation are not things apart, but are aspects of the total economic picture, which in turn reflects man-power problems, administrative machinery and the general state of morale.«[49]

Es lohnt sich, diese beiden Zitate in aller Ausführlichkeit zu vergleichen, wird in ihnen doch gleichsam die Gelenkstelle sichtbar, die die Intentionen der amerikanischen Kriegspolitiker und der marxistischen Gesellschaftstheoretiker miteinander verband. Es bedarf keines großen interpretatorischen Aufwands, um aus der Funktion, die Donovan den Sozialwissenschaften für die geheimdienstliche Praxis zumißt, Parallelen mit dem Theorieansatz der Neumann-Gruppe herauszulesen. Der Chefideologe der totalen Information fordert hier – sicherlich, ohne sich der wissenschaftstheoretischen Implikationen bewußt zu sein – nichts weniger als eine Sozialwissenschaft, die die Totalität der Gesellschaft unter dem Primat der Ökonomie analysiert. Und Neumann gelangt, ausgehend von seiner marxistischen Analyse des Nationalsozialismus, zu Schlußfolgerungen, die genuin militärpolitischer und kriegspsychologischer Art sind. Es will also einen Augenblick scheinen, als ob die Rollen des marxistischen Theoretikers und des amerikanischen Informationspraktikers miteinander kompatibel, ja gegeneinander austauschbar sind – der Konvergenzpunkt läge im Theoriebedürfnis der amerikanischen Kriegspolitik gegenüber Hitler-Deutschland und im Politikbedürfnis der antifaschistischen Intellektuellen. Und doch bezeichnet derselbe Punkt gleichzeitig die Schwierigkeit, wenn nicht gar die Unmöglichkeit einer solchen Interessenübereinstimmung, weil Zielvorstellungen im Spiele waren, die notwendig miteinander in Konflikt geraten mußten. Neumann stellt die Ergebnissse seiner Nationalsozialismusanalyse der amerikanischen Kriegspolitik zur Verfügung in dem Bewußtsein, daß die inneren Widersprüche der deutschen Gesellschaft nicht automatisch zum Zusammenbruch des Regimes führen werden – in der amerikanischen Armee sucht er einen Partner für den antifaschistischen Kampf. Gleichzeitig fügt er, der Sozialist, seiner Analyse die Deutung hinzu, daß die militärische Niederlage Deutschlands nicht identisch sein werde mit dem tatsächlichen Wiedererstehen der Demokratie – dazu bedürfe es vielmehr des revolutionären Handelns der unterdrückten Klassen, die sich gegen das Eliten-

49 Donovan, a. a. O. S. 343.

kartell aus Wirtschaft, Partei, Staat und Militär erheben und so die soziale Grundlage einer genuinen deutschen Demokratie erst herstellen müßten: Die Niederringung Hitler-Deutschlands von außen müsse daher zusammengehen mit einer Revolutionierung der gesellschaftlichen Verhältnisse von innen. Dies war die Bedingung, unter der eine Interessenübereinkunft zwischen Kritischer Theorie und amerikanischem Geheimdienst allein sinnvoll erschien.

Die politische Praxis, als deren Ausdruck die Deutschland-Studien zu verstehen sind, ist, wie ich annehme, im Kern durch das Zweifelhaftwerden und das schließliche Verschwinden dieser Bedingung gekennzeichnet. Nicht nur erwies sich das Projekt einer deutschen Erhebung gegen Hitler als Illusion,[50] mit der kriegerischen Verwirklichung des antifaschistischen Kampfes traten auch in der Politik der Alliierten die rein militärischen Belange mehr und mehr in ihr ausschließliches Recht. Im Januar 1943, also etwa gleichzeitig mit dem Eintritt der Neumann-Gruppe in das OSS, hatte die interalliierte Konferenz von Casablanca die »unconditional surrender«-These für verbindlich erklärt. Fortan überschattete das unmittelbare Ziel der militärischen Niederwerfung Deutschlands alle anderen Überlegungen, und seine Realisierung konnte nichts anderes bedeuten als die machtvolle Einsetzung einer Militärregierung, die zudem für längere Frist konzipiert sein, also sämtliche inneren Bewegungen in Deutschland erst einmal einfrieren mußte – im vorrangigen Interesse der Sicherheit der Besatzungstruppen.[51]

Die Geschichte der Deutschland-Studien ist eine Geschichte der Identität *und* der Nichtidentität von Interessen. An ihrem Anfang stand eine Übereinstimmung über das Vorhaben des antifaschistischen Kampfes, eine Übereinstimmung, die durch die gemeinsame Überzeugung von der Notwendigkeit totalitätsorientierter Gesellschaftsanalyse verbürgt schien; ihr Ende markierte der Dissens der Interessen. Hierbei sind Anfang und Ende nicht zeitlich zu verstehen, sondern als die Pole eines Widerspruchs, der die theoretische Praxis der Emigranten im amerikanischen Geheimdienst durchgängig bestimmte. Dieser Widerspruch jedoch konnte nicht offen ausgetragen werden, er war von den institutionellen Bedingungen, unter denen die Deutschlandspezialisten im Geheimdienst zu arbeiten hatten, gleichsam stillgelegt. Gleichwohl kam er zum Ausdruck, freilich in gebrochener und verdeckter Weise, in einer Weise, die es mit Hilfe der archäologischen Methode aufzuklären gilt.

Die archäologische Beschreibung hat es mit Wissensformationen zu tun,

50 Als plastische Zusammenfassung der »Zusammenbruchkrise« von 1945 und der Stellung der Arbeiterklasse in ihr vgl. Niethammer/Borsdorf/Brandt, *Arbeiterinitiative 1945,* Wuppertal 1976, S. 130ff.

51 Als zeitgenössische Analyse der amerikanischen Erfahrungen vgl. Ed. Carl J. Friedrich, *American Experiences in Military Government in World War II*, New York 1948.

sie sucht das produktive Prinzip, das dem Wissen seine Form erst verleiht, das es zu einem formierten Wissen macht. Was war nun das formierende Prinzip im Falle der Deutschland-Studien, in welcher Weise haben die Kritischen Theoretiker an der Formierung mitgewirkt und wie wurden sie rückwirkend von ihnen geprägt? Diese Frage läßt sich durch die Darstellung der Arbeitsweise der R&A Branch und der ihr zugrunde liegenden Wissenschaftsauffassung allein nicht hinreichend beantworten. Geboten wäre zu diesem Zweck vielmehr eine detaillierte Analyse des Abnehmerkreises, für den die Deutschland-Studien verfaßt wurden, der Vorgaben und Auflagen, die die einzelnen Abnehmer machten; aufgehellt werden müßte, ob und wie die Studien in politische Entscheidungsprozesse eingingen und welche Folgen sie dabei zeitigten, kurz, es käme darauf an, nicht nur die Produktion des Wissens, sondern auch seine Distribution und Verwertung ins Auge zu fassen. Gerade hier aber weist die bisher geleistete Forschung eine erhebliche Lücke auf. Es ist daher im folgenden nur möglich, einige Fragen zu skizzieren, die der Archäologie der deutschen Demokratie auf den Weg helfen könnten. Als der Distributions- und Verwertungsbereich, für den die Deutschland-Studien speziell und die R&A-Analysen generell verfaßt wurden, erscheint der Planungsprozeß, der den militärischen Operationen in Europa voranging und der sich gegen Ende des Krieges zunehmend auf die Vorbereitung der amerikanischen Militärregierung in Deutschland konzentrierte. Dieser Planungsprozeß, der seit dem Herbst 1944 der schließlichen Errichtung der alliierten Besatzungsherrschaft vorauslag bzw. sie begleitete, ist von amerikanischen Zeitgeschichtlern detailliert beschrieben worden. Aus mehreren Gründen handelte es sich dabei um einen äußerst komplexen, retardierenden und widersprüchlichen Prozeß: Nicht nur war die Planung von langwierigen Vereinbarungen zwischen den Alliierten und von dem Verlauf der Kriegshandlungen selber abhängig; hinzu kamen im engeren Bereich der amerikanischen Willensbildung die Kompetenzstreitigkeiten zwischen der Armeeführung, dem Kriegs- und dem Außenministerium und sogar dem Finanzministerium, Schwierigkeiten, die von der »non-decision-policy« des Präsidenten Roosevelt begünstigt und verschärft wurden;[52] im übrigen waren für die Vorbereitung und Ausführung der Entscheidungen während der drei Kriegsjahre nicht weniger als fünf verschiedene, teilweise ineinander übergeleitete Behörden zuständig: die im März 1943 eingesetzte Civil Affairs Division des Kriegsministeriums, die Military Government Section beim Oberbefehlshaber der alliierten Streitkräfte, die Anfang 1944 gebildete German Country Unit in Eng-

52 Paul Y. Hammond, »Directives for the Occupation of Germany: The Washington Controversy«, in: Harold Stein (Hrsg.), *American Civil-Military Decisions*, Birmingham/Ala. 1963, S. 311ff.

land, die European Advisory Commission in England und die United States Control Council Group for Germany.[53] So hatte z. B. die am 11. Mai 1945 von Truman autorisierte Direktive 1067, die die Richtlinien der amerikanischen Besatzungspolitik endgültig festlegte, seit Mitte 1944 sechs verschiedene Varianten durchlaufen.[54]

Die Planung für die Militärregierung und ihre tatsächliche Konkretisierung stehen hier nicht zur Debatte; für die Zwecke der Archäologie der deutschen Demokratie wäre es jedoch von Interesse, ausfindig zu machen, wo in den weitverzweigten Kanälen der Entscheidungsfindung die Deutschland-Studien gelandet sind, ob sie und wie sie Einfluß genommen haben auf einen Prozeß, der von fast allen Beobachtern als chaotisch und ineffektiv beschrieben worden ist. »Planning for an occupation tends to be like work done in a vacuum – it takes too much of the artificial and is too far removed from the scene of reality«,[55] erläutert ein ansonsten nicht unkritischer Historiker der amerikanischen Besatzung, um diese Ineffizienz zu erklären. Möglicherweise jedoch lag das Problem der amerikanischen Militärregierung nicht vor allem in der unvermeidbaren Diskrepanz zwischen Planung und unvorhersehbarer Realität, sondern in der Konzeptionslosigkeit des Planungsprozesses selber, die hätte behoben werden können, wenn Lagebestimmungen vom Realitätsgehalt der Deutschland-Studien in die richtigen Hände gekommen wären. Und wenn die Deutschland-Studien nicht in den Entscheidungsprozeß eingegriffen haben, durch welche Interessen und entgegenstehenden Optionen ist dies verhindert worden?

Sämtliche der genannten Planungsinstanzen gehörten vermutlich zu den Abnehmern von R&A-Studien, etliche sind sogar als direkte Auftraggeber aufgetreten. Als das prominenteste Beispiel sei hier nur die Civil Affairs Division des Kriegsministeriums genannt, für die die R&A Branch in den Jahren 1943 und 1944 eine systematisch zu nennende Tätigkeit entfaltet hat. Wenn der Konflikt zwischen zivilen und militärischen Entscheidungsinstanzen für die gesamte Planungs-, aber auch für die Realisierungsphase der Militärregierung von Bedeutung war – ein Konflikt, der regelmäßig zugunsten der letzteren ausgegangen ist,[56] – dann dürften an den damals für diese Abteilung geschriebenen Studien wichtige Probleme der künftigen deutschen Demokratie ablesbar sein. Deutlich wird dies bereits an der Kontroverse über das *Handbook for Military Government in Germany,* von dem der Morgenthau-Plan im Herbst 1944 seinen Aus-

53 Earl F. Ziemke, *The U.S. Army in the Occupation of Germany 1944–1946,* Washington D. C. 1975, Kap. I–VII.

54 Conrad F. Latour, Thilo Vogelsang, *Okkupation und Wiederaufbau. Die Tätigkeit der Militärregierung in der amerikanischen Besatzungszone 1944–1947,* S. 22.

55 Zink, *The United States in Germany,* a. a. O., S. 20.

56 Ebenda, S. 121 ff.

gang nahm.[57] Dieses Produkt der Civil Affairs Division, das Handlungsanweisungen für die Besatzungsoffiziere enthielt, wurde wegen seiner angeblich »zu weichen Politik« gegenüber dem besiegten Deutschland vom Finanzminister scharf kritisiert und zum Anlaß genommen, um sein Konzept der Entindustrialisierung und Zerschlagung Deutschlands zunächst sogar dem Präsidenten Roosevelt schmackhaft zu machen. Zu vermuten ist, daß die Gesamtperspektive dieses militärischen Leitfadens von dem umfangreichen *Civil Affairs Handbook* inspiriert worden war, das zur gleichen Zeit in der R&A Branch des OSS ausgearbeitet wurde und von hier aus durch die Planungsinstanzen lief.

Aus den bislang vorgelegten Arbeiten, die den tatsächlichen Einfluß der politischen Emigration auf die amerikanischen Planungen für die zukünftige Demokratie in Deutschland zu bemessen versuchen, ergibt sich kein klares Bild. Es mag übertrieben sein, was ein bekannter Historiker zu bedenken gibt, daß nämlich das OSS neben dem State und dem War Department die dritte ausschlaggebende Planungsinstanz der amerikanischen Politik in der Kriegsphase war.[58] Allzu undifferenziert aber scheint andererseits auch das Resümee zu sein, zu dem eine neuere Studie über das Deutschlandbild der Amerikaner in dieser Zeit gelangt: »Die deutschen Emigranten in den USA waren nicht in der Lage, die amerikanische Politik maßgeblich zu beeinflussen.«[59] Ein solches Urteil mag die historische Realität der Emigrantenpolitik in ihrer tragischen Ohnmacht gegenüber den Hauptakteuren auf der politischen Weltbühne der vierziger Jahre richtig bewerten, doch es verfehlt das substantielle Problem vielleicht gerade deshalb, weil es die »große Politik« zum Maßstab genommen hat. In der Tat könnte es, wenn sie sich denn bewähren sollte, der Vorzug einer archäologischen Erforschung der politischen Emigration sein, daß sie sich dieses Maßstabs zunächst zu enthalten sucht. Möglicherweise war der politische Diskurs, den einige Emigranten in einer übermächtigen und überdies planlos operierenden Megamaschine des Krieges führten, in der Tat ohne jeden Einfluß auf die Gestaltung der zukünftigen deutschen Demokratie. Dies sollte jedoch nicht daran hindern, dem scheinbar Irrelevanten forscherische Sorgfalt angedeihen zu lassen – es ist vielleicht nur verdeckte Wirklichkeit oder gar eine Wirklichkeit, die sich selber verdecken mußte.

Eine Perspektive, die der archäologischen nahekommt, weisen jedenfalls diejenigen Untersuchungen auf, die als einzige die theoretische Praxis der Neumann-Gruppe im amerikanischen Geheimdienst überhaupt thematisiert haben. Niethammer und Borsdorf nehmen in ihren Studien über die

57 Ziemke, a.a.O., S. 83ff

58 Fritz Epstein in: Lothar Kettenacker (Hrsg.), *Das »Andere Deutschland« im Zweiten Weltkrieg,* Stuttgart 1977, S. 100.

59 Anthony J. Nicholls, »American Views of Germany's Future during World War II«, in: ebenda S. 86, vgl. auch S. 84.

unmittelbare Nachkriegsperiode Bezug auf das Faschismus- und Deutschlandbild des OSS und siedeln seine historische Wirksamkeit zwischen den beiden dominanten Interessenblöcken an, die in der amerikanischen Deutschlandpolitik tatsächlich zum Zuge kamen: eingeklemmt zwischen der Kapitalinteressen repräsentierenden Rechten und den Linksliberalen des New Deal, die zeitweilig eine stark repressive Deutschlandpolitik im Sinne hatten, »lag in den Hohlräumen des Entscheidungsprozesses vorübergehend eine politische Chance« für eine neomarxistische Linke, die auf antikapitalistische und sozialistische Strukturreformen im künftigen Deutschland drängte.[60] Es ist wohl kein Zufall, daß der Blickpunkt, den Niethammer in seiner Untersuchung der amerikanisch-deutschen Entnazifizierungspolitik gewählt hat, vom ersten Direktor der R&A Branch, Walter L. Dorn, geteilt wurde.[61]

Welchen Einfluß die Deutschland-Studien des OSS auf die Planung der Militärregierung tatsächlich hatten, muß nicht nur der Forschungslage wegen, sondern auch in Anbetracht des für diesen Band gesichteten Materials weiterhin offenbleiben. Inwieweit sich in ihnen der »Geist« der Kritischen Theorie, der sicherlich antikapitalistisch und sozialistisch war, niedergeschlagen hat, müssen die Lektüre der Texte selber und ihre archäologische Interpretation zeigen. Feststeht, daß er nur bruchstückhaft und entstellt, also so zum Ausdruck kam, wie die Beschränkung der politischen Wirkungsmöglichkeiten in der Emigration für Marxisten und demokratische Sozialisten dies gestattete.

Vielleicht aber ist der politische Diskurs, den die Neumann-Gruppe im amerikanischen Geheimdienst führte, vorwiegend theoriebiographisch und wissenschaftsgeschichtlich von Interesse. Der erste Satz, den Franz L. Neumann 1947, nach seinem Ausscheiden aus der nun dem State Department eingegliederten R&A Branch publizierte, läßt vermuten, daß er seine Forschungs- und Planungsarbeit im OSS als gescheitert ansah. Jedenfalls spricht er ohne Illusionen den gewissermaßen apriorischen Widerspruch aus, der die deutsche Nachkriegsgeschichte und damit auch den politischen Diskurs der R&A-Deutschlandanalytiker einschneidend geprägt hat, den Widerspruch von Militärregierung und Demokratie:

»Erziehen ist schwierig; Umerziehen ist noch schwieriger; eine andere Nation umzuerziehen, ist nahezu unmöglich. Zu versuchen, die Deutschen mittels einer Militärregierung umzuerziehen heißt, das Unmögliche zu versuchen.«[62]

60 Niethammer, *Entnazifizierung,* a. a. O., S. 47. Ebenso Borsdorf/Niethammer, *Zwischen Befreiung und Besatzung,* a. a. O., S. 10ff., S. 373.
61 Vgl. auch Lutz Niethammer, Walter L. Dorn (Hrsg.), *Inspektionsreisen in der US-Zone,* Stuttgart 1973.
62 Neumann, »Die Umerziehung der Deutschen und das Dilemma des Wiederaufbaus«, in: ders., *Wirtschaft, Staat, Demokratie,* Frankfurt/M. 1978, S. 290.

Interessant ist die theoretische Entwicklung, die Neumann, nicht anders übrigens als wenig später Otto Kirchheimer, in den fünfziger Jahren annimmt – interessant insbesondere dann, wenn man sie zurückbezieht auf die Kontroverse, von der der politische Diskurs der Deutschland-Studien seinen Ausgang nahm. War Neumann 1942 der Protagonist der These vom Primat der Ökonomie, so postuliert derselbe Autor zehn Jahre später in seiner grundsätzlichen Abhandlung »Ökonomie und Politik im 20. Jahrhundert«:

»Die Suprematie der Politik über die Ökonomie war immer eine Tatsache, die manchmal verschleiert, manchmal offen anerkannt worden ist. In der Struktur der totalitären Staaten ist der Sachverhalt klar; in der Struktur der demokratischen Staaten wird der Sachverhalt häufig aus Unkenntnis verdeckt. Selbst in der Periode des unbeschränkten Manchestertums hatte die Politik die Hegemonie.«[63]

Der Unterschied ist frappierend und offensichtlich; er fordert den Wissenschaftsgeschichtler zu einer Erklärung heraus, einer Erklärung, für die die politische Praxis der Kritischen Theorie im amerikanischen Geheimdienst nicht gleichgültig sein kann. War es vielleicht die Erfahrung im amerikanischen Geheimdienst, wodurch der Primat des Ökonomischen in den Primat des Politischen gleichsam umgeschmolzen worden ist, in einen Forschungsansatz, der sich von einer Praxis beeindrucken ließ, die deutlich unter dem Primat des Politischen, ja des Militärischen operierte?
Die Nachkriegsgeschichte der Kritischen Theorie ist noch nicht geschrieben. Eines der Phänomene, die hierbei zu erschließen wären, ist der Szenenwechsel, der von der Kritischen Theorie der frühen vierziger Jahre zur Politikwissenschaft der fünfziger Jahre führte.[64] Er ereignete sich in jenem Klima der neugeschaffenen deutsch-amerikanischen Beziehungen, das von der Großwetterlage des Kalten Krieges bestimmt war und in dem sich eine zweifelhafte demokratische Erziehungskur an den Deutschen vollzog. Sofern Autoren wie Neumann und Kirchheimer an diesem Klimawechsel – affirmativ oder kritisch? – mitwirkten, wäre an ihnen eine These zu erproben, die man provozierend so formulieren könnte: Ursprung der Demokratiewissenschaft aus dem Geist des amerikanischen Geheimdienstes.

63 Neumann, »Ökonomie und Politik im 20. Jahrhundert«, in: ders., *Demokratischer und autoritärer Staat,* Frankfurt/M. 1967, S. 182.
64 Vgl. ausführlicher Söllner, »Politische Dialektik der Aufklärung«, a. a. O.

I. Das »andere Deutschland« – Widerstand und Emigration

Vorbemerkung des Herausgebers

Die beiden R&A-Studien zu Widerstand und Emigration können als typisch für die Eingangsphase des politischen Diskurses der R&A Branch gelten. Sie verkörpern zwei verschiedene Typen der Informationsverwertung: Während die Analyse der deutschen Widerstandsbewegung relativ nahe an den Quellen bleibt und nur zögernd zu Bewertung und Analyse übergeht – einzelne Passagen scheinen direkte Wiedergaben punktueller Einzelberichte aus Deutschland zu sein –, hat die Studie über die deutsche Emigration ausgesprochen synthetischen Charakter; es handelt sich bei ihr denn auch, falls der Hinweis im Widerstands-Text zutrifft, um die Expertise eines individuellen Autors, nämlich Walter L. Dorns, der 1942 als Direktor der Central European Section fungierte und später in der Militärregierung eine größere Rolle spielte.[1] Nicht nur vom Zeitpunkt ihrer Entstehung her, sondern mehr noch aus inneren Gründen gehören sie zusammen – beide Texte betonen den notwendigen Zusammenhang von Widerstand und Emigration, aus dem sich allein die Legitimität, aber auch die Effizienz der Kräfte ergeben soll, die für die zukünftige Demokratie in Deutschland streiten.

Widerstandshandlungen, in ihrer Vielfalt und ihrer organisierten Form zumal, waren im Diskurs der politischen Emigranten die genuinen Garanten dafür, daß es ein »anderes Deutschland« selbst noch in der Phase der größten inneren und äußeren Expansion des Nationalsozialismus gab; ihre Existenz schien die letzte Rechtsgrundlage allen politischen Handelns. An den vorliegenden Texten ist abzulesen, wie sehr alle externen Hoffnungen auf eine zukünftige deutsche Demokratie darauf aufgebaut waren, daß es einen internen deutschen Widerstand überhaupt gab, wie sehr dieses Potential aber gleichzeitig immer mehr zu einer rein symbolischen Wirklichkeit geworden war. Dafür symptomatisch ist an den Texten ihr typisches Schwanken zwischen übertriebenen Erwartungen und dem heimlichen Wissen von der Stärke, möglicherweise der Unbezwinglichkeit des Gegners. Diese Indifferenz der Beurteilung ist interessant vor dem Hintergrund der heutigen Kenntnis, daß der Nationalsozialismus durch den inneren Widerstand zu keiner Zeit ernstlich bedroht war. Sowohl die Effizienz der Widerstandsbewegung als auch ihre organisierte Stärke sind also bei weitem *über*schätzt, *unter*schätzt sind die in-

1 Vgl. Lutz Niethammer, Walter L. Dorn (Hrsg.), *Inspektionsreisen in der US-Zone,* a. a. O.

nere Geschlossenheit und die Abwehrkraft des Nationalsozialismus. Ein Grund dafür ist, daß der Nationalsozialismus als das terroristische, nach innen und außen hemmungslos expandierende Herrschaftssystem, das er war, weitgehend außerhalb des Horizontes der Analyse bleibt.[2]

Gerade diese Konstellation aber läßt am Diskurs der R&A-Studien jenes utopische Element, sozusagen mit reduzierter Realitätsprüfung, in Erscheinung treten, das in den späteren Analysen nur noch subkutan spürbar und in dem Maße zum Verschwinden verurteilt ist, wie die Auftraggeber die Arbeit der R&A Branch auf die militärpolitischen Ziele zu konzentrieren beginnen. Diese Utopie geht auf die Erschaffung eines neuen Deutschland aus der eigenen Kraft der deutschen Antifaschisten und vor allem des einheitlichen Kampfes aller sozialistischen und demokratischen Gruppen. Als ihre soziale Basis erscheint die Arbeiterklasse, als ihre politische Form eine vereinigte Arbeiterpartei. Utopisch ist diese Vision insbesondere deshalb, weil die alliierten Streitkräfte als die einzig wirkungsvollen Gegner des Nationalsozialismus und die absehbare Differenz zwischen deren Kriegszielen und den Zielen der deutschen Demokraten und Sozialisten außer acht bleiben. Gemessen an der politischen Realität, die die genuin deutschen Potentiale für ein »anderes Deutschland« 1943 zwischen zwei gigantische Kriegslager stellte und zur quantité négligable reduzieren sollte, muß z. B. die politische Schlußfolgerung des Widerstandstextes, der die Amerikaner zur finanziellen und moralischen Unterstützung des deutschen Widerstands aufruft, naiv erscheinen.

Interessant an der Analyse ist die Gewichtung der einzelnen Widerstandsgruppen untereinander, vor allem dann, wenn man zum Vergleich die bundesrepublikanische Widerstandsforschung der fünfziger und sechziger Jahre heranzieht. Diese als »Vergangenheitsbewältigung« auf den Weg gebrachte Widerstandsliteratur blieb nämlich, von wenigen Ausnahmen abgesehen, fast vollständig auf den bürgerlichen und militärischen Widerstand fixiert, und es ist erschütternd zu sehen, wie ein Forschungsbericht der Friedrich-Ebert-Stiftung[3] noch im Jahre 1965 sich gegenüber dem Vergangenheitsbild des Adenauer-Staates in einer Verteidigungshaltung zu befinden scheint, die dem Verhältnis des OSS-Berichterstatters zur amerikanischen Öffentlichkeit gleicht – beide (möglicherweise gleichermaßen sozialdemokratisch motivierte) Darstellungen sehen sich vor der Aufgabe, den Existenzbeweis für den Arbeiterwiderstand überhaupt erst antreten zu müssen. Erst seit Anfang der siebziger Jahre konnte der Arbeiterwiderstand sich einer mehr systematischen Aufmerksamkeit der wissenschaftlichen Forschung versichern – mit einem Resultat, das, insgesamt natürlich differenzierter und empirisch stichhaltiger, der Perspektive unserer Analyse ähnelt, die unter extremer Informationsnot und unter Geheimhaltungsbedingungen erstellt werden mußte. Heute wagt man es wieder, die Frage nach dem Verhältnis von sozialem Protest und politischem Widerstand ins Zentrum zu stellen,

2 Vgl. Christoph Kleßmann, »Gegner des Nationalsozialismus«, in: *Aus Politik und Zeitgeschichte,* 46/79, 17. Nov. 1979, bes. 26ff.

3 Friedrich-Ebert-Stiftung, *Stand und Problematik des Widerstandes gegen den Nationalsozialismus,* Bad Godesberg 1965.

eine Frage, von der der Bericht des OSS quasi selbstverständlich seinen Ausgang nimmt.[4]

Die Walter Dorn zugeschriebene Analyse der deutschen politischen Emigration ist eine äußerst intelligente und lebhafte Gesamtdarstellung, die ein aus den Quellen gesichertes Pendant in der heutigen Forschung nicht besitzt. Dies allein schon macht sie, sozusagen als Fingerzeig eines Zeitgenossen, für die Dimensionierung eines Forschungsgebietes wertvoll, auf dem man sich heute noch mit gastlandspezifischen Einzelanalysen begnügen muß. Hier ist sie auf die Zwecke einer Dokumentation zugeschnitten, die von der weltweiten Emigration nur das hervorhebt, was für die amerikanische Emigration relevant war; gestrichen wurden die Kapitel über die schwedische Emigration und das vielgliedrige kommunistische Exil, das letztere, weil das »Komitee Freies Deutschland« in der Analyse der Kommunistischen Partei von 1944 gesondert zu seinem Recht kommt. Die Studie verrät eine subtile Kenntnis nicht nur der amerikanischen, sondern auch der englischen Verhältnisse, obwohl sie deutlich personenfixiert bleibt. Zur Einordnung der einzelnen Persönlichkeiten in den jeweiligen organisatorischen Kontext können wir heute natürlich auf bessere Informationsquellen zurückgreifen[5] – immerhin ist dem Verfasser zugute zu halten, daß die Emigrationspolitik tatsächlich mehr von Einzelfiguren, ihren Animositäten und Rankünen geprägt war, als es unter normalen politischen Handlungsbedingungen der Fall ist.

Doch auch in diesem Bericht rührt der relative Optimismus über die politischen Wirkungschancen der sozialistischen Emigration hauptsächlich daher, daß die Gesamtheit der militär- und außenpolitischen Bedingungsfaktoren ausgeklammert wird. Die Schilderung der politischen Optionen der Emigration liest sich fast so, als würden sie unter den Bedingungen einer pluralistischen Staatengemeinschaft artikuliert, und nicht unter denen eines in seine Endphase eintretenden totalen Krieges. Um so aufschlußreicher ist dann die Abgrenzung der einzelnen sozialistischen Emigrantenorganisationen untereinander. Wem die politische Sympathie des Autors gehört, ist abzulesen vor allem an der Einschätzung der Gruppe »Neu Beginnen«, wenngleich auch hier eine leichte Idealisierung vorliegen dürfte.[6] Adäquat scheint die Hervorhebung dieser kleinen Gruppe wegen ihrer potentiellen Vermittlerrolle zwischen den anderen linkssozialistischen Splittergruppen und der SoPaDe, ihrer vergleichsweise hohen Effizienz bei der Verknüpfung von innerem Widerstand und Emigration und vor allem wegen ihrer intellektuell hochstehenden und politisch genauen Situationsanalyse. Das letztere

4 Vgl. z.B. Detlev Peukert, *Ruhrarbeiter gegen den Faschismus,* Frankfurt/M. 1976. Als Überblick über den gegenwärtigen Forschungsstand vgl. Kleßmann, Pingel (Hrsg.), *Gegner des Nationalsozialismus,* Frankfurt/M. 1980.

5 Vgl. Radkau, *Die deutsche Emigration in den USA,* Düsseldorf 1971, bes. S. 107ff.; Werner Röder, *Die deutschen sozialistischen Exilgruppen in Großbritannien 1940–1945,* Bonn-Bad Godesberg 1973, bes. S. 27ff.; Werner Röder, Herbert A. Strauss, *Biographisches Handbuch der deutschsprachigen Emigranten nach 1933,* München, New York 1980, Bd. I.

6 Vgl. immer noch Kurt Kliem, *Der sozialistische Widerstand gegen das Dritte Reich, dargestellt an der Gruppe »Neu Beginnen«,* Marburg 1957.

trifft, nach heute wohl anerkannter Meinung, insbesondere auf Richard Löwenthal (Paul Sering) zu.[7]
Es mag problematisch scheinen, die Studie des Amerikaners Dorn als Dokument für das Wirken politischer Emigranten im amerikanischen Staatsdienst heranzuziehen. Es ist gleichwohl gerechtfertigt, nicht nur, weil Dorn als erster Direktor der Central European Division eine maßgebliche Rolle bei der Einstellung der Neumann-Gruppe gespielt haben dürfte, sondern auch, weil die von Dorn als Fluchtpunkt der zukünftigen deutschen Demokratie genommene Einheit von sozialer Revolution und demokratischer Erneuerung das utopische Element ungenierter und ungebrochener zum Ausdruck brachte, als dies bei den von der Analyse des NS-Herrschaftsapparates weit mehr geprägten – und belasteten – Autoren der Neumann-Gruppe der Fall war. Er konnte dies vermutlich gerade deshalb, weil er Amerikaner war. Eine direkte Übereinstimmung zwischen ihm und der Neumann-Gruppe aber ist in der Einschätzung der kommunistischen Emigration zu vermuten: Die Abgrenzung von der Demokratieauffassung des »demokratischen Zentralismus« darf als Signal der »kollektiven Mentalität« nicht nur der amerikanischen Öffentlichkeit, sondern auch des Geheimdienstes aufgefaßt werden, sie bezeichnet sicherlich jenen Punkt im Diskurs des OSS, an dem die deutschen Emigranten sich am wenigsten eingeschränkt fühlten.
Wenn es zutrifft, daß der politische Diskurs, der in den vorliegenden Deutschlandanalysen aufscheint, einen grundlegenden Widerspruch enthält, so markieren die Texte zu Widerstand und Emigration den einen Pol dieses Widerspruchs: als relativ optimistische Darstellung der Zukunftsmöglichkeiten eines »anderen Deutschland« zeigen sie sich ahnungslos gegenüber den tatsächlichen Tendenzen, die der Kriegsverlauf und sein Ende mit sich bringen sollten. Der andere Pol ist die Tatsache der Militärregierung, an deren Konsequenzen Neumann, Kirchheimer und Marcuse nolens volens mitwirken mußten – sie hatte zur Folge, daß das »andere Deutschland«, statt zum Hauptagenten einer revolutionären Erhebung gegen das Hitler-Regime oder wenigstens einer Selbstreinigung von ihm zu werden, sich zum Publikum für die Selbstdarstellung der Sieger degradiert sah.

7 Eine Analyse der Emigrationsschriften Richard Löwenthals bis hin zu seinem *Jenseits des Kapitalismus* von 1947 wäre ein hervorragender Beitrag zur politischen Theorie der Emigration.

Dokument I.1*
Die Untergrundbewegung in Deutschland[1]

I. Einleitung

Die Geschichte der deutschen Untergrundbewegung läßt sich chronologisch gliedern. Die Periode von 1933 bis 1939 ist durch den Versuch der stärksten politischen Parteien, der Sozialdemokraten und der Kommunisten, gekennzeichnet, Untergrundtätigkeiten national oder in Massenorganisationen aufrecht zu erhalten. Als jedoch diese Ansätze durch staatlichen Terror zerschlagen waren, war auch der Beweis dafür erbracht, daß der Widerstand sich national oder massenförmig nicht formieren ließ. Von etwa 1935 bis 1939 wurde daher versucht, eine effektivere Organisation in Gestalt kleiner Elitegruppen oder Kader vor Ort zu bilden, die untereinander ausschließlich über die verantwortlichen Führungspersonen Kontakt hielten. Neben dem parteigebundenen Widerstand gab es gleichzeitig gewerkschaftliche Organisationen, die Parteiaktivitäten argwöhnisch gegenüberstanden und sich im Kampf gegen die Ausbeutung der Arbeiter durch die Deutsche Arbeitsfront vorwiegend gewerkschaftlicher Methoden bedienten. Während dieser Frühphase war also der Widerstand im wesentlichen einer der Arbeiterbewegung, die gegen den Terrorapparat verzweifelt um ihr Überleben kämpfte und die im Rahmen der vorhandenen Naziinstitutionen zu operieren versuchte. In dieser Periode gelang es den Nazis zwar, den Untergrund in jeder der politischen, wirtschaftlichen, sozialen und religiösen Oppositionsgruppen allmählich zu schwächen, nicht aber, ihn zu sprengen.

Nach anfänglichem Zerfall ist die Untergrundbewegung seit dem Aus-

* Die eckigen Klammern in den Dokumenten bezeichnen Kürzungen durch den Herausgeber.

1 Der vorliegende Bericht soll einen früheren Bericht der Central European Section mit dem Titel *Die Untergrundbewegung in Deutschland, Polen, der Tschechoslowakei, Österreich und Ungarn,* von dem eine Zusammenfassung im *Psychological Warfare-Weekly* vom 16. April 1943 unter dem Titel *Der Untergrund in Deutschland und Österreich* erschienen ist, ergänzen und auf den neuesten Stand bringen. Das zusätzliche Material stammt vor allem aus Befragungen von Kriegsgefangenen. Die ergiebigsten Informationen lieferten Gefangene, die zum 961. Nordafrika Regiment gehörten, das zu einem großen Teil aus ehemaligen politischen Gefangenen bestand, die in deutschen Gefängnissen oder Konzentrationslagern eingesessen haben. Der Bericht enthält kein Material über Österreich; dieses Material soll in einen anderen Bericht Eingang finden.

bruch des Krieges (1939–1943) in gewissem Umfang wiederaufgelebt und hat sich ausgeweitet. Doch die Eroberung von Gebieten durch die Deutschen, von wo aus die geflüchteten Führer der verbotenen Parteien und Organisationen den Kontakt mit Deutschland aufrechterhalten hatten, beraubte den Widerstand dort nicht nur der Unterstützung von außen, sondern lieferte der Gestapo auch zusätzliche Informationen, mittels deren sie die illegale Opposition im Inland aufbrechen konnte. Die Verbindungen zur Außenwelt waren nun fast vollständig abgeschnitten. Gleichzeitig hat der deutsch-sowjetische Pakt die illegale sozialistische Opposition in Deutschland demoralisiert. 1941 änderte sich dies, und das Kriegsgeschick begann sich zu wenden. Damit waren die allgemeinen Bedingungen für eine Minderung der Opferbereitschaft der Bevölkerung und gleichzeitig für eine Stärkung und Ausweitung der Untergrundbewegung geschaffen. Die Rekrutierung von Polizeieinheiten für die Wehrmacht hat die Repressionsapparate in Deutschland geschwächt. Die rigide Ausbeutung der – männlichen wie weiblichen – Fabrik- und Landarbeiter im Interesse des totalen Krieges hat eine gewisse Lockerung der Kontrolle geboten, um deren Fügsamkeit zu gewährleisten. Die Mischung aus Angst, Verzweiflung, Erschöpfung und Leiden, die aus den erzwungenen Entbehrungen, den Bürden der Kriegswirtschaft, den unaufhörlichen Bombenangriffen, den militärischen Rückschlägen resultiert, weckt bei manchem, der noch nicht völlig apathisiert ist, den Wunsch nach einem Mittel, dem Grauen ein Ende zu setzen, und stärkt damit den Widerstand im Untergrund. Die Ernennung Himmlers zum Innenminister ist für die Situation bezeichnend.

II. Die Untergrundbewegung vor dem Krieg

Die Bemühungen der Sozialdemokraten und Kommunisten nach 1933, ihre jeweiligen Organisationen intakt zu halten, scheiterten an den Angriffen der Gestapo. Schon zuvor hatte die SPD viel von ihrer Vitalität eingebüßt; sie zehrte von ihrer traditionellen organisatorischen Kraft und von ihrem früheren Ruhm als einflußreiche politische Größe der Weimarer Republik. Ihre Führung hatte sich durch Unfähigkeit und Zögern im Kampf gegen den Nationalsozialismus einigermaßen diskreditiert. Sie besaß keine Erfahrung in der Untergrundarbeit, und ihre Hoffnung auf die Bildung einer Massenbewegung erwies sich bald als Illusion. Man kann sagen, daß die SPD um 1935 als Organisation liquidiert war. Für diese frühe Periode gibt es keinen Hinweis auf eine lebendige Verbindung zwischen den Untergrundorganisationen der Sozialdemokraten und der Kommunisten. Keine Partei erlitt unter dem Terror der Nazis ähnlich große Verluste wie die Kommunisten. Die verbliebenen lokalen Zellen wurden zerschlagen, neu gegründet und erneut vernichtet. In welchem Ausmaß die Komintern hierzu mit beigetragen hat, läßt sich schwer feststellen; jedenfalls stiftete der deutsch-sowjetische Pakt vom August 1939 erhebliche Verwirrung, weil antinazistische Sozialisten, die diesen Vertrag mißbilligten, in den Reihen der Partei schwerlich geduldet werden konnten.

Um die Atomisierung der sozialdemokratischen und kommunistischen Untergrundbewegung zu veranschaulichen, seien folgende Gruppen, deren Existenz in den Jahren vor 1939 belegt ist, hier genannt:

1. *Die Gruppe Boehm* war eine sozialdemokratische oder wahrscheinlich eher kommunistische Gründung. Sie hatte zahlreiche Anhänger in Berlin-Neukölln und unterhielt Filialen in militärischen Ausbildungslagern, um die Soldaten vor den Kriegsvorbereitungen der Nazis zu warnen. Die jugendlichen Mitglieder dieser Organisation (18–35 Jahre) verfügten über Literatur und Waffen. Boehm selbst wurde im Frühjahr 1938 verhaftet; zu dieser Zeit zählte die Gruppe einige hundert Anhänger vor allem in Berliner Betrieben, unter ihnen Leute, die bereit und imstande waren, Boehms Aufgaben während seiner Inhaftierung zu übernehmen. Unter brutaler Folter gab Boehm die Namen von 80 bis 90 seiner Anhänger preis, die daraufhin ebenfalls festgenommen wurden. Was aus den übrigen wurde, läßt sich nicht ausmachen; doch die Größe der ursprünglichen Gruppe erlaubt den Schluß, daß einige ihrer Mitglieder noch am Leben sind.

2. Es gab eine illegale »Reichsbanner«-Gruppe in Bremen unter der Leitung eines früheren Mitglieds der Sozialdemokratischen Partei, der gleichzeitig Mitglied des »Reichsbanner« gewesen war und 1932 in Bremen das »Reichsbanner-Marine« gegründet hatte. 88 von 450 Mitgliedern wurden im März 1934 verhaftet. Es ist nicht auszuschließen, daß die Gruppe immer noch besteht.

3. Eine Volksfrontorganisation der Kommunisten nannte sich »Antifaschistische Aktion«. Nach 1933 hatte ein junger Wuppertaler Mechaniker als Mitglied dieser Gruppe kommunistische Flugblätter verteilt; er wurde 1935 zusammen mit zwanzig anderen verhaftet.

4. Die »Rote Jugend« in Köln existierte zumindest bis ins Jahr 1934. Ein Essener Arbeiter schloß sich 1934 einer illegalen kommunistischen Jugendgruppe in dieser Stadt an und wirkte bis 1937 in der Illegalität. Ein junger Zimmermann aus Kirchberg verbreitete illegal kommunistische Flugblätter und wurde 1939 verhaftet.

Man kann nicht sagen, daß vor 1938 ein organisatorisches Netz illegaler Gewerkschaftsgruppen die gesamte deutsche Industrie überzog. Diejenigen Gruppen waren am stärksten, die von internationalen Organisationen Unterstützung erhielten: die Bergarbeiter, die Metallarbeiter und die Transportarbeiter, bei diesen vor allem die Eisenbahner. Sie hatten als illegale Gewerkschaftsorganisation von 280 Personen begonnen, die zwischen 1911 und 1919 von Hans Jahn, einem Maschinisten in Berlin, zusammengebracht worden waren. Um 1933 umfaßte die Gruppe rund 600000 Mitglieder. Von 1933 bis 1944 blieb Jahn mit diesen Arbeitern auf seinen häufigen Reisen nach Deutschland von Luxemburg aus in Verbindung.

Außer für sozialistische und kommunistische Gruppen gibt es Indizien für illegale Organisationen mit anderer politischer oder mit religiöser Programmatik:

1. Eine illegale Gruppe der Deutschnationalen, die sich aus ehemaligen Offizieren und anderen Militärs zusammensetzte, arbeitete in der Wehrmacht. Sie bestand noch im Frühjahr 1938, obschon einige ihrer Mitglieder verhaftet und hingerichtet worden waren.
2. In *Gelsenkirchen* und *Berlin* gab es illegale katholische Jugendorganisationen. Die Gelsenkirchener Gruppe hatte ein jüdisches Mitglied. Die Berliner Gruppe traf sich wöchentlich mehrmals und verteilte Flugblätter, die in der Tschechoslowakei hergestellt worden waren. Es ist sehr wohl möglich, daß eine umfangreiche katholische Jugendbewegung vom *Zentrum* und von katholischen Orden in Deutschland finanziert wurde.
3. Weiter wurde bekannt, daß in Stuttgart ein junger Lithograph und vierzig Setzer, die beim Stuttgarter *Neuen Tagblatt* beschäftigt waren, bis zu ihrer Verhaftung im Januar 1939 illegale Zeitungen verteilt haben.
4. Eine der effektivsten Gruppen im Untergrund war vor 1939 »Neu Beginnen«.[2] Es handelt sich dabei um Linkssozialisten, die sich von der alten Führung der Sozialdemokratischen Partei enttäuscht abgewandt haben. Sie begreifen die Politik in der Illegalität nicht als Projekt einer Massenorganisation, sondern eher als das lokaler Kader, die es in der Technik der konspirativen antinazistischen Tätigkeit zu schulen gilt. »Neu Beginnen« versuchte, Kontakt zu den aktiven sozialistischen Widerstandsgruppierungen herzustellen. Die wichtigsten davon waren die Uberbleibsel der ehemaligen Religiösen Sozialisten mit rund zwanzig Zentren in Deutschland, die Berliner Sozialistische Jugend und ähnliche Verbände überall im Land, verbliebene Teile der sozialistischen Studentenorganisationen, einige lokale Zellen der Sozialdemokratischen Partei sowie einige ihrer älteren Funktionäre mit einer Anhängerschaft in Deutschland. Eine Konferenz in Berlin (im Juni 1935) markiert die Entstehung von »Neu Beginnen« als einer unabhängigen Untergrundorganisation. Sie unterhielt ein Auslandsbüro in Prag und ein Zentralkomitee in Berlin und knüpfte Kontakte zu anderen Gewerkschaftern, zu Eisenbahnern, zu Bauarbeitern,

2 Dieses und manches andere Material in diesem Bericht verdanken wir der Untersuchung von Dr. Walter Dorn über die »deutsche politische Emigration«, die demnächst fertiggestellt sein wird.

zu Transport- und Metallarbeitern. Nachdem die ursprüngliche Kooperation zwischen der Sozialdemokratischen Partei und »Neu Beginnen« erloschen war, wurde die Gruppe durch Schweizer Gewerkschaften, die Schweizer Sozialdemokratische Partei, durch Léon Blum, die sudetendeutsche Sozialdemokratische Partei, Sir Stafford Cripps und die American Friends of German Freedom gestützt. 1939 hielt das Auslandsbüro in Paris über Grenz-Sekretariate Verbindung mit drei Gruppen in Bayern, fünf in Schlesien, drei in Württemberg, zwei in der Pfalz, zwei in Sachsen sowie mit dem Zentralkomitee in Berlin, das seinerseits in Beziehungen zu anderen Widerstandsgruppen stand. Vom Auslandsbüro führten Fäden auch zu der Auslandsleitung der Untergrundorganisation deutscher Bergarbeiter und rheinischer Textilarbeiter. Mit dem Kriegsausbruch war der grenzüberschreitende Informationstausch abgeschnitten, 1940/41 kamen nur noch spärlich direkte Nachrichten aus Berlin und München. Über den gegenwärtigen Zustand der »Neu Beginnen«-Verbände in Deutschland lassen sich verbindliche Auskünfte nicht gewinnen.

Es gibt für die Zeit vor 1939 einzelne Hinweise auf illegale Oppositionstätigkeit in militärischen Zirkeln (Deutschnationale) und in katholischen sowie protestantischen Kreisen (katholische Jugendorganisationen und Religiöse Sozialisten); in der Hauptsache jedoch stützte sich der konspirative Kampf auf politische (sozialdemokratische und kommunistische) und auf gewerkschaftliche Gruppen (der Bergarbeiter, der Metall-, Transport-, Bau- und Textilarbeiter) der Arbeiterschaft. Bei den Kommunisten gab es sowohl volksfrontartige (Antifaschistische Aktion) als auch parteiförmige Strategien. Es ist bemerkenswert, daß in den vorliegenden Berichten die Jugendorganisationen eine dominierende Rolle spielen (Rote Jugend, Kommunistische Jugend [Essen], Sozialistische Jugendorganisation, Sozialistische Studentenorganisation und »Neu Beginnen«). Die Bemühungen von »Neu Beginnen«, die atomisierten und zersplitterten Gruppierungen im Untergrund enger miteinander zu verbünden, konnten unter den gegebenen Umständen nicht zu außergewöhnlichen Ergebnissen führen. Aus den Berichten geht hervor, daß Berlin das Zentrum der Untergrundorganisationen war; andere in diesem Zusammenhang wichtige Städte sind Bremen, Köln, Essen, Stuttgart, Wuppertal, Kirchberg und Gelsenkirchen. Fraglos gilt die Hauptanstrengung der illegalen Opposition im Kampf mit dem staatlichen Terror ihrem eigenen Überleben. Im übrigen dienen ihre Organisationen vor allem als Nachrichtenstellen.

III. Der Untergrund seit dem Krieg (1939–1943)

Das Grundmuster für Untergrundorganisationen ist in diesem Zeitraum gleichgeblieben. Zum überwiegenden Teil geht der Widerstand von der Arbeiterschaft aus, von Sozialdemokraten, Kommunisten und Gewerkschaftern. Man kann sagen, daß er in den vergangenen zwei Jahren an Stärke gewonnen hat, und zwar infolge der in der Einleitung erwähnten allgemeinen Bedingungen und möglicherweise in den letzten Monaten aufgrund der Auflösung der Komintern. Es gibt Gründe für die Vermutung, daß vornehmlich diese Untergrundgruppen für offene Widerstandshandlungen deutscher Arbeiter gegen die Maßnahmen der Naziherrschaft und für die bekanntgewordenen Sabotageakte verantwortlich sind. Die Anzahl der Untergrundorganisationen hat zugenommen. Von einigen haben wir kaum mehr als den Namen oder vage Hinweise. Bestimmte Informationen lassen jedoch den Schluß zu, daß Frauen, ausländische Arbeiter und Kriegsgefangene sehr wohl eine bedeutsame Rolle im Widerstand spielen könnten. Auch hat er inzwischen eindeutig in der Wehrmacht und in der Partei Fuß gefaßt, und die um sich greifende Kriegsmüdigkeit hat eine illegale Friedensbewegung entstehen lassen.

A. Vage und nicht näher überprüfbare Hinweise auf Gruppen im Untergrund:

1. Ein Bericht vom Januar 1943 gibt an, daß der Führer einer nichtkommunistischen Untergrundorganisation mit über ganz Deutschland verstreuten Zellen nach Stuttgart entkommen ist, wo er zu einem Auditorium von 125 Zuhörern gesprochen hat, unter denen sich auch Vertreter der Mittelschichten und der Kirche befunden haben; zuvor hatte er ähnliche Kontakte in Bayern geknüpft.
2. Ein Bericht vom 25. Juni 1943 spricht von einem Prozeß in Straßburg am 5. Juni gegen Elsässer, die eine antinazistische Organisation mit Verbindungen nach Frankreich und Deutschland geleitet haben.
3. Eine »Organisation für kulturellen Fortschritt«, die schlicht als eine »Anti-Hitler-Bewegung« beschrieben wird und deren Gründung noch vor 1933 erfolgt zu sein scheint, arbeitet angeblich nach wie vor.
4. Der Bruder eines Kriegsgefangenen wurde im September 1942 wegen des Versuchs, eine geheime Anti-Hitler-Bewegung zu organisieren, hingerichtet. 15 weitere Personen wurden mit ihm im selben Prozeß verurteilt.
5. Eine Gruppe von linken Sportlern hat sich an antinazistischen Aktivitäten beteiligt und sich auf die Verteilung von Flugblättern spezialisiert. Im März 1942 wurden 250 von ihnen verhaftet, unter ihnen Sperling, der

deutsche Meister im Leichtgewicht-Ringen, und Seelenbinder, ein Schwergewichtsringer.[3]

B. Frauen im Untergrund:

Der einzige Hinweis in dieser Sache stammt von einem Kriegsgefangenen, der von der Gründung einer geheimen Organisation von Frauen berichtet hat, die sich gegen die »totale Mobilmachung« gewandt und Aufkleber an Mauern angebracht haben sollen. Sie sollen in der öffentlichen Parole »Die totale Mobilmachung ruft auch Dich zum Opfer auf« das Wort »total« durch »fatal« ersetzt und Goebbels' Sieges-V durch ein F (Friede) karikiert haben.

C. Forderung nach Frieden aus dem Untergrund:

Die sogenannte Deutsche Friedensbewegung wurde im Westen Deutschlands gegründet. Nach Berichten von Kriegsgefangenen soll sie im Januar 1943 eine Konferenz abgehalten haben. Sie ist möglicherweise identisch oder verbunden mit der Nationalen Katholischen Deutschen Friedensbewegung, der die Organisierung von Studentendemonstrationen in der Münchener Universität und die Veröffentlichung von Flugblättern zugeschrieben werden.

D. Konservative Studentenverbände im Untergrund:

Der »Kampfbund Studentischer Jugend« wird von einem Kriegsgefangenen als eine eher nationalistische und konservative Vereinigung mit der Universität Berlin als Zentrum beschrieben.

E. Konservative Untergrundgruppen in Kreisen der Militärs, der Industriellen und Junker:

Ein kriegsgefangener Offizier gehörte einer antinazistischen Organisation innerhalb der Wehrmacht an, die seit einigen Jahren an Bedeutung gewinnt. An ihrer Spitze steht ein ranghoher Offizier, der als Interimsführer gedacht ist, bis ein Politiker, z. B. von Neurath, eine Regierung bilden kann. Außerhalb der Wehrmacht hat die Gruppe Anhänger unter Diplomaten, Junkern, Großindustriellen, ja sogar einige bei der Gestapo. Sie ist antikommunistisch und strebt ein nicht-nazistisches Deutschland an. Die Tatsache, daß sie ihrer Anhängerschaft keine Disziplin auferlegen

3 Vgl. den Sonderbericht der Central European Section: *Bericht über die Befragung von Kriegsgefangenen – Widerstand gegen die Nazis.*

kann und daß viele ihrer Mitglieder im Offiziersrang an der Ostfront gefallen sind, hat ihrer Entwicklung Grenzen gezogen. Es wurde versucht, nicht-militärische Mitglieder systematisch hinzuzugewinnen und die Organisation in Zellen mit jeweils fünfzig Mitgliedern zu ordnen. Auch Verleger standen mit ihr in Verbindung. Man erwartet, daß Angehörige der Gruppe, die an die Front befohlen wurden, ihre subversive Tätigkeit dort fortsetzen können. Mehrfach wurden – meistens von Österreichern – Versuche unternommen, oppositionelle Gruppen innerhalb der Wehrmacht zu gründen; unter den deutschen Truppen in Frankreich wurde eine Broschüre verteilt, die zur Bildung von Soldatenräten aufrief.

F. Der Partei-Untergrund (»SA-Freunde«):

Der Partei-Untergrund besteht seit 1940; er rekrutiert sich überwiegend aus Parteimitgliedern, die von der Parteiführung und der allgemeinen Entwicklung in Deutschland enttäuscht sind. Man bemüht sich, die Unzufriedenen aus den Reihen der SA zu sammeln, um gemeinsam mit ihnen gegen das Regime zu wirken. Der parteiinternen Opposition gehören Wirtschaftsfachleute, Ingenieure und sogar Inhaber des goldenen Parteiabzeichens an. Die Aktivitäten der Gruppe folgen den besonderen Interessen ihrer Mitglieder. Eine Abteilung befaßt sich mit Terroranschlägen und Sabotageakten; sie behauptet, für den Tod von Gauleiter Forster, der durch seine Schwarzmarkt-Geschäfte bekannt geworden ist, verantwortlich zu sein; außerdem für ein Bombenattentat auf Goebbels in einem Theater, dem freilich anstelle von Goebbels die Schauspieler zum Opfer fielen, sowie für eine Explosion im Berliner U-Bahn-Bahnhof Friedrichstraße, bei der drei Waggons in die Luft gingen und sechzig Menschen ums Leben kamen. Eine zweite Abteilung druckt und verteilt Flugblätter, die in der »Berliner Verlags-Anstalt« hergestellt werden, einer enteigneten jüdischen Firma, die nun von einem Mitglied der »SA-Freunde« gemeinsam mit einem Mitarbeiterstab, dem zahlreiche »SA-Freunde« angehören, betrieben wird. Das Agitationsmaterial wird auf gutem Papier gedruckt und als Aufkleber verteilt oder in offiziell von der Kulturkammer genehmigte Schriften eingelegt. Eine dritte Abteilung betreibt den geheimen »Sender der SA-Freunde« in der Nachbarschaft des Senders Tegel. Mit Erfolg stört er offizielle Radiosendungen mit Zwischenbemerkungen wie »Schwindel« oder »Lügner« und »Macht Hitler kalt und die Stube wird warm«. Der Sender strahlt auch ganze Programme aus. Die Texte werden zumeist in einem Berliner Keller auf Wachsschallplatten oder Tonband aufgenommen, und zwar von Leuten, die über die weitere Verwendung nicht Bescheid wissen und sich selbst dann plötzlich über den Sender der »SA-Freunde« sprechen hören. Die Ausrüstung für die Störsendungen und die Aufnahmen wurde 1941 in England hergestellt. Die

»SA-Freunde« unterhalten Kontakte zum Kampfbund Studentischer Jugend, zur Kommunistischen Jugend-Internationale, zur Antifaschistischen Aktion und zur Deutschen Friedensbewegung.

G. Untergrundorganisationen der Arbeiterschaft:

Hätten die Nazis die Arbeiter nicht vor Kriegsausbruch auf ihre Seite gebracht gehabt, wäre nicht gleich zu Anfang an die Stelle der Klassensolidarität die »Volks-« und »Betriebsgemeinschaft« getreten – später wären diese Manöver nicht mehr erfolgreich gewesen. Da die Fortsetzung des Krieges alle Arbeiter mit Ausnahme der älteren und der ganz jungen in die Wehrmacht abzog, mußten andere, insbesondere die Frauen, die proletarisierten Angehörigen der unteren Mittelschicht und die ausländischen Arbeiter, ihren Platz in der Produktion übernehmen. Die Maßnahmen der »totalen Mobilmachung« haben indes zahlreiche Frauen und Angehörige der Mittelschicht verbittert, und es ist unverkennbar, daß die ausländischen Arbeiter die potentielle Vorhut einer Besatzungsarmee sind. Frauen und ausländische Arbeiter haben die Solidarität der Arbeitenden in den Fabriken eher gestärkt als geschwächt. Trotz der strengen betrieblichen, parteilichen und polizeilichen Kontrollen in den Fabriken haben sich deshalb die Arbeiter immer wieder gegen die exzessive Ausbeutung in der nazifizierten Industrie zu wehren gewußt.[4]
Es ist zum Beispiel aufschlußreich, daß der Widerstand der Druckergewerkschaft gegen die Deutsche Arbeitsfront so stark gewesen ist, daß das »Arbeitsfront«-Gremium für das Druckereigewerbe niemals zusammengetreten ist und daß die ursprünglichen Satzungen der Druckergewerkschaft im Grunde immer noch in Kraft sind. Die Arbeiter haben sich über Lohnmanipulationen beschwert, die über ungebührlich hohe Abzüge oder unangemessene Einstufungen durchgesetzt werden sollten; sie haben sich gegen den Mangel an Lebensmitteln und anderen Waren, gegen die Arbeitsbedingungen, gegen übersteigerte Leistungsanforderungen, gegen Vorarbeiter und Meister und Unternehmer gewehrt, die Lockspitzel der Partei waren, und sie haben es vermieden, »zuverlässige« betriebliche Vertrauensräte zu wählen. Sie haben es riskiert, nicht nur zu protestieren, sondern auch zu streiken, ja, sogar auf die Straße zu gehen. Es gibt Berichte von Demonstrationen der arbeitenden Bevölkerung nach Luftangriffen in Leipzig, Dortmund, Essen, Hamburg und Köln, über Proteste von Krupparbeitern wegen des Kantinenessens, wegen Mehrarbeit und gegen Pläne zur Verlängerung des Arbeitstages. Arbeiter in Oberschlesien sollen so lange gestreikt haben, bis ihre Fettration erhöht wurde, und Bergleute in Oberhausen sollen sich geweigert haben, einzu-

4 Vgl. den Sonderbericht der Central European Section über die Arbeitsmoral.

fahren, bis man sie mit Schußwaffen dazu zwang. Arbeiter von Blohm & Voss (Hamburg) haben einen Streik geführt und Sprecher der »Deutschen Arbeitsfront« daran gehindert, sie zur Erfüllung ihrer Arbeitspflicht zu ermahnen. Arbeiter in Mannheim haben gegen Überstunden, Luftschutzwartdienst und unzureichende Lebensmittelrationen gestreikt. Darmstädter Arbeiter haben Lobreden auf die gefallenen Helden von Stalingrad unterbrochen, sie haben Flugblätter gegen Versammlungen, auf denen diese Helden gefeiert werden sollten, veröffentlicht und solche Versammlungen sogar abgebrochen. Arbeiter bei Krupp und Rheinmetall in Duisburg sind wegen Unruhestiftung verhaftet worden. Es ist berichtet worden, daß mehr als 100 Arbeiter aus der Dinnendahl-Groeppel-Maschinenfabrik in Bochum und daß Arbeiter von Elektrola in Berlin geflohen sind. Die Vernichtung ihrer Arbeitsbücher durch Luftangriffe wurde von manchen Arbeitern dazu genutzt, sich anderswo günstigere Arbeitsbedingungen zu suchen. Und es wird gemeldet, daß Arbeiter in den bayrischen und Tiroler Bergen regelrechte »Wilderer-Feste« veranstaltet haben. Studenten in Berlin, München, Köln, Göttingen und Jena haben gegen Propagandaaufrufe zum Dienst in der Industrie demonstriert. Arbeiter haben mit Erfolg dagegen protestiert und demonstriert, daß Frauen gezwungen werden sollten, zwei Maschinen anstatt einer zu bedienen. Es liegen Berichte darüber vor, daß Parteimitglieder und Vorarbeiter, die »krankfeierten«, weniger häufig denunziert haben. In Wetzlar soll ein SS-Führer erschossen worden sein, weil er Arbeiter gedeckt hat, die die Produktion sabotiert hatten. In einem Fall haben die Arbeiter gefordert, daß ihnen, wenn der »Ernstfall« eintritt, Waffen aus Flugzeugen abgeworfen werden sollten. Die Rückkehr zum Acht-Stunden-Tag in einigen Industrien und die Wiedereröffnung einiger kleiner Betriebe sind Reaktionen auf diesen Widerstand.
Obschon es unmöglich ist, den Anteil der illegalen Opposition an diesen Aktivitäten zureichend einzuschätzen, wäre es sicherlich falsch anzunehmen, daß er gar keine Rolle dabei spielt. Allerdings sind die antinazistischen Impulse, die die Handlungen der Arbeiterschaft im Untergrund bestimmen, nicht nur politischer Art; es geht vielmehr um Klassenkampf in einem Staat, der allem gegenteiligen Anschein zum Trotz diesen Kampf verschärft hat. Daß sich an derlei erfolgreichen Aktionen Arbeiter beteiligt haben, die entweder politisch desinteressiert oder gar Nazis sind, verweist für die Untergrundbewegung auf ein Widerstandspotential, das in der Zukunft wichtiger werden kann als die Opposition in ihrer augenblicklichen Struktur und Stärke.
Zu kollektiven Widerstandsaktionen ausländischer Arbeiter ist es meist im Zusammenhang mit Versuchen gekommen, ihre Arbeitsbedingungen zu verbessern. Wie man weiß, haben sie zu verstehen gegeben, daß ihr Arbeitstempo direkt proportional zur Qualität ihres Essens ist. Relativ

selten kommt es zu individuellen Widerstandshandlungen ausländischer Arbeiter, zumeist scheint es sich dabei um Verzweiflungstaten zu handeln, insbesondere bei Polen und Russen. So soll z. B. in der Dortmunder Zeche Friedrich der Große ein russischer Arbeiter nach Kontroversen mit seinem deutschen Vorarbeiter erschossen worden sein. Russische Arbeiter sollen sich zu gemeinsamen Bummelstreiks zusammengetan haben. Französische Arbeiter haben gegen ihre Lagerwachen Demoralisierungstrupps organisiert. Auch wurde behauptet, daß durch angemessene Unterstützung und das Versprechen, zum geeigneten Zeitpunkt Waffen aus der Luft abzuwerfen, die ausländischen Arbeiter und Gefangenen dazu gebracht werden könnten, sich in ihren Lagern illegal zu organisieren. Die Polen in den norddeutschen Häfen wurden aufgefordert, im »kritischen Augenblick« nicht nach Hause zu gehen, sondern ihren deutschen Kollegen zu helfen.

1. Sabotage und andere subversive Aktionen:
Es ist bekannt, daß ausländische Arbeiter in den Kieler Werften Sabotage verübt haben; italienische Arbeiter in den Chemiewerken der Firma Merck in Darmstadt und französische und russische Arbeiter bei der Reichsbahn sollen so oft die Adressen gewechselt haben, daß neue Kontrollsysteme eingeführt werden mußten. Russische Arbeiter haben in den Leunawerken in Merseburg Sabotage betrieben. Sabotageakte deutscher Arbeiter werden aus mehreren Metallbetrieben in der Nähe von Frankfurt am Main, von BMW in München, von den Mauser Werken in Rottweil am Neckar, aus Düsseldorf und von den Kanälen gemeldet. Hamburg scheint ein besonders aktiver Sabotageherd zu sein: Arbeiter der Glyzerinfabrik Dralle wurden im Gefolge solcher Handlungen erschossen; Sabotage wird auch von den Kais der Firma Blohm & Voss am Hafen und vom Hannoveraner Bahnhof gemeldet; Anfang April sollen Arbeiter auf dem Weg zur Frühschicht an der Michaeliskirche eine rote Fahne gehißt haben.
Subversive Parolen und Flugblätter sind, insbesondere in den letzten achtzehn Monaten, immer häufiger geworden. Die Sozialdemokraten haben ihre alten Agitationsparolen wiederaufgelegt, die auf den zwangsläufigen Konnex zwischen Nazis und dem Krieg hinweisen: »Lieber die gute alte Arbeitslosigkeit und fünfzehn Mark Arbeitslosengeld die Woche als Krieg.« – Solche und ähnliche Parolen werden mit Bleistift an die Wände von Fluren und Waschräumen gekritzelt oder als Handzettel verbreitet. Illegale Flugblätter kursieren selbst innerhalb der Fabriken (bei Auto-Union in Zwickau). In München wurden 17 Personen aus Süddeutschland verurteilt, die angeklagt waren, in den Jahren 1942/43 Flugblätter verteilt zu haben, mit denen die Bevölkerung zu Sabotageakten gegen die Rüstungsindustrie aufgerufen wurde – die Gruppe wurde von Frauen gelei-

tet, die in München wohnten, in Stuttgart, Freiburg und Ulm. 1943 wurden in den ersten Maiwochen auf den Straßen Leipzigs von Radfahrern Flugblätter mit dem Stempelaufdruck »Hunger« und »Sei kein Hitlersklave« verbreitet. Seit dem Sturz Mussolinis scheinen Flugschriften noch häufiger geworden zu sein, die jüngste enthielt den Aufruf: »Schluß endlich! Es gibt nur einen Weg zu unserer Rettung. Schluß mit dem Krieg! Schluß mit der Arbeit in den Fabriken! Schluß damit!« Sozialdemokraten in der Schweiz glauben sogar, die Zeit sei reif, zum Generalstreik in Deutschland aufzurufen. Es kommt immer wieder zu Bummelstreiks. Die Zechen bei St. Georgen in der Nähe von Freiburg sollen aufgrund von Bummelstreiks, die von Kommunisten ausgelöst worden waren, zeitweilig geschlossen worden sein. Angehörige der »Landwacht«, deren Aufgabe die Verfolgung von »Volksverrätern« ist, sollen getötet oder verletzt worden sein. Der Polizeipräsident von Essen hat bekanntgegeben, daß bei Dachreparaturen nach Luftangriffen auf Dachböden Gewehre, Pistolen und andere militärische Ausrüstungsgegenstände, zum Teil ausländischer Herkunft, gefunden wurden. Große geheime Lager von Waffen, Schriften und Propagandamaterial wurden in der Kölner Siebaldsgasse entdeckt; ähnliches wird aus anderen rheinischen Städten und aus Kolberg gemeldet. Von den Kommunisten in den norddeutschen Häfen heißt es, sie verfügten über Waffen. Kriegsgefangene berichteten von mindestens drei geheimen Radiosendern in Deutschland: dem »Sturmadler – Sender der Deutschen Jugend«, dem Sender der Deutschen Arbeiterjugend, dem Sender der »SA-Freunde«.[5]
Wie das ausgewertete Material zeigt, gibt es keine Region, von der nicht Zeugnisse der Unzufriedenheit vorliegen, ob es nun das Elsaß ist oder die Saar, das Rheinland oder das Ruhrgebiet, Sachsen oder Preußen, Schlesien, Bayern oder Württemberg. Ein Kriegsgefangener aus Lorch in Württemberg beschreibt eine starke antinazistische Stimmung in katholischen Gebieten, woran Priester, die mit Sozialdemokraten gegen den Kommunismus zusammenarbeiten, einen erheblichen Anteil haben. Zahlreiche Städte und Dörfer sind immer noch von Grund auf sozialdemokratisch beeinflußt, z. B. Lorch, Reinthal und Gmünd, dessen Bürgermeister und dessen Leiter des Arbeitsamtes eindeutig Nazigegner sind; das gleiche gilt für Metzingen, Weissgulden, Mudlangen, Deinbach und Henbach. Der Wortführer des Widerstands der Bekennenden Kirche, Dr. Wurm, stammt ebenfalls aus Württemberg. Auch über Braunschweig-Goslar und Hannoversch-Münden liegen ähnliche Auskünfte vor. Einzelne Personen, die bereit sind, mit Außenstehenden in Fragen der Subversion zu kooperieren, wurden in Bad Ems, Bremen-Blumenthal, Ilmenau bei Langgath und Berlin-Schöneberg namhaft gemacht.

5 S. o. das Material über die »SA-Freunde«.

2. Die weitere Entwicklung der sozialdemokratischen und sozialistischen Untergrundtätigkeit:

a) Es hat Versammlungen der sudetischen Sozialdemokraten gegeben, die sich jedoch auf die Erörterung von Plänen für die Zukunft beschränkten.

b) Mitglieder der Sozialdemokratischen Partei gründeten 1938 die Sozialistische Arbeiter-Jugend.

c) Im September 1939 gründete in Bremen ein Arbeiter, der früher für das illegale »Reichsbanner« in Bremen tätig gewesen war, nach seiner Entlassung aus dem Gefängnis und dem Konzentrationslager einen »Demokratischen Schutzbund«. Dessen Mitgliederschaft bestand aus ehemaligen Angehörigen der Sozialdemokratischen Partei und neu hinzugewonnenen Mitgliedern der Sozialistischen Arbeiter-Jugend. Die Organisation umschloß maximal rund neunzig Gruppen in Bremen und Umgebung, bestehend aus jeweils drei Personen, die nur untereinander Kontakt hatten. Die Verbindung zwischen den Gruppen wurde durch den Leiter der Organisation gewährleistet; Namen und Adressen wurden niemals schriftlich fixiert. Infolge der Einberufungen zum Wehrdienst ging die Zahl der Mitglieder allmählich zurück. Der Schutzbund beschränkte sich auf allgemeine antinazistische und pazifistische Propaganda. Man sucht zu diesem Zweck das Gespräch am Arbeitsplatz, unter Freunden, beim Schlangestehen vor Geschäften und in der Straßenbahn. Besonderer Wert wird auf eine antinazistische Erziehung der Kinder zu Hause gelegt. Der Bund soll eines seiner Mitglieder ins Ausland geschickt haben, um Kontakt zum britischen Geheimdienst aufzunehmen, und dieses Mitglied soll für mehrere der Sabotageakte an deutschen Schiffen in den besetzten Ländern verantwortlich sein. Über die gegenwärtige Propagandaarbeit hinaus sucht der Schutzbund dazu beizutragen, daß kein totalitäres Regime mehr an die Macht gelangt, wenn einst in einem neuen Deutschland die Demokratie wiederhergestellt sein wird.

d) Im März 1943 wurde berichtet, daß ehemalige leitende Funktionäre der Sozialdemokratischen Partei, unter ihnen Franz Künstler, der frühere Berliner Parteivorsitzende, und Max Westphal, der Leiter der sozialdemokratischen Jugendbewegung, entdeckt und als mögliche »Rädelsführer« hingerichtet worden sind.

e) In Essen wurden am 3. Mai 1943 65 Arbeiter, die an einer illegalen Feier zum 1. Mai teilgenommen hatten, verhaftet, vor das Volksgericht gebracht und angeklagt, eine verbotene sozialistische Veranstaltung besucht zu haben. 11 dieser Arbeiter gehörten vor 1933 den Freien Gewerkschaften an.

f) Ein Bericht des Internationalen Sozialistischen Kampfbundes (ISK) vom Oktober 1942 verweist auf ein Verbindungsnetz mit soliden Stützpunkten in vielen wichtigen Betrieben, vor allem im Rheinland und im Ruhrgebiet.

3. Die weitere Entwicklung der kommunistischen Untergrundtätigkeit:
a) Die »Antifaschistische Aktion« wurde nicht liquidiert.
b) Die Arbeiter von Berlin haben eine »Kommunistische Jugend-Internationale« gegründet.
c) Ein junger Berliner Maschinist und Gewerkschafter wurde vom Bezirksleiter der Kommunistischen Partei gebeten, einen Diskussionszirkel, dem er angehörte, in eine Zelle des Roten Frontkämpferbundes umzuwandeln. Die Bitte wurde abgelehnt, weil man befürchtete, die Kommunistische Partei sei mit Nazispionen durchsetzt. Die Teilnehmer des Diskussionskreises zogen es vor, unter sich zu bleiben.
d) Am 19. Mai 1942 wurden 14 Personen in Mannheim verhaftet und zum Tode verurteilt, weil sie dort eine kommunistische Organisation aufzubauen und vervielfältigte illegale Zeitungen in Umlauf zu bringen versucht hatten. Ein anderer Bericht besagt, daß im Oktober und November 1942 eine große Anzahl von Arbeitern wegen »illegaler kommunistischer Umtriebe« verhaftet wurde. Ein weiterer Bericht vom 19. April 1943 gibt an, daß sich illegale kommunistische Gruppen verstärkt hätten und daß ihre Versammlungen selten entdeckt würden. Schließlich haben wir den Bericht eines Arbeiters, der davon spricht, daß 80 von 150 Arbeitern in einem baltischen Hafen kommunistische Sympathisanten und in einer Art Geheimbund zusammengeschlossen waren. Es scheint tatsächlich einige Indizien für den steigenden Einfluß des deutschen Kommunismus auf deutsche Arbeiter zu geben. In einem Bericht wird die Anzahl der Sympathisanten im Erwachsenenalter auf rund 10 Millionen geschätzt. Der einzige Beweis für ein Bündnis zwischen Sozialdemokraten, Kommunisten und anderen Oppositionellenvereinigungen, der nicht aus Kreisen emigrierter Kommunisten im Ausland stammt, ist die »Rheinland-Konferenz« vom Dezember 1942. Es soll sich dort eine Gruppe zusammengefunden haben, die, ähnlich zusammengesetzt wie das »Komitee Freies Deutschland« in Moskau, aus Kommunisten, Sozialdemokraten, einem katholischen Geistlichen, einem Wehrmachtsoffizier sowie Vertretern nationalsozialistischer Untergrundzirkel bestand. Sie soll bei diesem Anlaß ein Manifest entworfen haben, das in den Grundzügen dem Manifest des Moskauer »Komitees Freies Deutschland« entspricht.

4. Die weitere Entwicklung der gewerkschaftlichen Untergrundtätigkeit:
a) Auf einem Geheimtreffen deutscher Gewerkschaftsführer am 13. April 1942 soll, mehreren Berichten zufolge, ein Appell an die deutschen Arbeiter verabschiedet worden sein. Schwedische Gewerkschafter

wollen von einer geheimen Zusammenkunft deutscher Gewerkschaftsvertreter am 30. April 1943 in Berlin, dem ersten derartigen Treffen seit Kriegsausbruch, wissen.
b) Ein Bericht vom Juni 1942 enthält Belege für eine vorzüglich strukturierte subversive Gewerkschaftsbewegung in den großen Betrieben, insbesondere unter den Metallarbeitern. Ihre Mitglieder sollen jeweils unter der Leitung eines Vorstandes stehen, der aus ehemaligen Betriebsräten und Gewerkschaftsfunktionären zusammengesetzt ist und Abgaben und Mitgliedsbeiträge kassiert. Ihre Aktivitäten sind auf innerbetriebliche Auseinandersetzungen beschränkt.
c) Der Internationale Transportarbeiterbund (I.F.T.U.) unterhält ohne Zweifel Verbindungen zu illegalen Körperschaften deutscher Eisenbahner und Seeleute. Die von Hans Jahn gegründete Eisenbahnerorganisation (s. o.) gilt zu Recht als die entscheidende Kontaktstelle für die deutsche Untergrundbewegung. 170 von den ursprünglich 280 Mitgliedern dieser Organisation sind nach wie vor in verschiedener Weise aktiv, sie sind in Untergrundtaktik geschult worden und verstehen sich auf die Methoden konspirativer Tätigkeit. Es handelt sich bei ihnen ausschließlich um ältere Arbeiter, die von der Wehrdienstpflicht nicht mehr betroffen und vermutlich noch an ihren Arbeitsplätzen sind. Die Organisation erstreckt sich über ganz Deutschland, mit Schwerpunkten im Ruhrgebiet, in Frankfurt, Leipzig, München, Dresden und Berlin. Sie hat Leute an der französischen und an der luxemburgischen Grenze, ein Mitglied an der Grenze zur Schweiz und ein weiteres in Stettin. Obwohl Hans Jahn 1940 nach London ging, hielt er den Kontakt mit der Gruppe aufrecht. Über Kanäle der Internationalen Transportarbeiter (I.T.F.) wurden für die Gruppe Sabotagewerkzeuge nach Deutschland eingeschleust; sie soll auf dem Brenner-Paß Züge zerstört und russischen Partisanen Sabotageausrüstungen geliefert haben. Die I.T.F. hat bereits 1941, nach dem Überfall auf Rußland, Handzettel an Reichsbahner verteilt. Unter der Anrede: »Transportarbeiter, Seeleute, Eisenbahner!« enthielt das Flugblatt den folgenden Aufruf: »Übt den passiven Widerstand, arbeitet nur nach Vorschrift. Je langsamer ihr fahrt, umso eher kommt ihr ans Ziel. Sabotiert den Betrieb mit allen geeigneten Mitteln. Zeigt, daß ihr zu kämpfen versteht.« Der Vereinigte Rat des Internationalen Bundes der Transportarbeiter, Bergarbeiter und Metallarbeiter strahlt von London aus regelmäßig Radiosendungen für die Arbeiter in Deutschland und in den besetzten Gebieten aus. Am 3. April 1943 kündigte J. H. Oldenbroek, der Nachfolger von Edo Finnen, dem letzten Vorsitzenden der I.F.T.U., im Namen der vereinigten Mitgliederschaft der internationalen Verbände, die mehr als fünf Millionen Arbeiter aus 36 Ländern umfassen, an: »Wir werden denjenigen, die in den besetzten Ländern und den Ländern der Achsenmächte, Gewerkschaftsgruppen

im Untergrund bilden, jede mögliche moralische und finanzielle Unterstützung gewähren.«

Die Periode seit Kriegsbeginn ist durch eine zunehmende Verstärkung der Untergrundbewegung, die im wesentlichen eine Bewegung der Arbeiterschaft geblieben ist, gekennzeichnet. Was vom sozialdemokratischen Untergrund heute noch übrig ist, ist schwer zu sagen. Zumindest die oppositionelle Jugend erhielt Unterstützung von der Sozialistischen Arbeiter-Jugend, und es gibt eindeutige Anzeichen für beträchtliche Einflüsse des »Demokratischen Schutzbundes«. Weit stärker als die sozialistische Untergrundtätigkeit scheint die der Kommunisten zu sein. Die »Antifaschistische Aktion« besteht weiterhin. Die jugendliche Opposition ist offenbar durch eine neue »Kommunistische Jugend-Internationale« in Berlin verstärkt worden. Man hört ebenfalls von vermehrten Aktivitäten des Roten Frontkämpferbundes und einer intakten Parteiorganisation mit »Bezirksleitern«. Über die eigentlichen Parteiorganisationen hinaus hat es offensichtlich Anstrengungen der Kommunisten gegeben, sämtliche oppositionellen Gruppierungen in Deutschland zu einem Block zusammenzufassen (z. B. durch die Rheinland-Konferenz vom Dezember 1942). Und es gibt gute Gründe für die Annahme, daß illegale gewerkschaftliche Tätigkeit am Wiedererstarken des Widerstands Anteil hatte. Die verblüffendste Erkenntnis jedoch, die aus dem uns vorliegenden Datenmaterial zu gewinnen ist, betrifft die Ausdehnung der Untergrundbewegung über die Arbeiterschaft hinaus. Eine konservative und national gesinnte, antinazistisch und antikommunistisch eingestellte Gruppe hat bei dem Versuch, der Volksfront-Strategie der Kommunisten zu begegnen, außer Männern der Armee, der Industrie, der Landwirtschaft und des öffentlichen Dienstes (Diplomaten) sogar einige Angehörige der Gestapo auf ihre Seite ziehen können. Der Konservativismus in studentischen Kreisen hat im »Kampfbund Studentischer Jugend« für den Untergrund Gestalt angenommen. Der Wunsch nach Frieden verbindet alle Teile der Deutschen Friedensbewegung; die Nationale Katholische Deutsche Friedensbewegung scheint die Rolle der katholischen Opposition fortzuführen.[6] Auch Frauen haben sich mehrfach an subversiven Aktionen beteiligt. Und schließlich hat der Untergrund inzwischen auch bei Gruppen von Unzufriedenen in der Partei Fuß gefaßt, zum Beispiel bei den »SA-Freunden«, die Intellektuelle (Ingenieure und Wirtschaftsexperten) und alte Parteimitglieder zu ihren Anhängern zählen.
Infolge seiner Verstärkung hat der Widerstand seine Handlungsskala erweitert. Während der Kampf ums Überleben weitergeht und nach wie vor

6 Für Hinweise auf die Opposition religiöser Gruppen seit Kriegsbeginn vgl. den Sonderbericht der Central European Section: *Die christliche Opposition in Deutschland.*

im Zentrum steht, kann die Opposition es nun riskieren, sich auf ausgreifende Aktionsformen einzulassen. Sie kann den Kampf der Arbeiter im Rahmen der Arbeitsreglementierungen führen, Streiks einleiten und Hilfen bei der Flucht geben. Sie kann Massenproteste in Form von Aufmärschen und Demonstrationen organisieren. Sie kann Konferenzen ihrer Führer und solche mit ausgewählten Mitgliedern abhalten. Sie kann von der Aufklärungstaktik durch Gespräche zu Hause, am Arbeitsplatz oder in kleinen Öffentlichkeiten zur Offensive übergehen und ihre Kampfparolen publizieren, Handzettel und Flugschriften herausbringen und verteilen. Sie kann sogar Terror- und Sabotageanschläge ausführen und illegale Radiosender unterhalten. So hilft sie beim Aufbau einer geheimen öffentlichen Meinung. Mehr noch, sie kann gelegentlich Planungen für die weitere Zukunft ins Auge fassen.
Man sollte freilich nicht übertreiben – all diese Tendenzen bedeuten nicht, daß der Sturz des Regimes durch irgendeinen Teil der Untergrundbewegung unmittelbar bevorsteht. Es kann keine Rede von einer nationalen oder Massen-Untergrundbewegung sein, nicht einmal von einem organisierten regionalen Untergrund, mit Ausnahme vielleicht von Österreich. Die einzelnen Oppositionsgruppen in den Großstädten, Städten und Betrieben sind nach wie vor zersplittert. Aber es gibt immerhin Anzeichen für eine Veränderung. Konservative und Kommunisten sind bestrebt, größere Gruppen des Widerstands gegen die Nazis zusammenzubringen. Und es ist in diesem Zusammenhang interessant, daß die »SA-Freunde« in Berlin die Kooperation mit konservativen und kommunistischen Studenten und mit anderen Organisationen suchten, die, wie die »Antifaschistische Aktion« und die Deutsche Friedensbewegung, eine allgemeine, gemeinsame Front des Widerstands aufbauen wollen. Ferner gibt es Hinweise auf eine Zusammenarbeit zwischen verschiedensten Sektoren der Regimegegner: 1. zwischen französischen, elsässischen und deutschen Gruppen; 2. zwischen mittelständischen und kirchlichen Gruppen; 3. zwischen Vertretern der katholischen Kirche und Sozialisten (gegen den Kommunismus); 4. zwischen Protestanten (Geistlichen und Laien) und Sozialisten hinsichtlich möglicher Zukunftspläne; 5. zwischen Männern und Frauen in der Arbeiterschaft; und schließlich 6. zwischen deutschen und ausländischen Arbeitern. Dies bedeutet viel für das Potential der Untergrundbewegung.
Es bleibt hinzuzufügen, daß in einem totalitären Staat die Stärke einer Untergrundbewegung nicht in Zahlen wirklich ausgedrückt werden kann. Totalitarismus und weithin ausgedehnte Untergrundtätigkeit – das sind schon begrifflich Widersprüche. Die Stärke der Bewegung beruht im Augenblick auf dem Weitblick und dem Charakter der wenigen, die am Leben geblieben sind, und auf ihren Plänen, die erhebliche Unzufriedenheit, die gegenwärtig alle Klassen der deutschen Gesellschaft ergriffen

hat, zu aktivieren. Und diese Unzufriedenheit wächst in dem Maße, in dem das Volk zu begreifen beginnt, daß es in eine Sackgasse geführt wurde. Anders als vor dem Krieg ist heute der Untergrund der Unterstützung von außen, durch die Mutterorganisationen im Exil, großenteils beraubt. Es wäre daher die Aufgabe der Alliierten, Mittel und Wege zu finden, um diesen Verlust auszugleichen. Sie sollten mit den führenden deutschen Oppositionellen bei der Koordination und weiteren Aktivierung der verbliebenen Kräfte des Untergrundes zusammenwirken. Das läuft im wesentlichen auf eine Unterstützung der Arbeiter-Untergrundbewegung hinaus, nachdem doch klar ist, daß die Opposition aus der Schicht des Militärs, der Industriellen, der Junker und der Bürokratie die Machteroberung letzten Endes mittels eines Staatsstreichs und nicht vor allem mit Hilfe der machtvollen Untergrundbewegung anstrebt. Die Opposition der kirchlichen Gemeinschaften und der unteren Mittelschichten scheint – von bedeutsamen Ausnahmen abgesehen – über den operativen Status privater Diskussionszirkel nicht hinausgelangt zu sein. Die Bauern, obwohl widerspenstig und oftmals regimefeindlich eingestellt, sind schwer in Bewegung zu setzen. Es bleiben die Arbeiter. Sie sind jedoch gefangen zwischen ihrer Klassenloyalität und dem »nationalen Krieg«, ihr Widerstand ist daher eher partikular als umfassend. Außerdem sind sie von Ängsten vor den Folgen der Niederlage und von Zweifeln darüber, was ihnen die Zerschlagung des Regimes bringen wird, geplagt. Dem kann nur durch eine kluge politische Strategie entgegengewirkt werden. Sie muß eine Alternative zum Chaos, zum Bürgerkrieg oder gar zur nationalen Vernichtung, die viele für den Fall der Niederlage befürchten, bieten. Nur so kann man hoffen, den partiellen in einen allgemeinen Widerstand zu verwandeln. Doch selbst wie die Dinge jetzt liegen – der Bericht darüber ist eine Huldigung an die menschliche Ausdauer und den menschlichen Mut und ein Anlaß zu begründeter Hoffnung. Angesichts des verschärften Terrors bedarf die Untergrundbewegung, zusätzlich zu ihrer eigenen wachsenden Kraft, einer Führung und Unterstützung, die ihr eine Gegenleistung für ihre Ausdauer und ihren Mut in Aussicht stellen und die den Hoffnungen Substanz verleihen.

Dokument I.2
Die deutsche politische Emigration

I. Geographische Zersplitterung

Die überwiegende Mehrheit der deutschen Flüchtlinge in der ganzen Welt hat nicht aus politischen, sondern aus rassischen und kulturellen Motiven die Heimat verlassen. Die wirklich politischen Emigranten machen kaum mehr als ein oder zwei Prozent der 400000 deutschen Emigranten aus, die sich heute vor allem in Rußland, Schweden, Großbritannien, den Vereinigten Staaten und Südamerika konzentrieren. Von den 110000 deutschen Flüchtlingen in den USA sind nicht mehr als 400 oder 500 politisch organisiert und aktiv. Ungeachtet dieser geographischen Zersplitterung und der daraus resultierenden Kommunikationsschwierigkeiten stehen die organisierten Gruppen von Emigranten in den genannten Ländern in engem Kontakt miteinander. Die Emigrantengruppen in London haben Verbindung mit den entsprechenden Gruppen in Schweden, New York und Südamerika. Pläne für Deutschland nach dem Krieg, die von deutschen Gewerkschaftern in Schweden entwickelt wurden, werden in London und New York diskutiert und kritisiert. Geld, das Sozialdemokraten in New York vom Jüdischen Arbeiter-Komitee gesammelt haben, dient der Unterstützung des Parteivorstandes der Sozialdemokratischen Partei Deutschlands (SoPaDe) in London. Deutsche Kommunisten in Mexico halten sich über die Aktivitäten ihrer kommunistischen Genossen in England und in der Sowjetunion und über die Arbeit sympathisierender Organisationen auf dem laufenden. Nach beinahe vier Kriegsjahren haben sich die organisatorischen, ideologischen und praktischen Strukturen unter der deutschen Emigration so weit herauskristallisiert, daß zumindest eine provisorische Analyse möglich ist.

II. Politische Differenzen in der deutschen Emigration

Fraktionsstreitigkeiten unter Emigranten, also auch unter den deutschen politischen Flüchtlingen, sind eine Selbstverständlichkeit. Dieses psychologische Merkmal teilen sie – in besonders ausgeprägter Form – mit den Emigranten aus anderen Ländern. Dennoch gibt es zwischen dem deutschen politischen Exil und den von den Nazis besetzten Ländern einen grundlegenden Unterschied: Sowohl in den besetzten Ländern selbst als auch unter den politischen Flüchtlingen dieser Länder hat die Linke die Hauptlast des Kampfes gegen Hitler auf sich genommen, während die konservative und nationalistische Rechte eine Brutstätte des Defätismus und landesverräterischer Intrigen war. In den besetzten Ländern nimmt heute die Linke die Funktion wahr, die traditionell die Domäne der Rechten war, nämlich das Bewußtsein der nationalen Einheit und das nationale Selbstbewußtsein wachzuhalten. In Norwegen, Polen, Holland und der Tschechoslowakei und für die Emigranten aus diesen Ländern geht es weniger um eine soziale Revolution als um die nationale Befreiung. Unter den Emigrantengruppen dieser Länder haben sich die ideologischen Differenzen zwischen den früheren politischen Parteien angesichts des gemeinsamen Kampfes für die nationale Einheit und die nationale Befreiung verwischt. Selbst Sozialisten und Kommunisten sind in ihren Anstrengungen um die politische Befreiung, im Widerstand gegen den gemeinsamen Feind zu Nationalisten geworden. Dieser Umstand macht die Zusammenarbeit mit deutschen Emigrantengruppen äußerst schwierig.

Für die deutsche politische Emigration ist der Kampf gegen Hitler ein politischer Kampf um eine vollständige Veränderung des Systems in Deutschland. Politische Prinzipien und Parteikonzepte sind daher im Augenblick für die deutschen politischen Flüchtlinge wichtiger als für die Polen oder die Holländer. Für die deutschen Flüchtlinge ist, anders als für die Holländer und Norweger, nationale Einheit unmöglich; manchen politischen Gruppen erscheint sie nicht einmal wünschenswert. Es gibt kaum eine gemeinsame Basis zwischen Heinrich Brüning, der die Wiederherstellung der Monarchie anstrebt, und linken deutschen Sozialisten, die in einer sozialen Revolution eine entscheidende Vorbedingung für ein friedliches und demokratisches Deutschland erblicken, oder bayerischen Separatisten, die behaupten, der Nationalsozialismus überschreite alle Klassenschranken, und die die Lösung in der Aufteilung Deutschlands in eine lose Föderation von souveränen Einzelstaaten suchen. Nach Auffassung der deutschen Sozialisten aller Schattierungen würde eine Einheitsfront sämtlicher Emigranten gegen die Nazis nur den Kommunisten und ihren Unterwanderungs- und Spaltungsmanövern in die Hände spielen. Die Kommunistische Partei Deutschlands und ihre Sympathisanten sind in der Tat die einzigen, die, getreu den Befehlen aus Moskau, eine Vereinigung aller deutschen Nazigegner, ungeachtet ihrer früheren politischen Bindung, anstreben. Über diesen Punkt herrscht zwischen den deutschen kommunistischen Emigranten in Schweden, England und Mexico und Kurt Rosenfelds kommunistischer Front-Organisation, der »German American Emergency Conference«, völlige Übereinstimmung. Überall vertreten deutsche Kommunisten dieselbe Forderung nach einem Bündnis aller politischen Emigranten; die Austragung politischer Konflikte zwischen den Parteien solle aufgeschoben werden, bis der Zusammenbruch des Hitlerregimes die Grundlage für die Rekonstruktion der Demokratie in Deutschland geschaffen hat. Solange die deutschen Kommunisten allenthalben geschlossen und diszipliniert auftreten und dem Diktat der Partei und den Anweisungen ihres Führers Wilhelm Pieck in London verpflichtet bleiben, werden die Schwierigkeiten bei der Zusammenarbeit zwischen ihnen und den Gruppen deutscher Sozialisten keineswegs unüberwindbar bleiben. In Großbritannien und Lateinamerika haben deutsche Kommunisten mit einigem Erfolg deutsche Emigranten anderer Parteien davon überzeugt, sich einer gegen die Nazis gerichteten, von Kommunisten kontrollierten Organisation anzuschließen. Die »Free German League for Culture« in England, der mächtigste organisatorische Zusammenschluß deutscher Nazigegner, steht unter der Kontrolle deutscher Kommunisten.

In allen Ländern stellen deutsche Sozialisten weiterhin die Unabhängigkeit der Kommunistischen Partei Deutschlands von Moskau in Frage, seit der Auflösung der Komintern noch hartnäckiger als zuvor. Sie bestreiten, daß die Kommunisten ihre Doktrin von der »Führungsrolle« der kommunistischen Partei zugunsten einer demokratischen Politik aufgegeben haben. Hiervon bildet auch Schweden keine Ausnahme, wo zu Fritz Tarnows »Arbeitsgemeinschaft« von 200 deutschen Gewerkschaftern auch Kommunisten gehören. Mehr noch, dem rechten Flügel der »German Labor Delegation«, repräsentiert durch Albert Grzesinski, Gerhart Seger und seine *Neue Volkszeitung,* durch Max Brauer und Rudolf Katz, erscheinen die deutschen Kommunisten noch vor dem Nationalsozialismus als der Hauptfeind, denn der Sieg des Kommunismus in Deutschland wäre, wie sie annehmen, das Ende ihrer politischen Existenz.

Durch Zufall oder aus gutem Grund sind die USA zum Sammelplatz für die Flüchtlinge der deutschen Rechten geworden. Doch sind diese konservativen Demokraten und Monarchisten, unter ihnen vor allem Vertreter der Wirtschaft, Bankiers, Anwälte, ehemalige Staatsbeamte und Diplomaten, weder organisiert noch politisch aktiv. Sie treffen sich zu mehr oder weniger akademischen Diskussionen in dem von Dr. Hans Staudinger in New York geschaffenen Studienzentrum. Bekanntlich hat keine der früheren mittelständischen oder konservativen Parteien in der Emigration überlebt. Freilich gibt es das »Komitee Freies Deutschland« in London, dem frühere Demokraten und konservative Sozialdemokraten wie Karl Höltermann, August Weber und Ernst Meyer angehören und dessen Ziel die Neugründung einer deutschen Demokratischen Partei ist; doch spielt dieses Komitee keine erkennbare politische Rolle. Das Deutsche Bekenntnis-Institut, das sich in London aus Geistlichen der Bekennenden Kirche gebildet hat, befaßt sich eher mit religiösen als mit politischen Problemen. Die ehemalige Zentrumspartei besitzt keine Exilorganisation; ihr einstiger Führer, Dr. Kaas, lebt heute im Vatikan, und Heinrich Brüning weigert sich – was immer seine persönlichen Pläne sein mögen – energisch, sich irgendeiner politischen Bewegung der Emigration anzuschließen. Carl Spicker, nach Brüning der prominenteste ehemalige Zentrumspolitiker, hat angekündigt, die alte Zentrumspartei werde nach dem Sieg der Alliierten wieder auf der politischen Bühne erscheinen. Allenfalls der Deutsche Katholische Club in England mit seiner demokratischen und antimarxistischen Programmatik stellt so etwas wie eine Exilorganisation deutscher Katholiken dar. Ein Sonderfall ist der kleine, jedoch im Wachsen begriffene »Bayrische Rat« in New York, eine Gruppe deutscher ›Separatisten‹, die erklärtermaßen nichtklerikal und demokratisch ist und sich eine Föderation deutscher Bundesstaaten unter Ausschluß Preußens zum Ziel gesteckt hat. Unter der Führung des früheren Hannoveraners Frederick Fröwig und des (kürzlich verstorbenen) Pfarrers von Soden von der Bayrischen Volkspartei gehören zu den ›Separatisten‹ der Herzog Wilhelm von Bayern (heutzutage bekannt unter dem Namen ›Mister Bayern‹), Annette Kolb aus dem Elsaß und Klaus Dohrn, ein pommerscher Katholik. Doch alle diese Gruppen sind numerisch ohne Gewicht, besitzen kein eigenes Presseorgan und spielen in der internationalen deutschen Emigration keine bedeutende Rolle.

Die deutsche politische Emigration ist daher im Grunde identisch mit der deutschen Linken. Einzig die politischen Gruppen und Parteien der deutschen Linken sind organisiert, verfügen über eine Zeitung oder haben Strukturelemente ihrer früheren Untergrund-Organisation beibehalten.

Grob gesprochen könnte man jede Gruppe im Exil, die politische Aktivitäten um ein spezielles Programm für ihr Heimatland entfaltet, zur politischen Emigration rechnen. Genaugenommen kann jedoch nur der Teil der deutschen politischen Emigration als deutsche Opposition im Ausland bezeichnet werden, der tatsächlich oppositionelle Gruppen in Deutschland repräsentiert oder mit solchen Gruppen tatsächlich Verbindung hat. Der bedeutendste Sektor der deutschen politischen Emigration ist ein Produkt der verschiedenen Untergrundorganisationen, wie sie sich zwischen 1933 und 1940 entwickelt haben. Daher ist die Frage: »Wer re-

präsentiert politische Oppositionsgruppen in Deutschland oder hat Kontakt mit ihnen?« von entscheidender Bedeutung. Sie führt ins Zentrum der Querelen und Ressentiments, die seit 1933 zwischen den verschiedenen Gruppen deutscher Sozialisten aufgekommen sind. Ohne einen kurzen Blick auf die Geschichte dieser Differenzen zwischen den verschiedenen sozialistischen Untergrundorganisationen bleibt ihr gegenwärtiges Verhalten weitgehend unverständlich.
[...]

III. Die »Union der Deutschen Sozialistischen Organisationen« in Großbritannien

Auch wenn die Querelen zwischen den linken Gruppen der Sozialistischen Arbeiterpartei (SAP), dem Internationalen Sozialistischen Kampfbund (ISK), »Neu Beginnen« und der SPD noch weiterschwelen, so sind sie doch in Großbritannien am wenigsten akut. Dort wirken alle diese Gruppen seit März 1941 gleichberechtigt mit der SoPaDe in der »Union der Deutschen Sozialistischen Organisationen« zusammen. Dieser Zusammenschluß war den Gruppen von Sir William Gillies, dem Auslandssekretär der Labour Party, abverlangt worden, da er Schwierigkeiten hatte, sich mit den vielen Gruppen deutscher Sozialisten zu befassen. Ungeachtet dieser Tatsache ist es der »Union« gelungen, die aktive Unterstützung der ihr angeschlossenen Einzelorganisationen zu gewinnen.
Mit ihren 160 eingeschriebenen Mitgliedern dominiert die Sozialdemokratische Partei die »Union«. Hans Vogel, der Vorsitzende des Parteivorstandes, ist auch Vorsitzender der »Union«, in dessen politischem Komitee jedoch sämtliche Gruppen gleichermaßen repräsentiert sind. Die britische Labour Party hält nach wie vor an dem formalen Sachverhalt fest, daß nur die SPD Mitglied der Sozialistischen und Arbeiter-Internationale war und infolgedessen diese allein als offizielle Vertretung der deutschen Arbeiterschaft anerkannt werden kann. Die Labour Party stützt die SoPaDe finanziell. Im Frühjahr 1943 jedoch strich sie die Gehaltszahlungen für Erich Ollenhauer, den Sekretär der Jugendabteilung der Partei, mit der Begründung, seine Arbeit sei kein wesentlicher Beitrag zu den Kriegsanstrengungen. Seitdem steuert das amerikanische Jewish Labor Comitee einiges zur Unterstützung der Londoner SoPaDe bei. Ohne diese finanzielle Hilfe aus den USA könnte die SoPaDe in London schwerlich überleben. Ohnehin unterhält sie weder ein Büro noch Sekretariatspersonal. Die dürftigen *Sozialistischen Mitteilungen,* die einmal im Monat in hektographierter Form erscheinen, sind kein Ersatz für eine Parteizeitung.

Diese finanziellen Schwierigkeiten spiegeln den allgemeinen Prestigeverlust der Sozialdemokratischen Partei in Großbritannien wider. Die meisten Führer der Labour Party fördern die rivalisierende »Fight for Freedom«-Gruppe, die nicht der »Union« angehört. Abgesehen von John Middleton, Harold Laski und Walter Schevenels hat die SoPaDe so gut wie keine Freunde in England. In seinem Jahresbericht über die Aktivitäten der SPD, den Erich Ollenhauer im März 1943 an Friedrich Stampfer schickte, gibt er mit Bedauern zu, »daß wir nicht in der Lage waren, diese ablehnende Haltung uns gegenüber zu überwinden«. Es muß allerdings festgestellt werden, daß dieselben Spaltungen, die die deutsche sozialistische Emigration kennzeichnen, auch in der Labour Party zu finden sind.

Der auffällige Mangel an Personen mit konstruktivem politischen Vermögen und intellektueller Befähigung ist häufig kommentiert worden. Das tragische Scheitern der deutschen Republik hatte seine Hauptursache in dem Versagen der Führer der SPD als der stärksten politischen Organisation im Lande. In der Innenpolitik hatte die SPD der katholischen Zentrumspartei die Initiative überlassen, in der Außenpolitik Gustav Stresemann von der Demokratischen Partei; die SPD-Führer waren zu Repräsentanten des gemäßigten Fortschritts geworden und hatten sich auf eine eng begrenzte Anzahl von Reformvorhaben, vor allem auf bestimmte altehrwürdige Gewerkschaftsforderungen, beschränkt. Als die Partei ins Exil gezwungen wurde, gab es keinen Wechsel in der Führung. Otto Wels, der erste Vorsitzende des allmächtigen Parteivorstandes im Exil, war couragiert und fähig in der Handhabung des Parteiapparates. Nach seinem Tod verfiel die Führung der SoPaDe merklich. Hans Vogel, der derzeitige Vorsitzende, ist ohne Zweifel ein liebenswürdiger und einsichtsvoller Herr, aber den immensen Problemen, denen sich ein revolutionärer Politiker im Exil gegenübersieht, ist er kaum gewachsen. Seine direkten Stellvertreter, Erich Ollenhauer, B. F. Heine und Wilhelm Sander, sind loyale Parteimänner, aber niemand ist bislang auf den Gedanken verfallen, sie seien hervorragende politische Figuren, die möglicherweise an der Spitze einer deutschen Revolution stehen könnten.

Die Sozialdemokratische Partei im Exil hat den Verlust ihrer fähigsten Intellektuellen: Breitscheidt und Hilferding, im Jahre 1941 noch nicht überwunden. Otto Braun, der ehrwürdige Ministerpräsident von Preußen, lebt in der Schweiz und hat, abgesehen von gelegentlichem Meinungsaustausch, keinen Kontakt mehr zur Londoner Gruppe. Einige der fähigen Sozialdemokraten in England, z. B. Curt Geyer, haben die Partei verlassen oder sind, wie die fünf Mitglieder des ursprünglichen Parteivorstandes, in die USA emigriert; unter den verbliebenen erscheint B. F. Heine als der fähigste und aktivste.

Nur rund 80 der 160 eingeschriebenen SPD-Mitglieder leben in London; die übrigen sind über das Land verstreut, wo immer die besonderen Restriktionen für Einwanderer aus dem feindlichen Ausland ihnen eine Chance, unterzuschlüpfen, belassen haben. Die Londoner Gruppe hat eine eigene Organisation unter dem Vorsitz von Wilhelm Sander. Diese Organisation arbeitet jedoch getrennt von dem formell gewählten Parteivorstand, der aus Hans Vogel, Erich Ollenhauer und B. F. Heine besteht. In den vergangenen zwei Jahren haben unterschiedliche Tendenzen in der Partei eine mehr oder weniger deutliche Gestalt angenommen. Eine Gruppe mit eher konservativer Orientierung sammelt sich um Ollenhauer und Sander. Es gibt eine weitere Gruppe, vertreten durch Viktor Schiff, einen der Herausgeber des *Vorwärts,* und Walter Kolarz mit klar ausgeprägten linken Neigungen. Diese Gruppe unterscheidet sich kaum oder gar nicht von der SAP oder der Gruppe »Neu Beginnen«. Die anderen drei Gruppen, die mit zur »Union« gehören, der ISK, die SAP und »Neu Beginnen«, haben einen relativ hohen Anteil an Sympathisanten in den Reihen der SPD.
Im vergangenen Jahr ist die »Union« als Organisation aktiver gewesen als die SPD. Die wichtigste Aufgabe des Parteivorstandes ist es, einmal im Monat einen Rundbrief, die *Sozialistischen Mitteilungen,* herauszugeben. Dieses Rundschreiben erscheint in 500 Exemplaren und ist das einzige Bindeglied zwischen den über die ganze Welt verstreuten deutschen Sozialdemokraten. Da es an Geld fehlt, war es bis jetzt nicht möglich, ein reguläres Parteiorgan zu schaffen. Die Londoner SPD-Führer waren häufig gezwungen, sich zur Veröffentlichung ihrer Reden der New Yorker *Neuen Volkszeitung* zu bedienen. Ollenhauers Bericht über das Jahr 1942 erwähnt eine Anzahl von hektographierten Publikationen – die meistens von B. F. Heine –, die der Parteivorstand herausgebracht hat: *Justizterror in Nazideutschland, Gedanken über den Wiederaufbau der Sozialdemokratischen Presse, Vorschläge für die Verteilung von Lebensmitteln in Deutschland nach dem Krieg* sowie eine Antwort auf die Anschuldigungen der Geyer-Loeb-Gruppe »Fight for Freedom«.
Von den Beziehungen der Londoner Sozialdemokraten zu den Gruppen von politischen Flüchtlingen anderer Nationalitäten sind die zur tschechoslowakischen Exilregierung die engsten. Die deutschen Sozialdemokraten haben die Gastfreundschaft, die die Tschechen ihnen jahrelang gewährt haben, nicht vergessen. Und es ist für sie überdies eine Grundsatzfrage, keine von Hitlers Annektionen anzuerkennen. Dementsprechend gelten ihnen die verschiedenen Sudetendeutschen-Gruppen als nicht zur deutschen Emigration gehörig; Wenzel Jakschs sudetendeutsche Sozialdemokratische Partei mit nahezu 900 Mitgliedern ist daher keiner der reichsdeutschen politischen Emigrantenorganisationen angeschlos-

sen. Dieses korrekte Verhalten hat den deutschen Sozialdemokraten die Unterstützung der Regierung Beneš eingebracht.
Ollenhauers Bericht sucht den Eindruck zu vermitteln, als seien die Verbindungen des Parteivorstandes zu Arbeitern im deutschen Untergrund nicht völlig abgerissen. Er erwähnt, daß britische Freunde der Parteiführung es ermöglicht haben, in neutralen Nachbarländern mit Arbeitern in der Illegalität wieder Kontakt aufzunehmen. Aber er beklagt auch, daß in England Geldmittel und Handlungsgelegenheiten fehlen. Nach Überzeugung der Londoner Gruppe der Sozialdemokraten ist es nicht möglich, ohne organisierten Presse- und Nachrichtendienst einen zureichenden Einfluß auf die deutsche Opposition im Untergrund zu nehmen. Die Deutsche Arbeiterdelegation in New York unternimmt nun gewaltige Anstrengungen, aus der Kriegskasse der »American Federation of Labor« die notwendigen Geldmittel zur Entwicklung eines solchen Pressewesens zu besorgen.
Die Gruppe »Neu Beginnen« zählt nur 12 Mitglieder in London, aber sie hält enge Verbindung zur britischen »Socialist Clarity«-Gruppe; ihr führender Kopf, Richard Löwenthal (alias Paul Sering), ist einer der fähigsten deutschen marxistischen Sozialisten und schreibt häufig in den *Labour Discussion Notes* und in *The Left News.*
»Neu Beginnen« hat in London einen relativ hohen Anteil von Sympathisanten. Da die Vertreter der offiziellen SoPaDe nicht in der Lage sind, ihren Mitgliedern an der Basis eine vernünftige Perspektive zu bieten, ist jedenfalls die intellektuelle Inspiratorenrolle auf Männer wie Löwenthal-Sering übergegangen. Aufgrund seiner zahlreichen Publikationen, insbesondere seines jüngsten Buchs *Klare Fronten,* erstreckt sich sein Einfluß über die älteren sozialistischen Splittergruppen hinaus bis weit in die Reihen der ansonsten führungslosen Sozialdemokraten. Für den Fall, daß Löwenthals radikale Ansichten bei den älteren Sozialdemokraten noch Unbehagen hervorrufen sollten, hat Erwin Karl Schöttle, ein ehemaliger Sozialdemokrat, jetzt Sekretär des »Neu Beginnen«-Auslandsbüros, sein möglichstes getan, um in seiner kürzlich erschienenen Schrift *Neu Beginnen, wie es wurde* sozialdemokratische Zweifel am demokratischen Charakter des Programms der Gruppe »Neu Beginnen« zu zerstreuen. Zwischen der SoPaDe und der Gruppe »Neu Beginnen« in London gibt es keine gravierenden Meinungsverschiedenheiten.
Bemerkenswert unter den deutschen Sozialisten in England ist Willi Eichler, der bis zum Frühjahr 1943 zusammen mit seinem fähigen Mitarbeiter W. Heydorn die Zeitschrift *Europe speaks* herausgegeben hat. Alarmiert durch die intellektuelle Isolation der deutschen Sozialisten, hat Eichler Beziehungen zu französischen, britischen, polnischen und tschechischen Sozialisten gepflegt – allerdings mit geringem Ergebnis. Ungeachtet sei-

ner guten Kontakte zur französischen Untergrundbewegung und zu Henri Hauck schließt sein Pamphlet *Calling all Europe,* veröffentlicht Ende 1942, mit pessimistischen Tönen – es gebe keine Aussicht auf eine soziale Revolution in Deutschland oder eine wirkliche Einigung Europas. Gegenwärtig ist Eichlers größte Befürchtung, die Sozialisten könnten, durch die demokratische Propaganda der Kommunisten in die Irre geführt, der Versuchung nachgeben, mit der KPD zu kooperieren. Nach seiner Auffassung wäre eine Zusammenarbeit mit den deutschen Kommunisten für jegliche Version eines deutschen demokratischen Sozialismus fatal. In der Hoffnung, dieses Gespenst, das jeden deutschen demokratischen Sozialisten verfolgt, bannen zu können, veröffentlichte Eichler im Frühjahr 1943 seine Schrift *Rußland und die Komintern;* es handelt sich dabei um eine umfangreiche Darstellung der Betrügereien, der Winkelzüge und der unglaubwürdigen Taktiken der deutschen Kommunisten seit Hitlers Aufstieg zur Macht. Eichlers nachdrückliche Kampagne gegen eine Zusammenarbeit mit der KPD hatte in England und in Buenos Aires einen gewissen Erfolg. Dort bewog sein Stellvertreter, Hans Lehmann, den Herausgeber des *Anderen Deutschland,* August Siemsen, die Beziehungen zu Paul Merker und dem lateinamerikanischen Komitee in Mexico abzubrechen. Wir wissen nicht wirklich, welche Rolle gegenwärtig Paul Walter und die dreißig SAP-Mitglieder in der Londoner »Union« spielen. Zum Eintritt Rußlands in den Krieg haben sie ein Flugblatt verfaßt, in dem sie Unterstützung für Rußland fordern und die Auffassung vertreten, daß eine Einheitsfront mit Kommunisten wünschenswert, jedoch im Augenblick ausgeschlossen sei. Es gibt keinen Anhaltspunkt dafür, daß sie in dieser Frage ihre Position geändert haben. Hans Vogel ist besonders stolz darauf, daß er die Londoner SAP-Gruppe für eine Zusammenarbeit gewonnen hat.

In enger Verbindung zur Londoner »Union« steht das deutsche Gewerkschaftszentrum unter dem Vorsitz von Hans Gottfurcht. Die Gewerkschaft für alle deutschen Arbeiter in England ist dem Internationalen Gewerkschaftsbund und dem englischen Gewerkschaftsbund angegliedert.

Die Zusammensetzung des Vorstandes dieser Gewerkschaftsorganisation (W. Derkow, K. Doberer, Willi Eichler, Anna Beyer – ISK; Herta Gotthelf, W. Sander – SPD; E. Schöttle – »Neu Beginnen«; Paul Walter, C. Weckel – SAP) ist ein weiteres Indiz für den wachsenden Einfluß der linken sozialistischen Gruppen der »Union«. Das Gewerkschaftszentrum ist nicht parteigebunden. Es steht allen deutschen Gewerkschaftern offen, ungeachtet ihrer früheren politischen Bindung, unter Einschluß der Kommunisten. Seitdem Kommunisten nicht mehr ausgesperrt sind, stieg die Mitgliederzahl von 420 auf 650. Die Behauptung der Kommunisten, sie hätten in diesem Gewerkschaftszentrum die Mehrheit, ist wohl übertrieben. Einem Bericht zufolge gehört die Hälfte der Mitglieder zu den Gruppen der »Union«, 25 Prozent sind Kommunisten oder deren Sympathisanten, und 25 Prozent sind jüngere Leute, unter denen es eine beträchtliche Anzahl von Kommunisten gibt.

Dieser kurze Überblick über die einzelnen Gruppen der Londoner »Union« reicht aus für die Feststellung, daß sich das Gewicht des politischen Einflusses, wenn nicht gar das numerische Schwergewicht auf die sozialistischen Splittergruppen und auf die linken Sozialdemokraten verlagert hat. Diese neue eindeutige Linksorientierung der deutschen Sozialisten in England ist auch dokumentiert in dem einzigen ernsthaften Projekt, das aus den gemeinsamen Diskussionen der Gruppen der Londoner »Union« hervorgegangen ist: im ersten Entwurf der *Möglichkeiten und Aufgaben einer geeinten Sozialistischen Partei in Deutschland,* der Anfang Dezember 1942 fertiggestellt wurde.

Ob dieser Plan von der SoPaDe ausging oder nicht, ist nicht bekannt und vielleicht auch ohne Belang. Feststeht, daß dieses Dokument, das von allen Mitgliedskörperschaften der »Union« akzeptiert wurde, den unverwechselbaren Stempel der linken sozialistischen Gruppen trägt. Hans Vogel schrieb über diesen Plan an Erich Rinner, daß die »Ereignisse in Rußland« die deutschen Sozialisten »zusammengebracht« haben. Das Fundament, auf dem es zu dieser Übereinkunft kam, wurde weniger von der SPD als vielmehr von den linken Gruppen in der »Union« geschaffen – einer der Gründe, warum der Plan bei den rechten Mitgliedern der Deutschen Arbeiterdelegation in New York Bestürzung hervorrief. Dieses Programm ist im Grunde das Programm der SAP und von »Neu Beginnen«. Die SoPaDe gesteht nun ein, daß es nicht mehr möglich und auch gar nicht mehr wünschenswert sei, die alte SPD in ihrer Form von vor 1933 zu rekonstruieren. Mitgliedschaft in der neuen Partei könne nicht mit der Mitgliedschaft in der alten SPD identisch sein. An die Stelle der SPD müsse eine neue Partei mit neuen Führern treten; sie solle die früheren linken Splittergruppen in sich aufnehmen, unter Einschluß von Kommunisten, die in der Untergrundbewegung aktiv waren. Dies bedeutet den Rückzug von der legalistischen Position, die die SoPaDe seit 1933 vertreten hatte.

Das Programm ruft unverhüllt zur sozialen Revolution auf, zum »tiefen Eingriff in die alte gesellschaftliche Ordnung«. Im einzelnen fordert es die Enteignung der Großgrundbesitzer, der Schwerindustrie, der Banken und der Finanzkapitalisten, die Entfernung der Nazis und der Reaktionäre aus dem öffentlichen Dienst, die Zerschlagung des Militarismus, mit einem Worte: eine grundlegende Demokratisierung des wirtschaftlichen und politischen Lebens in Deutschland. [...]

IV. Die »Deutsche Arbeiterdelegation« (»German Labor Delegation«)

Die Situation der deutschen Sozialisten in den Vereinigten Staaten interessiert hier nur insofern, als sie die Entwicklungen unter deutschen sozialistischen Emigranten andernorts spiegelt oder beeinflußt. Diese Situation ist in vieler Hinsicht einzigartig, denn die deutschen Sozialisten in den USA – obwohl zahlreicher als in anderen Ländern – sind nur zu einem Teil organisiert. Die Hauptursache hierfür ist, daß unter den deutschen Emigranten Unklarheit darüber herrscht, ob sie Auswanderer aus Deutschland oder Einwanderer in die USA sind. Viele der fähigsten ehemaligen deutschen Sozialisten, wie die Mitglieder der New School of Social Research und des Instituts für Sozialforschung, halten sich von aller Emigrantenpolitik fern, während andere, wie Gerhart Seger und Rudolf Katz, obwohl sie amerikanische Staatsbürger sind, viel Zeit mit Tätigkeiten für die politische Emigration verbringen. Es gibt in den USA keine Organisationen, die mit der Londoner »Union der Deutschen Sozialistischen Organisationen« oder Tarnows »Arbeitsgemeinschaft der deutschen sozialdemokratischen und gewerkschaftlichen Emigration« in Schweden vergleichbar wären. Die »Vereinigung freier Deutscher« (»Association of Free Germans«), unter dem Vorsitz von Albert Grzesinski und beherrscht von Sozialdemokraten, ist inzwischen praktisch erloschen. Weder der ISK noch die SAP haben in den USA eigene unabhängige Organisationen; die zwanzig Mitglieder der SAP, mit Jakob Walcher an der Spitze, unterstützen die Gruppe »Neu Beginnen«. Die »German American Emergency Conference« steht zwar unter der Leitung von Emigranten wie Kurt Rosenfeld, einem früheren preußischen Justizminister, und Felix Böhnheim, einem Sympathisanten, aber sie setzt sich überwiegend aus amerikanischen Staatsangehörigen zusammen und ist für uns hier nicht von Bedeutung. Es gibt daher nur zwei Gruppen, die als politische Organisationen deutscher sozialistischer Flüchtlinge angesehen werden können: die »Deutsche Arbeiterdelegation« und die Gruppe »Neu Beginnen«.

Die »Deutsche Arbeiterdelegation« besteht aus 10 prominenten ehemaligen sozialdemokratischen Funktionären und wurde 1938 als Repräsentantin der SPD in den USA gegründet. Sie wurde von der »American Federation of Labor« (AFL) und dem »Congress of Industrial Organisations« (CIO) anerkannt und gewann eine beachtliche Position, indem sie durch Gerhart Seger und Rudolf Katz, die auch der »Deutschen Arbeiterdelegation« angehören, die Kontrolle über die redaktionelle Politik der *Neuen Volkszeitung,* einer geschichtsträchtigen deutsch-amerikanischen Wochenzeitung, übernahm. Noch heute erscheint in der *Neuen Volkszeitung* kein politischer Artikel ohne die Zustimmung von Max

Brauer, dem gegenwärtigen Vorsitzenden der »Delegation«. Auch fungiert die »Delegation« mehr oder weniger als Leitungsgremium der deutschsprachigen Abteilung der »Social Democratic Federation«, der zwar überwiegend amerikanische Bürger, aber daneben auch rund 30 deutsche sozialdemokratische Flüchtlinge angehören.
Bis zum Januar 1943 amtierte als Vorsitzender der »Deutschen Arbeiterdelegation« Albert Grzesinski, einst preußischer Innenminister und Polizeipräsident von Berlin, ein eher ungewöhnlicher Typus von Flüchtling, der für seine frühere politische Bedeutung ein empfindliches Gespür hat. Seit Januar 1943 hat die »Deutsche Arbeiterdelegation« zwei Vorsitzende, Max Brauer, den früheren Bürgermeister von Altona und heute Mitglied des Bundesrates (»Federal Council«) der Churches of Christ, und Siegfried Aufhäuser, früher führender deutscher Gewerkschafter, Vorsitzender der Deutschen Angestelltengewerkschaft und der einzige Vertreter der Unabhängigen Sozialisten (USPD) in der »Delegation«. Die weiteren Mitglieder sind: Friedrich Stampfer, der alte Herausgeber des *Vorwärts*, der 1936, als er versuchte, eine Arbeiter-Nachrichten-Agentur in London zu gründen, erklärt hat, er werde keine Nachrichten über die deutsche Wiederaufrüstung drucken, denn das sei Verrat an Deutschland; Erich Rinner, der Herausgeber der einstigen sozialdemokratischen *Grünen Hefte* und zusammen mit Stampfer der einzige Vertreter des ursprünglichen Parteivorstandes von 1933 in der »Deutschen Arbeiterdelegation«; Hans Staudinger, ehemaliger Ministerialrat im preußischen Handelsministerium, heute Dekan der New School of Social Research; Alfred Braunthal und Hedwig Wachenheim; Gerhart Seger, der Chefredakteur der *Neuen Volkszeitung;* Rudolf Katz, früher Anwalt und Stadtrat, ein sozialdemokratischer Kommunistenfresser und neben Grzesinski einer der entschiedensten Gegner von Paul Hagen. Nirgends gibt es eine Organisation mit mehr sozialdemokratischer Prominenz als die »Deutsche Arbeiterdelegation«. Männer wie Grzesinski, Stampfer und Brauer sind alte Parteimitglieder und in ganz Europa bekannt. Siegfried Aufhäuser ist – gemeinsam mit Tarnow – der namhafteste deutsche Gewerkschaftsführer in der gesamten deutschen Emigration. Gerhart Seger kennt man durch seine antifaschistischen Vorträge in den Rotarier Clubs fast aller Staaten der USA; Rinner, der seit seiner Beschäftigung im Stab des Office of War Information nicht mehr politisch aktiv ist, ist eines der progressiven Mitglieder des ursprünglichen Parteivorstandes; und Hans Staudinger ist weithin bekannt als einer der Wirtschaftsexperten der SPD, auch sein Name erscheint wegen seiner Stellung in der Leitung der New School of Social Research nicht in den Mitgliederlisten; er nimmt auch nicht an allen Treffen der Gruppen teil; andererseits hindert ihn seine Anhänglichkeit, sich von der Gruppe zu trennen.
Keine andere Gruppe von emigrierten Sozialdemokraten verfügt über

eine deutschsprachige Zeitung, wie es die *Neue Volkszeitung* ist, die nach Segers Angaben eine Auflage von 20000 bis 25000 Exemplaren hat. Es ist nicht korrekt, alle Mitglieder der »Deutschen Arbeiterdelegation« dem extremen rechten Flügel der alten SPD zuzurechnen. Eine solche Zuschreibung paßt kaum auf Aufhäuser, Staudinger und Rinner, die beiden letzteren sind allerdings bei Gruppentreffen selten dabei. Ihnen allen gemeinsam ist jedoch die tiefsitzende Furcht, es könnten Kommunisten oder verkappte Kommunisten in die Organisation der SPD eindringen. Fast ebensogroß ist ihr Mißtrauen gegen ehemalige Kommunisten, die zwar mit der KPD gebrochen haben, aber immer noch das Prinzip der Parteidiktatur vertreten und von der Taktik Gebrauch machen, geheime Cliquen in der SPD zu bilden. Angesichts ihrer prekären Erfahrungen mit solchen Cliquen während der Frühphase des Untergrundkampfes gegen das Hitlerregime ist dieses Mißtrauen verständlich. Dies mag auch ihre entschiedene Gegnerschaft zu Paul Hagen und die Gruppe »Neu Beginnen« erklären, die in den Anfangstagen der Untergrundbewegung eine solche Clique darstellte.
Als die »Deutsche Arbeiterdelegation« 1938 gegründet wurde, war sie die einzige organisierte Gruppe deutscher politischer Flüchtlinge in den USA. Die überwiegende Mehrheit der aktiven deutschen sozialdemokratischen Flüchtlinge, die heute in den USA leben, kam 1940, als nach der Besetzung Frankreichs die deutschen Untergrundorganisationen zusammenbrachen. War der Anspruch der »Deutschen Arbeiterdelegation«, die Sozialdemokratische Partei in den USA zu repräsentieren, 1938 hinreichend legitim und plausibel, so wurde er 1942, als buchstäblich Hunderte von Sozialdemokraten im Land waren, nicht mehr von allen Sozialdemokraten anerkannt. Um diese groteske Situation zu beenden, schlugen einige Mitglieder der »Delegation« vor, deren Reihen für Neuankömmlinge zu öffnen. Eine Gruppe in der »Delegation« jedoch, bestehend aus Grzesinski, Brauer, Seger und Katz, lehnte diesen Vorschlag ab, teils wegen ihrer Beziehungen zur *Neuen Volkszeitung,* teils weil die Preisgabe einer fest verankerten Position ein Verlust an Einfluß und Führungskraft gegenüber allen anderen bedeutet hätte, deren Loyalität zu der alten sozialdemokratischen Führung sie mit gutem Grund mißtrauten. Man einigte sich darauf, den übrigen sozialdemokratischen Flüchtlingen in den USA zu empfehlen, sich der deutschsprachigen Abteilung der »Social Democratic Federation« anzuschließen. Nur wenige folgten dieser Empfehlung, die überwiegende Mehrheit blieb unorganisiert. Als der Druck, die »Deutsche Arbeiterdelegation« auszuweiten, im Herbst 1941 erneut akut wurde, schlugen Grzesinski, Brauer, Seger und Katz mit Unterstützung von anderen, die nicht zur »Delegation« gehörten, die Bildung einer völlig neuen Organisation deutscher politischer Flüchtlinge vor: der »Vereinigung freier Deutscher« (»Association of Free Germans«), in die sämtliche Parteien, die die Wei-

marer Republik gestützt hatten, Eingang finden sollten. Vor allem, weil dieselbe Gruppe aus der »Arbeiterdelegation«, nämlich Grzesinski, Brauer, Seger und Katz, die neue Organisation sofort unter ihre Kontrolle brachte, kam die »Vereinigung freier Deutscher« niemals wirklich zum Zuge. Immerhin wurden andere Sozialdemokraten, die nicht der »Deutschen Arbeiterdelegation« angehörten, mit Erfolg überredet, der neuen Organisation beizutreten. Etwa 20 der 28 Mitglieder der »Vereinigung freier Deutscher« sind Sozialdemokraten, 4 der 7 Mitglieder des Leitungsgremiums dieser Organisation sind zugleich Mitglieder der »Deutschen Arbeiterdelegation«. Abgesehen von einer öffentlichen Erklärung im Oktober 1942 ist die »Vereinigung« nicht aktiv geworden. Einige ihrer Ausschüsse sind niemals zusammengetreten.

Inzwischen sind zwei der ursprünglichen Mitglieder der »Deutschen Arbeiterdelegation«, Wilhelm Sollmann, früher Reichsinnenminister und der wohl fähigste Sozialdemokrat in den USA, und Professor Alfred Kähler ausgeschieden. Schließlich kamen drei Mitglieder des ursprünglichen Parteivorstandes der SPD, Georg Dietrich, Paul Hertz und Marie Juchacs, in die USA und lehnten entweder eine Mitgliedschaft in der »Deutschen Arbeiterdelegation« ab oder wurden nicht als Mitglieder zugelassen. Damit war endgültig offenkundig, daß die Mitglieder dieser Organisation nur sich selbst und ihre Anhänger in der »Vereinigung freier Deutscher«, im Verlag der *Neuen Volkszeitung* sowie eine kleine Gruppe in der deutschsprachigen Abteilung der »Social Democratic Federation« repräsentierten.

Paul Hagen (Karl Frank) und die Sozialisten der Gruppe »Neu Beginnen« waren freilich klug genug, diese Mißachtung der Mehrheit der sozialdemokratischen politischen Flüchtlinge durch die »Deutsche Arbeiterdelegation« für sich zu nutzen. Darauf bedacht, seine Gefolgschaft zu vergrößern, sammelte Hagen Geld, um alte Mitglieder der Gruppe »Neu Beginnen« in die USA zu bringen, und fand für sie auch Arbeitsplätze nach ihrer Ankunft. Dank seiner politischen und organisatorischen Fähigkeiten, seines unbestreitbaren Charmes und seiner ersichtlichen Aufrichtigkeit, seiner Energie und Hartnäckigkeit gelang es ihm, den ursprünglichen Kern der Gruppe »Neu Beginnen«, der weitgehend aus (etwa 20) Mitgliedern seiner früheren Untergrundorganisation bestand, zu erweitern, indem er eine beträchtliche Anzahl älterer Sozialdemokraten wie Hans Hirschfeld und Haass als Anhänger oder zumindest als Sympathisanten für sich gewann. Da er insgeheim ein politischer Opportunist war, unterzog er die Ansichten seiner Anhänger keiner allzu genauen Prüfung. Sein Erfolg war um so größer, als er klugerweise nicht auf einer eingeschriebenen Mitgliedschaft bestand. Infolgedessen war die Gruppe, die er um sich versammelt hatte, recht heterogen. Außerdem handelte er sich den Vorwurf des politischen Opportunismus ein. Er hatte sich bereits die aktive Unterstützung von Jakob Walcher und den mehr als 20 Mitgliedern der linken SAP in den USA gesichert. Sein Haupterfolg bestand jedoch darin, drei der fünf Mitglieder des ursprünglichen sozialdemokratischen Parteivorstandes, nämlich Georg Dietrich, Paul Hertz und Marie Juchacs, auf seine Seite zu bringen. Mehr als 150 Mitglieder der SAP und des ISK nahmen regelmäßig an den abendlichen Sitzungen der deutschsprachigen Gruppe der »American Friends of German Freedom« teil; damit waren Paul Hagen und die Gruppe »Neu Beginnen« ein erheblicher politischer Faktor in der deutschen politischen Emigration in den USA geworden. Nicht alle, die zu diesen Treffen erschienen, wurden seine erklärten Anhänger. Aber auf informellem Wege hatte er eine Einigung unter deutschen emigrierten Sozialisten erreicht, die der Struktur der Londoner »Union« vergleichbar war.

Mit einer solchen Gefolgschaft im Rücken stellte Paul Hagen offen den Anspruch der »Deutschen Arbeiterdelegation« auf alleinige Vertretung deutscher Sozialdemokraten in den USA in Frage. Ihrerseits alarmiert durch Hagens rasch wachsenden Einfluß, begannen Grzesinski, Brauer, Seger und Katz, die Bewegung um »Neu Beginnen« schneidend zu attakkieren. Die Darstellung dieser Auseinandersetzung soll einem späteren Bericht vorbehalten bleiben. Hier soll nur soviel gesagt werden, daß es insbesondere der Publizität, die die *Neue Volkszeitung* Paul Hagen verschaffte, zu verdanken ist, daß dieser heute, nach dem Exkanzler Brüning, die bekannteste Figur der deutschen Emigration in den USA ist.

Niemand war sich der Tatsache schmerzlicher bewußt, daß die »Deutsche Arbeiterdelegation« die Mehrheit der ehemaligen Sozialdemokraten in den USA ignoriert hatte, als Max Brauer und Siegfried Aufhäuser, die beiden Vorsitzenden dieser Organisation. Im Frühjahr 1943 suchten sie, spät, nach einem Ausweg aus dieser Situation, indem sie eine ›Landeskonferenz‹ jener politischen Flüchtlinge einberiefen, die am 30. Januar 1933 der Sozialdemokratischen Partei angehört hatten. In dieser Formation blieb das Projekt hinter dem Programm der Londoner »Union« zurück, und das bedeutete den Ausschluß der SAP und des ISK. Aber selbst ein Appell an alle früheren Sozialdemokraten, an der Konferenz teilzunehmen, schien angesichts der Stärke von »Neu Beginnen« ein Fiasko nicht auszuschließen. Die Mitglieder der »Delegation« verfielen daher auf den Gedanken, ein spezielles Einladungskomitee einzurichten, das die Referenzen überprüfen sollte. Dieses Komitee, bestehend aus zwei Mitgliedern der »Deutschen Arbeiterdelegation«, zwei Mitarbeitern der *Neuen Volkszeitung,* zwei Mitgliedern der deutschsprachigen Abteilung der »Social Democratic Federation« und zwei anerkannten Bürgern, sollte alle der »Deutschen Arbeiterdelegation« mißliebigen Sozialdemokraten fernhalten.

Unter solchen Auspizien war zwar mit der Konferenz kein Risiko mehr verbunden, aber zugleich war die Absicht, das Treffen gegen unerwünschte Einflüsse abzudichten, offensichtlich geworden. Daher richteten die drei Mitglieder des Parteivorstandes, Georg Dietrich, Paul Hertz und Marie Juchacs, unterstützt von 72 weiteren Parteimitgliedern, ein förmliches Protestschreiben an die »Deutsche Arbeiterdelegation«, in dem sie ihre Weigerung, an einer solchen Konferenz teilzunehmen, erläuterten. Der Brief, mit Datum vom 30. Juni 1943, verdient im Wortlaut zitiert zu werden:

»Wir, die Unterzeichneten [Georg Dietrich, Paul Hertz, Marie Juchacs], Mitglieder des 1933 in Deutschland gewählten Parteivorstandes, des einzigen legalen Parteigremiums der alten sozialdemokratischen Bewegung in Deutschland, lehnen es für uns und im Namen von 72 weiteren SPD-Mitgliedern ab, an der Konferenz, die am 3. Juli 1943 stattfinden soll, teilzunehmen. Es ist aus Form und Inhalt der Einladung ersichtlich, daß die Organisatoren der Konferenz nicht beabsichtigen, eine wirkliche Landeskonferenz abzuhalten, an der alle früheren und heute in den USA lebenden Mitglieder der Sozialdemokratischen Partei Deutschlands teilnehmen können, sondern ein Treffen von ausgesuchten Gästen intendieren. Wir haben daher diejenigen, die zur Konferenz eingeladen haben, aufgefordert, ein wirklich demokratisches Treffen einzuberufen. Wir waren von der Hoffnung geleitet, daß solch ein Treffen der erste Schritt hin zu einer ›Union‹, wie sie in London und Stockholm existiert, sein könnte. Sowohl in London als auch in Stockholm sind alle sozialdemokratischen Gruppen vereinigt und arbeiten zusammen über Probleme, die nach Hitlers Sturz gelöst werden müssen. Diejenigen, die die Julikonferenz einberufen haben, waren nicht bereit, irgendeinen Schritt in Richtung auf eine Aktionseinheit zu unternehmen, sie waren nicht zu irgendeiner Zusammenarbeit mit Gruppen und Personen [d. h. Paul Hagen und ›Neu Beginnen‹] bereit, die wirkliche Verbindung zum Untergrund in Deutschland haben und haben werden.«

Mit diesem Dokument bezichtigte eine Mehrheit der Mitglieder des sozialdemokratischen Parteivorstandes in den USA die Mitglieder der »Deutschen Arbeiterdelegation« des undemokratischen Verhaltens. Während Paul Hagen sich diskret im Hintergrund hielt, ließ er die Mitglieder des Parteivorstandes diesen Kampf für sich ausfechten. Daran, daß dieser wendige politische Taktiker gleichwohl der Motor dieses scharfen Protestes war, gibt es keinen Zweifel. Sobald Paul Hertz, ein loyaler Anhänger von »Neu Beginnen« und ein treuer Gefolgsmann von Paul Hagen, die Führung übernommen hatte, mußten Georg Dietrich und Marie Juchacs, die ihre eigenen Schwierigkeiten mit der »Deutschen Arbeiterdelegation« hatten, nicht lange überredet werden. Auch war es nicht schwierig, unter den Anhängern von »Neu Beginnen« 72 ehemalige Sozialdemokraten aufzutreiben.

Die ›Landeskonferenz‹ fand planmäßig am 3. Juli 1943 statt und war ein Publicity-Erfolg, mehr hatte sie auch nicht bewirken sollen. Reden wurden gehalten und Resolutionen verabschiedet – doch die Situation blieb,

wie sie gewesen war. Ob es der Konferenz gelang, »in Washington Eindruck zu machen«, wie H. Staudinger ironisch ihren Hauptzweck bezeichnet hatte, muß füglich bezweifelt werden.
Aus den geschilderten Sachverhalten muß der Unterschied zwischen den deutschen Sozialdemokraten in London und den Mitgliedern der »Deutschen Arbeiterdelegation« in New York ins Auge springen. Die »Delegation« erkennt die Autorität des Parteivorstandes in London an und trägt – durch die vermittelte Hilfe des Jewish Labor Committee – zu seiner finanziellen Unterstützung bei. Im übrigen scheinen diejenigen Mitglieder der »Deutschen Arbeiterdelegation«, die zum extremen rechten Flügel der sozialdemokratischen Alten Garde zählen, in allen wichtigeren Fragen mit der Londoner Gruppe uneins zu sein. In London haben Vogel und Ollenhauer effektiv mit Linkssozialisten, vertreten durch die SAP und »Neu Beginnen«, zusammengearbeitet. Dort sind die alten Streitigkeiten aus der Zeit des Untergrundkampfes weitgehend vergessen. In New York hat sich die »Deutsche Arbeiterdelegation« nicht nur geweigert, mit der SAP zu kooperieren, sie hat auch die Kluft, die schon vorher zu der Gruppe »Neu Beginnen« bestand, vertieft. Hans Vogel und die Mitglieder der Londoner SoPaDe gestehen ein, daß die alte Sozialdemokratische Partei in Deutschland unwiederbringlich Geschichte ist, und sie treten dafür ein, eine neue vereinigte deutsche Arbeiterpartei zu schaffen, die alle früheren sozialistischen Gruppen umfassen und auch ehemalige Kommunisten einschließen soll. Friedrich Stampfer und seine Kollegen in New York sind ganz davon in Anspruch genommen, die alte SPD, so wie sie 1932 bestand, ohne Modifizierung ihres Programms und ohne Veränderung in ihrer Führung zu konservieren. Stampfer und Grzesinski haben Vogel und der Londoner SoPaDe vorgeworfen, sie hätten die sozialdemokratische Tradition preisgegeben, indem sie das Programm der Londoner »Union« akzeptierten. Sie verlangten von ihren Londoner Kollegen, die Beziehungen zur SAP und zur Gruppe »Neu Beginnen« abzubrechen. Unter dem Eindruck des allgegenwärtigen Einflusses von »Neu Beginnen« in den USA beschuldigen sie nun ihre Londoner Kollegen, ebenfalls dem Einfluß dieser Gruppe erlegen zu sein. Mit Ausnahme von Aufhäuser und Staudinger sind die Mitglieder der »Delegation« alarmiert von den linken Neigungen ihrer offiziellen Londoner Führer.
Vielleicht gelingt es Brauer und Aufhäuser, den beiden neuen Vorsitzenden, die Arbeit der »Deutschen Arbeiterdelegation«, die bisher ihre Zeit damit verschwendet hat, sich selbst zu verteidigen und andere anzugreifen, zu beleben. Aber gerade der Umstand, daß es zwei gleichrangige Vorsitzende gibt, ist ein Indiz für einen Mangel an Übereinstimmung zwischen den beiden Fraktionen, der die »Deutsche Arbeiterdelegation« während der letzten zwei Jahre paralysiert hat. In London und in Schweden sind zahlreiche Pläne für und Studien über Nachkriegsdeutschland

entwickelt und erstellt worden; nicht eine einzige wichtige Studie, nicht ein einziges bedeutsames Dokument ging aus der »Deutschen Arbeiterdelegation« hervor.

V. »Neu Beginnen«

Auf den ersten Blick scheint die Fehde zwischen der »Deutschen Arbeiterdelegation« und der Gruppe »Neu Beginnen« nichts als eine lokale Querele um die umstrittene Persönlichkeit Paul Hagens (Karl Frank) zu sein, eine Fehde, die in London oder Schweden keine Entsprechung hat. In Wirklichkeit ist sie eine amerikanische Neuinszenierung der alten Streitigkeiten zwischen der SoPaDe und den sozialistischen Splittergruppen in der frühen deutschen Untergrundbewegung, von der der bekannte österreichische Sozialist Otto Bauer in seinem Buch *Die illegale Partei* (kurz nach dem Tod des Autors 1939 in Paris veröffentlicht) die einzige authentische und objektive Beschreibung gegeben hat. Die klügeren und bedächtigeren Mitglieder der »Deutschen Arbeiterdelegation«, vor allem Max Brauer, sind sich dessen wohl bewußt und haben die Angriffe von Seger und Katz auf Paul Hagen mißbilligt; diese hatten ihn als unehrlich beschimpft (was Berichte über den Untergrund angeht), als Dieb (bei der Verwaltung der Untergrundgelder) oder als Kriminellen (wegen einer kurzen Gefängnisstrafe, zu der Hagen in seiner kommunistischen Periode, Mitte der zwanziger Jahre, verurteilt worden war, als er den Sozialdemokraten Schwarz gewaltsam festgehalten hatte, um an seiner Stelle einen Kommunisten über den Rundfunk sprechen zu lassen). Auf Max Brauers Betreiben sind diese Angriffe inzwischen, zumindest in der Öffentlichkeit, als unsinnig und unwürdig eingestellt worden. Die Auseinandersetzung geht nun weiter über Prinzipien und die allgemeine politische Perspektive.

Bei dem, was im folgenden erörtert werden soll, muß man in Erinnerung behalten, daß die Gruppe, die sich heute um Paul Hagen sammelt, kaum noch mit der ursprünglichen Gruppe »Neu Beginnen« gleichzusetzen ist. Von 1935 bis 1940 war diese Gruppe im wesentlichen eine Untergrundorganisation; heute, 1943, sind die allermeisten Anhänger von Hagen Sozialdemokraten, die niemals irgendwelche Verbindungen mit der Gruppe »Neu Beginnen« unterhalten haben. Demgegenüber gibt es heute in New York nicht mehr als 20 Mitglieder der alten Gruppe »Neu Beginnen«.

Keine Bewegung im deutschen Untergrund zwischen 1933 und 1939 war wirklich effektiv. Nach den Aussagen Otto Bauers war die Gruppe »Neu Beginnen« zwar klein und wenig bekannt, aber sie besaß in Deutschland vor 1939 eine der wirksamsten Untergrundorganisationen. Er neigt sogar zu der Ansicht, sie sei als Organisation der SoPaDe überlegen gewesen,

so wie in mancher Hinsicht *Die Nachrichten* der Gruppe »Neu Beginnen« den *Grünen Heften* überlegen waren. Wie die italienische Gruppe »Giustizia e Liberta« und die österreichischen »Revolutionären Sozialisten«, mit denen beiden sie eng verbunden war, entstand auch »Neu Beginnen« als Gruppe von Abweichlern innerhalb der Sozialdemokratischen Partei und beanspruchte nicht – wie die SAP –, selbst eine Partei zu sein. Die ersten Mitglieder der Gruppe waren erschüttert davon, wie vollständig die Niederlage der sozialistischen Bewegung gewesen war und wie nachhaltig der Faschismus triumphiert hatte. Der völlige Zusammenbruch der sozialistischen Parteien war der Ausgangspunkt ihrer Kritik. Sie erklärten: Wir sind nicht bloß eine Fortsetzung der alten SPD, sondern wir haben ein neues Konzept. Die alte Massenpartei ist geschlagen und auseinandergebrochen, und ihre offiziellen Führer haben sich mit ihrem Reformismus und Opportunismus im In- und Ausland diskreditiert. Es muß einen neuen Anfang geben, mit neuen Ideen und Grundsätzen, einem neuen Geist, neuen Taktiken und vor allem mit neuen Führern. Geboten ist eine Erneuerung auf der Linie eines radikalen Marxismus. Und es gilt, die Parteiorganisation den Notwendigkeiten eines Kampfes im Untergrund anzupassen. Die neuen Führer, die aus dem brutalen Selektionsprozeß des illegalen Widerstands gegen Hitler hervorgehen, werden die neuen Führer der zukünftigen deutschen Arbeiterpartei sein. Massen-Untergrundbewegungen sind unter faschistischen Bedingungen fehl am Platze. Die neue Untergrundpartei muß eine Kaderpartei sein, die aus kleinen Einheiten von hochdisziplinierten und im Marxismus und in der Technik der Revolution geschulten Eliten besteht. Die Gegner von »Neu Beginnen« sprachen abschätzig von »Professoren der Revolution«.
Untergrundoperationen müssen notwendigerweise von den Jüngeren ausgeführt werden, und es ist schlicht fahrlässige Ungerechtigkeit, wenn Paul Hagen bekannten älteren Sozialdemokraten wie Otto Wels, Max Brauer oder Friedrich Stampfer vorwirft, sie hätten niemals ihr Leben bei Aktionen im Untergrund aufs Spiel gesetzt. Es ist jedoch nicht minder ungerecht, wenn diese älteren Sozialdemokraten, die nicht an der Untergrundbewegung teilgenommen und kaum Kenntnis von ihr haben, die Gruppe »Neu Beginnen« als Verschwörerbande verleumden. Tatsächlich war die Hauptaufgabe der Ausbildungszentren, die die Gruppe »Neu Beginnen« überall an den deutschen Grenzen eingerichtet hatte, die Selbstschulung in der Technik der antifaschistischen Konspiration. Lenins Begriff des »demokratischen Zentralismus« beschreibt ihre Parteiorganisation am treffendsten; ihre Führer waren anonym und nur einigen wenigen bekannt; ihr strenger Kodex von persönlicher Disziplin und Geheimhaltung ergab sich zwangsläufig aus der Natur der Tätigkeit. Zweifellos waren sie bisweilen unvorsichtig. Aber das galt auch für die SoPaDe: Zweimal haben Agenten der Gestapo – der eine unter dem Namen Schwab,

der andere unter dem Namen Ochmann – Gelegenheit gefunden, bis in das Büro der SoPaDe in Prag vorzudringen. Von dem einen wird berichtet, er habe Hunderte von fotokopierten Biografien und Berichten, die Flüchtlinge bei ihrer Ankunft dem Sozialdemokratischen Hilfszentrum in Prag vorgelegt hatten, in die Hände der Gestapo gebracht.

Otto Bauer erachtete »Neu Beginnen« keineswegs für unbesonnen, er bewunderte vielmehr, mit welch peinlich genauen Vorschriften ihre Mitglieder ihr Privatleben den Gesetzen der Konspiration gegen die Nazis unterwarfen. Sie gaben Instruktionen heraus über den Verzicht auf alkoholische Getränke, über die Zulassung und Erledigung privater Korrespondenz, über die Wahl und den Wechsel des Wohnortes, über die Aufbewahrung von subversiver Literatur und insbesondere über die Geheimhaltung der Struktur und der Arbeit der Organisation. Kein Mitglied wußte mehr über das organisatorische Netzwerk und die Aktivitäten der Organisation, als zur Erfüllung seiner Teilaufgabe unerläßlich war. Sie lebten unter falschem Namen, und viele von ihnen haben diese Namen behalten. Sie entwickelten eine besondere Parteisprache, die kein Außenstehender verstehen konnte. Diejenigen, die gegen die konspirative Disziplin verstießen, wurden rasch ausgestoßen. Sie waren in vieler Hinsicht ausgebildet wie die Soldaten einer modernen Armee. Einige ihrer Zellen wurden entdeckt, einige Mitglieder sitzen noch in Nazi-Straflagern. Dr. Eliasberg, der heute im Office of War Information arbeitet, erwähnt einen einzigen Fall, in dem ein Nazi-Agent in das Netzwerk der Organisation eingedrungen ist, und versichert, dieser sei nicht in die Nähe des Zentrums gekommen. Selbst heute, zwei Jahre nach der Zerschlagung ihrer Untergrundorganisation, gibt es kein »Neu Beginnen«-Mitglied, das mit einem anderen Mitglied in einem anderen Land per Post verkehrte.

In den vergangenen zehn Jahren hat die Gruppe drei aufeinanderfolgende Entwicklungsstadien durchlaufen: die Gruppe Miles, die Reorganisation der Gruppe »Neu Beginnen« 1935 und schließlich die Neuformierung der Gruppe seit dem Zusammenbruch des Untergrunds. Heutzutage verwahren sich die Mitglieder von »Neu Beginnen« dagegen, mit der Gruppe Miles gleichgesetzt zu werden. Es stimmt dennoch, daß »Neu Beginnen« aus dieser Gruppe hervorgegangen ist. Walter Löwenheim (alias Miles) gründete 1931 in Deutschland einen Diskussionszirkel, als die Katastrophe sich abzeichnete. Die Gruppe Miles bestand vornehmlich aus Mitgliedern der früheren sozialdemokratischen Jugendorganisation, aus jüngeren SPD-Mitgliedern, jungen Gewerkschaftern und einigen SAP-Mitgliedern. Es gab drei ehemalige Kommunisten in der Gruppe: Walter Löwenheim, Richard Löwenthal (alias Paul Sehring, heute in London) und Paul Hagen (Dr. Karl Frank). Paul Hagen war 1929 aus der KPD ausgetreten und schloß sich der Gruppe Miles an, ehe er im

Herbst 1932 als Mitglied in die SPD aufgenommen wurde (es gibt in den USA so viele Zeugen für Hagens SPD-Mitgliedschaft, daß dies offenbar keinen Zweifel mehr zuläßt). Das Ziel der Gruppe bestand darin, ein neues theoretisches Programm zu entwickeln, das sich von dem Konzept des Parteivorstands wie von dem der Komintern gleichermaßen kritisch unterscheiden sollte. Darüber hinaus scheint es die Absicht der Gruppe gewesen zu sein, einen kräftigen linken Flügel in der SPD zu formieren, um den Führern der Partei eine radikalere marxistische Politik aufzuzwingen. Die Diskussionen der Gruppe waren geheim, was zu einigen der Ressentiments, die sich später ausgebreitet haben, beigetragen haben mag. Die Gruppe hatte ihre Arbeit noch nicht abgeschlossen, als Hitler an die Macht kam; aber es gab eine genügende Anzahl von Zellen in den größeren Städten und Industriegebieten Deutschlands, die es der Organisation erlaubten, in den Untergrund zu gehen.
In der Zwischenzeit hatte Miles-Löwenheim eine Broschüre mit dem Titel *Neu Beginnen* verfaßt, die 1934 in Karlsbad von der SoPaDe offiziell finanziert und veröffentlicht wurde. Die Tatsache, daß die SoPaDe Gelder zur Publikation dieser ebenso klugen wie radikalen Schrift bereitstellte, ist ein Indiz dafür, wie verbreitet in den Tagen unmittelbar nach dem Zusammenbruch der Weimarer Republik auch unter älteren Sozialdemokraten das Gefühl einer unkorrigierbaren Niederlage war. Paul Hagen zufolge war diese Schrift der Ausdruck der Ansichten von Miles-Löwenheim und war ohne vorherige Beratung mit anderen verfaßt worden. In ihr argumentiert Miles kurz zusammengefaßt folgendermaßen: Proletarische Massenparteien sind nicht über demokratische und gewerkschaftliche Zielsetzungen hinausgegangen und können auch nicht darüber hinausgehen, da sie unter der Kontrolle gewerkschaftlicher Gruppen stehen. Aus diesem Grund waren die Arbeiterparteien in Mitteleuropa in der Periode nach dem Krieg keine revolutionären Parteien. Diese Parteien stellten niemals die politische und ökonomische Macht jener Klassen in Frage, die später in der Zeit der Depression die Krise ausnutzten, um die Übernahme der Regierungsgewalt durch den Faschismus einzuleiten. Anders in Rußland, wo es vor der Sowjet-Revolution keine Arbeitermassenparteien gab, sondern nur kleine Zellen geschulter Marxisten und Sozialisten, die sich auf den revolutionären Kampf gegen den Zarismus vorbereiteten. Diesen kleinen Verbänden gelang es im Verlauf ihrer Zusammenarbeit während der Revolution, die Führung der revolutionären Massen zu übernehmen. Sie machten sich eine spontane Revolution zunutze und gaben dieser eine Zielsetzung, die sich nicht mehr nur auf demokratische und gewerkschaftliche Forderungen beschränkte. Sie zerschlugen den Kapitalismus, eroberten die politische Macht und errichteten eine sozialistische Gesellschaft. Also, so folgert Miles, kann eine spontane Massenerhebung niemals zu einer sozialisti-

schen Revolution führen. Dies ist vielmehr nur möglich durch Zusammenfassung von hochgradig geschulten lokalen Verbänden zu einer streng zentralistischen und disziplinierten revolutionären Partei. Miles stand zwar, wie die anderen Sozialdemokraten ebenfalls, der Komintern kritisch gegenüber, dennoch forderte er eine Einpartei-Diktatur. Die wichtigste Aufgabe einer Untergrundbewegung im Nazi-Deutschland war nach seiner Meinung die Ausbildung von Kadern, die, wenn sie nur zu einer zentralistischen Partei zusammengefaßt würden, den Kampf gegen die Nazidiktatur aufnehmen könnten.

Es geht uns hier nicht darum, zu prüfen, ob die Argumentation in Miles' Schrift stichhaltig ist. Es kann jedenfalls nicht verwundern, daß die in diesem Pamphlet vorgebrachten Auffassungen in der Folgezeit der Gruppe »Neu Beginnen« zugeordnet wurden. In den USA sind sie den Mitgliedern von »Neu Beginnen« seit ihrer Ankunft auf Schritt und Tritt angekreidet worden. Solange es keine offizielle Zurückweisung dieser Ideen gegeben hatte, konnte man der »Arbeiterdelegation« kaum den Vorwurf besonderer Spitzfindigkeit machen. Max Brauer von der »Arbeiterdelegation« hält jedoch der Gruppe »Neu Beginnen« noch heute vor, sie habe das Programm von Miles beibehalten, obwohl die Gruppe 1939 in *Der kommende Weltkrieg* (verfaßt von Löwenthal-Sering zusammen mit einigen österreichischen revolutionären Sozialisten) das Miles-Löwenheimsche Konzept einer Einpartei-Diktatur ausdrücklich verworfen hat. 1940 hat Erwin Schöttle, der Vorsitzede des Londoner Auslandsbüros von »Neu Beginnen«, in seiner Schrift *Neu Beginnen, wie es wurde* dieses Konzept nochmals eindeutig abgelehnt. Auch Hagen hat sich von ihm distanziert und erklärt, daß Miles-Löwenheim bereits 1934 seinen Einfluß in dem Diskussionszirkel verloren habe. Im Juni 1935 fand in Berlin eine Geheimkonferenz sämtlicher Untergruppen der Gruppe Miles statt. Bei dieser Gelegenheit stimmte die Mehrheit für den demokratischen Prozeß und gegen Miles' Auffassung von einer Einpartei-Diktatur, woraufhin Miles sich von der Gruppe zurückzog.

Die Konferenz von 1935 markiert die offizielle Gründung der Gruppe »Neu Beginnen« als einer unabhängigen Untergrundorganisation. Es wurde beschlossen, in Prag ein Auslandsbüro einzurichten, und zwar im Rahmen der Exil-SPD. Die Konferenz entsandte im Juli 1935 einen Beauftragten mit Namen Falk nach Brüssel, um das Büro der Sozialistischen und Arbeiter-Internationale von dieser Entscheidung zu unterrichten. Zugleich brachte Falk eine Erklärung mit, in der die Grundsätze der Gruppe »Neu Beginnen« dargelegt wurden.

Da »Neu Beginnen« eine der wenigen Gruppen war, die gegen eine massenhafte Emigration ihrer Mitglieder votierte, gab es zwei Führungsgremien, das Zentralkomitee in Berlin und das Auslandsbüro in Prag. Es ist unwahrscheinlich, daß das Zentralkomitee über 1941 hinaus bestanden hat; das Auslandsbüro wurde in der Folgezeit nach Paris verlegt, wo es die Unterstützung von Léon Blum genoß, und 1940 nach London, wo es immer noch untergebracht ist. Nach den katastrophalen Erfahrungen der SoPaDe mit ihrer Massen-Untergrundbewegung war und ist die Gruppe »Neu Beginnen« eine Kaderorganisation, bei der nicht alle Kader in ständigem Kontakt miteinander oder mit dem Auslandsbüro stehen. Neben dem Kern der Gruppe Miles, dessen Zusammensetzung wir bereits dargestellt haben, gehörten die folgenden Gruppierungen entweder unmittelbar zur »Neu Beginnen«-Untergrundorganisation oder arbeiteten eng mit dieser zusammen: die Reste der früheren Religiösen Sozialisten unter Führung von Paul Tillich mit rund 20 Zentren in Deutschland; die Berliner Sozialistische Jugend und – über ihren letzten Sekretär, Erich Schmidt, der jetzt in Boston lebt – Gruppen der Sozialistischen Jugend in allen Teilen Deutschlands; eine Restgruppe von jüngeren Gewerkschaftern, von denen Bernhard Taurer, der heute beim Office of War Information arbeitet, fraglos der bekannteste war; verbliebene Teile der früheren Sozialistischen Studentenorganisation; einige Ortsgruppen der SPD; und die sogenannte »Zehn-Punkte-Gruppe«, die sich aus älteren SPD-Funktionären zusammensetzte und in ganz Deutschland Untergruppen hatte. Das Zentralkomitee in Berlin unterhielt auch Verbindungen mit anderen Gruppen von Gewerkschaftern, mit Eisenbahnern, Bauarbeitern, Transportarbeitern und vor allem – vermittelt über die SAP – mit Metallarbeitern.

Ein kurzer Blick auf diese Liste genügt, um verständlich zu machen, wieso die SoPaDe die Gruppe »Neu Beginnen« beschuldigte, sie sei unaufgefordert in ihr Gehege eingedrungen. Damit läßt sich auch die tiefverwurzelte Überzeugung bei Mitgliedern der Gruppe »Neu Beginnen« erklären, daß die alte SPD völlig auseinandergebrochen sei. Es ist keineswegs unwahrscheinlich, daß »Neu Beginnen« diesen Auflösungsprozeß vorangetrieben hat. Gegenwärtig erhebt die SoPaDe den Vorwurf, »Neu Beginnen« habe sich der kommunistischen Taktik bedient, innerhalb der Sozialdemokratischen Partei Zellen ihrer eigenen Anhänger zu bilden. Max Brauer wiederholt diese Anschuldigung immer wieder. Die Mitglieder von »Neu Beginnen«, die unmittelbar von diesem Vorwurf betroffen sind, Erwin Schöttle, Knöringen, Bögler, W. Klatt, Paul Anderson (alle heute in England) und Haass (heute in den Vereinigten Staaten), bieten als Entgegnung folgendes an: Sie alle seien – wie Hans Hirschfeld, der sich jetzt in New York »Neu Beginnen« angeschlossen hat – Grenzsekretäre der SoPaDe in den verschiedenen an Deutschland angrenzenden Ländern gewesen. Nachdem sie sich davon überzeugt hätten, daß »Neu Beginnen« bessere Arbeit im Untergrund leistete, seien sie Mitglieder dieser neuen Organisation geworden. Sie hätten jedoch nicht in jedem Fall ihre neue Mitgliedschaft der SoPaDe mitgeteilt, denn sie hätten das

Büro in Prag für nicht ausreichend zuverlässig gehalten – so sagen sie jedenfalls – in Anbetracht der Tatsache, daß zuvor zwei Agenten der Gestapo dort hatten eingeschleust werden können. Aufgrund der Geheimhaltung, die ihre Untergrundaktivitäten in der Vergangenheit immer noch umgibt, ist es nicht möglich, heute den Wahrheitsgehalt dieser Aussagen zu prüfen.

Nach einer kurzen Periode der Zusammenarbeit, während der die Gruppe »Neu Beginnen« gewisse Geldmittel von der SoPaDe bezog, lagen die beiden Organisationen in allen Punkten miteinander im Streit. Es war eine Kontroverse zwischen zwei Programmen, eine Konkurrenz zwischen einer älteren und einer jüngeren Generation von Sozialdemokraten, eine Auseinandersetzung um Mitglieder und Zellen in Deutschland und um Anhänger unter den politischen Emigranten: ein Konflikt zwischen zwei Konzepten der Untergrundorganisation. Es ist nicht verwunderlich, daß die Ressentiments unter den älteren SoPaDe-Mitgliedern heftiger waren. Otto Wels, der letzte Vorsitzende des Parteivorstandes der SoPaDe, soll gelegentlich die gesamte deutsche Untergrundorganisation als kommunistisch beschimpft haben. Das hinderte jedoch Friedrich Stampfer nicht, Reportern in New York zu erzählen, sie hätten Korrespondenten in jeder deutschen Fabrik. Einige Mitglieder der »Deutschen Arbeiterdelegation«, die es weniger genau nehmen, aber nicht mehr in der Mehrheit sind, bezeichnen die Gruppe »Neu Beginnen« weiterhin als kryptokommunistisch. Eine sorgfältige Prüfung der Mitgliederlisten zeigt jedoch, daß weniger als 5 Prozent davon ehemalige Kommunisten sind. Die Bezeichnung trifft auch nicht die allgemeine politische Perspektive der Gruppe. In Großbritannien haben Erich Ollenhauer, S. F. Heine und Wilhelm Sander längst aufgehört, derlei Vorwürfe zu äußern, selbst im Fall von Löwenthal-Sering, der am ehesten kommunistischer Neigungen verdächtigt werden könnte. Mit Ausnahme von vier Mitgliedern der »Deutschen Arbeiterdelegation« unterstellt niemand in der Emigration, auf dessen Meinung man etwas geben kann, Paul Hagen sei etwas anderes als ein linker Sozialdemokrat.

Abgeschnitten von den offiziellen Parteigeldern der SoPaDe erschloß »Neu Beginnen« eigene Finanzquellen. Darin war die Gruppe bemerkenswert erfolgreich, vor allem dank der unermüdlichen Energie und dem klugen Taktieren von Paul Hagen. Es dauerte nicht lang, und es kam auch in dieser Sache zu einem scharften Gegensatz zwischen der SoPaDe und »Neu Beginnen«. Zwischen 1935 und 1940 erhielt die Gruppe zusätzlich zu ihren Mitgliedsbeiträgen: 40000 Mark von der SoPaDe, bevor diese ihre finanzielle Unterstützung einstellte; 5000 Schweizer Franken von den Schweizer Gewerkschaften und der Schweizer Sozialdemokratischen Partei; 90000 französische Francs von Léon Blum; 50000 tschechische Kronen, vor allem von der sudetendeutschen Sozialdemokratischen

Partei; 500 Pfund aus England, zum größten Teil als persönliche Spende von Sir Staffort Cripps; und zwischen 90000 und 100000 Dollar aus den Vereinigten Staaten.
Diese Zahlen sind Annäherungswerte. Mitglieder der »Deutschen Arbeiterdelegation«, vor allem Gerhart Seger, haben Paul Hagen beschuldigt, er habe diese Summen unter Vorspiegelung falscher Tatsachen gesammelt, und behaupten, er habe sich häufig als »Führer der deutschen Untergrundbewegung« ausgegeben. Hagen erklärt seinerseits, außer für die Untergrundgruppe von »Neu Beginnen« habe er niemals Gelder gesammelt. Letzten Endes scheint der schwerste Vorwurf, den man gegen Paul Hagen richten kann, der zu sein, daß er der Versuchung nachgegeben habe, sich als Führer des deutschen Untergrundes darstellen zu lassen. Ob er in jedem Fall selber für diese Art Publicity verantwortlich war oder ob das nicht vielmehr Reinhold Niebuhr zuzuschreiben ist, der nach dem Tod von Charney Vladeck sein Hauptförderer in den USA war, ist eine andere, offene Frage.
Paul Hagen war so klug, die Verwaltung dieser wachsenden Summen einem Komitee, bestehend aus Paul Hertz (als Vorsitzenden), Bögler und ihm selbst, anzuvertrauen. Paul Hertz übernahm seine neuen Pflichten als Schatzmeister von »Neu Beginnen« erst nach eingehender Diskussion mit dem Sekretariat der Sozialistischen und Arbeiter-Internationale. Dieses Gremium, das der SoPaDe 1935 nicht freundlicher gegenüberstand als 1943, bestärkte Hertz darin, das Amt anzunehmen. Wie bereits erwähnt, war Hertz auch Mitglied des Parteivorstandes der SoPaDe. Er hatte die anderen Vorstandsmitglieder von seiner engen Verbindung zur Gruppe »Neu Beginnen« informiert, und bis 1938 hat anscheinend niemand Einwände geltend gemacht. Soweit sich das feststellen läßt, ist nicht anzunehmen, daß Hertz die SoPaDe über seine Funktion als Schatzmeister von »Neu Beginnen« in Kenntnis setzte. Sein Verhalten wurde als unmoralisch bezeichnet. Als jedenfalls die SoPaDe 1938 nach Paris übersiedelte, bestand Otto Wels darauf, Hertz solle von seiner Funktion im Vorstand zurücktreten. Hertz versichert uns, daß gerade seine Kritik am Finanzgebaren der SoPaDe ihn dazu bewogen habe, mit »Neu Beginnen« zusammenzuarbeiten. Er war gegen den teuren Apparat der SoPaDe in Prag und behauptet nach wie vor, »Neu Beginnen« habe mehr Geld für die Untergrundarbeit in Deutschland ausgegeben als die SoPaDe. Nach seiner Aussage lagen die Gehälter bei der Gruppe »Neu Beginnen« um ein Drittel niedriger als bei der SoPaDe, und die reinen Unterstützungsfonds wurden auf einem Minimum gehalten. Es scheint auch, daß »Neu Beginnen« von sich aus sozialdemokratische Gruppen in Deutschland und in anderen Ländern finanziell unterstützt hat.
Um 1939 hatte das »Neu Beginnen«-Auslandsbüro in Paris über seine Grenzsekretäre Verbindung mit neun Gruppen in Bayern, fünf Gruppen

in Schlesien, drei Gruppen in Württemberg, zwei Gruppen in der Pfalz und zwei Gruppen in Sachsen, außerdem bestanden Kontakte zum Zentralkomitee in Berlin, das seinerseits mit den genannten und anderen Untergruppen in Beziehung stand. Die Auslandszentralen der Untergrundorganisation der deutschen Bergarbeiter und der rheinischen Textilarbeiter unterhielten ebenfalls mit dem Auslandsbüro von »Neu Beginnen« Verbindung. Bis in das Jahr 1939 entsandte dieses regelmäßig Kuriere nach Deutschland, die das Hauptquartier in Berlin und manchmal andere lokale Gruppen aufsuchten. Diese Kuriere waren Schweizer, Norweger, Briten, Franzosen, Amerikaner oder Tschechen, manchmal auch Deutsche. Das Auslandsbüro arrangierte auch, daß regelmäßig Besucher aus Deutschland zum Auslandsbüro oder in eine der ›Grenzschulen‹ in Frankreich, Belgien oder in der Tschechoslowakei kamen.
In Erwartung des Kriegsausbruches richtete die Gruppe Außenposten für Kontakte während des Krieges in Norwegen, Finnland, der Schweiz und Belgien ein. Doch 1939, mit Beginn des Krieges, brachen die Verbindungen über die Grenzen vollständig zusammen. Nur wenige Nachrichten aus erster Hand erreichten 1940 und 1941 von Berlin und München aus die Außenwelt. Nichts ist heute darüber bekannt, ob die verschiedenen Zellen in Deutschland überlebt haben. Erwin Schöttle wurde zusammen mit zwei anderen Mitgliedern der »Neu Beginnen«-Untergrundorganisation aus der Schweiz ausgewiesen. Das Büro in Oslo wurde während der deutschen Invasion liquidiert, und Taurer, der nach Schweden entkommen war, wurde in die USA gebracht, weil zu befürchten war, daß auch Schweden nicht würde neutral bleiben können. Die »Neu Beginnen«-Gruppe in Holland wurde ermordet, als die Gestapo im Gefolge der Wehrmacht ins Land kam, während den Mitgliedern in Belgien die Flucht nach England glückte.
[...]

VI. Deutsche sozialistische Gruppen und die Probleme Deutschlands nach dem Krieg

Als am 6. Dezember 1942 die Londoner »Union« den entscheidenden Schritt unternahm, die Grundlagen für eine vereinigte deutsche sozialistische Partei zu schaffen, hat sie damit die zentrale Ursache für die Differenzen zwischen der SoPaDe und den anderen sozialistischen Gruppierungen aus dem Weg geräumt. Die SoPaDe hatte ihre legalistische Position, daß sie die Sozialdemokratische Partei repräsentiere, aufgegeben und zugestanden, daß die Mitgliedschaft in der neuen Partei nicht von der Mitgliedschaft in der alten SPD abhängig gemacht werden könne. Damit war eine Basis für die Einheit gefunden worden. Dank der vermittelnden

Führung von Enderle und Tarnow war in Schweden dieser Streit nie akut gewesen. Er überdauerte nur in New York aufgrund einer spezifischen örtlichen Konstellation; doch auch hier werden die Streitigkeiten an Bedeutung verlieren, wenn erst die Londoner Entscheidungen bis zur Basis der früheren Sozialdemokraten durchgedrungen sind. Solange die intellektuelle Führung der deutschen Sozialdemokraten in London bleibt, werden Entscheidungen der Londoner »Union« wohl kaum rückgängig gemacht werden. Es bleibt zwar eine scharfe Konkurrenz um die Führung, aber es gibt immerhin eine grundsätzliche Übereinstimmung bei allen Gruppen deutscher Sozialisten. Diese Übereinstimmung tritt deutlich hervor, sobald man für eine gesonderte Betrachtung die Einstellung dieser Gruppen zu den Problemen in Deutschland nach dem Krieg herausgreift. Sie bekennen sich gleichermaßen zu Sozialismus *und* Demokratie. Alle Gruppen, einschließlich der Mehrheit der »Deutschen Arbeiterdelegation«, stimmen darin überein, daß eine gesellschaftliche Revolution die Voraussetzung für die Begründung eines friedlichen und demokratischen Deutschland ist. Sie unterscheiden sich vor allem hinsichtlich der Methoden, mit denen dieses Vorhaben zu verwirklichen ist. In dieser oder jener Form impliziert ›gesellschaftliche Revolution‹ die Nationalisierung der Schwerindustrie, der Hochfinanz und des Großgrundbesitzes sowie eine durchgreifende Reinigung des öffentlichen Dienstes von Nazis und Reaktionären. »Diese Maßnahmen«, so erklärt die Londoner »Union« in ihrer Resolution vom 6. Dezember 1942, »müssen mit einem Mal kraft revolutionären Rechts durchgesetzt werden.« Konkrete Vorschläge dazu müssen in der Zwischenperiode unmittelbar nach der deutschen Niederlage entwickelt werden. Die Methoden, die schließlich bei der Enteignung und Entschädigung der alten Eigentümer anzuwenden sind, die Gestaltung der künftigen Verwaltung und Kontrolle, all das, so heißt es, kann nicht von der deutschen Emigration bestimmt werden, sondern darüber muß in Deutschland entschieden werden. Die sozialistischen Gruppierungen sind sich auch darin einig, daß die gesellschaftliche Revolution nur ein Teil eines umfassenden Programms zur möglichen Umwandlung der Kriegswirtschaft der Nazis in eine nichtimperialistische Bedarfswirtschaft sein kann. Bis dieses letzte Ziel erreicht ist, wird es eine der dringlichsten Aufgaben der deutschen Sozialisten sein, jene großen Schichten der deutschen Mittelklassen für sich zu gewinnen, die durch die Kriegswirtschaft der Nazis ruiniert worden sind, und so die neue sozialistische Partei zur führenden politischen Kraft im neuen Deutschland zu machen.

Die meisten Gruppen deutscher Sozialisten sind sich darüber im klaren, daß eine gesellschaftliche Revolution nicht alle Probleme wird lösen können, die der faschistische Nationalismus in Deutschland erzeugt hat. Sie erwarten nicht, daß dieser aggressive deutsche Nationalismus, der gegenwärtig, wie Tarnow selbst betont, sich über Klassengrenzen hinweggesetzt und auch die Arbeiterschaft ergriffen hat, den politischen und ideologischen Kampf um die Macht aufgeben wird. Alle deutschen sozialistischen Gruppen stimmen daher mit dem Pazifisten Friedrich Wilhelm Förster darin überein, daß es zum Zwecke der Errichtung der neuen deutschen Demokratie unabdingbar sein wird, den Mitgliedern der Nationalsozialistischen Partei mehr oder weniger auf Dauer das Wahlrecht zu entziehen. Gleichwohl sind alle sozialistischen Gruppen am Problem der »Umerziehung« lebhaft interessiert. Unter den zahlreichen deutschen Sozialisten, die zur Zeit über öffentliche Erziehungsprobleme in Deutschland nach dem Krieg nachdenken, sind Fritz Karsen, ein Sozialdemokrat in New York, und Minna Specht in London besonders zu erwähnen. Die Londoner »Union« hat bereits einen Plan für die Reorganisation des deutschen Erziehungswesens fertiggestellt. In Schweden hat Tarnows Gruppe ein Komitee gebildet, das sich mit der Frage der »Umerziehung« des deutschen Arbeiters befaßt. Vieles von dem, was diese deutschen Sozialisten erwägen und untersuchen, bewegt sich in den Bahnen des kürzlich veröffentlichten britischen *Chatam House Report* sowie des Berichts der »Joint Commission of the London International Assembly« und des »Council for Education in World Citizenship«; jedoch bestehen zwischen den Vorschlägen der deutschen Sozialisten und denen der Alliierten immer noch erhebliche Unterschiede.

Man mag sehr wohl fragen, was diese grundlegende Übereinstimmung in den Hauptfragen und im Programm zwischen den verschiedenen deutschen sozialistischen Gruppierungen tatsächlich wert ist. Soweit wir diese Programme kennen, sind sie überaus vage, und es gibt keine Gewißheit, daß die alten Differenzen nicht wiederaufleben werden, sobald die Debatte über konkrete Maßnahmen beginnt. Allgemein gesprochen, ist der Konsens auf dem linken Flügel der sozialistischen Bewegung wirksamer als auf dem rechten. Die Erfahrung hat gezeigt, daß in gemeinsamen Diskussionen der linke Flügel die Oberhand behält. Wenn Tarnow mit der SAP verhandelt, dann setzt sich gewöhnlich der Standpunkt der SAP durch. In gleicher Weise unterliegen in der Regel ältere Sozialdemokraten wie Paul Hertz, Georg Dietrich und Marie Juchacs gegenüber Paul Hagen. Es steht zu erwarten, daß Stampfer und Brauer, die mit einem stärkeren Rückgrat ausgestattet sind, ihre Bemühungen fortsetzen werden, die Londoner SoPaDe auf einem konservativen Kurs zu halten; allerdings herrscht in der »Deutschen Arbeiterdelegation« in dieser Sache keine Einigkeit. Im Augenblick wird ein solcher Versuch wenig aussichtsreich sein, denn das Programm der Londoner »Union« wurde erst nach sechsmonatiger eingehender Beratung angenommen. Das ganze Problem der zukünftigen Einheit der Sozialisten ist wohl weit mehr eines der grundsätzlichen politischen Orientierung führender Personen als eines von Ideologie und Programmatik. [...]

II. Die Eingeweide des »Behemoth« – die Organisation der deutschen Wirtschaft

Vorbemerkung des Herausgebers

Die beiden Texte, die die Stellung der Wirtschaft im politischen Diskurs der R & A Branch dokumentieren sollen, sind aus einer Fülle von Material herausgegriffen. Sie wurden in der Absicht ausgewählt, einen weiteren Widerspruch zu demonstrieren: den zwischen einem extrem hohen Forschungsethos auf der einen und der Enthaltung von theoretischen und politischen Schlußfolgerungen auf der anderen Seite. Wenn es richtig ist, daß die Neumann-Gruppe ein marxistisches Forschungskonzept vertrat, das in der These vom Primat der Wirtschaft methodologisch ausgedrückt ist, dann mußte die Wirtschaft einen zentralen Stellenwert in der Arbeit der R&A Branch haben. Dies war in der Tat in hohem Grade der Fall. Der Charakter der deutschen Wirtschaft ist auch für die Phase nach 1942, also nachdem die Überformung des Marktkapitalismus durch die Kriegswirtschaft schon weit fortgeschritten war, durchaus umstritten.[1] Neumann bestand noch 1944, im ausführlichen Anhang zur zweiten Auflage des *Behemoth*, darauf, daß das Hauptcharakteristikum der zunehmend reglementierten deutschen Wirtschaft ihre monopolkapitalistische Organisation sei, freilich ohne zu unterschlagen, daß es zu einer erheblichen Verschmelzung der »Praktiker der Gewalt« in Wirtschaft und Partei gekommen war.[2] Die Form, in der sich diese Position in zentralen R&A-Texten wiederfindet, ist ein aufschlußreiches Kriterium für die Identität und den Wandel der Kritischen Theoretiker unter den Bedingungen des Geheimdienstes. Es zeigt an, ob und wie die Verhältnisse, in denen sie arbeiteten, eine Formation und Transformation des Wissens herbeiführten.

Der Text über die politische Organisation der Nazi-Wirtschaft bedarf einer ausführlicheren Erläuterung, weil er nicht nur von mir gekürzt, sondern aus dem Corpus einer gigantisch zu nennenden Forschungsarbeit herausgelöst wurde, die bei einer genaueren wissenssoziologischen Auslotung des OSS vermutlich ins Zentrum der Betrachtung zu treten hätte. Seit Mitte 1943 wurde die gesamte Forschungskapazität der R&A Branch, nach zwei abgebrochenen Anläufen, darauf ausgerichtet, zu einer Gesamtdarstellung der deutschen Gesellschaftsordnung zu gelangen. Der Auftraggeber für dieses Riesenwerk, das Mitte 1944 abgeschlossen wurde, war die dem Kriegsministe-

1 Vgl. zusammenfassend Hallgarten/Radkau, *Deutsche Industrie und Politik von Bismarck bis in die Gegenwart*, Reinbek 1981, S. 225ff.; Eike Hennig, *Bürgerliche Gesellschaft und Faschismus in Deutschland*, Frankfurt/M. 1977.

2 Neumann, *Behemoth*, a. a. O., S. 660/1.

rium unterstellte Civil Affairs Division, die als eine der zentralen Planungsinstanzen für die zukünftige Militärregierung fungierte.[3] Dieses *Civil Affairs Handbook on Germany* umfaßte in seiner endgültigen Fassung nicht weniger als 17 einzelne Bücher, davon etliche mit einer Länge bis zu 200 Maschinenseiten; die Thematik reicht von der Geographie und vom sozialen Hintergrund des Nationalsozialismus bis zum öffentlichen Versorgungs-, Erziehungs- und Kommunikationssystem; im Mittelpunkt stehen das deutsche Verwaltungs- und Rechtssystem, die NSDAP selber und die von ihr kontrollierten Bereiche sowie Industrie, Handel und Arbeitsorganisation. Es handelt sich also um nichts weniger als einen Aufriß der gesamten nationalsozialistischen Gesellschaftsmaschine, der zudem detailliert empirisch belegt und mit vielen Tabellen und quantitativen Schätzungen bestückt ist, also um eine empirische Einlösung des Totalitätsanspruchs, der in den dreißiger Jahren das Materialismusparadigma des Horkheimer-Kreises charakterisiert hatte und dem Neumann mit seinem *Behemoth* nahegekommen war.

Bedeutsam für eine Wissenssoziologie des Nachrichtendienstes wäre es, herauszufinden, was das organisierende Zentrum war, das diese Datenmasse zusammenhielt. Für die Beantwortung dieser Frage dürfte der vorliegende Text hochwichtig sein, und zwar sowohl was seine innere Gestalt als auch was sein Verhältnis zu den übrigen Teilen des *Civil Affairs Handbook* einerseits, zum *Behemoth* andererseits angeht. Evident ist die außerordentliche Nähe zum Wirtschaftskapitel des *Behemoth* – einzelne Passagen sind wörtlich aus der Ausgabe von 1942 übernommen, andere finden sich ebenso wörtlich im Nachwort von 1944 wieder. Dies darf jedoch nicht als Identität aufgefaßt werden; was nämlich in unserem Text fehlt, sind die theoretischen und methodologischen Überlegungen zum Verhältnis von Politik und Ökonomie im Nationalsozialismus, die dem komplexen Material seine Eindeutigkeit allererst verleihen. Tritt bereits durch dieses Theoriedefizit, das den marxistischen Grundzug der Gesamtanalyse zu verhüllen geeignet ist, das Element der politischen Kontrolle der Wirtschaft stärker in den Vordergrund, als dies im *Behemoth* der Fall ist, so weist ein anderer Umstand in dieselbe Richtung: Der »Economic Controls in Nazi Germany« überschriebene Abschnitt 2 T scheint von allen Teilen des *Civil Affairs Handbook* der am frühesten fertiggestellte zu sein, er fungierte als das Herzstück des Gesamtprojekts, doch er wurde in die endgültige Fassung nicht in dieser Form aufgenommen, vielmehr scheint er durch die Systematik der späteren Darstellung, die Partei, Staat und Wirtschaft voneinander trennte, gleichsam hindurchgefallen zu sein.

Wenn diese, hier nicht ausführlich begründbare Hypothese stimmt, dann wäre sie ein eklatanter Beweis für den Transformationsvorgang, der sich unter den Bedingungen des OSS mit der marxistischen Theorie abspielte – sie wäre die entscheidende Zwischenstation bei der Umwandlung der These vom Primat der Ökonomie in die vom Primat der Politik, die Neumann in der zitierten Abhandlung von 1951 unmißverständlich vorgetragen hat. Die Betonung der Kartellpolitik des Nationalsozialismus bleibt ohne den dazugehörigen theore-

3 Vgl. Ziemke, *The U. S. Army in the Occupation of Germany*, a. a. O., bes. S. 14ff., 62ff.

tischen Überbau in der Tat zweideutig: sie kann sowohl als Beleg für die Dominanz der Wirtschaftseliten gegenüber den Nazis wie als Beleg für den totalitären, die Wirtschaftsfreiheit tilgenden Expansionsdrang des Nationalsozialismus gelesen werden. Diese Zweideutigkeit wäre nicht weiter schlimm, würden nicht die politischen Schlußfolgerungen, die aus der Analyse zu ziehen sind, dadurch ebenso zweideutig. Bei diesen Schlußfolgerungen aber mußte es um nichts weniger als um die Frage gehen, ob der Kampf gegen den Nationalsozialismus gleichzeitig ein antikapitalistischer Kampf zu sein habe, also ob der Nationalsozialismus wirkungsvoll beseitigt werden könne, *ohne* seine wirtschaftliche Grundlage mit zu beseitigen, noch anders formuliert: welche Folgen die Rekonstruktion der deutschen Demokratie auf der Basis des intakt belassenen Monopolkapitalismus haben mußte.

Das Dilemma, in dem sich die deutschen Emigranten im amerikanischen Geheimdienst befunden haben müssen, offenbart ein anderes, im Endeffekt aber in die gleiche Richtung wirkendes Moment im zweiten der hier ausgewählten Wirtschaftstexte der R&A Branch. Bei dieser Erörterung der ökonomischen Folgen einer Entindustrialisierung Deutschlands handelt es sich offenkundig um eine direkte Auftragsarbeit, die in der Kontroverse um den Morgenthau-Plan Partei ergreift. Nicht nur die höchst strategische Form und die Datierung der Abhandlung deuten dies an; dafür spricht auch die übertrieben anmutende Vorsicht, in der der offensichtlichen Konkretheit des Anlasses aus dem Weg gegangen wird. Der Auftraggeber ist vermutlich dort zu suchen, woher der heftigste Widerstand gegen die »Pastoralisierung« Deutschlands kam – im Kriegsministerium.

Der Morgenthau-Plan, seine vorübergehende Aufwertung auf der Konferenz von Quebec und seine alsbaldige Entschärfung auf dem Weg zur Direktive 1067 – dies steht für eine Serie von Ereignissen im Spätsommer 1944[4], mit denen die inneramerikanischen Konkurrenzen um die Planung für das Nachkriegsdeutschland einen Kulminationspunkt erreichten. Je gründlicher man sich über das Schicksal Deutschlands nach Beendigung der Kriegshandlungen Gedanken zu machen gezwungen sah, desto mehr Gewicht gewann die Frage der ökonomischen Zukunft Deutschlands, genauer: einer positiven, negativen oder neutralen Haltung zum deutschen Kapitalismus.[5] Morgenthau glaubte das Problem mit einem Schlage lösen zu können – die »Pastoralisierung« Deutschlands legte in seiner Sicht die Axt an die Wurzel des Grundübels und löschte die Symptome gleich mit aus, während seine Widersacher, bald auch Roosevelt selber, in dieser überaus radikalen Maßnahme den Anreiz für ein neues deutsches Ressentiment erblickten. Diese politische Folgerung ist auch die des Textes.

Faßt man die Kritik des Morgenthau-Plans als Teil des politischen Diskurses auf, an dem deutsche sozialistische Emigranten maßgeblich beteiligt waren, so offenbart er die politischen Implikationen der Kontroverse über dem Primat der Wirtschaft oder der Politik. Der Morgenthau-Plan ist nämlich der politisch-strategische Schluß aus einer Begründungskette, die mit der Mono-

4 Vgl. Hammond, *Directives for the Occupation of Germany*, a. a. O., S. 348ff.
5 Zu den Fronten vgl. auch Niethammer, *Entnazifizierung in Bayern*, a. a. O., S. 34ff.

polkapitalismus-These der Neumann-Gruppe gewisse Übereinstimmungen aufweist – beide diagnostizieren als eine der Hauptursachen der nazistischen Kriegsaggression die Stärke und Ungebremstheit der schwerindustriellen Kapitalkonzentration. Natürlich hatte die Neumann-Gruppe nichts mit der von Morgenthau gedachten Nationalcharakter- und Kollektivschuld-These im Sinn – dagegen schien ein, wenngleich ökonomietheoretisch verbrämter Affront artikulierbar; was jedoch nicht offen ins Kalkül einbezogen werden konnte, war die Perspektive, die als einzige eine rationale Lösung für die Zukunft versprochen hätte: den Kräften des »anderen Deutschland« bei den von ihnen ins Auge gefaßten sozialistischen Wirtschaftsmodellen, wie immer sie ausgesehen hätten, auf die Beine zu helfen. Dem standen auf amerikanischer Seite vor allem die Konservativen entgegen, die auf Europa als neues kapitalistisches Expansionsfeld spekulierten. Mit dem Marshall-Plan hat sich später dann ja eine Kompromißlösung durchgesetzt, die Demokratie und Kapitalismus auf Kosten der deutschen Einheit zu verbinden wußte.

So wie diese Konstellation das politische Dilemma verdeutlicht, in das sozialistische Intellektuelle im amerikanischen Staatsdienst geraten mußten, so erläutert sie im Umkehrschluß, was ins Zentrum einer Archäologie der deutschen Demokratie zu treten hat: der Widerspruch zwischen einer theoretischen Diagnose des Nationalsozialismus, die antikapitalistisch gemeint war, und einer Therapie, zu der man bloß die Zielvorstellung des Heilerfolges, nicht jedoch die Mittel der Kur in der Hand hatte. Die Alternative lautete dann nur noch, entweder die theoretische Analyse zu verleugnen oder wider besseres Wissen zu agieren. Eine Auflösung dieses Dilemmas schien schließlich nur auf *einem* Wege möglich – in der fremdbestimmten Synthese von Mitteln und Zielen soviel wie möglich zu retten. Hier allein liegt auch der Schlüssel zu dem merkwürdigen Phänomen, daß sich in den wirtschaftspolitischen Vorstellungen der Neumann-Gruppe gegen Ende des Krieges eine Art Rückwendung zu den – ansonsten kritisierten – Weimarer Verhältnissen bekundet. Angesichts des wirtschaftspolitischen Konservativismus, den die USA als kapitalistischer Staat und in Gestalt der Militärregierung verkörperten, plädierte die Neumann-Gruppe wenigstens für eine starke und zentral organisierte Gewerkschaftsbewegung.[6]

6 Vgl. jetzt Mike Fichter, *Besatzungsmacht und Gewerkschaften. Zur Entwicklung und Anwendung der US-Gewerkschaftspolitik in Deutschland 1944–1948*, Opladen 1982.

Dokument II.1
[...]
Die Organisation der Wirtschaft

Einleitung

Das Funktionieren des wirtschaftlichen und sozialen Kontrollsystems in Deutschland wäre nicht verständlich ohne die Existenz eines Netzes von Wirtschaftsorganisationen, die in die Regierungsstruktur integriert sind und eine stetig wachsende Anzahl von politischen und administrativen Funktionen ausüben. Aufgrund dieser Integration von Wirtschaftsorganisationen und Regierungsbürokratie hat die deutsche Wirtschaft die Effizienz, die sie in der Vergangenheit bewiesen hat und die nach der Niederlage im Winter 1941–42 den Zusammenbruch der wirtschaftlichen und sozialen Kontrollen in Deutschland verhinderte. Nur durch die Kooperation zwischen Regierungs- und Wirtschaftsinstitutionen ist das Regime in der Lage gewesen, das Wissen, die Initiative und die Aggressivität der deutschen Wirtschaftsführer zu nutzen.
Innerhalb der deutschen Wirtschaft müssen zwei organisatorische Prinzipien unterschieden werden:
Die deutsche Wirtschaft ist in ihren *geschäftlichen* Aktivitäten organisiert, um den Markt zu kontrollieren, d. h. Preise, Verkaufsbedingungen usw. zu beeinflussen, und zwar entweder in der Form des Kartells, d. h. einer horizontalen Organisation unabhängiger Unternehmer zur Kontrolle des Gütermarktes[1], oder in der vertikalen Organisation des Konzerns. In einem vertikalen Konzern kontrolliert eine Gruppe ein Ensemble von Unternehmen aus unterschiedlichen Wirtschaftsbereichen. Die wichtigsten Konzerne sind die in der Schwerindustrie, sie umfassen gewöhnlich Stein- und Braunkohlebergwerke, Eisenhütten, Eisenverarbeitungsbetriebe, Elektrotechnik und sehr oft die Binnenschiffahrt.
Es gibt eine zweite Form von Wirtschaftsorganisation, die die Wirtschaft nicht in ihren geschäftlichen Aktivitäten, sondern als Interessengruppe erfaßt, um die Tätigkeit der Regierung zu formen und zu beeinflussen und die Interessen der Geschäftswelt zu schützen. In ihren Anfängen nannten die Nazis dies die *ständische* Organisation, ließen diesen Begriff und das

1 Diese Form ist in den USA durch den *Sherman Act* verboten.

Prinzip aber Anfang 1934 fallen.[1] Wir können es die *politische* Organisation der Wirtschaft, im Gegensatz zur wirtschaftlichen Organisation der Wirtschaft, nennen.
Diese zweite Organisationsschicht muß genauer untersucht werden. Es gab immer und gibt auch heute in der politischen Struktur der Wirtschaft zwei verschiedene Formen: eine funktionale und eine regionale. Die funktionale Form ist die des Fachverbands, die regionale die der Industrie- und Handelskammer.

A. Die politische Stellung der Wirtschaft in der Weimarer Republik

Die äußerst komplexe Struktur der nationalsozialistischen Wirtschaft ist sehr viel leichter zu verstehen, wenn sie in den adäquaten historischen Zusammenhang gestellt wird. Verfahren wir so, so werden wir gleichzeitig entdecken, daß der Nationalsozialismus der vor ihm bereits existierenden ökonomischen Organisationsform wenig Neues hinzugefügt hat.
Das Eigentum an Produktionsmitteln nimmt in einer ganzen Reihe von Bereichen, besonders auf dem Arbeitsmarkt, dem Gütermarkt und im Staat, seine Funktion wahr.[2a] Auf dem Arbeitsmarkt tritt es als feindlich oder freundlich gesonnener Partner der Arbeit und ihrer Organisationen auf, sei es in Gestalt des Einzelunternehmers, sei es in Gestalt der zum Zweck von Tarifverhandlungen errichteten Unternehmerorganisationen. Auf dem Warenmarkt erscheint es in Gestalt des einzelnen Privatunternehmers, des Kartells und Konzerns oder als ein Preise, Umsatz und Verkaufsbedingungen festlegender Trust. Im Staat ist die Wirtschaft als Fach- oder Standesverband in der Absicht, auf die staatliche Wirtschafts- und Finanzpolitik Einfluß auszuüben, organisiert. Die Wirtschaft ist in diesem Fall ein politischer Interessenverband, der einen Apparat zur Beratung und zum Schutz seiner Mitglieder unterhält, damit ihre Tätigkeit inmitten der wachsenden Komplexität staatlicher Reglementierung nicht ungebührlich schwierig und erschwert wird.
Diesen drei Machtsphären entsprechen drei verschiedene Organisationsarten, deren Prototypen die Arbeitgeberorganisation für den Arbeitsmarkt, das Kartell für den Warenmarkt und der Fachverband für die politische Organisation der Wirtschaft sind. Trotz der eher starren Trennung im organisatorischen Aufbau sind die drei Typen personell in einem übergreifenden Management miteinander verflochten. In den kleinen und mittleren Organisationen ist der Geschäftsführer des Kartells in der Regel gleichzeitig der des Arbeitgeberverbandes und des örtlichen oder Bezirks-Fachverbandes.

1 Für den Grund vgl. Neumann, *Behemoth*, a. a. O., S. 284f.
2a Ebenda, S. 467f.

Diese politische Organisation der Wirtschaft ist auf doppelter Grundlage, der territorialen und der funktionalen, entwickelt worden. Die Gebietseinheiten waren die Industrie- und Handelskammern bzw. Handwerkskammern, Körperschaften des öffentlichen Rechts, in denen Zwangsmitgliedschaft herrschte und die Beiträge wie Steuern erhoben wurden. Sie besaßen einen hohen Grad der Selbstverwaltung und wurden, wie jede Anstalt des öffentlichen Rechts, vom zuständigen staatlichen Ministerium beaufsichtigt. Die Funktionäre der Kammern wurden von den Mitgliedern gewählt. Die Kammern vertraten die Wirtschaft in einem besonderen Gebietsbereich; ihr Präsident spielte oft eine beträchtliche Rolle im Gemeindeleben und in der Behördenorganisation. Die Kammern wurden in Regionalverbänden zusammengefaßt, die jedoch keinen öffentlichen Charakter besaßen, sondern private Organisationen waren – mit Ausnahme des Verbands der Handwerkskammern. Die Zentralorganisation der Industrie- und Handelskammern in Deutschland nannte sich Deutscher Industrie- und Handelstag. Er war somit ein sogenannter Spitzenverband[3], der sich nicht aus Einzelmitgliedern, sondern aus anderen, tieferstehenden Organisationen zusammensetzte.

Die Gebietsbereichsorganisation war daher Sache eines jeden Geschäftsmannes. Er wurde, wie klein sein Betrieb auch sein mochte, zumindest formell auf gleicher Grundlage in die Kammern aufgenommen. Seine Stimmacht war nicht abhängig von der Größe seines Unternehmens, und er konnte sogar in den Kammern, in dem einen oder anderen Ausschuß, als öffentlich anerkannter Sachverständiger vor Gericht und Verwaltungsgerichten usw. eine gewisse Rolle spielen.

Die wirkliche Macht der politischen Organisation der Wirtschaft lag jedoch nicht auf der territorialen Ebene, sondern in der funktionalen Form. Handwerk, Landwirtschaft, Industrie, Handel, Banken und Versicherungen waren sämtlich in sogenannten Spitzenverbänden, die sich aus vielen angegliederten Verbänden bildeten, organisiert. Der mächtigste von ihnen war der Reichsverband der Deutschen Industrie, der, wie die meisten anderen Spitzenverbände, 1919 (am 3. Februar) in der Absicht gegründet worden war, die Wirtschaftsinteressen angesichts einer scheinbar in eine gesellschaftliche Revolution geworfenen Welt zu schützen. Die Satzung legte fest, daß der Reichsverband der Deutschen Industrie das Vertretungsorgan der deutschen Industrie in allen Belangen der Wirtschaft und der Wirtschaftspolitik ist und daß er in enger Verbindung mit der Reichsvereinigung der deutschen Arbeitgeberverbände steht, die die Vertretung der deutschen Industrie in allen sozialen und sozialpolitischen Angelegenheiten wahrnimmt. Er entstand aus der Fusion zweier Industrieorga-

3 Zu den Spitzenverbänden vgl. den ausgezeichneten Beitrag von Robert A. Brady, »Manufacturing Spitzenverbände«, in: *Political Science Quarterly,* 1941 (56), S. 199–225.

nisationen, des 1876 gegründeten, die Schwerindustrie repräsentierenden Zentralverbands deutscher Industrieller und des 1895 gegründeten, mehr oder weniger mit der Leicht- oder verarbeitenden Industrie identischen, sehr geschickt geführten Bundes der Industriellen. Während des Ersten Weltkrieges kamen die beiden Organisationen im Kriegsausschuß der deutschen Industrie zusammen, der ab 1918 durch den Deutschen Industrie-Rat abgelöst wurde. Der Aufbau des Reichsverbandes gehorchte einem Konglomerat aus regionalen und funktionalen Prinzipien, doch waren seine gewichtigsten Mitglieder die Fachverbände, die 1931 die Zahl von 1500 erreichten und 28 Funktionsgruppen umfaßten. Aber der Verband nahm auch Einzelunternehmer (1400 im Jahre 1931) und mächtige territoriale Interessengruppen wie den Bayerischen Industriellenverband, den Verband Sächsischer Industrieller und, vor allen anderen, die als Langnamverein bekannte Vereinigung zur Wahrung gemeinsamer wirtschaftlicher Interessen in Rheinland und Westfalen[4] auf. Die den Kern der Spitzenverbände bildenden Fachverbände setzten sich wiederum aus zahlreichen kleineren Einheiten zusammen. Jeder von ihnen stand tatsächlich für ein Netz aus vielen nachgeordneten funktionellen Einheiten. Größe und Bedeutung des Reichsverbandes der Deutschen Industrie können an der Vielfalt und Größe seiner Organe ermessen werden. Neben der Mitgliederversammlung gab es einen Hauptausschuß, der 200 Mitglieder zählte, einen Vorstand mit 205 bis 220 und ein Präsidium von 30 bis 36 Personen sowie einen Senat. Präsidenten waren nacheinander Dr. Sorge vom Krupp-Vorstand, Dr. Duisberg vom I. G.-Farben-Konzern und schließlich Dr. Krupp von Bohlen und Halbach. Der Reichsverband leistete seinen Mitgliedern vielfältige Dienste, befaßte sich mit Wirtschaftspolitik, Steuern, Import und Export, Geld, Finanzierungen und Reparationen. Eine der wichtigsten Dienstleistungen erfolgte durch die Kartellstelle, die als Beratungs- und Koordinationsamt für alle Kartelle fungierte und diese mit gesetzlichen und wirtschaftlichen Ratschlägen versah, Hauptkartellverträge ausarbeitete sowie den Propagandaapparat für die Politik der Marktorganisation in Betrieb hielt. Die politische Organisation der deutschen Wirtschaft während der Weimarer Republik war also ein imposantes System, das in fast jede ökonomische Aktivität eindrang.

Zwischen den politischen Organisationen und den Arbeitgeberorganisationen bestand eine klare Arbeitsteilung. Die Arbeitgeberorganisationen waren ebenfalls in Spitzenverbänden zusammengefaßt, darunter fünf wichtige, deren Führung zugleich die des industriellen Spitzenverbandes der Arbeitgeberorganisationen, nämlich der Vereinigung der Deutschen Arbeitgeberverbände, innehatte. Die Spitzenverbände der Arbeitgeber

4 Vgl. F. Neumann, *Behemoth*, a. a. O, S. 77.

waren als solche keine Tarifvertragsparteien, da nach dem deutschen Recht nur aus individuellen Mitgliedern zusammengesetzte Arbeitsmarktorganisationen das Kollektivvertragsrecht besaßen.[5] Die Vereinigung der Deutschen Arbeitgeberverbände war also eine Koordinationsstelle aller Unternehmerverbände in der Industrie, die diesen Ratschläge erteilte, auf eine gemeinsame Politik gegenüber den Gewerkschaften hinwirkte und sogar den Mitgliedern Finanzschutz bei Streiks durch eine Streikversicherungsgesellschaft gewährte. Die von uns bereits erwähnte Satzung des Reichsverbandes der Deutschen Industrie stellt klar, daß die beiden industriellen Spitzenorganisationen, die eine auf dem Arbeitsmarkt und die andere politisch, miteinander harmonieren sollten.
Doch ging selbst diese Zentralisation der Verbände nicht weit genug. 1920 gründeten die Spitzenorganisationen von Landwirtschaft, Industrie, Handel, Banken, Versicherungen und Handwerk mit der Arbeitgeberspitzenorganisation und einigen anderen industriellen Interessengruppen den Zentralausschuß der Unternehmerverbände, um angesichts der Bedrohung durch die Gewerkschaften alle Wirtschaftsaktivitäten zusammenzufassen. Das folgende Schaubild [S. 100f. – Anm. d. Red.] kann die Struktur der deutschen Wirtschaftsorganisation verdeutlichen.

B. Die funktionale Organisation der nationalsozialistischen Wirtschaft: die Gruppen

Der funktionalen Selbstverwaltung der deutschen Industrie liegt das Gesetz vom 27. Februar 1934 zugrunde, ergänzt von der Durchführungsverordnung vom 27. November 1934.
Jeder Geschäftsmann und sogar Unternehmen in öffentlichem Besitz müssen Mitglied einer Gruppe sein. Die gesamte Wirtschaft, mit Ausnahme des Transportwesens und der Landwirtschaft, ist in sieben Reichsgruppen unterteilt, nämlich: 1. Industrie, 2. Handel, 3. Banken, 4. Versicherungen, 5. Energiewirtschaft, 6. Fremdenverkehrsgewerbe, 7. Handwerk. Die Reichsgruppen sind ihrerseits gegliedert in Wirtschaftsgruppen, davon 31 in der Industrie, 4 im Handel, 6 bei den Banken usw. Die Wirtschaftsgruppen, die den strukturellen Kern bilden, sind in Fachgruppen unterteilt, von denen einige wiederum nach Fachuntergruppen aufgeschlüsselt sind.
Während diese 7 Reichsgruppen und die untergeordneten organisatorischen Einheiten dem Wirtschaftsminister unterstehen, unterliegen die 6 Reichsgruppen des Verkehrswesens der Weisung des Verkehrsministers. Die 6 Verkehrsgruppen sind 1. Seefahrt, 2. Binnenschiffahrt, 3. Kraftwagentransport, 4. Privateisenbahnen, 5. Schiffahrt und Lagerung, 6. Hilfstransport.

5 F. Neumann, *Tarifrecht*, Berlin 1931, S. 29–30.

Die Organisation der Wirtschaft in der Weimarer Republik
Funktionen des Eigentums:

Warenmarkt
(Marktregulierende Organisation)

Unternehmen

Horizontale Organisation
Kartell
Die Kartelle werden durch die Kartellstelle beim Reichsverband der Deutschen Industrie beraten.

Vertikale Organisation
Konzern
Trust
Arten
a) Vereinigung von Besitzfunktionen: Aktienaustausch
b) Vereinigung von Verwaltungsfunktionen: miteinander verbundene Vorstände
c) Gewinngemeinschaften (Pools – Interessengemeinschaften)

Arbeitsmarkt

Arbeitgeber
Spitzenverbände in folgenden Bereichen:
a) Landwirtschaft und Forsten
b) Industrie (Vereinigung der Deutschen Arbeitgeberverbände)
c) Handel
d) Banken
e) Versicherungen

Arbeitnehmer
Spitzenverbände (die auch »politische« Funktionen ausüben)
»anerkannt«
a) sozialistisch
I Arbeiter: ADGB
II Angestellte: Afa – Bund
III Beamte: ADB – unbedeutend
b) christlich-national (DGB)
I Arbeiter: Gesamtverband
II Angestellte: Gedag (am bedeutendsten der DHV)
III Beamte: DBB
c) demokratisch (Hirsch-Duncker) – Gewerkschaftsring
I Arbeiter: Verband deutscher Gewerkvereine (unbedeutend)

Arbeitgeber

Arbeitnehmer
II Angestellte: GDA, DBV (Bankangestellte) usw.
»nicht anerkannt«
a) RGO – kommunistisch
b) FAUD – revolutionär-syndikalistisch
c) NSBO – nationalsozialistisch
d) »gelbe« Organisationen

Staat
(Standesorganisationen)

Gebietsorganisation	*Funktionale Organisation*
a) Landwirtschaftskammern (in Bayern: Bauernkammer), Körperschaften des öffentlichen Rechts. Preußische Hauptlandwirtschaftskammer, Körperschaft des öffentlichen Rechts, Deutscher Landwirtschaftsrat, privatrechtliche Organisation.	a) Spitzenverband: Reichsausschuß der deutschen Landwirtschaft. Wichtigstes Mitglied: Reichslandbund, aus der Fusion zweier Organisationen im Jahr 1921 hervorgegangen, aus 30 funktionalen Organisationen zusammengesetzt. Seit 1929 Mitglied der Grünen Front, einer Interessengruppe für höhere Agrarzölle.
b) Industrie- und Handelskammern, Körperschaften des öffentlichen Rechts. Deutscher Industrie- und Handelstag, privatrechtliche Organisation.	b) Spitzenverbände: (1) Reichsverband der Deutschen Industrie. 1919 gegründet, aus Fachverbänden zusammengesetzt. (2) Reichsverband des Deutschen Groß- und Überseehandels. (3) Hauptgemeinschaft des deutschen Einzelhandels. 1919 gegründet, aus 72 Organisationen zusammengesetzt. (4) Zentralverband des deutschen Bank- und Bankiersgewerbes. (5) Reichsverband für Privatversicherung.
c) Handwerkskammern, Körperschaften des öffentlichen Rechts. Deutscher Handwerks- und Gewerbetag, Körperschaft des öffentlichen Rechts, durch das Reichswirtschaftsministerium beaufsichtigt.	c) Spitzenverband: Reichsverband des deutschen Handwerks, 1919 gegründet, setzt sich zusammen aus: Innungen (Körperschaften des öffentlichen Rechts), freien Handwerksorganisationen und der Zentralvereinigung der deutschen Handwerksgenossenschaften.
	d) a-c werden durch einen Superspitzenverband, den Zentralausschuß der Unternehmerverbände, koordiniert (1920 gegründet). Die Vereinigung der Deutschen Arbeitgeberverbände ist ebenfalls angeschlossen.

Die Reichsgruppen entsprechen ungefähr den alten Spitzenverbänden; so ist die Reichsgruppe Industrie fast identisch mit dem Reichsverband der Deutschen Industrie. Identität und Kontinuität von neuen Gruppen und alten Fachverbänden werden nicht verheimlicht. Die meisten Durchführungsverordnungen, mit denen die Reichsgruppen ins Leben gerufen wurden, haben lediglich die bereits bestehenden Fachverbände in die neuen Gruppen transformiert.
Es gibt zwischen dem alten und dem neuen System zwei Unterschiede: erstens die Zwangsmitgliedschaft in den Gruppen, zweitens das Führerprinzip. Die Leiter der Reichsgruppen werden vom Wirtschaftsminister bestellt, und die Leiter der untergeordneten Organisationen werden ›von oben‹ ernannt.
Das Führerprinzip ist jedoch durch einen Erlaß des Wirtschaftsministers vom 20. Januar 1943 ergänzt worden.[6] Die Führung liegt nunmehr in den Wirtschaftsgruppen bei den Vorsitzendenversammlungen und in den Fachgruppen bei den Managern. Die neuen Führungsgremien der Gruppen werden sich aus den aktivsten Geschäftsleuten der Branche zusammensetzen, und die Verantwortung wird jetzt bei Kollektivorganen und nicht mehr bei Individuen liegen.

C. Die regionale Organisation der Wirtschaft: die Kammern

1. Ein Erlaß vom 20. August 1934[7] änderte an dem System nur wenig. Er setzte in den Industrie- und Handelskammern sowie den Handwerkskammern das Führerprinzip durch, errichtete die Arbeitsgemeinschaft der Industrie- und Handelskammern als Dachverband und unterstellte die Kammern der Reichsregierung statt den Ländern.
Darüber hinaus richtete eine Durchführungsverordnung vom 27. November 1934 zusätzlich zu den Industrie- und Handelskammern Wirtschaftskammern ein. Die Wirtschaftskammern waren als Koordinationsstellen auf Bezirksebene geplant. Sie sollten die Koordination zwischen den Industrie- und Handelskammern, den Handwerkskammern, den regionalen Organisationen der Gruppen und den verschiedenen staatlichen Verwaltungsorganen auf Bezirksebene gewährleisten.[8]
Durch einen Erlaß vom 30. Mai 1942[9] wurde eine völlig neue Kammerorganisation geschaffen. Sogenannte Gauwirtschaftskammern wurden eingerichtet, und der Wirtschaftsminister wurde ermächtigt, nach Gutdünken Industrie- und Handelskammern, Handwerkskammern und

6 *Münchner Neueste Nachrichten*, 5. Februar 1943.
7 Vgl. Eberhard Barth, *Wesen und Aufgaben der Organisation der gewerblichen Wirtschaft*, Hamburg 1939, S. 30–31.
8 Zur Funktion der Wirtschaftskammern vgl. F. Neumann, *Behemoth*, S. 295ff.
9 Vgl. *Deutsches Handwerk*, Juni 1942.

Wirtschaftskammern aufzulösen. Aufgrund dieses Erlasses[10] gab es folgende Veränderungen: An die Stelle von 209 Kammern (111 Industrie- und Handelskammern, 71 Handwerkskammern und 27 Wirtschaftskammern) traten 41 Gauwirtschaftskammern und 18 Wirtschaftskammern. Die Wirtschaftskammern fungieren mehr oder weniger als Abteilungen der Gauwirtschaftskammern. Die Übersicht auf S. 104 gibt ein Bild von der gegenwärtigen Organisation der Kammern.
Das Gebiet der Gauwirtschaftskammer entspricht dem des Parteigaus und drückt so das neue organisatorische Prinzip regional aus.
Auch in den neuen Kammern herrscht das Führerprinzip. Die Präsidenten und Vizepräsidenten werden nach Rücksprache mit den Gauleitern der Partei vom Wirtschaftsminister ernannt. Sie müssen hauptberuflich Unternehmer sein. Der Vizepräsident soll in der Regel der Handwerksmeister des Parteigaus sein, um das deutsche Handwerk für den Verlust seiner eigenen Kammern zu entschädigen.
Die Gauwirtschaftskammern sind in der Regel in vier Abteilungen aufgeteilt: Industrie, Handel, Handwerk und Banken. Zusätzlich ist eine Abteilung für die Verteilung öffentlicher Aufträge geschaffen worden, die ähnliche Funktionen hat wie die frühere Bezirksausgleichstelle für öffentliche Aufträge. Diesen Abteilungen stehen Fachbeauftragte zur Seite, gewöhnlich Eigentümer oder Manager der wichtigsten Firmen.[11]
Die regionalen Organisationen der Gruppen behalten ihre Unabhängigkeit, sind allerdings in die Gauwirtschaftskammern integriert.
Durch Verordnung vom 14. April 1943[12] wurden die Außenhandelsstellen zu Außenwirtschaftsabteilungen der Gauwirtschaftskammern umgebildet, so daß die Wahrnehmung der Außenhandelspolitik auf Bezirksebene jetzt in den Kammern konzentriert ist.

D. Die Reichswirtschaftskammer

In der Zeit vor den Nazis gab es keine Institution zur Integration der territorialen und funktionalen Organisationen der deutschen Wirtschaft. Der Erlaß vom 27. November 1934 schuf eine solche Institution, nämlich die Reichswirtschaftskammer. Mitglied der Reichswirtschaftskammer sind die sieben Reichsgruppen und die 41 Gauwirtschaftskammern, nicht jedoch die Reichsverkehrsgruppen und die landwirtschaftliche Organisation. Der Deutsche Handwerks- und Gewerbetag ist im Gefolge der Abschaffung der Handwerkskammern aufgelöst worden.[13] So findet die

10 Vgl. den letzten Erlaß vom 1. April 1943, *DAZ*, 4. April 1943.
11 *Frankfurter Zeitung*, 25. Mai 1943.
12 RGBL, Teil I, N. 44, nach *Frankfurter Zeitung*, 5. Mai 1943.
13 *Neues Wiener Tagblatt*, 24. März 1943.

Gauwirtschaftskammern

Gauwirtschafts-kammer	*Sitz*	*Präsident*	*Wirtschafts-kammer*
Bayreuth	Bayreuth	Böttcher	
Berlin	Berlin	Prof. Hunke	
Brandenburg	Berlin	Dr. Ing. Zschintzsch	
Danzig-Westpreußen	Danzig	Woermann	
Düsseldorf	Düsseldorf	Hoefermann	
Essen	Essen	Dr. Vögler	Duisburg
Franken	Nürnberg	Völk	
Halle-Merseburg	Halle	Rahm	
Hamburg	Hamburg	de la Camp	
Rhein-Main	Frankfurt a. M.	Prof. Lüer	
Kärnten	Klagenfurt	Dr. Kern	
Köln-Aachen	Köln	Frh. v. Schröder	Aachen
Kurhessen	Kassel		
Magdeburg-Anhalt	Magdeburg	Sedlaczek	
Mainfranken	Würzburg	Dr. Strube	
Mecklenburg	Rostock-Schwerin	Karpesser	
Moselland	Koblenz	Dr. Faust	
München-Oberbayern	München	Pietzsch *	
Niederdonau	Vienna	Dr. Weibel	
Niederschlesien	Breslau	Frh. v. Gregory	
Oberdonau	Linz		
Oberrhein	Karlsruhe-Straßburg	Köhler	Freiburg Mannheim
Oberschlesien	Kattowitz	Dr. Berve	
Osthannover-Lüneburg	Wesermünde-Lüneburg	Kohnert	
Ostpreußen	Königsberg	Rodin (Schichau)	
Pommern	Stettin	Fengler *	
Sachsen	Dresden		Leipzig Chemnitz Plauen
Salzburg	Salzburg	Gebert	
Schleswig-Holstein	Lübeck		Kiel
Schwaben	Augsburg	Eisenmeyer *	
Steiermark	Graz	Koppitsch	
Sudetenland	Reichenberg	Kiesewetter	
Südhannover-Braunschweig	Hannover	Hecker	Braunschweig Hildesheim
Thüringen	Weimar		
Tirol-Voralberg	Innsbruck	Schatz *	
Wartheland	Posen	Dr. J. Scholz	Litzmannstadt
Weser-Ems	Bremen	Bollmeyer	Osnabrück Emden
Westfalen-Nord	Münster	Franke	Bielefeld
Westfalen-Süd	Dortmund	Klönne	
Westmark	Saarbrücken	Bösing *	Ludwigshafen
Wien	Wien	v. Schoeller	
Württemberg-Hohenzollern	Stuttgart		

* vorübergehende Ernennung

Integration der territorialen und funktionalen Organisationen der deutschen Wirtschaft auf zwei Ebenen statt – auf der Ebene des Reichs durch die Reichswirtschaftskammern und auf der regionalen Ebene durch die Gauwirtschaftskammern.

E. Die Führung der Wirtschaftsorganisationen

Die Führung der Wirtschaftsorganisationen liegt fast ausschließlich bei großen Geschäftsleuten, die die mächtigsten Konzerne der deutschen Wirtschaft repräsentieren. In den Gauwirtschaftskammern ist die Auswahl jedoch auch nach dem Kriterium der Loyalität zur Partei getroffen worden. In erster Linie sind Industrielle zu Präsidenten und Vizepräsidenten der Kammern gemacht worden, die in die Nazi-Partei eingetreten sind und sich in ihr aktiv betätigt haben.
[...]

F. Kartelle und Reichsvereinigungen

a) Kartelle

1. Definition:
Kartelle sind Zusammenschlüsse unabhängiger Unternehmen zur Kontrolle des Marktes. In Übereinstimmung mit den drei ökonomischen Funktionen, die ein Unternehmen hat, kann es drei Grundtypen des Kartells geben: das *Kaufkartell*, in dem sich das Bemühen manifestiert, durch kollektiven Einkauf niedrigere Preise und bessere Bedingungen zu erreichen; das *Produktionskartell*, auch Endkartell genannt, für den Austausch von Produktionserfahrungen mit dem Ziel, die Herstellung zu rationalisieren und damit zu verbilligen; schließlich das *Marktkartell*, der vorherrschende Kartelltypus, der hochentwickelt und hochdifferenziert ist.
Die häufigste Form des Marktkartells – allerdings keineswegs die einflußreichste – ist das Preiskartell (oft einfaches Preiskartell genannt), das Mindestverkaufspreise für seine Mitglieder festlegt. Die Methoden sind jedoch nicht ausgereift und können nur dann mit Erfolg angewendet werden, wenn die Waren in hohem Grad standardisiert sind. Ähnliche Wirkungen kann das *Konditionskartell* erzielen, das die Bedingungen für den Verkauf an Kunden reguliert. Dieser Typus spielt in der Textilindustrie nach wie vor eine beträchtliche Rolle.
Seit kurzem ist das *Kalkulationskartell* in den Vordergrund getreten. Es entspricht in etwa der amerikanischen »open price association«.[14] Seine

14 Vgl. S. Tschierschky, »Zum Problem des Kalkulationskartells«, in: *Kartell-Rundschau*, 1936, S. 156–161.

Mitglieder einigen sich auf eine bestimmte Relation zwischen Rohstoffkosten, Herstellungskosten und laufenden Unkosten.
Preismanipulationen können indirekt durch die Anteils- oder Regionalkartelle und die Syndikate betrieben werden. Das Anteilskartell weist jedem Mitglied entweder eine Produktions- oder eine Verkaufsquote zu. Mitglieder, die das ihnen zugestandene Produktions- oder Verkaufsvolumen überschreiten, müssen Disziplinarmaßnahmen gewärtigen, die in der Kartellsatzung festgelegt sind. Das Regionalkartell teilt das Gebiet auf und weist jedem Mitglied einen genau abgegrenzten Bezirk zur ausschließlichen Ausbeutung zu (z. B. Zementunion, die Kohle- und Kalikartelle).
Der höchstentwickelte Typus des Kartells ist das Syndikat, ein Kartell mit einem zentralisierten Verkaufsapparat. Das Verkaufsrecht ist hier mit wenigen Ausnahmen (wie dem Recht, die Nachbarschaft zu versorgen) einer zentralen Verkaufsagentur übertragen. Kohle wird zum Beispiel nicht von einem einzelnen Unternehmer, sondern vom Syndikat selbst verkauft, das dann, gemäß der Satzung, die Erlöse unter seinen Mitgliedern aufteilt. Syndikate sind in der Regel Preis-, Konditions-, Regional- und Anteilskartelle in einem.
Die hier skizzierte Kartellstruktur ist charakteristisch für die deutsche Wirtschaft. Man kann die Bedeutung der einzelnen Kartelltypen nicht statistisch erfassen. Die geschätzte Zahl von Kartellen betrug 1905 385 (Umfrage der Regierung), 1925 und Anfang 1942 2500 (Regierung).[15] Nach Angaben der Reichsgruppe Industrie bestanden 1937 1700 industrielle Kartelle[16], und die Fachgruppe Private Versicherungen erwähnte 1938 20 Versicherungskartelle.[17] Alle diese Zahlen sind jedoch mehr oder weniger belanglos, da sie die Zusammensetzung und die Reichweite des Kartells nicht berücksichtigen, die durch die Einverleibung fremder Länder erheblich ausgedehnt wurde, ohne daß sich die Zahl der Kartelle geändert hätte. Ebenso bedeutungslos ist ein Bericht, wonach zwischen Kriegsausbruch und Dezember 1940 20 Kartelle neu errichtet und zwischen 20 und 30 aufgelöst wurden.[18] Wichtiger ist die Schätzung des Instituts für Konjunkturforschung[19], daß alle Rohstoffe und Halbfertig-Produkte durch Kartellabmachungen und Monopole gebunden seien.

15 Vgl. *Regulation of Economic Activities in Foreign Countries*, Monograph No. 40 of the TNEC, Washington, 1941, S. 29.
16 *Kartell-Rundschau*, 1937, S. 372.
17 Werner Berger, in: *Kartell-Rundschau* 1938, S. 124.
18 *Kartell-Rundschau* 1940, S. 95.
19 *Wochenbericht des Instituts für Konjunkturforschung*, 1936, S. 198.

2. Kartelle und Monopole:
Da sich Kartelle aus unabhängigen Unternehmern zusammensetzen, könnte man glauben, sie seien das ideale Instrument zum Schutz der Interessen von kleineren und mittleren Geschäftsleuten. Dieser Anspruch wird in der Tat häufig erhoben, und die Existenz des Kartellsystems wird genau auf diese Weise gerechtfertigt. So werden sie beschrieben als genuin demokratische[20] Organisationen, zusammengesetzt aus freien und gleichen Geschäftsleuten, die sich gegen die mächtigsten Konzerne verbündet haben. Es sei gerne zugegeben, daß Kartelle gelegentlich wirklich solche Schutzorganisationen gegen Monopole sind; alle wirklich mächtigen Kartelle sind freilich ganz im Gegenteil Werkzeuge der Monopolwirtschaft, die diese angeblich demokratische Form der Geschäftsorganisation für ihre eigene Politik einspannen. Eine einfache Überlegung macht das deutlich. Alle wichtigen Kartelle sind Anteils- oder Regionalkartelle oder Syndikate. Die Stimmacht im Kartell hängt vom Anteil ab: Je größer der Anteil, desto größer die Stimmacht. Der größte Konzern, der, der die höchste Zahl von Stimmen hat, bestimmt die Kartellpolitik.

3. Kartellgesetz:
Bei einer genaueren Analyse der deutschen Kartellgesetzgebung wird dies ganz offensichtlich. Eine solche Analyse ist unvermeidlich, da sich die deutsche und die amerikanische Konzeption stark unterscheiden. Kartelle erschienen den deutschen Gerichten als Agenturen der Vertragsfreiheit – und somit als legal; zusätzlich wurde geltend gemacht, daß eine Vereinigung von Individuen das Prinzip der Gewerbefreiheit nicht verletze.[21] Nur unter zwei alternativen Bedingungen kann ein Kartell (oder besondere Kartellpraktiken) ungültig sein: wenn § 138 oder § 826 des Zivilrechts verletzt wird, d. h. wenn eine Kartellabmachung gegen die guten Sitten verstößt oder wenn ein Kartell absichtlich einen Dritten durch einen Verstoß gegen die guten Sitten schädigt. Es ist kein Fall bekannt, daß ein Kartellvertrag oder die Verfahrensweise eines Kartells für sittenwidrig und damit ungültig erklärt worden wäre. Die Gerichte haben von Anfang an die Entwicklung der Kartellbewegung gefördert. Sie erschien ihnen als eine höhere Form wirtschaftlicher Organisation – ein Beweis dafür, wie wenig die Lehren des klassischen Liberalismus in Deutschland vorangekommen waren. Bis 1923 gab es kein einziges Gesetz, das sich mit

20 So Lujo Brentano in: *Schriften des Vereins für Socialpolitik*, Bd. 60 (1894), und Rudolf Isay (ein herausragender Karteljurist der Weimarer Republik) in: *Verhandlungen des 35. deutschen Juristentags*, Berlin und Leipzig, Bd. II, S. 708–709.
21 Reichsgericht für Ziviles, 25. Juni 1890, *Reichsgerichtsentscheidungen in Zivilsachen*, Bd. 28, S. 244.

Kartellen befaßte, während andererseits die Kartelle im Ersten Weltkrieg, als sie zu Organen der Kriegswirtschaft wurden, einen kräftigen Impuls bekamen.

Die Inflation zerstörte viele unabhängige mittelständische Firmen und verteilte das Eigentum neu, indem sie die Armen enteignete und die Reichen reicher machte. Zum ersten Mal erhob sich in der Öffentlichkeit ein Gefühlssturm gegen die Kartell- und Monopolorganisationen der Industrie. Es mußte etwas getan werden. Am 2. November 1923 wurde eine »Kartellverordnung« gegen den Mißbrauch wirtschaftlicher Macht erlassen.

Die Kartellverordnung erfüllte jedoch die Hoffnungen nicht, die sie geweckt hatte. Ihr einziger Effekt war, die bestehende Industriestruktur zu stärken und offiziell zu sanktionieren.

Die Verordnung verlieh den Kartellen offizielle gesetzliche Anerkennung – zum ersten Male – und unterwarf sie einer Kontrolle, indem sie ein besonderes Kartellgericht schuf, das für die Rechtsprechung in allen Streitsachen zwischen den Kartellen und der Reichsregierung, zwischen Kartellmitgliedern und zwischen Kartellen und Außenstehenden zuständig war. Kern der Kartellverordnung war die Einrichtung einer direkten staatlichen Kontrolle, eine Maßnahme, die sich als reiner Formalismus erwies. § 4 lautet:

»Gefährdet ein Vertrag oder Beschluß der im § 1 bezeichneten Art oder eine bestimmte Art seiner Durchführung die Gesamtwirtschaft oder das Gemeinwohl, so kann der Reichswirtschaftsminister

1. beim Kartellgerichte beantragen, daß der Vertrag oder Beschluß für nichtig erklärt oder die bestimmte Art seiner Durchführung untersagt wird (§ 7);
2. anordnen, daß jeder an dem Vertrage oder Beschlusse Beteiligte jederzeit fristlos den Vertrag kündigen oder von dem Beschlusse zurücktreten kann;
3. anordnen, daß ihm die Abschrift aller zur Durchführung des Vertrages oder Beschlusses getroffenen Vereinbarungen und Verfügungen einzureichen ist und daß diese Maßnahmen erst nach Zugang der Abschrift in Kraft treten.

Die Gesamtwirtschaft oder das Gemeinwohl ist insbesondere dann als gefährdet anzusehen, wenn in volkswirtschaftlich nicht gerechtfertiger Weise die Erzeugung oder der Absatz eingeschränkt, die Preise gesteigert oder hochgehalten oder im Falle wertbeständiger Preisstellung Zuschläge für Wagnisse (Risiken) eingerechnet werden oder wenn die wirtschaftliche Freiheit durch Sperren im Einkauf oder Verkauf oder durch Festsetzung unterschiedlicher Preise oder Bedingungen unbillig beeinträchtigt wird.«

Die Initiative lag offensichtlich beim Wirtschaftsminister und, da dieser dem Parlament verantwortlich ist, letztlich beim Parlament. Nicht eine

der 210 Entscheidungen jedoch, die das Kartellgericht bis zum August 1933 veröffentlichte, rekurriert auf § 4 der Kartellverordnung.[22] Gleichzeitig ermächtigte § 10 der Kartellverordnung den Minister, gegen »Trusts, Syndikate, Kartelle, Konzerne oder ähnliche Vereinigungen« vorzugehen, kurz, gegen jede monopolistische Formation, gleichgültig, was ihre rechtliche oder organisatorische Form sein mag. Er ermächtigte das Kartellgericht, auf eine Eingabe des Ministers hin jeder Partei den Rücktritt von Vereinbarungen mit einem Monopol zu gestatten. Bei richtiger Anwendung hätte dieser Paragraph zu einem Kampfmittel gegen die Stellung der Monopolisten werden können. Doch auch § 10 ist niemals Grundlage eines Gerichtsurteils geworden.
Die Konzerne hatten vom Staat nichts zu befürchten. Sie konzentrierten daher ihre Anstrengungen darauf, die Klauseln der Kartellverordnung, die die schwächeren Mitglieder oder Außenstehende schützen sollten, aufzuheben. § 8 zum Beispiel erlaubte jedem Kartellmitglied, ohne Vorankündigung aus dem Kartell auszutreten, wenn das Kartellgericht befand, daß es ausreichende Gründe dafür gebe. § 9 unterwarf die Boykottmethoden, die die Kartelle gegen Kartellmitglieder, die wider die Kartelldisziplin verstoßen hatten, und gegen Außenstehende, die sich weigerten, sich den Spielregeln anzupassen, anwendeten, gewissen Restriktionen. Zur Anwendung des Boykotts gab es eine Vielzahl von Instrumenten: Ermahnungen, Geldstrafen, Verlust von Bürgschaften, Ausschluß, die Sperrung von Lieferungen, Transportmitteln und Krediten, unterschiedliche Behandlung usw. In § 9 war vorgeschrieben, daß diese und ähnliche Maßnahmen nur mit vorheriger Zustimmung des Präsidenten des Kartellgerichts ergriffen werden dürfen, gegen dessen Entscheidung wiederum beim Gericht selbst Berufung eingelegt werden konnte. Die deutsche Industrie kämpfte erbittert gegen die »präventive Zensur« des § 9, wie sie es nannte, wobei sie sich hauptsächlich auf das Argument stützte, daß die Anerkennung der Kartelle die Anerkennung aller für ihre Existenz notwendigen rechtlichen Mittel nach sich ziehe.

4. Die Kartellpolitik in der Großen Krise

Das restriktive System mußte sich in der großen Krise 1930 bewähren. Es war dem Zusammenbruch nahe. Einige Kartelle lösten sich auf. Die Produktion ging in einem Ausmaß zurück, daß viele Kartellmitglieder in Panik gerieten und versuchten, aus den Kartellen auszutreten, um ihre Wettbewerbsfreiheit wiederzugewinnen.
Die Kartellpolitik von 1930 bis 1933 war durch überaus widersprüchliche

22 Vgl. die Liste der Entscheidungen bei Rudolf Callmann, *Das Deutsche Kartellrecht*, Berlin 1934, S. 705–708.

Züge gekennzeichnet. Sie begann mit einer Präsidialverordnung vom 26. Juli 1930, die sich angeblich gegen das System der »gebundenen« oder Fest-Preise richtete. Diese Verordnung verlieh dem Kabinett die Macht, bestehende Kartellabsprachen oder Teile davon für nichtig zu erklären und Kartelle an gewissen Praktiken zu hindern. Das betraf nicht nur die eigentlichen Kartellabkommen, sondern auch »vertikale Vereinbarungen« sowie sämtliche Absprachen und Mittel mit ähnlichen wirtschaftlichen Auswirkungen, selbst wenn sie nicht streng unter die Verordnung fielen, wie etwa stillschweigende Übereinkommen und Empfehlungen einer Unternehmervereinigung. Schließlich wurde das Kabinett ermächtigt, Zölle zu senken oder abzuschaffen, um die Auflösung von Kartellen oder Preissenkungen zu erleichtern. In der mit dieser Verordnung herausgegebenen offiziellen Presseverlautbarung wurden die Verzerrungen im Verhältnis von Preisen und Leistungen beklagt und es wurde festgestellt, daß der Wiederaufschwung durch das Kartell- und Preissystem erschwert sei.

Diese Notverordnung unterscheidet sich von der früheren Kartellverordnung. Die Notverordnung zerstörte die bisherige Macht des Kartellgerichts. Die Reichsregierung konnte jetzt tätig werden, ohne vorher einen Antrag beim Kartellgericht einzureichen. Es wurde argumentiert, daß die Kartellpolitik ein Teil der nationalen Wirtschaftspolitik sei und daß es keinem unabhängigen Gericht gestattet sein solle, sich in die Politik der Regierung einzumischen.

Die Resultate der Verordnung waren außerordentlich mager. Lediglich ein Kartell wurde aufgelöst, das Braunkohlekartell, das viele Jahre hindurch attackiert und das von einer Sonderkommission »durchleuchtet« worden war, die ihm völlig widersinnige Praktiken zur Last legte. Die entscheidende Befugnis, mit der die Verordnung das Kabinett ausstattete, nämlich Zölle zu senken oder abzuschaffen, um Kartellpreise zu brechen, wurde niemals genutzt.

Der Fehlschlag der Notverordnung führte bald dazu, daß die Regierung nach anderen Wegen zur Brechung der Kartellpreis-Struktur suchte. Auf der Grundlage einer präsidentiellen Notverordnung verabschiedete das Kabinett am 16. Januar 1931 eine Verfügung gegen das Preisgefüge bei Markenartikeln.

Am 8. Dezember 1931 erließ der Präsident eine vierte Notverordnung, die alle Festpreise auf 10 Prozent unter ihren Stand vom 30. Juni 1931 senkte. Das bedeutete eine Reduktion aller Kartellpreise, ob es sich um Markenartikel handelte oder nicht. Gleichzeitig wurden durch mehrere Notverordnungen die in den bestehenden Tarifverträgen festgelegten Löhne gekürzt und so der neuen Preisstruktur angepaßt.

5. Das Kartellgesetz der Nazis stärkt die Kartelle:
Das neue nationalsozialistische Regime rettete sofort das schwankende Kartellsystem durch zwei Gesetze, beide vom 15. Juli 1933. Das eine änderte die Kartellverordnung von 1923, das andere führte die Zwangskartellierung ein.

Das erste Kartellgesetz zielt darauf ab, den staatlichen Einfluß auf die Kartelle auszudehnen und gleichzeitig die Macht der Kartelle über Mitglieder und Außenseiter zu stärken. Dieser Doppelaspekt – stärkere staatliche Kontrolle über stärkere Kartelle – charakterisiert den Inhalt der nationalsozialistischen Kartellpolitik. Die Veränderungen in der Kartellverordnung von 1923 bestanden darin, das Kartellgericht von der Kontrolle der Kartelle auszuschließen. Während § 4 der Kartellverordnung dem Reichswirtschaftsminister lediglich die Befugnis gab, ein Kartell vor dem Kartellgericht zu verklagen, darf das Ministerium nun direkt eingreifen. Der Wirtschaftsminister kann jetzt nach Belieben ganze Kartellvereinbarungen oder Teile davon für nichtig erklären, oder er kann bestimmte Arten der Durchführung verbieten (§ 4, Abs. 1); oder er kann anordnen, daß sich jede Partei zu jeder Zeit aus einer solchen Abmachung zurückziehen kann (§ 4, Abs. 2); oder er kann ein Exemplar der Vereinbarungen und Absprachen anfordern und auf diese Weise die Ausführung von Maßnahmen des Kartells aufschieben (§ 4, Abs. 3). Das neue Gesetz übernimmt also die Bestimmungen der präsidentiellen Notverordnung vom 26. Juli 1930 und macht sie zu festen Bestandteilen der Kartellkontrolle.

Es ist nicht einfach, die neue Gesetzgebung zu beurteilen. Sie war wohl kaum ein Resultat der Tatsache, daß das Kartellgericht § 4 Abs. 1 der Kartellverordnung von 1923 niemals angewendet hat, da von 1923 bis 1933 nämlich kein einziger Fall vor das Gericht gebracht worden ist. Das Ministerium hat von den ihm verliehenen Kompetenzen aus dem alten § 4 in 10 Jahren nur in drei Fällen Gebrauch gemacht und sich nur auf die Befugnisse aus § 4 Abs. 2 und 3 berufen – doch kein einziger Antrag des Ministeriums kam vor das Gericht.[23]

Es gibt drei Gründe für die Ausschaltung des Kartellgerichts aus der staatlichen Kontrolle über die Kartelle. Erstens gab es eine Tendenz, die Kartellkontrolle in das Netz der staatlichen Wirtschaftspolitik einzubinden. Das war aber nur möglich durch Ausschluß juristischer und halbjuristischer Überlegungen, die ohnehin mehr oder weniger fragwürdig waren, da die Begriffe Gesamtwirtschaft und Gemeinwohl, deren Verletzung die Grundlage für eine Verurteilung durch das Kartellgericht ist,

23 Die drei Fälle waren: a) gegen das »Backsteinkartell«, 5. Oktober 1925, vgl. *Kartell-Rundschau*, 1925, S. 599: § 4 Abs. 2 und 3; b) gegen das »Kohlekartell«, 20. März 1926, vgl. *Kartell-Rundschau*, 1926, S. 233: § 4 Abs. 2 und 3; c) gegen Eisenkartelle, 27. Januar 1928, vgl. *Kartell-Rundschau*, 1928, S. 83: § 4 Abs. 3.

nicht rational definierbar sind. Zweitens garantiert die Ausschaltung des Kartellgerichts, daß schnell entschieden werden kann. Das angegriffene Kartell könnte, wenn es lediglich vor einem Gericht angeklagt wäre, das Verfahren durch Vortrag neuer Beweise und Materialien hinauszögern. Drittens sichert die Konzentration der Kartellkontrolle beim Minister die Geheimhaltung – für den Staat und die Kartelle ein entscheidendes Interesse; sie gibt den Verhandlungen zwischen der Bürokratie und den Industriemonopolen reichlichen Spielraum.
Neben der staatlichen Macht über die Kartelle stärkte das Gesetz vom 15. Juli 1933 auch die disziplinarische Macht der Kartelle sowohl über Mitglieder als auch über Außenseiter. Die Grundlage dafür ist § 9 des Kartellgesetzes. Das Gesetz von 1933 fügte § 9 eine Bestimmung hinzu, die sich als wichtigstes Instrument zur Eingliederung der gesamten Wirtschaft in das Kartellnetz und zur »Auskämmung« unfähiger Unternehmer herausgestellt hat. Wie schon erwähnt, machte § 9 der Verordnung von 1923 die Durchführung von Boykott- oder ähnlichen Maßnahmen gegen Kartellmitglieder und Außenseiter von der Zustimmung des Kartellgerichtspräsidenten abhängig, der die Zustimmung verweigern mußte, wenn die Boykottmaßnahmen die Gesamtwirtschaft gefährdeten oder in ungerechtfertigter Weise die Wirtschaftsfreiheit des bedrohten Unternehmers einschränkten. Die zusätzliche Bestimmung von 1933 heißt:

»Unbillig ist die Einschränkung der wirtschaftlichen Bewegungsfreiheit [des Unternehmens, gegen welches sich der Boykott richtet] insbesondere dann nicht, wenn der Geschäftsbetrieb des Betroffenen von Personen geleitet wird, welche die im Geschäftsverkehr erforderliche Zuverlässigkeit nicht besitzen. Der Unzuverlässigkeit ist es gleichzuachten, wenn in dem Geschäftsbetrieb des Betroffenen die Güter oder Leistungen, auf die sich die Maßnahmen beziehen sollen, zu Preisen angeboten oder verkauft werden, die unter Würdigung der Belange des Betriebes sowie der Gesamtwirtschaft und des Gemeinwohls als volkswirtschaftlich ungerechtfertigt anzusehen sind, und die Fortsetzung einer solchen Preisgebarung zu besorgen ist.«

Dieses Todesurteil gegen den »Schwindler« wird durch das Kartell ausgesprochen, nachdem es sich der Zustimmung des Kartellgerichtspräsidenten versichert hat.[24] Die Mittel, mit denen sich ein so bedrohter Unternehmer gegen ein solches Todesurteil zur Wehr setzen kann, sind erheblich beschnitten worden. Die »präventive Zensur« des Kartellgerichts ist zwar nicht, wie es die Industrie gewünscht hatte, aufgehoben, aber im-

24 Das Kartellgericht wurde am 25. Februar 1938 durch Gesetz aufgelöst (*RGBl.*, I. S. 216). Seit dem 1. Juli 1938 hat das Reichswirtschaftsgericht seine Funktionen übernommen, indem es einfach einen seiner Senate als Kartellgericht installierte. Das Personal des früheren Kartellgerichts ist, soweit wir sehen können, übernommen worden. Die Veränderung ist praktisch ohne Bedeutung.

merhin geschwächt worden. Nach dem alten Gesetz konnte der bedrohte Unternehmer, wenn der Gerichtspräsident den Boykott gegen ihn gebilligt hatte, beim Gericht Berufung einlegen. Diese Berufung hatte aufschiebende Wirkung. Eine besondere Verordnung vom 5. September 1934 hob diese aufschiebende Wirkung eines Berufungsantrags durch Mitglieder und Außenstehende auf, sobald der Präsident seine Zustimmung gegeben hatte, so daß die Boykottmaßnahmen sofort angewendet werden konnten. Das Gericht kann jedoch immer noch eine Kaution verlangen, bevor die Boykottmaßnahme ergriffen wird.
Das Gesetz von 1933 enthüllt die grundlegende Kartellpolitik des Regimes: Anerkennung des Kartells als höhere Form industrieller Organisation und dem »freien« Wettbewerb überlegen, und von daher Stärkung der organisatorischen Macht des Kartells über Mitglieder und Außenseiter, während auf der anderen Seite die Kartelle direkten staatlichen Eingriffen unterworfen sind, ohne administrative oder halbjuristische Vermittlungsinstanzen.

6. Zwangskartellierung:
Wenn die Kartelle jedoch zu Organen der staatlichen Wirtschaftspolitik werden sollten, mußte dafür gesorgt werden, sie auch dort zu schaffen, wo sich ein Gewerbe- oder Industriezweig nicht freiwillig kartellierte. Das zweite Kartellgesetz vom 15. Juli 1933 schuf dafür die Grundlage. Es verlieh dem Reichswirtschaftsminister die Befugnis, a) Zwangskartelle zu schaffen, b) Außenseiter zu zwingen, sich bestehenden Kartellen anzuschließen, c) die Errichtung neuer Unternehmen zu verbieten, d) die Expansion neuer Unternehmen (nach Größe und Kapazität) zu untersagen, e) die Kapazität der bestehenden Betriebe zu regulieren.
In der deutschen Wirtschaftsgeschichte sind Zwangskartelle nichts Neues. Schon früher war eine ganze Reihe von Zwangskartellen gegründet worden. Während die Zwangskartellierung in der Weimarer Republik jedoch das Ergebnis langer Debatten gewesen und vom Parlament nur widerwillig verabschiedet worden war, gibt das neue Gesetz dem Wirtschaftsminister unbegrenzte Macht. Das Gesetz über die Zwangskartellierung liefert die erste Bestimmung für das, was man eine positive Kartellpolitik genannt hat.[25] Das meint, daß die dem Wirtschaftsminister neu verliehenen Befugnisse über reine Polizeibefugnisse gegenüber Kartellen weit hinausgehen. Sie zielen nicht lediglich auf die Bekämpfung von Mißbräuchen, sondern sie machen die Kartelle zu Instituten einer planmäßigen Wirtschaftspolitik. Die Kartelle sind von reinen Organen der Marktregelung – d. h. Organen zur Beherrschung des Marktes – zu solchen der

25 Claire Russell, »Die Praxis des Zwangskartellgesetzes«, in: *Zeitschrift für die gesamte Staatswissenschaft*, Bd. 97, (1937), S. 500.

neuen Marktordnung gemacht worden – d. h. zu Organen der Planung oder zumindest der zentralen Organisation der Wirtschaft. Mit der Schaffung von Kartellen, der Eingliederung von Außenseitern, der Kontrolle der Kapazitäten, der Lizenzierung neuer Unternehmen oder der Ausweitung bestehender Betriebe könnte die Regierung in der Tat, wenn sie planvoll vorginge oder ein festes Ziel und eine allgemeine Absicht verfolgte, aus Kartellen statt Institutionen der Verschwendung Organe einer planmäßigen Produktion und Distribution machen.

Dieser Aspekt der nationalsozialistischen Kartellpolitik muß genauer untersucht werden.

Der Gebrauch der neuen Befugnisse wird notwendigerweise die Kartelle stärken. Unternehmer, die der Kartellierung aus Gründen der Tradition oder der Selbsterhaltung feindlich gegenüberstanden, sind nun zwangsweise privaten Machtgruppen angeschlossen. »Die Zwangsmaßnahme gewährt dem Verband unter Einsatz staatlicher Mittel eine Machtstellung, die er auf freiwilliger Basis nicht erreichen konnte.«[26] Durch Zwangskartellierung und den Zwangsanschluß neuer Mitglieder werden rationeller arbeitende Betriebe oft den minder rationell arbeitenden geopfert.

Hier und da schuf die Regierung Zwangskartelle auch durch besondere Gesetze, gewöhnlich dort, wo bestimmte Bedingungen die enge Kooperation zwischen Industrie und Regierung geboten.[27] In dieser ersten Phase nutzte der Minister gelegentlich Kompetenzen, die ihm durch § 4 des neuen Kartellgesetzes eingeräumt waren. Einige Kartelle wurden aufgelöst[28]; in einigen anderen Fällen wurde die Ausführung bestimmter Kartellbestimmungen[29], meist Preisbestimmungen, verboten. Dies weist jedoch schon in die zweite Phase der nationalsozialistischen Kartellpolitik, nämlich auf Schachts Neuen Plan.

Die ökonomischen Konsequenzen der Devisenkontrolle (und damit implizit der Rohstoffe) verstärkten den staatlichen Einfluß auf die Kartelle jenseits der beiden Kartellgesetze von 1933. Dem Plan ging das Gesetz über wirtschaftliche Maßnahmen vom 3. Juli 1934 voraus, das dem Wirtschaftsminister weitgehende Kompetenzen zugestand. (So ist der Reichswirtschaftsminister ermächtigt, innerhalb des Wirkungsbereiches seines Ministeriums Maßnahmen zu ergreifen, die ihm zur Förderung der deutschen Wirtschaft und zur Verhinderung oder Beseitigung wirtschaftlicher

26 Russell, a. a. O.

27 Zum Beispiel basierte das Zwangskartell in der Binnenschiffahrt auf dem Gesetz zur Behebung ... vom 16. Juni 1933 (*RGBl.*, II, S. 717) und der 24. Durchführungsverordnung vom 8. Juli 1937, in: *Kartell-Rundschau*, 1937, S. 336.

28 Zum Beispiel in der Bleistiftindustrie wegen zu hoher Preise, vgl. *Kartell-Rundschau*, 1935, S. 300.

29 Zum Beispiel der Großhandel mit elektrischen Geräten, 12. 8. 35, *Kartell-Rundschau*, 1935, S. 705; Zellwollekartell, 1. Juli 1935, vgl. *Kartell-Rundschau*, 1935, a. a. O.

Schädigungen notwendig erscheinen. Die Maßnahmen können von den bestehenden Gesetzen abweichen.) Das oben erwähnte Dekret vom 5. September 1934, das die organisatorische Macht der Kartelle erweitert, beruht auf diesem Ermächtigungsgesetz. Die Entscheidungsgewalt des Ministers wurde also sofort zur Stärkung der Position der Kartelle genutzt – aber in der Folgezeit wurde die Autorität des Staats über die Kartelle erheblich ausgedehnt.

7. Kartellpreise:
Wenn Rohstoffe knapp sind, muß der Staat zunehmend gegen die Kartellpreise intervenieren. Konsequenterweise sind die Kartellpreise (und Verkaufsbedingungen) seit dem Inkrafttreten des Neuen Plans besonders beobachtet worden. Vier solcher Verordnungen sind von hoher Bedeutung:

a) Der Erlaß vom 11. Dezember 1934[30] machte die Preispolitik von Kartellen oder ähnlichen Organisationen, ob privat oder öffentlich-rechtlich (Zwangskartelle), von der Zustimmung des Ministers abhängig. Der Erlaß betraf nicht nur die Preise, sondern auch Rabatte, Einzelhandelspreise, Handelsspannen, Verbrauchsgüter und Dienstleistungen. Löhne und Gehälter waren explizit ausgenommen. Die bestehenden Preise und Verkaufsbedingungen blieben unangetastet, doch wurde jede Änderung verboten, die die Verbraucher und Großhändler beeinträchtigen könnte.

b) Ein zweiter Erlaß des Reichskommissars für die Preisbildung vom selben Datum[31] verpflichtete die Kartelle, neue Preisabsprachen oder Änderungen der alten beim Preiskommissar anzumelden.

c) Der Erlaß des Preiskommissars vom 29. März 1935 verbot Submissionskartelle, was Angebote für Regierungsaufträge anging.

d) Durch die Verordnung des Preiskommissars vom 23. November 1940[32] wurde das Preisgesetz der Kartelle schließlich kodifiziert. Preis- und andere Konditionskartelle, horizontale oder vertikale Abmachungen zur Garantie des Wiederverkaufspreises dürfen nur mit Zustimmung des Preiskommissars zustande kommen oder geändert werden. Am Anfang jedes Jahres müssen Kartelle und Syndikate bestehende Preisabsprachen melden. Übereinkünfte zwischen Anbietern bei öffentlichen Aufträgen sind nur nach Einwilligung des Kommissars gültig. Bereits gebilligte Preise bedürfen seiner Zustimmung nicht mehr. Konzerne und Trusts sind in diesem Erlaß ausgenommen. Alle vorher erwähnten Verordnungen sind aufgehoben.

30 *Verordnung über Preisbindungen und gegen Verteuerung der Bedarfsdeckung.*
31 *Verordnung über die Einsendepflicht von Preisbindungen.*
32 *RGBl.*, I, S. 1573, und *Kartell-Rundschau*, 1942, S. 13.

Obwohl die Preispolitik gegenüber den Kartellen im großen und ganzen auf der Linie der Politik der Regierung, die Preise einzufrieren, liegt, hat sie doch besondere Kennzeichen, die augenfällig werden, wenn man die Funktion der Kartelle als Organe der Marktordnung, einer zentral organisierten Wirtschaft, studiert.
e) Ein Erlaß vom 27. Juli 1942[33] ordnete die Senkung aller Kartellpreise um 10 Prozent an, während gleichzeitig die Preise einzelner Kartelle untersucht und gesenkt wurden, wenn der Preiskommissar sie für zu hoch hielt.[34]

8. Kartelle schaffen neue Industrien:
Kartelle sind jedoch auch – und für unseren Zweck sogar in erster Linie – Instrumente einer planvollen Regierungspolitik. Die Beschreibung des Ziels dieser Wirtschaftspolitik wäre die Wiederholung eines Gemeinplatzes, wollte man es auf den Vorsatz zu maximaler Produktivität, besonders bei Rüstungsgütern, beschränken. Wichtiger ist es, die Methoden und Mechanismen zu verstehen, mit deren Hilfe die Organe zur Restriktion der Kapazität zur Steigerung derselben eingespannt werden. Es wäre einfallslos, diese Veränderung der totalitären Macht des Staates zuzuschreiben. Denn ohne Zweifel ist es nicht der SS-Mann, der die Kartelle mit vorgehaltenem Gewehr zwingt, die Produktion zu steigern; kurz, es ist nicht die Polizeigewalt, die diese Veränderung bewirkt hat.
Aber wenn es nicht der Zwang ist, kann es nur die Ausnutzung von Trends sein, die schon vorher in der deutschen Wirtschaft am Werk waren, Trends, die die Profitanreize der Unternehmer und der Unternehmerorganisationen nicht verletzen, sondern sie anerkennen, ja stimulieren und die aus diesem im Grunde unveränderten System lediglich die Zufälligkeiten eliminieren, die von Zeit zu Zeit oder sogar permanent ein hochorganisiertes und übersensibles ökonomisches System gefährden.
Legt man diese Annahme zugrunde, so muß zunächst die Funktion des Kartells als Mittel zur Schaffung neuer Industrien analysiert werden. Neue Industrien (Zellwolle, Hydrierung von Stein- und Braunkohle, synthetisches Gummi) können auf drei verschiedene Weisen geschaffen werden:
a) Der Staat kann selbst das dazu notwendige Kapital aufbringen. Er kann dann die Betriebe bauen und führen, er kann die Betriebe bauen und sie dann verpachten, oder er kann das Kapital einem oder mehreren Konzernen zum Bau und zur Unterhaltung solcher Betriebe leihen. In Deutschland ist dies nicht das übliche Verfahren.

33 *Neue Zürcher Zeitung*, 21. September 1942.
34 In Kraft seit dem 1. August 1942, vgl. *Frankfurter Zeitung*, 1. August 1942; Mikrofilm 265.

b) Die bestehenden Industrien können selbst die Betriebe bauen und betreiben, entweder aus eigenen Mitteln (nichtausgeschüttete Profite) oder mit Hilfe von Krediten. Beide Methoden sind angewendet worden. Die großen Konzerne haben in der Tat beträchtliche Summen in neue Industrien investiert: die I. G. Farben in Zellwolle und Hydrierung, Bemberg in Zellwolle, Wintershall in Braunkohlehydrierung, Thyssen in Steinkohlehydrierung (Gelsenberg-Benzin). Da die nicht ausgeschütteten Profite von 1933 bis 1939 außerordentlich gewachsen sind, ist ein Vielzahl neuer Betriebe entstanden, die den bereits mächtigen Trusts gehören.
c) Auch dies ist vielleicht noch nicht ausreichend. Es gibt mittelgroße und kleine Betriebe mit einigen Reserven, die sie aber nicht nutzbringend verwenden können, da sie zur Finanzierung von Investitionen nicht hinreichen. Solche Reserven werden, wie oben gezeigt, durch Zwangsbeiträge für neue Industrien mobilisiert, und hier können Kartelle wiederum nützliche Organe sein. Um ein Beispiel zu geben: Am 28. September 1934[35] gründete der Wirtschaftsminister durch eine Verordnung, die sich auf das oben erwähnte Gesetz über Wirtschaftsmaßnahmen vom 3. Juli 1934 bezog, die Wirtschaftsgemeinschaft der Braunkohleindustrie. Der Zweck dieses Zwangskartells war die Finanzierung einer neuen Aktiengesellschaft zur Produktion von synthetischem Benzin. Jeder Braunkohlehersteller mit einem jährlichen Ausstoß von 400000 Tonnen oder mehr mußte der Zwangsgemeinschaft beitreten. Die Gemeinschaft wird von einem staatlichen Beauftragten verwaltet. Die Mitgliedsbeiträge sind gestaffelt. Auf diese Weise werden kleine Kapitalsummen zwangszweise zur Errichtung riesiger Werke verwendet, die dann von einer Handvoll mächtiger Konzerne kontrolliert werden, da das deutsche Unternehmensrecht Minderheitsinteressen der Geschäftsführung unterordnet.
Hier dient das Kartell gänzlich unorthodoxen Funktionen. Es reguliert nicht mehr den Absatz von Waren, sondern ist ein Werkzeug, mittels dessen die Überschüsse unabhängiger Unternehmen zusammengefaßt werden, um neue Industrien zu finanzieren.
Während des Krieges ist die Verwendung der Form des Kartells in eine neue Phase eingetreten. Eine Verordnung über Gemeinschaftswerke vom 4. September 1939[36] ermächtigt den Wirtschaftsminister, Unternehmen und Kartelle zum Zweck der Gemeinschaftsproduktion zu vereinigen. Diese Befugnisse gehen weit über das hinaus, was ihm im Gesetz über Zwangskartellierung von 1933 eingeräumt wurde. Bei der Errichtung von Zwangskartellen nach diesem Gesetz konnte der Minister widerstrebende Unternehmen in Kartelle eingliedern; er konnte Kapazi-

35 *RGBl.*, I, Nr. 110.
36 *Verordnung über Gemeinschaftswerke*. Vgl. Leonhard Miksch, »Die deutsche Kriegswirtschaft«, in: *Die Wirtschaftskurve*, 1939, Nr. IV, S. 327–337, bes. S. 334.

täten beschränken und die Ausweitung von Betrieben verbieten. Aber er konnte kein neugegründetes Kartell dazu zwingen, sich an einer neuartigen Produktion zu beteiligen. Genau dies erlaubt ihm die neue Verordnung. Der Minister kann jedem Kartell oder Einzelhersteller untersagen, seine bisherige Produktion fortzusetzen, und er kann dem neugeschaffenen Kartell befehlen, eine völlig neue Produktion aufzunehmen. Im Gegensatz zu allen bisherigen gewährt diese Verordnung den Unternehmern, die durch das Verbot ihrer bisherigen Produktion Verluste erlitten haben, Entschädigung. In einigen Fällen sind diese Befugnisse auch genutzt worden.[37]

9. Organe der Rationalisierung:
Der verstärkte Einsatz von Kalkulationskartellen ermöglicht Rationalisierungen. Das Kalkulationskartell hat vornehmlich erzieherische Aufgaben. Es zwingt viele, vor allem kleinere Industrielle, der Kostenberechnung Aufmerksamkeit zu widmen. Nach der Entscheidung des Wirtschaftsministers vom 12. November 1936 ist es die Aufgabe der Gruppen, die Ausbildung für die Vorbereitung solcher Kostenberechnungen zu übernehmen. Die Gruppen haben die Pflicht, ihre Mitglieder zu ermutigen und anzuleiten, sorgfältige Schätzungen vorzunehmen, Formulare zu benutzen und nicht unter den Kosten zu verkaufen.
Diese Aufgabe der Gruppen wird durch die Verordnung über den Wettbewerb vom 21. Dezember 1934 sanktioniert. Diese Verordnung bedroht jeden mit Gefängnis- oder Geldstrafe, der unter Kreditmißbrauch oder vorsätzlicher Verletzung seiner Pflichten gegenüber dem Staat, seinen Angestellten oder Gläubigern seine Güter oder Dienstleistungen unter den Kosten verkauft und infolge solcher Praktiken bankrott geht oder seine Zahlungen einstellen muß. Ein Industrieller, der seine Steuern, die Löhne oder andere Verbindlichkeiten nicht bezahlen kann, weil er unter den Kosten verkauft hat, kann zu einer unbegrenzten Gefängnisstrafe verurteilt werden.
Die Macht der Gruppen und das neue Bankrott-Strafgesetz bilden den Hintergrund der neuen Kartellform. Die neuen Kalkulationskartelle, besonders für kleinere Geschäftsleute[38], verpflichten ihre Mitglieder, ihre Produktionskosten zu kalkulieren, Formulare zu benutzen, Abweichungen von den Kostenberechnungen zu melden, einen bestimmten Prozentsatz für laufende Kosten und Profite zu den Kostenaufstellungen dazuzu-

37 Pelzindustrie, Klingen, Sensen usw.
38 Junghans, »Zur Frage der Kalkulationskartelle«, in: *Kartell-Rundschau*, 1936, S. 375; Berthmann, »Kalkulationskartell und Kalkulationsgemeinschaft«, a.a.O., S. 587; Tschierschky, »Zum Problem der Kalkulationskontrolle«, in: *Die Wirtschaftskurve*, 1937, S. 208–221.

schlagen.[39] Viele der genannten Kalkulationskartelle sind natürlich keine reinen Kalkulationskartelle; manchmal sind sie zusätzlich Preiskartelle. Hin und wieder jedoch ist die Macht der Kartelle nicht kräftig genug, um die Mitglieder zu zwingen, sich streng an die Kalkulation zu halten. Das betrifft vor allem den Einzelhandel. In diesem Fall werden die Gruppen selbst zu Kartellen. Normalerweise dürfen die Gruppen – nach der Kartellentscheidung vom 12. November 1936 – nicht in das Marktgeschehen eingreifen. Ausnahmen sind jedoch möglich. So hat beispielsweise die Fachgruppe Gemeinschaftseinkauf[40] das Recht bekommen, den Absatz zu organisieren, und die Reichsgruppen Handel und Industrie haben am 28. Oktober 1936 ein Abkommen getroffen, das die Liefer- und Zahlungsbedingungen für folgende Zweige der Lederindustrie festlegt: Großhandel, Import und Export, Einzelhandel und Gemeinschaftseinkauf.

Die Tendenz zur Vereinheitlichung und Vereinfachung der Kostenrechnung, zur zwangsweisen Beachtung der von den Gruppen empfohlenen und/oder von den Kartellen aufgezwungenen Kalkulationsmuster ist durch die Regierungspolitik der Preiskontrolle zweifellos außerordentlich stimuliert worden. Die Kalkulation ist durchsichtiger geworden, und viele der bisher ängstlich gehüteten sogenannten Produktions- und Handelsgeheimnisse sind inzwischen öffentlich bekannt und unterliegen der Kontrolle.

Dies alles ist jedoch nur ein Nebenschauplatz der Rationalisierungsfunktion der Kartelle. Der Trend geht sehr viel weiter, ohne bislang die Grenze erreicht und den Kern – die eigentliche industrielle Produktion – überhaupt berührt zu haben. Im Distributionssektor allerdings ist diese Entwicklung unterdessen ziemlich weit fortgeschritten. Fassen wir die Rationalisierungsfunktionen der Handelskartelle zusammen: a) sie eliminieren »unzuverlässige« Händler; b) sie eliminieren »unrationell« arbeitende Händler; c) sie ziehen eine klare Trennungslinie zwischen Produktion, Groß- und Einzelhandel.

Auf diese Weise nimmt die neue Kartellpolitik entscheidende wirtschaftliche und soziale Aufgaben wahr: a) sie trägt dazu bei, die wirtschaftliche Stellung einer ausgewählten Gruppe von Händlern zu verbessern; b) sie trägt dazu bei, die Mechanismen der Güterverteilung zu vereinfachen und zu verbilligen; c) sie stellt Arbeitskraft zur Verfügung.

39 Folgende Kalkulationskartelle sind bekannt: a) Reichskartell der Glaser (Spitzenkartell), vgl. Miksch, a. a. O., S. 223; b) Zwangskartell der Druckindustrie, vgl. *Kartell-Rundschau* 1935, S. 753; c) Kartell der Zentralheizungs- und Klimaanlagenindustrie, vgl. Miksch, a. a. O., S. 215; d) Kartell der Rundfunkgerätehersteller, vgl. *Kartell-Rundschau* 1938, S. 305, 1940, S. 321. Natürlich gibt es davon noch viel mehr.

40 Fachgruppe Gemeinschaftseinkauf, 23. Oktober 1936, vgl. *Kartell-Rundschau*, 1937, S. 132, 211.

10. Die Kontrolle der Kartelle und ihr Verhältnis zu den Gruppen:
a) Tatsächlich sind die Kartelle zu den Organen geworden, die unter Mithilfe und Zwang des Staates Vollbeschäftigung herstellen sollen. Die Folge davon ist, daß sie unverkennbar dazu dienen, die Macht der großen Konzerne zu vergrößern. Einige nationalsozialistische Autoren haben den »Entartungs- und Verfälschungsprozeß« angegriffen, den die Korrumpierung des Staates durch die Kartelle in Gang gebracht habe.[41] Die wachsenden Klagen über die Unterwerfung der Gruppen durch die Kartelle haben schließlich bewirkt, daß das Verhältnis der beiden Organisationsformen neu definiert wurde. Das Gesetz vom 27. Februar 1934 verbot den Gruppen, in das Marktverhalten einzugreifen, d. h. Kartellfunktionen auszuüben. Und eine Entscheidung des Wirtschaftsministers warnte die Kartelle vor der Vermischung mit den Gruppen.
Am 12. November 1936 erließ der Wirtschaftsminister seine berühmte Reformverordnung, die den Zweck hatte, Gruppen- und Kartellfunktionen klar voneinander abzugrenzen. Da viele Kartellgeschäftsführer Gruppengeschäftsführer geworden waren, bestand er darauf, daß die beiden Ämter getrennt sein müßten, um die Unparteilichkeit der Gruppenmanager zu garantieren. Die Reichswirtschaftskammer wurde angewiesen, bis zum 1. April 1937 zu berichten, inwieweit noch dieselben Personen führende Positionen sowohl in Gruppen als auch in Kartellen innehatten und ob diese Personalunion notwendig sei. Doch von einem solchen Bericht der Reichswirtschaftskammer hat man nie etwas gehört.
Der Erlaß unterstellte schließlich die Kartelle der Aufsicht der Gruppen. Die auf Zwangsmitgliedschaft und Führerprinzip begründeten Gruppen mit ihren allgemeinwirtschaftlichen Aufgaben, heißt es in dem Erlaß, stehen nicht neben, sondern über den marktregelnden Organisationen. Der Minister wollte deshalb die Unterstützung der Gruppen bei der Beaufsichtigung der Marktorganisationen gewinnen, einer Funktion, die bisher von ihm selbst ausgeübt wurde. Die »Selbstverwaltung« der Industrie sollte eingebunden werden in die Verantwortung, daß die Marktorganisationen bei allen Maßnahmen in Übereinstimmung mit der Wirtschaftspolitik der Reichsregierung handeln.[42] Die weitere Entwicklung hat jedoch das Verhältnis von Kartell und Gruppe ins Gegenteil verkehrt, den Unterschied ausgelöscht und beider Status im Rahmen der Gesetzgebung und der Verwaltung einander angenähert.[43]
b) Am 20. November 1942[44] wurde die folgende Verordnung verabschiedet:

41 Franz Böhm, *Wettbewerb und Monopolkampf*, Berlin 1933, S. X, 358f.
42 *Kartell-Rundschau* 1936, S. 753–760.
43 Vgl. weiter unten.
44 *Die Deutsche Volkswirtschaft* 1942, Nr. 32.

1. Der Wirtschaftsminister wird bevollmächtigt, allgemeine oder besondere Anordnungen für solche Unternehmen zu erlassen, die dank ihrer gesetzlichen oder faktischen Position den Markt wesentlich beeinflussen, sofern diese Unternehmen durch die Ausübung ihres Einflusses die Volkswirtschaft oder eine bestimmte Firma schädigen.
2. Der Minister wird weiter ermächtigt, den Abschluß von Kartellvereinbarungen von seiner Zustimmung abhängig zu machen.
3. Der Wirtschaftsminister kann in bestehende Kartellverabredungen eingreifen.

Die gesetzlichen Kontrollen sind damit komplett. Trusts, Kartellen, Monopolen, in welcher Form immer sie organisiert sein mögen, können nun allgemeine oder besondere Anweisungen erteilt werden. Der Minister kann in bestehende Kartellabsprachen eingreifen.

c) Die neuen Befugnisse sind dazu benutzt worden, »das Kartellsystem zu rationalisieren«. Von den 2300 Kartellen sind viele aufgelöst bzw. größeren Einheiten einverleibt worden; es wird angenommen, daß nur 500 Kartelle übrigbleiben werden.[45] Diese besondere Befugnis wurde dem Wirtschaftsminister durch die »Auskämm«-Verordnung vom 27. Oktober 1942[46] verliehen. In der Chemiefaser-Industrie sind die vier Kartelle (Azetat-Kartell, Kunstseide-Kartell, die Ausgleichsstellen für Kunstseide und Zellwolle) aufgelöst und in die Reichsvereinigung Chemiefasern eingegliedert worden.[47] In der textilverarbeitenden Industrie sind 20 Kartelle (d. h. die Hälfte) aufgelöst, die übrigen der Reichsvereinigung angeschlossen worden.[48]

Die wichtigste Veränderung erfolgte beim Stahlkartell, dem Kernstück industrieller Macht. Die alte, von Emil Kirdorf gegründete Rohstahlgemeinschaft ist aufgelöst. Zugleich ist die Eisen- und Stahlwerkgemeinschaft in der Reichsvereinigung Eisen (ESGE) als Zentralsyndikat gegründet worden, das Eisen und Stahl an die Verbraucher verkaufen, Preise festlegen, Ein- und Ausfuhren kontrollieren und Kartellabsprachen mit anderen Kartellen treffen wird. Das neue Stahlkartell ist der Reichsvereinigung Eisen angeschlossen, bleibt aber relativ unabhängig. Bemerkenswert ist die Änderung in der Führung. Der Präsident der Vereinigten Stahlwerke (Poensgen) ist ausgeschieden. Schon als Leiter der Wirtschaftsgruppe Eisenschaffende Industrie abgelöst, wurde Poensgen nun auch nicht Präsident der Reichsvereinigung Eisen. Diese Position übernahm der Saarindustrielle H. Röchling. Leiter des Stahlkartells ist Wilhelm Zangen, Präsident der Reichsgruppe Industrie; ihm steht eine

45 *Deutsche Bergwerkszeitung*, 21. April 1943.
46 *Europakabel*, 8. Januar 1943.
47 *Die Deutsche Volkswirtschaft*, 1942, Nr. 32.
48 *Der Neue Tag*, 8. November 1942.

jüngere Generation von Stahlkapitänen aus den größten Konzernen zur Seite: Vereinigte Stahlwerke, Flick, Hoesch, Arbed und aus dem Protektorat. Poensgen wurde zum Ehrenvorsitzenden ernannt.[49]
Die Anzahl der Kartelle im Bereich der Wirtschaftsgruppe Lebensmittel verarbeitende und verwandte Industrien ist beträchtlich gesenkt worden. Von einstmals 124 Kartellen bleiben nur 20.[50] Eine Verordnung des Wirtschaftsministers vom 5. Juli 1943[51] löste 35 Kartelle für Metallwerkzeuge auf. Diese Entwicklung hält noch an.
d) Ein Antrag von Wilhelm Zangen, dem Leiter der Reichsgruppe Industrie, und Walter Schieber, dem stellvertretenden Leiter, verlangte die Abschaffung der Kontingente in Kartellen und Syndikaten. Der Antrag war damit begründet worden, daß Kontingente in einer Periode vollausgeschöpfter Produktion ihren Sinn verloren hätten. Ausschließlich die Produktionsleistung des Kartellmitglieds und nicht ein erworbenes Recht sollte fortan Maßstab für die Produktionsvergabe in den Kartellen sein. Dies war zwar als Antrag formuliert, kam aber einem Befehl gleich, und Zangen fügte hinzu, Verstöße gegen seinen Antrag würden als ernste Verletzung der Kriegspflichten betrachtet werden.[52] Der Antrag schuf keine neue wirtschaftliche Lage, denn das Kontingentierungssystem war längst den Erfordernissen der Vollbeschäftigung gewichen. Er hatte aber einschneidende Folgen für die internen Finanzierungsaktionen der Kartelle. Kartellmitglieder, die ihre Kontingente überschreiten, sind nicht länger gezwungen, Entschädigungen an die Kartellkasse zu zahlen, während andererseits diejenigen Kartellmitglieder, die unter ihrem Kontingent bleiben, keinen Anspruch auf Entschädigung aus der Kartellkasse mehr besitzen. Da die »Auskämmung« vor allem Klein- und Mittelbetriebe betroffen hat, müssen sie die aus der Abschaffung der Kontingente resultierenden finanziellen Lasten tragen.
Die Rationalisierung der Kartellstruktur hat eine Neubestimmung des Verhältnisses von Kartell und Gruppe zur Folge. Eine Verordnung über Kartellbereinigung vom 20. Mai 1943[53] besorgte dies. Wir haben erwähnt, daß den Kartellen keine administrativen Funktionen zukommen, und daß es den Gruppen verboten ist, in den Markt einzugreifen. Dieses Verbot ist gefallen, und die Gruppen haben die Funktionen der aufgelösten Kartelle übernommen, es sei denn, die Kartelle sind in größeren Einheiten aufgegangen.[54] Damit ist die Unterscheidung zwischen Kartellen und Gruppen faktisch hinfällig. Infolge des geänderten Verhältnisses zwischen Gruppe

49 Vgl. *Kölnische Zeitung*, 18. Dezember, und *Frankfurter Zeitung*, 20. Dezember 1942.
50 *News Digest*, No. 1200, 31. Juli 1943, S. 12.
51 *Deutsche Bergwerkszeitung*, 11. Juli 1943.
52 *Neue Zürcher Zeitung*, 4. Februar 1943.
53 *Frankfurter Zeitung*, 22. August 1943.
54 *Frankfurter Zeitung*, 21. März 1943 und *News Digest* No. 1200, 31. Juli 1943, S. 12.

und Kartell haben sich z. B. sämtliche Kartelle in der Bekleidungsindustrie der Wirtschaftsgruppe Bekleidungsindustrie angeschlossen, so daß die Funktion der 29 Kartelle jetzt von der Wirtschaftsgruppe und ihren Fachgruppen und Fachuntergruppen wahrgenommen wird.[55] Minister Funk hat als das Ziel der Reform die Möglichkeit beschrieben, den Organisationen der Wirtschaft, d. h. den Gruppen, und den Marktorganisationen, d. h. den Kartellen, Funktionen zu übertragen, die sich aus der Warenverkehrsverordnung ergeben, nämlich als Bewirtschaftungsstellen der Reichskommissare zu fungieren.[56] Das heißt, daß die Annäherung der Stellung von Kartellen und Gruppen es ermöglicht hat, an beide Organe Aufgaben zu delegieren, die die Planung der Produktion und die Rohstoffkontrolle betreffen.

b) Reichsvereinigungen

Die Verschmelzung von Kartell und Gruppe ist in den Reichsvereinigungen voll verwirklicht; diese lassen sich am besten als nationale Spitzen- und Zwangskartelle ganzer Wirtschaftszweige beschreiben. Die folgenden sind geschaffen worden:

1. Die Reichsvereinigung Kohle unter der Leitung von Paul Pleiger von den GöringWerken, der Göring direkt unterstellt ist. Ihm steht ein Aufsichtsrat von 13 Mitgliedern zur Seite – 8 aus dem Kohlebergbau, 1 aus dem freien Kohlenhandel, 1 aus dem gebundenen Kohlehandel und 2 Vertreter der Arbeitsfront. Die Hauptaufgaben der Reichsvereinigung Kohle sind Produktivitätssteigerung, Kontrolle von Distribution und Transport sowie Durchsetzung staatlicher Maßnahmen im Kohlebergbau; sie ist auch die Hauptstelle für den Abschluß von internationalen Vereinbarungen auf dem Kohlesektor.[57]
2. Die Reichsvereinigung Eisen wird von dem Saar-Industriellen Hermann Röchling geleitet. Ihm zur Seite steht ein aus den wichtigsten Stahlindustriellen gebildeter Aufsichtsrat sowie ein Verwaltungsrat, in dem eine kleinere Zahl von Industriellen vertreten ist.[58] Die Reichsvereinigung Eisen hat die Aufgabe, die Produktion zu rationalisieren und zu erhöhen. Außerdem stellt sie Produktions- und Rohstoffverteilungspläne, Pläne für Export und Import von Eisen, Stahl, Schrott usw. auf. Sie befaßt sich mit dem Export ihrer Produkte. Sie überwacht die beste-

55 *Frankfurter Zeitung*, 14. August 1943.
56 *Europakabel*, 8. Januar 1943.
57 Vgl. *Veränderungen in der industriellen Organisation Deutschlands 1941 bis 1942*, BEW-Dokument Nr. EP 6, 30. Oktober 1942 und den Artikel von Franz Klug in: *Die Deutsche Volkswirtschaft*, 1942, Nr. 17.
58 Zur Zusammensetzung vgl. *National-Zeitung*, 14. August 1942; »Änderungen in der Zusammensetzung«, in: *Kölnische Zeitung*, 3. April 1943.

henden Stahlkartelle, reguliert Preise, schlichtet Konflikte zwischen den Mitgliedern und befindet über die Schließung überflüssiger Unternehmen in ihrem Bereich. Um die technologische Entwicklung zu fördern, hat die Reichsvereinigung die sogenannten Betriebsgeheimnisse aufgehoben, damit die technologischen Erfahrungen eines Mitglieds allen anderen zugänglich sind. Der Präsident der Reichsvereinigung kann von Arbeitnehmern irgendeines Mitglieds verlangen, zu einem bestimmten Zweck im Werk irgendeines anderen Mitglieds die Arbeit aufzunehmen.[59] Die Reichsvereinigung Eisen ist offenbar die einzige, die über Außenstellen verfügt. Es gibt fünf solcher Außenstellen, nämlich: Nordwest (Düsseldorf), Südwest (Saarbrücken), Mitteldeutschland (Berlin), Oberschlesien (Gleiwitz) und Südost (Wien)[60] und im Protektorat. Die Gründung der Reichsvereinigung Eisen hat zu einer Reorganisation der bestehenden Stahlkartelle geführt. Die alte Rohstahlgemeinschaft ist aufgelöst und ein neues Kartell mit dem Namen Eisen- und Stahlwerksgemeinschaft in der Reichsvereinigung Eisen geschaffen worden; mit deren Leitung ist der Präsident des Mannesmann-Konzerns, Wilhelm Zangen, der gleichzeitig Leiter der Reichsgruppe Industrie ist, betraut worden.
3. Die Reichsvereinigung Chemiefasern wird von Dr. E.H. Vits, dem Präsidenten der Vereinigten Glanzstoffwerke, kontrolliert; ihm steht ein Direktorium von 8 Mitgliedern bei. Die Reichsvereinigung ist ein Dachkartell für die im Glanzstoff- und Zellwollfasersektor existierenden Kartelle. Sie lenkt die Vermarktung und Standardisierung der Produkte, betätigt sich in der Preiskontrolle und schließt internationale Verträge.
4. An der Spitze der Reichsvereinigung Bastfasern steht Dr. Gruber. Sie hat ähnliche Aufgaben wie die Reichsvereinigung Chemiefasern.
5. Die Reichsvereinigung Textilverarbeitung unterscheidet sich von den oben erwähnten dadurch, daß sie die Aufsichtsrolle des Wirtschaftsministers am wenigsten betrifft. Ihre Hauptaufgabe ist die Rationalisierung des Kartellsystems in der Textilfertigwarenbranche, insbesondere die Fusion bestehender Kartelle – eine von dieser Reichsvereinigung erfolgreich erfüllte Aufgabe.
6. Neben diesen fünf Reichsvereinigungen wurde eine Reihe ähnlicher Organisationen gebildet, die, ohne den Namen Reichsvereinigung zu tragen, faktisch dieselben Funktionen wahrnehmen. Hierzu zählen die Vereinigung Deutscher Drahtseilwerke, seit dem 1. Januar 1943 tätig, die Forstvereinigung zum Zweck der Förderung von Mechanisierung und besserer Materialausbeute, die Gemeinschaft Schuhe und ähnliche Organisationen.
Die Reichsvereinigungen entsprechen im Grunde Kartellen, weil sie sich

59 *Mühlhäuser Tagblatt*, 9. Juni 1942, Mikrofilm Nr. 68.
60 *Kölnische Zeitung*, 10. Januar 1943.

mit der Regulierung von Marktbedingungen befassen. In gewissem Grade obliegt ihnen die Rohstoffzuweisung; darin sind sie in einige Funktionen der Reichsstellen eingetreten. Auch haben sie die Funktionen der Gruppen übernommen, insofern sie die ihnen unterstehenden Kartelle kontrollieren. Schließlich sind sie der Ort, an dem die Aufträge, insbesondere die Staatsaufträge, unter den Mitgliedern verteilt werden.

7. Damit kulminieren in den Reichsvereinigungen fünf seit 1939 in der deutschen Wirtschaft sichtbare Entwicklungstendenzen, nämlich:

a) eine Vielzahl von Kartellen einer Industriebranche in ein nationales Dach- oder Spitzenkartell zu integrieren, das heißt Überkartellierung zu beseitigen;
b) Reichskartelle in solchen Branchen zu errichten, in denen die freie Kartellierung als zu zögernd erachtet wurde, das heißt die Unterkartellierung zu beseitigen;
c) die Rohstoffkontrolle an die Kartelle zu übergeben;
d) das Kartell für Gemeinschaftsproduktion zu nutzen[61];
e) Kartell und Gruppe zu integrieren.

Man kann die Funktionen der verschiedenen Reichsvereinigungen folgendermaßen schematisieren[62]:

Kohle	Eisen
1. Rationalisierung 2. Verbesserung der sozialen Bedingungen 3. Kontrolle der Distribution 4. Schlichtung von Streitfällen zwischen Syndikaten 5. Regionale Organisation der Kohledistribution 6. Transportplanung für feste Brennstoffe 7. Kooperation mit allen Großprojekten, die auf Kohle basieren 8. Verbrauchsstatistik 9. Überwachung von Sicherheitsmaßnahmen 10. Unterstützung der Regierung beim Abschluß von Handelsverträgen 11. Ausführung solcher Verträge 12. Vereinbarungen mit Kohleherstellern der Länder	1. Alle Aufgaben im Bereich der der Eisenwirtschaft 2. Rationalisierung 3. Aufstellung von Plänen zu: Produktion Rohstoffversorgung Import Export sowie deren Verwirklichung und Überwachung 4. Technologische Verbesserungen 5. Planung und Zuteilung von Rohstoffen, Brennstoffen und Schrott 6. Transportplanung 7. Lenkung von Marktabsprachen der Kartelle 8. Preisfragen 9. Schlichtung von Streitfragen zwischen Mitgliedern 10. Unterstützung der Regierung bei Zuteilung von Rohstoffen 11. Vereinfachung der Organisationsstruktur 12. Schließungen

Chemiefasern	Bastfasern
1. Absatzkontrolle 2. Aufstellung von Produktions- und Importplänen 3. Kontrolle des inländischen Verkaufs und des Exports 4. Vereinbarungen mit an Chemiefasern interessierten Unternehmen 5. Vereinbarungen mit ausländischen Herstellern 6. Promotion von Chemiefasern im Ausland 7. Preisfragen 8. Rationalisierung in Zusammenarbeit mit den Gruppen 9. Austausch von Erfahrungen 10. Schlichtung von Streitigkeiten zwischen Mitgliedern	1. Absatzkontrolle 2. Planung von: Produktion Verkauf Lagerung Verarbeitung etc. 3. Regulierung der Vermarktung 4. Auferlegung von Abgaben 5. Auslieferung, Entgegennahme und Lagerung von Bastfasern 6. Rationalisierung 7. Schließungen mit Entschädigung 8. Festlegung von Preisen einschließlich Handelsspannen, Verkaufs- und Preisbedingungen 9. Lastenverteilung unter den Mitgliedern 10. Vereinbarungen mit ausländischen Herstellern

Textilverarbeitung
1. Verbesserung der Effizienz der Betriebe 2. Auferlegung von Produktionsverpflichtungen 3. Regulierung zur Ausnutzung der Betriebe 4. Schaffung von Zwangskartellen 5. Schließungen mit Zustimmung der Gruppen 6. Direktiven über die Durchführung von Anordnungen 7. Vereinbarungen mit Hauptvertragspartnern 8. Patent- und Lizenzverträge in Zusammenarbeit mit den Gruppen 9. Weisungen über Kostenvoranschläge

III. Organe zur Koordination von Regierungs-, Wirtschafts- und Parteiorganisationen

Das vorrangige Problem einer jeden modernen Ökonomie besteht in der Koordination und Integration der Arbeit der verschiedenen Organe, die auf der Ebene der politischen Entscheidungen und auf der Ebene der Ausführung wirtschaftliche und gesellschaftliche Kontrollen ausüben. Dieses Kapitel ist unterteilt in die Koordination der Regierungs-, Wirtschafts- und Parteiorgane auf nationaler und auf regionaler Ebene.

A. Die Koordination auf nationaler Ebene

Es ist wenig gesagt, wenn man lediglich bekräftigt, daß Hitler der oberste Führer sei und daß deshalb er selbst die Streitigkeiten zwischen den verschiedenen nationalen Organen schlichte und ihre Arbeit integriere. Es ist bekannt, daß Hitler an wirtschaftlichen Problemen uninteressiert ist und das Feld der ökonomischen Organisation seinen Untergebenen überläßt. Doch selbst wenn er ein tiefgreifendes Interesse an diesen Problemen hätte, könnte er sie der enormen Komplexität politischer und administrativer Entscheidungen wegen nicht lösen.
Ebenso falsch ist eine ähnliche Auffassung über Göring, den Chef der deutschen Kriegswirtschaft und Hitlers »Beauftragten für die Durchführung des Vierjahresplans«. Zwar werden viele der grundlegenden Entscheidungen von Göring getroffen, aber es wäre für einen Einzelnen gänzlich unmöglich, die Riesenmaschinerie, die mit der Wirtschaftsverwaltung beschäftigt ist, zu integrieren. Rechtlich gesehen ist das höchste Organ der Ministerrat für die Reichsverteidigung, gebildet aus dem Reichsverteidigungsrat. Über Zusammensetzung und Zuständigkeit des letzteren ist nichts bekannt.[63] Der Ministerrat, gegründet am 30. August 1939, setzt sich wie folgt zusammen:

Göring als Vorsitzender und Stellvertreter des Führers
Keitel, Chef des Oberkommandos der Wehrmacht
Himmler, Generalbevollmächtigter für die Verwaltung
(Innenminister)
Funk, Generalbevollmächtigter für die Wirtschaft
(Wirtschaftsminister)
Lammers, Leiter der Reichskanzlei
(er führt die Geschäfte des Ministerrats)
Bormann, Leiter der Parteikanzlei.

Der Ministerrat ist gegenwärtig der reguläre Gesetzgeber. Zwischen Göring und den oben erwähnten Ministerien im Wirtschaftsbereich steht Funk als Generalbevollmächtigter, so wie Himmler über dem Innenministerium, Justizministerium, Kirchen- und Kultusministerium usw.
Es spricht so gut wie nichts dafür, daß der Ministerrat für die Reichsverteidigung tatsächlich das Gremium ist, in dem Konflikte zwischen den verschiedenen Organen beigelegt werden. Es ist bemerkenswert, daß das wichtigste Ministerium – das Ministerium für Bewaffnung und Munition – in dem Rat nicht vertreten ist. Und es spricht auch nicht viel dafür, daß

61 Vgl. oben.
62 Nach *Die Deutsche Volkswirtschaft*, 1942, Nr. 17.
63 Die *Frankfurter Zeitung*, 1. Januar 1941, gibt dies zu.

Sitzungen des Ministerrats überhaupt stattfinden. Es steht zu vermuten, daß die Gesetzgebung, die der Ministerrat verabschiedet, ein Resultat von Kompromissen zwischen den verschiedenen Wirtschaftschefs ist und daß der Gesetzentwurf den Mitgliedern des Rats lediglich zur Unterschrift vorgelegt wird.
Man kann also annehmen, daß das ökonomische Hauptproblem, nämlich der Ausgleich zwischen militärischen und zivilen Erfordernissen, in Verabredungen zwischen Funk und Speer behandelt wird, wobei Funk als Verantwortlicher für den zivilen Wirtschaftssektor und Speer als Verantwortlicher für den militärischen Bereich agiert. Sollten sie sich über grundlegende Fragen nicht einigen können, wird das Thema vermutlich Göring als dem Vorsitzenden des Ministerrats und Chef der gesamten Kriegswirtschaft vorgetragen. Wir können deshalb sagen, daß auf nationaler Ebene die Integration von Regierungs-, Partei- und Wirtschaftsorganen nicht institutionalisiert ist, daß es kein höchstes Gremium gibt, das den verschiedenen Chefs Weisungen erteilt, sondern daß Entscheidungen eher durch Abmachungen zwischen den verschiedenen Chefs getroffen werden, die Konflikte untereinander beilegen müssen.

B. Die Koordination auf regionaler Ebene

1. Die Kriegswirtschaftsverordnung von 1939 schuf Führungsstäbe für die Wirtschaft am Sitz der Bezirkspräsidenten. Die Führungsstäbe hatten selbst keinen Exekutivapparat; ihre Mitglieder bedienten sich der regionalen Wirtschaftsämter. Sie waren jedoch befugt, folgenden Regionalorganen Weisungen zu erteilen:
1. Regionale Wirtschaftsämter, Holzämter, regionale Lebensmittelämter,
2. Regionale Arbeitsämter,
3. Wirtschaftskammern,
4. Regionale Gruppen und Standesverbände,
5. Landesfinanzämter,
6. Regionale Bauernorganisationen.
Diese Führungsstäbe der Wirtschaft waren bloße Debattierklubs der verschiedenen regionalen Chefs ohne Exekutivgewalt. Es ist fraglich, ob sie tatsächlich operieren, es gibt eine Reihe von Berichten, in denen sich eine erhebliche Skepsis gegenüber der Effektivität der Koordination auf Regionalebene ausdrückt.
2. Auch die Institutionalisierung der vom Ministerrat durch Verordnung vom 22. September 1939 berufenen ursprünglichen Reichsverteidigungskommissare verbesserte die Lage nicht. Den 18 Reichsverteidigungskommissaren standen Reichsverteidigungsausschüsse zur Seite, die sich aus dem Reichsstatthalter, den Regierungspräsidenten, den Gauleitern, höheren SS- und Polizeiführern, den Arbeitsamtspräsidenten, den Treu-

händern der Arbeit usw. zusammensetzten. Die Ineffizienz der regionalen Körperschaften war dadurch bedingt, daß die Verwaltungsfunktionen und die regionalen Einheiten überaus unterschiedlich waren. Der Wehrkreis, die Provinz Preußen, der Parteigau, die Wirtschaftskammer, das Bezirksarbeitsamt, der Bereich der Reichstreuhänder der Arbeit – in keinem Falle stimmten die Grenzen oder die Größe überein.
Um schließlich doch eine vollständige Koordination der Wirtschaftskontrollen auf regionaler Ebene zu gewährleisten, wurden die folgenden Schritte unternommen, von denen einige bereits beschrieben wurden.
Die Errichtung der Gauwirtschaftskammer paßte die regionale Wirtschaftsorganisation dem Parteigau an.

30 Wirtschaftsbezirke wurden eingerichtet, die in der Regel mit dem Parteigau übereinstimmen, wobei 8 Wirtschaftsbezirke jedoch 2 oder 3 Gaue umfassen.

22 Wirtschaftsbezirke sind mit dem entsprechenden Gau identisch;
5 Wirtschaftsbezirke umfassen zwei Gaue;
2 Wirtschaftsbezirke umfassen drei Gaue;
1 Wirtschaftsbezirk umfaßt vier Gaue.

Die Organisation der regionalen Wirtschaftsämter, der regionalen Lebensmittelämter, der Holz- und Forstämter, der regionalen Arbeitsämter und der Reichstreuhänder der Arbeit sind diesen neuen Wirtschaftsbezirken angeglichen worden oder werden es noch.
3. Durch Verordnung vom 17. September 1942 wurde die Koordination des militärischen Sektors der Ökonomie hergestellt. 42 regionale Rüstungskommissionen wurden eingerichtet. Sie setzen sich in der folgenden Weise zusammen:

a) Der Rüstungsinspekteur des Munitionsministeriums, der eigentliche Interessenvertreter der Kriegsproduktion im regionalen Bereich, ist Wehrmachtsingenieur und Vorsitzender der Rüstungskommission. Daneben gibt es den Wehrwirtschaftsinspekteur und den Wehrkreisbeauftragten, die sowohl das Wehrwirtschaftsamt als das Munitionsministerium repräsentieren. In jedem Falle ist sowohl das Oberkommando der Wehrmacht als auch das Munitionsministerium reichlich vertreten.
b) Der Rüstungsobmann vertritt die Hauptausschüsse der Experten und die Industrieringe. Er kontrolliert die Vorsitzenden der anderen Expertenausschüsse und Ringe in seinem Bezirk, die Bezirksobmänner.
c) Der Präsident des Landesarbeitsamtes, der der Aufsicht des Arbeitsministeriums untersteht.
d) Der Präsident des Landeswirtschaftsamtes, der dem Wirtschaftsminister untersteht.
e) Der Präsident der Gauwirtschaftskammer und der Gauwirtschaftsberater des Parteigaues.
f) Der Gauleiter als Saukels Vertreter für den Arbeitseinsatz.

g) Wenn es nötig ist, kann der Vorsitzende der Rüstungskommission jederzeit andere Funktionäre berufen, etwa den Präsidenten der regionalen Eisenbahnverwaltung oder die Geschäftsführer und Leiter der eigentlichen regionalen Industrieverbände.

Die Rüstungskommissionen besitzen Weisungsbefugnis gegenüber den in ihnen vertretenen fünf Organen. Da der Munitionsminister die Vorsitzenden dieser Ausschüsse ernennt, kann er *allen* regionalen Gremien, die mit der Ausführung des Kriegswirtschaftsprogramms befaßt sind, seinen Willen aufzwingen. Sollte ein Befehl der Rüstungskommission Maßnahmen und Plänen eines anderen Ministeriums zuwiderlaufen, so kann sich das von einem solchen Befehl betroffene Regionalamt an den Minister für Munition wenden, der nach Absprache mit dem Ministerium, zu dem dieses Regionalamt gehört, die Entscheidungskompetenz ausübt. Ein solcher Antrag kann jedoch die Befolgung des Befehls nicht aufschieben.

Die Rüstungskommissionen besorgen also die Koordination aller wirtschaftlichen Organe für den militärischen Sektor der Wirtschaft auf regionaler Ebene. Ursprünglich für die 42 Parteigaue eingerichtet, sind die Rüstungskommissionen inzwischen den 30 Wirtschaftsbezirken angeschlossen.

4. Durch Verordnung vom 16. November 1942, erlassen vom Ministerrat für die Reichsverteidigung[64], wurden die 42 Gauleiter zu Reichsverteidigungskommissaren in ihren Bezirken bestimmt. Ihre Funktion als Verteidigungskommissare ist es, alle Organe, die mit der Zivilverwaltung und Wirtschaftskontrollen befaßt sind, zu integrieren. Die Reichsverteidigungskommissare verwalten nicht selbst, sondern handeln als politische Kommissare über den bestehenden Verwaltungsinstitutionen. Sie sind dem Ministerrat für die Reichsverteidigung unterstellt. Durch eine Verordnung vom 24. Januar 1943 wurde ihnen die volle Weisungsbefugnis zur regionalen Koordination verliehen. Sie koordinieren folgende Aktivitäten auf regionaler Ebene:

Auf *Gauebene:* Sie sind selbst Gaukommissare für den Arbeitseinsatz und den Wohnungsbau.

Sie koordinieren die Gauwirtschaftskammern, die Gauwirtschaftsberater der Partei und die Gauwalter der Arbeitsfront.

Auf der Ebene der *Wirtschaftsbezirke* beaufsichtigen sie

die Bezirkswirtschaftsämter,
die Bezirksarbeitsämter,
die Reichstreuhänder der Arbeit,
die Ämter für Ernährung, Holz und Forsten,
die Nahverkehrsbevollmächtigten,
die Preisüberwachungsämter.

64 Vgl. *Kölnische Zeitung*, 6. Januar 1943 und 20. Januar 1943.

Um die Koordination mit dem militärischen Sektor in der Region sicherzustellen, sind die Ämter der Rüstungsinspekteure und die der Wehrkreisbevollmächtigten des Ministeriums für Bewaffnung und Munition vereinigt worden. Die Reichsverteidigungsausschüsse und die Führungsstäbe der Wirtschaft sind aufgelöst[65] und für jeden Gau Kriegswirtschaftsstäbe gebildet worden, in denen die Chefs der oben erwähnten Institutionen unter dem Vorsitz des Reichsverteidigungskommissars vertreten sind.

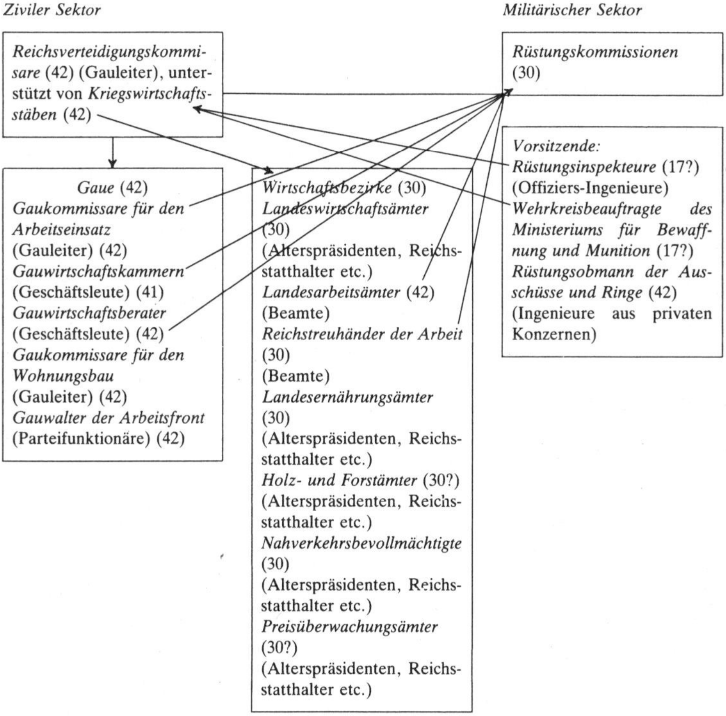

65 Die Führungsstäbe wurden durch Verordnung vom 4. Mai 1943 aufgelöst (*RGBl.* I, S. 288, vgl. *Berliner Börsenzeitung*, 12. Mai 1943). Die Verordnung wurde vom Generalbevollmächtigten für die Reichsverwaltung (Frick) mit Zustimmung des Beauftragten für den Vierjahresplan, des Führers der Parteikanzlei und des Chefs des Oberkommandos der Wehrmacht herausgegeben.

Formal sind die Kriegswirtschaftsstäbe den Rüstungskommissionen übergeordnet – doch die *Frankfurter Zeitung*[66] insistiert darauf, daß der Primat der Regulierung der Produktion auf die Fachverbände übergegangen sei (die Gruppen und Reichsvereinigungen). Da es nur 30 Wirtschaftsbezirke, aber 42 Gaue gibt, umschließen mehrere ganze Gaue einen Wirtschaftsbezirk. Ein »führender Gauleiter« wird in solchen Fällen für mehrere Gaue in einem Wirtschaftsbezirk ernannt. Das Schaubild auf S. 131 macht die regionale Koordination von Regierungs-, Wirtschafts- und Parteiorganen klar.

66 20. Mai 1943.

Dokumente II.2
Deutschland ohne Schwerindustrie?
Eine Analyse der ökonomischen Konsequenzen

I. Einleitung

Die Hauptmerkmale der Abrüstung Deutschlands nach dem Ersten Weltkrieg waren die Demobilisierung der deutschen Armee und das Verbot der Produktion von schweren Angriffswaffen. Da ein Land mit einem mächtigen Industriepotential in der Lage ist, innerhalb von drei oder vier Jahren eine Rüstungsindustrie aufzubauen und große nationale Armeen auszurüsten und zu versorgen, wurde der Vorschlag gemacht, daß bei Beendigung dieses Krieges die Entwaffnung Deutschlands mit einer gravierenden Beschränkung seines Industriepotentials, auf das eine Rüstungsindustrie sich stützen müßte, verbunden sein sollte. Genauer, es wurde vorgeschlagen, die Schwerindustrie vollständig aus der deutschen Wirtschaft zu eliminieren.
In diesem Papier beschränken wir uns auf eine Betrachtung der ökonomischen Folgen für Deutschland; die Auswirkungen für das deutsche Kriegspotential oder die wirtschaftliche Lage im übrigen Europa werden dabei nicht berücksichtigt. Wenn wir weiter unten erörtern, in welche wirtschaftliche Not ein derartiger Abrüstungsplan Deutschland bringen würde, so sollte daraus nicht gefolgert werden, damit sei auch schon ein Wertmaßstab zur Beurteilung dieses Planes vorgegeben.

II. Die Industriezweige, die verboten werden sollen

Bei der folgenden Diskussion eines Verbots der Schwerindustrie wird angenommen, daß
1. es sich bei dem in Betracht kommenden Territorium um Deutschland in den Grenzen und mit der Bevölkerung von 1937 handelt (einschließlich des Saargebiets, falls nicht anders angegeben);
2. das Verbot der Schwerindustrie auf ein Verbot der Produktion zielt und nicht unbedingt ein Verbot des Imports und der Verwendung von schwerindustriellen Gütern bedeutete, die Deutschland weiterhin benötigen würde, aber nicht selbst herstellen dürfte;
3. der Bereich der Schwerindustrie vor allem die Produktion metallischer

Rohstoffe und bestimmter chemischer und metallischer Erzeugnisse einschließt. Wenn wir im folgenden eine genauere Definition des Begriffs »Schwerindustrie« geben, so glauben wir, daß die Differenz zu jeder anderen Definition, die demselben Zweck dient, nicht so groß sein wird, daß sie sich spürbar auf die Konsequenzen eines Verbots der Schwerindustrie auswirkte. Der Bereich der »verbotenen« Industriezweige wird im einzelnen wie folgt gefaßt:

Metallindustrie: das gesamte Schmelzen und Veredeln von Eisen, Stahl und nichteisenhaltigen Metallen und die Herstellung von (gewalzten, gezogenen, gepreßten und gegossenen) Halbfertigprodukten aus Metall.

Maschinenbau: alle Arten von Maschinen, einschließlich Werkzeugmaschinen und Elektromaschinen.

Fahrzeugbau: Lokomotiven, Eisenbahnwagen, Autos, Lastkraftwagen, Schiffe, Flugzeuge.

Chemieindustrie: Chemikalien von besonderer militärischer Bedeutung, vor allem: synthetische Stickstoffe, synthetisches Gasolin, synthetischer Kautschuk, Kohlenteer-Zwischenprodukte, Explosivstoffe und Kunstharze.

Man wird bemerken, daß der Bergbau in dieser Liste nicht vorkommt. Diese Aussparung scheint sinnvoll, weil bestimmte Zweige des Bergbaus (wie die Metallförderung) bislang vollständig von den Märkten der deutschen Schmelz- und Veredelungsindustrie abhängig waren. Diese Zweige würden daher automatisch mitsamt ihren industriellen Abnehmern verschwinden, falls es ihnen nicht gelänge, auswärtige Märkte für ihre Produkte zu finden. Dagegen würde die Zwangsschließung anderer Zweige des Bergbaus (vor allem der Kohle- und Pottasche-Förderung) andere Länder, die auf Versorgung aus Deutschland angewiesen sind, ernstlich in Mitleidenschaft ziehen.

Zwar stellen die »zu verbietenden« Industriezweige ganz unverkennbar das strategische Zentrum der industriellen Sektoren der deutschen Wirtschaft dar. Dennoch ist ihre Eliminierung keineswegs unmittelbar gleichbedeutend mit einer Entindustrialisierung Deutschlands, obwohl sie unter bestimmten, weiter unten diskutierten Annahmen sehr wohl darauf hinauslaufen könnte. Zu den Industriezweigen, die nicht unter das Verbot fielen, zählten: Eisenwaren, Steine und Erde, Keramik, Glas, Sägewerke, Holzverarbeitung, Bau, Gummi- und Asbestprodukte, Papier und Papierbrei, Druck, Leder, Textil, Bekleidung, Alkohol und Nahrungsmittelverarbeitung; außerdem Teile der Flüssigtreibstoffindustrie, des Eisen- und Stahlbaus, der Fahrzeugindustrie, der elektrischen und der chemischen Industrie. Die extraktiven Industrien, der Handel, die Dienstleistungen (einschließlich Transport und anderer öffentlicher Einrichtungen) sowie die Landwirtschaft wären natürlich ebenfalls nicht von dem Verbot betroffen.

III. Die relative Bedeutung der »verbotenen« Industriezweige

Die Analyse des Problems setzt am besten bei einer Bemessung der qualitativen Bedeutung der »verbotenen« Branchen für das deutsche Wirtschaftssystem an. Es wäre freilich unangebracht, die derzeitige deutsche Wirtschaft (oder auch nur die deutsche Wirtschaft unmittelbar vor dem Krieg) als Modell für die Berechnungen zu nehmen; denn die internen Relationen sind durch die Kriegsorientierung der Wirtschaft stark verzerrt und die relative Bedeutung des schwerindustriellen Sektors ist bedeutend größer, als sie jemals in Friedenszeiten gewesen ist. Andererseits wäre auch die Periode der wirtschaftlichen Depression als Modell untauglich, denn solche Phasen sind stets durch ein sehr niedriges Niveau der Wirtschaftstätigkeit im Bereich der Schwerindustrie gekennzeichnet. Das Jahr 1936 bezeichnet eine Zwischenperiode, die unseren Überlegungen zugrundegelegt werden kann. Damals hatte sich Deutschland von der Depression während der Jahre 1931/32 vollständig erholt, war aber noch nicht gänzlich für die Kriegsvorbereitungen mobilisiert.[1] Das Aufrüstungsprogramm von 1936 hatte zwar eine leichte Überexpansion des schwerindustriellen Sektors im Vergleich zur übrigen Wirtschaft zur Folge, aber dieser Prozeß war noch nicht so weit fortgeschritten, daß er das normale Verhältnis signifikant verzerrt hätte.[2]

Tabelle 1 zeigt für jeden der »verbotenen« Industriezweige die Anzahl der Beschäftigten, die Summe der Löhne und Gehälter, die Löhne und Gehälter pro Beschäftigten, die Wertschöpfung pro Fabrikationszweig und die Wertschöpfung pro Beschäftigten (alle Angaben für 1936). Die in der Tabelle genannten Industriezweige sind Kategorien der offiziellen Statistik, sie wurden so ausgewählt, daß sie möglichst genau den »verbotenen« Industriezweigen entsprechen. Im allgemeinen sind die beiden Definitionen für die verschiedenen Industriebereiche fast gleich. Gesamtzahlen für synthetischen Kautschuk und synthetisches Gasolin waren nicht verfügbar und sind daher in Tabelle 1 nicht enthalten; beide Industriezweige

1 Die militärischen Ausgaben betrugen 1936 nur rund 10 Prozent des Nettosozialprodukts und stiegen bis 1938 auf über 25 Prozent. Die Nettoinvestition betrug 1936 5,6 Mrd. RM, nicht viel weniger als der Durchschnitt der Jahre 1925–1929 von 7,0 Mrd. RM. Die Arbeitslosigkeit lag im Jahresdurchschnitt bei 1,6 Millionen, etwas über den besten Werten in den vorangegangenen Jahren, aber weit unter den 5,6 Millionen von 1932.

2 Diese Verallgemeinerung wird bestätigt durch einen Vergleich der Beschäftigung nach Industriezweigen zwischen 1936 und 1929, einem günstigen Jahr in der Zeit vor Hitler. Setzt man die Beschäftigung von 1936 in jedem Industriezweig gleich 100, dann sind die Bezugszahlen für 1929 wie folgt – Eisen- und Metallerzeugung: 90,1; Eisen- und Stahlverarbeitung: 111,9; Maschinenbau: 84,4; Elektrotechnik: 107,9; Textil: 107,8; Bekleidung: 116,8; Nahrungsmittel: 97,5. Per Saldo weisen die Zahlen nur eine geringfügige Überexpansion der Schwerindustrie im Vergleich zu anderen Industrien für 1936 auf. (Quelle: International Labour Office, *Year Book of Labour Statistics*, 1942).

Tabelle 1: Deutschland: Beschäftigung, Löhne und Gehälter und Wertschöpfung in den »verbotenen« Industriezweigen 1936

	Anzahl der Beschäftigten	Löhne und Gehälter (in 1000 RM)	Löhne und Gehälter pro Kopf der Beschäftigten	Wertschöpfung nach Industriezweig (1000 RM)	Wertschöpfung pro Kopf der Beschäftigten
1. Flüssigtreibstoffindustrie (Auswahl)					
Kohle-Teer-Destillation	4 000	9 600	2 400	27 259	6 814
Benzol-Raffinerien	1 146	3 111	2 714	34 097	29 753
2. Eisen- und Stahlindustrie (Gesamt)	201 614	493 005	2 445	1 173 576	5 820
3. NE-Metalle (Gesamt)					
Kupferschmelzereien	4 462	11 441	2 564	17 161	3 046
Blei- und Silberschmelzereien	3 810	7 639	2 005	11 604	3 045
Kupferveredelung (unabhängig) (?)	1 525	4 048	2 654	13 639	8 943
Kupferveredelung (integriert) (?)	314	620	1 974	1 418	4 515
Gold- und Silberveredelung	702	1 828	2 603	11 461	16 320
Zinkschmelzereien	4 472	11 054	2 471	14 951	3 343
Zinnschmelzereien und -veredelung	696	1 955	2 808	4 055	5 826
Tonerde- und Aluminiumschmelzereien	7 287	17 319	2 376	78 766	10 809
Nickel- und Kobaltproduktion	4 201	10 486	2 496	35 248	8 390
Eisenlegierungen und Carborundum (?)	3 352	7 975	2 379	38 739	11 556
Walzwerke (NE)	39 278	90 740	2 310	279 574	7 117
NE-Ziehereien	3 181	7 076	2 224	19 113	6 008
Metallschmelzereien (sonstige)	1 483	2 902	1 957	10 602	7 149
4. Gießereien (Gesamt)					
Eisen- und Stahlgießereien	147 441	287 014	1 947	592 892	4 021
NE-Metallgießereien	26 132	50 823	1 945	117 689	4 503
5. Eisenfertigwaren (Auswahl)					
Fahrzeugteile	49 100	95 352	1 942	240 046	4 888

6. Maschinenindustrie (Auswahl)					
Werkzeugmaschinen	89 968	196 143	2 180	447 029	4 968
Textilmaschinen	29 430	59 923	2 036	115 577	3 927
Bekleidungsmaschinen	23 023	44 325	1 925	93 192	4 048
Landwirtschaftl. Maschinen	37 280	66 528	1 784	152 905	4 101
Papierherstellungs- und Druckmaschinen	24 505	51 915	2 119	99 667	4 067
Geschäftsmaschinen (?)	25 543	56 842	2 225	123 297	4 827
Getreidemühlen und Nahrungsmittelmaschinen	27 896	55 410	1 986	112 579	4 035
sonstige Maschinen	252 716	566 029	2 240	1 241 405	4 912
Kocher und Vorrichtungen	22 359	47 441	2 122	124 449	5 566
7. Stahl- und Eisenbau (Auswahl)					
Eisenbahnwagenbau	18 129	34 726	1 915	57 563	3 175
Schmalspureisenbahnwagen	4 352	7 348	1 688	14 425	3 314
Schiffsbau	76 324	167 456	2 194	273 466	3 582
8. Fahrzeugindustrie (Auswahl)					
Motorfahrzeuge	110 148	263 993	2 397	636 545	5 779
Anhänger	37 843	73 849	1 951	140 468	3 711
9. Elektroindustrie (Auswahl)					
Elektromaschinen und -apparate	241 344	552 580	2 290	1 788 599	4 925
10. Chemieindustrie (Auswahl)					
Düngemittel (einschl. Karbid, technischen Nitrogen- und Phosphor-Verbindungen	31 154	87 149	2 797	258 952	8 311
Organische Chemikalien	27 684	80 225	2 898	307 105	11 093
Kunststoffe	14 867	35 438	2 384	119 300	8 024
Insgesamt einschließlich Saargebiet	1 598 761	3 561 308	2 223	8 228 413	5 147
Insgesamt ohne Saargebiet	1 567 175	3 491 666[a]	2 228[a]	8 057 080[b]	5 142[b]

a. Bei der Schätzung der Löhne und Gehälter für das Saargebiet wurden dieselben Pro-Kopf-Löhne und -Gehälter in den »verbotenen« Industriezweigen der Saar wie für Deutschland insgesamt angenommen.

b. Die Wertschöpfung in den »verbotenen« Industriezweigen des Saargebietes wurde auf der Grundlage von Daten über den Umsatzwert der saarländischen Industrien geschätzt, wobei dasselbe Verhältnis von Wertschöpfung zu Gesamtumsatz für die saarländischen Industrien wie für das Reich insgesamt angenommen wurde.

waren jedoch 1936 von eindeutig untergeordneter Bedeutung. Daß sie hier fehlen, wird dadurch ausgeglichen, daß die Kategorien »Elektrische Maschinen und Apparate« und »Düngemittel« mehr als den Bereich der »verbotenen« Industrien umfassen: zur ersten von beiden gehören offensichtlich auch einige leichte Konsumgüter, zur letzteren auch vorgefertigte Düngemittel wie Superphosphate. Die einzige bedeutsame Auslassung in Tabelle 1 ist die Luftfahrtindustrie, die 1936 bereits den Rang eines wichtigen Industriezweiges erlangt hatte. Die Industriezählung für 1936 gibt keine Zahlen für die Luftfahrtindustrie an, und es ist nicht auszumachen, ob die Luftfahrtindustrie in der großen Sammelkategorie »andere Industriezweige« enthalten ist oder auf andere, spezifischere Kategorien verteilt ist. Schätzungen zufolge hat die deutsche Luftfahrtindustrie 1936 (einschließlich der Herstellung von Gerippekonstruktionen, Maschinen, Propellern, Instrumenten usw.) zwischen 150000 und 200000 Arbeiter beschäftigt. Unter der Annahme, daß die Wertschöpfung pro Kopf in der Luftfahrtindustrie ungefähr der in der Kraftfahrzeug-Industrie entspricht, ergäbe sich als Wertschöpfung in der Luftfahrtindustrie ein Betrag zwischen 800 Millionen und 1 Milliarde RM. Da es jedoch nicht möglich ist, diese Diskrepanz durch genauere Anpassung der Daten zu überbrücken, muß dies als Einschränkung der Genauigkeit der Ergebnisse gesehen werden. Diese Diskrepanz läuft, wohlgemerkt, darauf hinaus, daß die nachteiligen Folgen eines Verbots der Schwerindustrie für Deutschland eher unterschätzt werden.

Wie aus Tabelle 1 hervorgeht, beträgt die Gesamtbeschäftigung in den »verbotenen« Industriezweigen (ohne das Saarland) 1,6 Millionen, und deren Löhne und Gehälter belaufen sich auf insgesamt 3,5 Milliarden Reichsmark oder, pro Kopf der Beschäftigten gerechnet, auf 2,228 RM. Eisen und Stahl und Maschinenbau (einschließlich elektrischer Maschinen und Apparate) machen 59 Prozent der gesamten Wertschöpfung in den »verbotenen« Industriezweigen aus. Die große Kluft zwischen Löhnen und Gehältern auf der einen und Wertschöpfung (pro Fabrikationszweig) auf der anderen Seite (eine Differenz von über 100 Prozent) hängt mit den umfangreichen Kapitalinvestitionen pro Arbeiter in diesen Industriezweigen zusammen.

Tabelle 2 zeigt den »verbotenen« Industriesektor in Beziehung zur übrigen deutschen Wirtschaft. Aus ihr ist zu ersehen, daß 20 Prozent der Gesamtarbeitskraft in der deutschen Industrie und im Bergbau in dem »verbotenen« Bereich beschäftigt waren, daß 26,7 Prozent der gesamten Lohn- und Gehaltszahlungen in Industrie und Bergbau von diesen Industriezweigen kamen, und daß 23,9 Prozent der gesamten Wertschöpfung in Industrie und Bergbau von der Gruppe Schwerindustrie erbracht wurden. Aus anderen Berechnungen geht hervor, daß 4,9 Prozent aller in Deutschland gegen Entgelt Beschäftigten in den »verbotenen« Industrie-

Tabelle 2: »Verbotene« Industriezweige in Beziehung zur deutschen Wirtschaft 1936 (ohne Saargebiet)

	Anzahl der Beschäftigten	Löhne und Gehälter (in 1000 RM)	Löhne und Gehälter pro Kopf der Beschäftigten	Wertschöpfung nach Industriezweig	Wertschöpfung pro Kopf der Beschäftigten	Exporte (1000 RM)
1. »Verbotene« Industriezweige	1 567 175	3 491 666	2 228	8 057 080	5 141	1 779 003
2. gesamte verarbeitende Industrie und Bergbau	7 833 915	13 066 970	1 668	33 731 341	4 305	a
3. Prozentsatz von (1) zu (2)	20,0%	26,7%	a	23,9%	a	a
4. Gesamte verarbeitende Industrie und Bergbau ohne die »verbotene« Industrie	6 266 740	9 575 304	1 528	25 674 261	4 096	a
5. gesamte deutsche Wirtschaft	31 897 000	34 856 000	1 093	64 310 000[b]	2 016	4 690 751
6. (1) in Prozent von (5)	4,9%	10,0%	a	12,5%	a	37,9%
7. Gesamte deutsche Wirtschaft ohne »verbotene« Industrie	30 329 825	31 364 334	1 034	56 252 920	1 855	2 911 748

Quelle: *Die Deutsche Industrie, Wirtschaft und Statistik, Statistisches Jahrbuch.*
a) nicht berechnet
b) Netto-Volkseinkommen
Anmerkung: Die Löhne und Gehälter im Saarland wurden nicht berücksichtigt, wobei angenommen wurde, daß sie pro Kopf genauso hoch wie in Deutschland insgesamt waren. Die Wertschöpfung in den »verbotenen« Industriezweigen des Saarlandes wurden auf der Grundlage von Daten über den Umsatz der saarländischen Industrien geschätzt, wobei dasselbe Verhältnis zwischen Wertschöpfung und Gesamtumsatz für jeden saarländischen Industriezweig angenommen wurde wie für das Reich insgesamt.

zweigen arbeiteten, daß 10 Prozent aller Löhne und Gehälter in Deutschland von diesen Industrien ausgezahlt wurden, und daß 12,5 Prozent des deutschen Nettovolkseinkommens von diesen Industriezweigen erwirtschaftet wurden.
Die Daten über die Wertschöpfung pro Kopf der Beschäftigten machen die hohe Produktivität pro Arbeitskraft in den »verbotenen« Industriezweigen deutlich: Die Wertschöpfung pro Kopf der Beschäftigten betrug in der Gruppe der »verbotenen« Industrien 5141 RM; in der gesamten Industrie und im Bergbau 4305 RM; in der Industrie und im Bergbau ohne die »verbotenen« Industriezweige 4096 RM; in der gesamten deutschen Wirtschaft 2016 RM und in der gesamten deutschen Wirtschaft ohne die »verbotenen« Industriezweige 1855 RM. Schließlich läßt sich ablesen, daß die »verbotenen« Industriezweige 37,9 Prozent des gesamten deutschen Exports produzieren.
Diese Daten sind wichtig als quantitative Meßgrößen für die relative Bedeutung des »verbotenen« Sektors, aber sie erfassen nicht die Auswirkungen des Plans auf das deutsche Wirtschaftssystem. Die Zahlen lassen zwar erkennen, daß die »verbotenen« Industriezweige 12,5 Prozent des Nettovolkseinkommens produzieren, sie besagen jedoch nicht, daß die Ausschaltung dieser Industrien das Volkseinkommen um denselben Betrag vermindern würde. Einerseits würden einige der entlassenen Arbeiter aus den »verbotenen« Industriezweigen vermutlich anderswo in der Wirtschaft Arbeit finden; der Wert dessen, was sie dann dort produzierten (was immer das sein mag), wäre daher als Ausgleich für die Produktionseinbußen im schwerindustriellen Sektor zu betrachten. Andererseits ist die gesamte übrige Wirtschaft in gewissem Grade abhängig von der Produktion von Werkstoffen und Anlagen aus dem »verbotenen« Sektor. Sollten die Produkte der »verbotenen« Industrien nicht importiert werden können, wären die nachteiligen Folgen überall in der deutschen Industrie zu spüren.

IV. Die wirtschaftlichen Folgen

Die von den »verbotenen« Industrien hergestellten Güter bilden einen besonders kritischen Teil der deutschen Industrieproduktion. Dies ergibt sich aus der Tatsache, daß die große Masse der Güter und Kapitalanlagen zur Aufrechterhaltung anderer, »nicht-verbotener« Industriezweige unabdingbar ist. Das Fehlen dieser Güter würde beträchtliche Folgewirkungen über die unmittelbar zur Diskussion stehenden Industrien hinaus haben. Wie weiter unten gezeigt werden soll, könnten, wenn überhaupt, nur wenige deutsche Industriezweige in ihrer gegenwärtigen Größe überleben, wenn ihnen die Güter entzogen würden, die bis jetzt von den Industrien, deren Verbot erwogen wird, produziert werden. Unsere Erörterung dieser Probleme beschränkt sich hier auf langfristige wirtschaftliche Folgen; wir übergehen die Übergangsprobleme, die sich einstellen würden, obwohl die unmittelbaren Verschiebungen im Gefolge einer Abschaffung der Schwerindustrie ernster Art wären. Selbst unter für Deutschland günstigen Umständen müßte man wohl über einige Jahre mit hoher Arbeitslosigkeit rechnen.

Um eine Vorstellung von der Größenordnung des Problems zu vermitteln, sollen drei denkbare Möglichkeiten reflektiert werden:

a. daß Deutschland überhaupt nicht in der Lage ist, Güter als Ersatz für die Produktion der »verbotenen« Industrien zu beschaffen;

b. daß Deutschland in der Lage ist, diese Güter zum Teil dadurch zu ersetzen, daß es Importe von den Waren, die es normalerweise im Ausland kauft, auf diese anderen Güter umlenkt;

c. daß Deutschland in der Lage ist, diese Güter vollständig zu ersetzen; diese Annahme ließe sich nur durch eine beträchtliche Steigerung im Exportvolumen für »nicht-verbotene« Waren verwirklichen.

A. Auswirkungen, wenn Deutschland nicht in der Lage ist, die von den »verbotenen« Industrien produzierten Güter zu ersetzen

Deutschland die Produkte seiner Schwerindustrie zu entziehen, ohne gleichzeitig zu erlauben, diese Güter aus dem Ausland einzuführen, würde schlimme Folgen für das deutsche Wirtschaftsleben haben. Das unvermeidliche Resultat wären der Zusammenbruch des deutschen Wirtschaftssystems und eine Umorientierung auf handwerkliche Produktion und vorindustrielle Agrarwirtschaft. Einige Industrien würden sofort zusammenbrechen, z. B. all diejenigen Industriezweige, die ihrer Werkstoffe wegen von den »verbotenen« Industrien abhängen, z. B. die Eisenwarenindustrie und die Hersteller von Metall-Fertigprodukten. In anderen Industrien gäbe es einen Prozeß allmählicher Abnutzung, z. B. in den Bereichen, die wie die Textil-, Bekleidungs- und Schuhindustrie von dem »verbotenen« Sektor abhängig sind, um überalterte Maschinen ersetzen zu können. Die Eisenbahnen könnten ihr abgenutztes rollendes Material und ihre Schienen nicht erneuern; Elektrizitätsgesellschaften könnten Generatoren und Leitungen nicht auswechseln; lediglich die primitivsten Transportmittel würden erhalten bleiben.

Die ihrer Struktur nach hochintensive deutsche Landwirtschaft würde den fehlenden Ersatz landwirtschaftlicher Maschinen, das Ausbleiben von künstlichen Düngemitteln und das Fehlen eines leistungsfähigen Transportwesens nicht überstehen. Deutschlands Industrien wären nicht in der Lage, durch Exporte die normalen Importe von Phosphordünger und Futtermitteln für die deutsche Landwirtschaft zu finanzieren. Eine verminderte Produktivität des Bodens würde eine weitere Verlagerung weg von der Produktion von Vieh und tierischen Produkten hin zur Produktion von Getreide, Kartoffeln und Zuckerrüben erzwingen und damit eine ernstliche qualitative Verschlechterung der Ernährung bewirken. Der Mangel an Düngemitteln und Maschinen, der Zerfall des Transportwesens und die Abwanderung von städtischen Arbeitern, die infolge des Niedergangs der Industrie entlassen würden, aufs Land würden die deutsche Landwirtschaft auf das Niveau einer selbstgenügsamen Wirtschaft von Kleinbauern zurückwerfen.

Und fraglos wären auch die Qualität des Erziehungswesens für die Masse der Bevölkerung, das Niveau des öffentlichen Gesundheitswesens und zahlreicher öffentlicher Dienste nicht mehr aufrechtzuerhalten.

Ob am Ende dieses Prozesses Deutschland noch ein Pro-Kopf-Einkommen wie dasjenige Polens erreichte oder ob der wirtschaftliche Verfall erst dann abgefangen werden könnte, wenn Deutschlands Pro-Kopf-Einkommen auf das Niveau von Bulgarien oder Rumänien gesunken wäre, läßt sich nicht voraussagen. Schließlich würde sich Deutschland jedoch mit ziemlicher Sicherheit in dieser Zone befinden.

B. Möglichkeiten, Importe umzulenken

Solange Deutschland nur auf seine eigenen Ressourcen angewiesen wäre, hätte der Verlust der deutschen Schwerindustrie unweigerlich eine ernstliche Verschlechterung seiner wirtschaftlichen Position zur Folge. Wäre es indes auszuschließen, daß Deutschland sich seine wirtschaftliche Stabilität erhält, indem es mit seinen normalen Einnahmen an ausländischer Währung sorgfältig haushält und durch Käufe im Ausland die Lücken füllt, die durch die industrielle Demontage entstanden sind? Könnte, mit anderen Worten, Deutschland auf weniger wichtige Importe verzichten, um den Kauf lebenswichtiger Maschinen, Anlagen und Werkstoffe zu finanzieren, die bislang von der eigenen Schwerindustrie produziert worden waren?

Deutschlands Exporte beliefen sich 1936 auf 4,77 Milliarden RM; darunter waren für 1,78 Milliarden RM Güter der »verbotenen« Industrien; es blieben also für Deutschland Einnahmen aus Exporten in Höhe von 2,99 Milliarden RM, um damit nach dem Ausfall der Schwerindustrie Importe zu finanzieren. Diesem Betrag an ausländischer Währung stünden die folgenden Ansprüche gegenüber:

	Mrd. RM
1. Notwendige Importe, um Deutschlands Bedarf an Produkten der »verbotenen Industrien« zu decken	7,22[3]

3 Vgl. Tabelle 3. Alle Angaben nach den entsprechenden Zahlen für 1936.

2.	Importe von Rohstoffen für die »nicht-verbotenen« Industriezweige	1,44
3.	Importe von Lebensmitteln und Futtermitteln	1,50
4.	Importe von Waren und Verschiedenes	0,80

Auf der Basis der Zahlen von 1936 könnte Deutschland mit der verfügbaren ausländischen Währung nur rund ein Viertel (27 Prozent) dieser Importe finanzieren. Selbst wenn es ganz auf Importe von Lebensmitteln, Futtermitteln und industriellen Fertigwaren (Punkt 3 und 4 der Tabelle) verzichtete, würde diese Selbstverleugnung wenig nützen; der vorhandene Fonds an ausländischer Währung würde bloß ein Drittel der notwendigen Importe von Produktionsgütern abdecken.
Die Möglichkeit, durch strenge Rationierung der Einnahmen in ausländischer Währung begrenzte Lieferungen von schwerindustriellen Produkten aus dem Ausland zu erhalten, würde Deutschland, wenn ihm die Schwerindustrie genommen wäre, daher allem Anschein nach wenig einbringen. Um ein Drittel seines Bedarfs zu decken, müßte Deutschland auf alle Importe von Lebensmitteln und Fertigwaren verzichten, außerdem auf zwei Drittel seiner lebenswichtigen Importe von Rohstoffen für seine »nicht-verbotene« Industrie, die vielleicht für dieses Land ebenso wichtig sind wie die Erzeugnisse der Schwerindustrie. Auf diese Weise ließen sich ein Rückgang der Produktion, ein Rückfall auf rudimentäre Methoden in Industrie und Landwirtschaft, die Abwanderung der Bevölkerung aufs Land und der Zerfall des Dienstleistungssektors der Wirtschaft nicht abwenden. Der Abfall wäre vielleicht nicht ganz so abrupt. Es wäre jedoch unstreitig ein Zustand stetigen Verfalls, wobei Erwägungen über ein bißchen mehr oder weniger kaum von Bedeutung sind.

C. Möglichkeiten, die Exporte auszuweiten

1. Multilaterale Handelsbeziehungen

Aus dem Ausland diejenigen Güter zu importieren, die einstmals von den »verbotenen« Industriezweigen hergestellt worden waren, wäre für Deutschland die einzige Chance, sein industrielles System ganz oder teilweise beizubehalten. Deutschland müßte in der Lage sein, eine Steigerung seiner Importe bis zur Höhe seines Verbrauchs an »verbotenen« Produkten von 1936 zu finanzieren, und das, ohne zugleich seinen Verbrauch anderer Güter übermäßig einzuschränken, um damit die vermehrten Importe zu bezahlen. Dann könnte es wahrscheinlich den Verlust seiner Schwerindustrie ohne eine drastische Verminderung des Einkommens pro Arbeiter verkraften.
Selbst unter optimistischsten Annahmen müßte Deutschland sein Exportvolumen auf Kosten des inländischen Verbrauchs steigern, um so die notwendigen Importe von Produkten der Schwerindustrie zu bezahlen.

Tabelle 3: Die deutsche Außenhandelsbilanz in Gütern (in Mrd. RM)[1]

Notwendige Importe		*Notwendige Exporte*	
1. Gesamtimporte 1936	4,22	1. Gesamtexporte 1936	4,77
2. Abzügl. Wert der 1936 von den »verbotenen« Industrien verbrauchten importierten Rohstoffe	0,48	2. Abzügl. Export der »verbotenen« Industrien 1936	1,78
3. 1936 noch erforderliche Importe	3,74	3. Verbleibende Exporte 1936	2,99
4. Umsatzwert des Ertrags von 1936 der Gruppe der »verbotenen« Industrien	9,00	4. Notwendiger Exportzuwachs zum Ausgleich für vermehrte Importe	8,97
5. Abzügl. Verkaufswert der Exporte dieser Industrien 1936	1,78		
6. Zusätzlich notwendige Importe zum Ersatz für die Produktion der »verbotenen« Industrien	7,22		
7. Zusätzliche Importe von Rohstoffen und Halbzeug für den Bedarf der verbliebenen verarbeitenden Industrien, damit diese ihre Exporte ausweiten können als Gegenleistung für die notwendigen Importe	1,00		
Insgesamt:	11,96	Insgesamt:	11,96

1 Einige der Punkte in dieser Tabelle bedürfen der Erläuterung. Punkt 4 auf der Importseite ist eine Schätzung des Gesamtwertes aller Verkaufstransaktionen, bei denen Güter von Verkäufern der »verbotenen« Industrien an Käufer außerhalb des »verbotenen« Bereichs veräußert wurden. Der Wert der in den »verbotenen« Industrien verwendeten importierten Rohstoffe wurde jedoch wie bei Punkt 1 von dem Gesamtwert abgezogen. Der Schätzwert ergab sich aus einer Aggregierung der Wertschöpfung pro Fabrikationszweig in den »verbotenen« Industrien (8,1 Mrd. RM), dem Verkaufswert aller inländischen von den »verbotenen« Industrien verwendeten Rohstoffe (0,6 Mrd. RM) und einer Schätzung des von anderen »nicht-verbotenen« inländischen Industrien für die »verbotenen« Industrien erbrachten Wertbeitrags (Transport, Energie, diverse Materialien usw.) (0,3 Mrd. RM).
Punkt 7 ist eine Schätzung der für die erforderliche Exportausweitung der verbleibenden Industrien notwendigen Menge an zusätzlich importierten Rohstoffen. 1936 erstellten diese Industrien ein Gesamtwertprodukt von 25,7 Mrd. RM und verbrauchten dabei importierte Rohstoffe im Wert von 1,44 Mrd. RM. Da im Ausgleich für den Produktivitätsverlust durch den Wegfall der »verbotenen« Industrien eine Ausweitung der verbleibenden Industrien um rund ein Drittel erforderlich ist, würde sich daraus ein zusätzlicher Bedarf an importierten Rohstoffen von rund 0,5 Mrd. RM ergeben. Die verbleibenden Industrien verbrauchten jedoch 1936 auch eine große Menge an landwirtschaftlichen Rohstoffen. Die Möglichkeiten der deutschen Landwirtschaft scheinen jedoch derart begrenzt, daß für die Produktion dieser inländischen Rohstoffe eine Ausweitung kaum oder nicht denkbar ist; die Ausweitung der verbleibenden Industrien wird daher fast vollständig von importierten landwirtschaftlichen Rohstoffen abhängen. Es wurde daher geschätzt, daß der vergrößerte Sektor der verbleibenden Industrien Rohstoffimporte im Wert von durchaus bis zu 1,0 Mrd. RM erforderte.

Dies wird klar, wenn man zunächst eine Ausweitung der übrigen Industrien annimmt, sobald die »verbotenen« Industrien wegfallen Dabei würde eine zusätzliche Menge an Kapitalgütern in die verbleibenden Industriezweige abwandern. Nimmt man weiter an, daß diese gesamte Zu-

satzproduktion exportiert wird, so ist offensichtlich, daß diese größere Menge an Gütern nicht ausreicht, die Importe von Produkten der Schwerindustrie in einem Umfang, der Deutschlands Verbrauch von 1936 entspricht, zu bezahlen. Dies ergibt sich zwangsläufig schon aus der Tatsache, daß Deutschland als Produzent von Produkten der Schwerindustrie leistungsfähiger ist als bei der Herstellung von Produkten des »nicht-verbotenen« Sektors. Diese verminderte Leistungsfähigkeit der deutschen Wirtschaft würde sich entweder in einer allgemeinen Senkung des inländischen Lohn- und Preisniveaus niederschlagen müssen, bei stabilem äußeren Wert der Reichsmark, oder in einer Abwertung der Reichsmark oder in einem System von Exportsubventionen oder in anderer Weise. Jede dieser Alternativen hätte eine Minderung des Volkseinkommens pro Kopf der Beschäftigten zur Folge.
Immerhin könnte Deutschland durch dieses Verfahren in der Lage sein, den notwendigen zusätzlichen Import von Gütern zu finanzieren. Wenn außerdem die erforderliche Steigerung des Exportvolumens auf Kosten des inländischen Konsums nicht allzu extrem wäre, dann gäbe es durchaus die Möglichkeit, das Pro-Kopf-Einkommen von 1936 (allerdings wohl nicht das Pro-Kopf-Einkommen der Arbeiter) zu wahren. Man wird sich erinnern, daß es 1936 in der deutschen Wirtschaft noch immer eine beträchtliche Flaute gab: 1,6 Millionen Arbeiter waren 1936 arbeitslos – eine Zahl, die fast genau der Summe der Beschäftigten in den »verbotenen« Industriezweigen entspricht; außerdem wurden rund 10 Prozent des Volkseinkommens in diesem Jahr für militärische Zwecke aufgewendet. Deutschland könnte also eine beträchtliche Erhöhung des Exportvolumens verkraften, um damit die erforderlichen zusätzlichen Importe zu bezahlen. Diese Lösung wäre einigermaßen zufriedenstellend. Doch ist sie auch möglich? Die Frage beantwortet sich nachgerade von selbst, wenn man das Ausmaß des Problems erfaßt. Tabelle 3 zeigt in groben Umrissen, wie die deutsche Außenhandelsbilanz in Gütern aussehen müßte, um die notwendigen Importe zusätzlicher Produkte der Schwerindustrie möglich zu machen. Die »restlichen« Industrien, die 1936 Güter im Wert von rund 3 Milliarden RM exportierten, müßten nun Waren im Wert von 12 Milliarden RM ausführen.[4] Dabei wird die unsichtbare Handelsbilanz vollständig außer acht gelassen, obwohl Deutschland zweifel-

4 Diejenigen, die die Perspektiven für den internationalen Handel nach dem Krieg optimistisch sehen, mögen einwenden, Deutschlands Exporte während der dreißiger Jahre seien außergewöhnlich niedrig gewesen, eher sei das Exportvolumen Ende der zwanziger Jahre ein brauchbarer Schätzwert für Deutschlands »normales« Exportpotential. Diese Auffassung ergibt sich zum Teil aus einer übertriebenen quantitativen Vorstellung vom Rückgang der deutschen Exporte zwischen den zwanziger und den dreißiger Jahren. Zwar sank der Wert der deutschen Exporte vom Durchschnitt der Jahre 1925–29 bis 1936 um 57,6 Prozent, das Volumen der deutschen Exporte fiel im gleichen Zeitraum jedoch um nur 28,6 Prozent. Selbst wenn man also die Werte von 1925–29 zugrundelegt, wäre das Ausgangsniveau für die deutschen

los eine Schuldner-Nation, sehr wahrscheinlich sogar eine hochverschuldete Nation sein wird.[5] Es steht außer Frage, daß Deutschland kaum in der Lage sein wird, mit den ihm zu Gebote stehenden Mitteln die Exporte um das Dreifache oder überhaupt nennenswert zu steigern, es sei denn, es käme zu einer revolutionären Umgestaltung der internationalen Marktstrukturen nach dem Krieg, etwa infolge allgemeiner und anhaltender Vollbeschäftigung, oder die Siegermächte würden die Garantie für das notwendige deutsche Exportvolumen übernehmen. Die folgenden Überlegungen sind wohl schlüssig:

1. Um das Exportvolumen von 1936 zu erreichen, hat Deutschland Mittel eingesetzt, die ihm in der Nachkriegszeit verwehrt wären. Wenn Deutschland weder die Ausweitung von Importtransaktionen im eigenen Land aufhalten noch seine Exporte subventionieren darf, dann werden die Möglichkeiten, Exportanreize zu setzen, geringer sein als 1936.

2. Mit der zunehmenden Tendenz zur Industrialisierung ländlicher Gebiete wird wahrscheinlich die internationale Nachfrage nach Konsumgütern im Vergleich zur Nachfrage nach Produktionsgütern sinken. Eine Ausweitung der deutschen Exporte wäre jedoch fast ausschließlich auf den Konsumgüterbereich beschränkt.

3. Deutschlands Exportsituation 1936 war besonders stark aufgrund eines Einflusses in vielen internationalen Kartellen. Nach der militärischen Niederlage wird diese Quelle seiner handelspolitischen Stärke vermutlich an Bedeutung verlieren.

4. Da es allenthalben spezifische Importabgaben, quantitative Importrestriktionen und Importmonopole gibt, werden Preissenkungen – gleichgültig, wie sie zustande gekommen sind – ein weit weniger wirksames Mittel zur Exportsteigerung sein als ohne solche Einschränkungen. In dem Maße, wie Deutschlands wachsende Importe ausländischen Konkurrenten ernstlich Schwierigkeiten bereiten, werden diese Restriktionen zahlreicher werden.

5. Die bilateralen Handelsbeziehungen, die Deutschland vor dem Krieg mit einer Anzahl von Ländern unterhalten hat (insbesondere mit den Balkan-Ländern und mit einigen lateinamerikanischen Ländern), wären nach dem Krieg kaum von Nutzen. Denn diese Länder produzieren nicht

Exporte kaum höher als 4 Milliarden anstatt 3 Milliarden RM. Dieser Unterschied ist zu unbedeutend, als daß er die unten gezogenen Schlußfolgerungen berühren würde.

5 Wenn Deutschlands Reparationsverpflichtungen nicht in sehr kurzer Zeit eingelöst werden, sondern statt dessen (wie nach dem Ersten Weltkrieg) über einen langen Zeitraum erfüllt werden, dann werden diese Verpflichtungen einen sehr bedeutsamen unsichtbaren Posten ausmachen. Wenn zum anderen die notwendige anfängliche Ausweitung der »restlichen« Industriezweige durch Anleihen im Ausland finanziert wird, kommt noch ein weiterer umfangreicher Posten hinzu. Da diese Möglichkeit und ihre Größenordnung auf Vermutungen beruhen, werden sie nicht weiter in Betracht gezogen.

die Güter, die Deutschland nach dem Wegfall seiner Schwerindustrie brauchte, auch wären sie kaum gewichtige Abnehmer für die Güter, die Deutschland herstellen könnte.

6. Wahrscheinlich wäre nach dem Krieg für die Dauer einiger Jahre in den alliierten Nationen allgemein mit einer Abneigung gegen den Kauf von Waren aus Deutschland zu rechnen. Derartige Boykotte sind meist bei Konsumgütern besonders effektiv, also genau in dem Bereich, in dem Deutschland eine Ausweitung seiner Exporte gelingen müßte.

Daraus muß man wohl schließen, daß Deutschlands Exportpotential, abhängig vom jeweiligen Niveau des Welthandels, nach dem Krieg in jedem Fall deutlich hinter dem der dreißiger Jahre zurückbleiben wird. Wenn der Welthandel in der Nachkriegsphase den niedrigsten Stand der dreißiger Jahre nicht überwinden sollte, wird Deutschland sogar Schwierigkeiten haben, aus Exporten dieselbe Menge an ausländischer Währung zu realisieren, wie 1936 aus den Exporten der »nicht-verbotenen« Industriezweige. Die oben aufgezählten Behinderungen, mit denen die deutschen Exportindustrien zu kämpfen hätten, würden voraussichtlich zunehmende Aktivitäten im Welthandel erforderlich machen, wenn Deutschlands Exporte nicht unter den Betrag von 1936 sinken sollen. Für ein deutsches Exportvolumen, das ausreichend wäre, um dafür einen wesentlichen Teil der fehlenden schwerindustriellen Produkte zu importieren, wären Aktivitäten auf dem Weltmarkt in einem Ausmaß nötig, wie man es 30 Jahre lang nicht gesehen hat.

Es ist klar, daß der Erfolg der deutschen Exportindustrien nach dem Krieg weitgehend von Faktoren abhängt, die Deutschland selbst nicht unter Kontrolle hat. Solange das Brachliegen von Arbeitskraft und Ressourcen weltweit ein ökonomisches Problem von hohen Graden bleibt, erscheint es äußerst unwahrscheinlich, daß die Völker der Welt ihre Märkte für wesentlich größere Mengen deutscher Güter öffnen werden. In den kapitalistischen Demokratien wird eine vermehrte internationale Spezialisierung in dem Maße möglich, wie ein zunehmender Teil der industriellen Produktion alle bestehenden Kapazitäten der Industrie auslastet und es gestattet, die industrielle Expansion auf den Export hin zu lenken, ohne Sonderinteressen ernstlich zu stören. Der Umfang des deutschen Handels mit den meisten hochindustrialisierten Ländern wäre daher prinzipiell davon abhängig, wieweit es diese Länder selbst zu wirtschaftlichem Wohlstand gebracht haben. Wenn Deutschland mit seinen Versuchen, sein Defizit an Kapitalgütern auszugleichen, Erfolg haben soll, müßte es in diesen industrialisierten Ländern aufnahmefähige Märkte finden, denn seine Möglichkeiten, den Handel mit nicht-industrialisierten Ländern auszuweiten, reichen nicht aus, um Devisen im nötigen Umfang zu beschaffen. Es wurde bereits darauf hingewiesen, daß die zahlreichen

Länder, deren Industrialisierung nach dem Krieg ansteht, keine eifrigen Abnehmer für die Kategorie von Gütern wären, die Deutschland zu exportieren hätte.

Die industrialisierten Nationen, in denen Deutschland nach Märkten für seine Leichtindustrie suchen müßte, sind im allgemeinen sehr wohl in der Lage, ihren Bedarf an diesen Produkten selbst zu decken. Wenn diese Länder größere Mengen an Produkten der deutschen Leichtindustrie kauften, wäre Deutschland seinerseits in der Lage, in diesen Ländern Produkte der Schwerindustrien zu kaufen, die, im Falle von England und den USA, ihre Kapazitäten während des Krieges weit über das Vorkriegsniveau hinaus erhöht haben. Man könnte also argumentieren, die westlichen Industrienationen würden durch einen Ausbau der wechselseitigen Handelsbeziehungen mit Deutschland nichts verlieren, sie könnten dadurch sogar gewinnen. Jedoch annehmen, daß diese Nationen nach dem Krieg ihre Außenhandelspolitik nach derart umfassenden Gesichtspunkten ausrichten, hieße die Erfahrungen der Zwischenkriegszeit ignorieren; damals waren politische Maßnahmen zur Kontrolle des Außenhandels viel eher Reaktionen auf eng begrenzte lokale oder branchenspezifische Interessen. So wäre z. B. ein Vorschlag, den Export größerer Mengen deutscher Textilien in die Vereinigten Staaten zuzulassen, den Textilfabrikanten und Textilarbeitern von South-Carolina kaum mit der Begründung schmackhaft zu machen, daß Pittsburg, Sparrows Point und Bethlehem dadurch in die Lage kämen, mehr Stahl nach Deutschland zu verkaufen. Auch würden deswegen amerikanische und britische Hersteller von Textilien einem Plan, Märkte in Drittländern, z. B. Lateinamerika oder Indien, für deutsche Textilexporte in Konkurrenz zu den britischen und amerikanischen Exporten in diese Regionen zu öffnen, kaum weniger ablehnend gegenüberstehen.

Unter den Umständen, wie sie von dem hier diskutierten Abrüstungsplan geschaffen würden, wäre Deutschlands wirtschaftliche Zukunft abhängig von der Bereitschaft anderer Völker, größere Mengen deutscher Waren aufzunehmen. Diese Bereitschaft wäre bei kapitalistischen Demokratien wohl nur dann gegeben, wenn sie imstande wären, ihre Wirtschaft so zu organisieren, daß dadurch das Problem der Arbeitslosigkeit, das kritischste ökonomische Problem dieser Gesellschaften, behoben würde. In einer Periode anhaltender Prosperität in den kapitalistischen Ländern könnten sehr wohl weitreichende Bestrebungen für eine freizügige Handelspolitik und einen höheren Grad an internationaler Spezialisierung zum Zuge kommen. Dann wäre der Handel mit Deutschland mit einem hohen Beschäftigungsgrad vereinbar; der Maximierung der Realeinkommen würde die gleiche Aufmerksamkeit zuteil wie der Erhaltung der Vollbeschäftigung; und eine solche Akzentsetzung trüge sicherlich zum Abbau der Handelsbarrieren bei. Unter solchen Umständen könnte

Deutschland wohl seine Exportanstrengungen auf qualitativ hochwertige Konsumgüter konzentrieren, die den Einsatz hochqualifizierter Arbeitskräfte und eine hohe Arbeitsintensität voraussetzen. Solche Güter, weitgehend Luxusgüter, würden neue Bedürfnisse befriedigen, wie sie aus einem Anstieg der Verbrauchereinkommen entstehen und die die Märkte für die im eigenen Land hergestellten Produkte nur wenig tangierten.

2. Bilaterale Handelsbeziehungen

Vermutlich wird sich das Welthandelsvolumen nicht so weit ausdehnen, daß es eine erhebliche Steigerung deutscher Importe verkraften könnte; in diesem Fall stünde Deutschlands Wirtschaft eine fortschreitende Desintegration bevor. Sollte es Deutschland nicht gelingen, seine Exportprobleme auf dem traditionellen Wege über multilaterale Handelsbeziehungen zu lösen, müßte es zwangsläufig eine Lösung in speziellen bilateralen Vereinbarungen suchen. Sollte Deutschland nicht in der Lage sein, Güter der Schwerindustrie im erforderlichen Umfang zu erhalten, wären die ökonomischen Kosten sehr hoch – Deutschland müßte dann in Kauf nehmen, einem potentiellen Partner für bilaterale Handelsbeziehungen attraktive Bedingungen einzuräumen. Wenn es Deutschland gelänge, durch eine bilaterale Übereinkunft schwerindustrielle Güter in Höhe von jährlich 9 Milliarden RM (in Vorkriegspreisen) zu beziehen, könnte es geneigt sein, als Gegenleistung einige Fertigwaren von beträchtlich höherem Wert anzubieten. Ein derartig unvorteilhafter Geschäftsabschluß würde keineswegs zwangsläufig zu einer Senkung des deutschen Lebensstandards unter das von den Nazis realisierte Niveau führen. Bei Vollbeschäftigung und ohne Militärausgaben könnte Deutschland durch eine ausreichende Steigerung seiner Produktion von Konsumgütern erhebliche Einbußen in seinen Außenhandelsbeziehungen ausgleichen, ohne den Lebensstandard unter das Vorkriegsniveau sinken zu lassen.

Bei der Suche nach einem Partner oder nach Partnern für derartige bilaterale Handelsabkommen könnte sich Deutschland nach Osten oder nach Westen wenden. Die westlichen Demokratien erfüllten die nötigen Voraussetzungen, um die schwerindustriellen Produkte herzustellen, die Deutschland benötigte: England, die USA, Frankreich und die Niederlande wären alle mehr oder weniger in der Lage, die Lücke zu schließen, die durch den Wegfall der deutschen Schwerindustrie entstanden wäre. Aber aus den im vorangegangenen Abschnitt genannten Gründen wäre es wenn auch nicht ausgeschlossen, so doch zumindest fraglich, daß diese Länder tatsächlich bereit sein werden, verstärkt deutsche Exporte aufzunehmen. Der Import von Konkurrenzgütern aufgrund einer Vereinbarung zwischen Regierungen würde – bei Brachliegen von Arbeitskräften

und Kapital – dieselben Probleme heraufbeschwören wie ein Abbau der Beschränkungen für den privaten internationalen Handel.
Die Möglichkeit einer solchen Handelsvereinbarung zwischen Deutschland und der Sowjetunion führt zu einer Reihe von Überlegungen anderer Art. Als einzige unter den Siegermächten wird die Sowjetunion kein Arbeitslosenproblem haben; auch fallen regionale oder branchenspezifische Sonderinteressen bei der Formulierung ihrer nationalen Politik kaum ins Gewicht. Da Vollbeschäftigung und die organisatorischen Mittel für eine rasche industrielle Expansion gewährleistet sind, wird die UdSSR nach dem Krieg, aller Voraussicht nach, für viele Jahre ihre Energien auf die Verbesserung des eigenen Lebensstandards konzentrieren. Ein russisch-deutsches Handelsabkommen unter für die Sowjetunion äußerst günstigen Bedingungen würde Chancen zur Erhöhung des Konsumniveaus eröffnen, die sonst nicht gegeben wären. Eine derartige Übereinkunft wäre nicht nur ökonomisch eindeutig von Nutzen; sie hätte zudem zwei wichtige politisch-ökonomische Konsequenzen, die den Russen sehr willkommen sein könnten. Erstens käme Deutschland dadurch in den ökonomischen Einflußkreis der Russen, was möglicherweise mit politischen Vorteilen verbunden wäre. Zweitens könnte dadurch das russische Industriepotential für Kriegszwecke auf einem höheren Niveau gehalten werden, als wenn die industrielle Expansion der Sowjetunion nach dem Krieg das Gleichgewicht zwischen Produktionsgüter- und Konsumgüterindustrie intern aufrechterhalten müßte.
Zwar hätte die UdSSR keine Schwierigkeiten, umfangreiche Konsumgüter-Importe aus Deutschland aufzunehmen; aber sie wäre eindeutig nicht – auch nicht in den nächsten Jahren – imstande, Deutschlands Bedarf an schwerindustriellen Gütern zu decken. Ohne beträchtliche Ausweitung seiner Kapazitäten in der Schwerindustrie wird die Sowjetunion dem eigenen Bedarf an Produkten dieser Industriezweige nicht nachkommen können; sie wird im Gegenteil in den Jahren unmittelbar nach dem Krieg Kapitalgüter importieren müssen.
Das Haupthindernis, das einem Handelsabkommen zwischen Deutschland und den westlichen Demokratien im Wege steht, ist also die mangelnde Bereitschaft dieser Länder, in Phasen der Arbeitslosigkeit deutsche Waren zu kaufen. Aber auch eine Übereinkunft mit der UdSSR wäre nicht möglich, zumindest nicht in absehbarer Zeit, da Rußland außerstande ist, einen Überschuß an schwerindustriellen Gütern für Exportzwecke zu produzieren. Sollten alle deutschen Bemühungen, beträchtliche Mengen an Produkten der Schwerindustrie aus dem Ausland zu erwerben, scheitern, wäre ein rapider Verfall der deutschen Wirtschaft kaum zu vermeiden. Diese Schlußfolgerung bedeutet keineswegs ein Werturteil für oder gegen ein Verbot der Schwerindustrie in Deutschland durch die alliierten Nationen. Eine Entscheidung für einen solchen Plan

sollte jedoch alle damit verbundenen Faktoren in Betracht ziehen, einschließlich der ökonomischen Auswirkungen und der politischen Erschütterungen. Die letzteren sind nicht Gegenstand des vorliegenden Papiers, die ersteren, die wirtschaftlichen Folgen, haben wir oben diskutiert, aber ohne damit den Plan als solchen zu befürworten oder zu verwerfen.

III. Die Enthauptung des »Behemoth« Entnazifizierung und Kriegsverbrechen

Vorbemerkung des Herausgebers

Deutlicher als alle vorangegangenen Dokumente sind die vier in diesem Kapitel zusammengestellten Texte auf den politischen Zweck ausgerichtet, für den sie geschrieben wurden. Der Kontext, in den sie gehören, ist die Planung der Entnazifizierung einerseits, die Vorbereitung der Nürnberger Kriegsverbrecher-Prozesse andererseits. Die historische Darstellung scheint sich daran zu gewöhnen, beide Maßnahmen, die zu den umstrittensten Ereignissen der unmittelbaren Nachkriegsgeschichte zählen, voneinander getrennt zu erörtern – Gründe dafür mögen in der Diffusität der Planung, aber auch in der Trennung des Spektakulären vom bürokratischen Vollzug liegen. Dies darf jedoch nicht darüber hinwegtäuschen, daß es sich nicht nur von der Intention der Handelnden her, sondern auch in der juristisch-bürokratischen Ausführung um zwei Seiten eines einzigen Prozesses handelt: um einen Eingriff in die Herrschaftsordnung Hitler-Deutschlands, der von den Siegern an den Besiegten vollstreckt wurde.

Zumindest seitdem die Konferenz von Casablanca die bedingungslose Kapitulation zum obersten Kriegsziel erhoben hatte, war die Zerschlagung des nationalsozialistischen Herrschaftsapparates expliziter Bestandteil der alliierten Politik. Die logische Verknüpfung beider Zielvorstellungen lag in der Annahme, daß die Form der Aggression nach außen, wie sie Hitler-Deutschland betrieb, mit seinem inneren Zustand eng zusammenhing. Wie diese Politik jedoch genau verfolgt werden sollte, blieb sowohl zwischen den Alliierten als auch in den USA lange Zeit umstritten. Die Westmächte hatten zwar Ende 1942 eine United Nations War Crimes Commission eingesetzt, es blieb aber lange unklar, ob eine standrechtliche Aburteilung der Kriegsverbrecher einer aufwendigen Prozeßführung nicht vorzuziehen sei, also der Lauf der Dinge den Militärs überlassen werden sollte. Ebenso nahm die amerikanische Planung bezüglich der Entnazifizierung erst über die Auseinandersetzung um den Morgenthau-Plan im Sommer und Herbst 1944 und die harten Einwände des Kriegsministeriums eine relativ präzise Gestalt an.[1] Erst im April 1945, also mit Kriegsende, war ein *Arrest Categories Handbook* mit einer Liste sogleich zu verhaftender Personen autorisiert, etwa gleichzeitig wurde Bundesrichter Jackson zum amerikanischen Hauptankläger für die Kriegsverbrecher-Prozesse ernannt.[2] Das tragende Abkommen zwischen den Alliierten,

1 Niethammer, *Entnazifizierung in Bayern*, a. a. O., S. 52ff.
2 Vgl. Bradley F. Smith, *Der Jahrhundertprozeß*, Frankfurt/M. 1979, S. 32ff.

das den Nürnberger Prozeß ermöglichte, kam auf der Londoner Konferenz ab Ende Juli zustande, und auch hier nur durch rasche Entscheidung der »großen Drei« auf der etwa gleichzeitigen Potsdamer Konferenz.[3]
Die ersten beiden Texte gehören sowohl dem Zeitpunkt wie der Sache nach eng zusammen, sie dokumentieren überdies den Planungsvorlauf, den das OSS gegenüber den politischen Entscheidungsinstanzen für sich beanspruchen konnte. Die R & A Branch arbeitete seit der Jahreswende 1943/44 an einem großen Projekt, für das der Auftrag wiederum, wie schon bei dem *Civil Affairs Handbook on Germany*, von der Civil Affairs Devision des Kriegsministeriums kam. Es handelte sich um eine Art Nachfolgeprojekt, das aus der Daten- und Informationsmasse des *Handbuchs* Schlußfolgerungen zu ziehen unternahm und dessen Resultate unter der R&A-Nummer 1555 gesammelt wurden. Das Ergebnis war eine Serie von 24 *Civil Affairs Guides on Germany*, die die analytische Perspektive auf die deutsche Gesellschaftsordnung noch weiter ausdifferenzierte; sie betrafen nicht nur das Entnazifizierungsprogramm, sondern befaßten sich mit so konkreten Detailfragen wie Bank- und Informationswesen, Lokalverwaltung, Organisation der Arbeitskraft, Lebensmittelverteilung, Produktion und Distribution von Kohle usw.
Die beiden Leitfäden, die einen Katalog zur Ergreifung der Nazi-Elite entwerfen, mögen eine eintönige Lektüre sein; interessant werden sie, wenn man danach fragt, welches Selektionsprinzip in ihnen zur Wirkung kommt. Zugrunde lag eine bestimmte Theorie von der nationalsozialistischen Herrschaft, die wiederum in Franz L. Neumanns *Behemoth* ihr deutliches Vorbild hatte. Neumann war nämlich bei seiner Politik und Ökonomie umfassenden marxistischen Strukturtheorie nicht stehengeblieben, er ergänzte sie um eine ausgearbeitete Elitentheorie, die zu dem Ergebnis kam, daß der Nationalsozialismus eine auf vier Säulen ruhende Elitenherrschaft sei: Die Spitzen von Partei, Staat, Wirtschaft und Militär bildeten ein totalitäres Elitenkartell, das zwar in sich uneinheitlich sei, aber in der terroristischen Durchsetzung nach innen und der Expansion nach außen kooperiere. Ihren kriegsbedingten Verschmelzungsprozeß faßte er 1944 folgendermaßen zusammen:

»Eine kleine Gruppe mächtiger Industrie-, Finanz-, und Agrarmonopolisten verschmilzt mehr und mehr mit einer Gruppe von Parteihierarchen zu einem einzigen Block, der über die Mittel der Produktion wie über die Mittel der Gewalt verfügt.«[4]

Das den Entnazifizierungsplänen des OSS zugrunde liegende Selektionsprinzip folgt bis in Nuancen hinein dieser Vorlage: Nicht nur läßt der erste Leitfaden die Parteihierarchie relativ gleitend in die staatliche Herrschaftselite übergehen, betont wird, besonders wenn man den zweiten als Appendix konzipierten Leitfaden hinzunimmt, der Anteil der parteiinternen und vor allem der privaten Wirtschaftsführung.
Dieses Auswahlverfahren ist besonders aufschlußreich, wenn man es vergleicht mit demjenigen, das dann der tatsächlichen Entnazifizierung zwischen

3 Ebenda, S. 60ff.
4 Neumann, *Behemoth*, a. a. O., S. 661.

1945 und 1948 zugrunde lag. Während diese auf Quantität ausging, was allein bis Mitte 1946 zur Erfassung von 1,5 Millionen Deutschen mittels der berüchtigten Fragebogen führte, hatte das OSS einen qualitativen, eben herrschaftstheoretisch begründeten Maßstab, der schon die Ausgangsziffer der zu erfassenden Personen so klein wie möglich hielt. Das allseits beklagte Scheitern der Entnazifizierungsmaßnahmen, die bürokratische Überlastung und das dadurch erzwungene Ausweichen in immer weitere Amnestien, die vorwiegend den stärker »Belasteten« zugute kamen, nachdem die kleinen Pgs bereits abgeurteilt waren – all das hätte man sich vermutlich durch die Praktizierung der in der R&A Branch ausgearbeiteten Kriterien erspart. Symptomatisch ist, daß die Zahl der in den Entnazifizierungsverfahren insgesamt als »belastet« eingestuften Personen etwa von der Größenordnung war, die das OSS für die Eingangsstufe veranschlagt hatte: ca. 200000.[5]
Der dritte und der vierte Text gehören in die unmittelbare Vorbereitungsphase der Londoner Konferenz und damit ins Vorfeld der Nürnberger Prozesse, die ab November 1945 stattfanden. Daß das OSS dabei eine prominente Rolle spielte, läßt sich allein daraus ersehen, daß sein Präsident William Donovan neben Jackson zum zweiten Ankläger berufen worden war. In der amerikanischen Delegation auf der Londoner Konferenz, die die Präliminarien der Anklage und Prozeßführung aushandelte, befand sich auch Franz L. Neumann. Wichtige Probleme der beabsichtigten Prozesse waren solche der Beweisführung, zu deren Unterstützung der Nachrichtendienst das geeignete Organ zu sein schien. An dem Projektentwurf, der Kriegsverbrechen und Naziorganisationen miteinander korreliert und durch die Versachlichung des Ungeheuerlichen Schauder erregt, ist zunächst interessant, daß er bis in die Auflistung der Verbrechen hinein Parallelen zu der späteren Anklageschrift aufweist. Er folgt der Argumentationslinie, die verbrecherische Absicht des gesamten Nazi-Regimes zum Ausgangspunkt zu nehmen (Punkt I), um so nicht nur die durch geltendes internationales Recht geächteten Kriegsverbrechen im engeren Sinn (Punkt II, III), sondern auch die »zivilen« Verbrechen des Regimes, und zwar als »Verbrechen gegen die Menschlichkeit« (Punkt IV), aburteilen zu können.[6]
Für den Diskurs der R&A Branch charakteristisch aber ist, *wie* die Aufgabe der Erfassung der Verantwortlichen gelöst wurde: Wiederum ist es die bereits umrissene Elitentheorie vom Nationalsozialismus, die den Ausschlag gibt und in die eine prozeßfunktionale Rechtsargumentation gleichsam eingelagert ist. Hier findet sich auch eine wichtige Differenz zu der Nürnberger Prozeßführung: Während der R&A Text primär darauf ausgeht, den verbrecherischen Charakter der Nazi-Organisationen als solcher nachzuweisen und die Verurteilung der einzelnen Nazi-Größen in den Hintergrund treten zu lassen, setzte das Nürnberger Verfahren die Akzente umgekehrt; der Grund dafür lag nicht nur im größeren Show-Effekt, den die »Siegerprozesse« anstrebten, sondern auch in den Schwierigkeiten der juristischen Beweisführung.[7]

5 Latour, Vogelsang, *Okkupation und Wiederaufbau*, a. a. O., S. 144.
6 Vgl. Smith, a. a. O., S. 24ff.
7 Vgl. dazu Otto Kirchheimers spätere Auseinandersetzung in: *Politische Justiz* (1961), Frankfurt/M. 1981, S. 473ff.

Ein Beleg für die in sämtlichen unserer Texte enthaltene herrschaftstheoretische Deutung, auf der die Entnazifizierungspläne des OSS aufgebaut waren, ist das Papier über Führerprinzip und strafrechtliche Verantwortung. Es differenziert die innere Ordnung der nationalsozialistischen Elitenherrschaft und benutzt dazu die juristischen Argumentationen, die Staats- und Verwaltungsrechtler sich zur »Verrechtlichung« der Willkürherrschaft einfallen ließen. Als sein Verfasser kommt Otto Kirchheimer, der Staatsrechtler unter den Emigranten im amerikanischen Geheimdienst, in Frage. Es ist eine vorweggenommene Widerlegung der häufigsten Ausflüchte, die später beim Dingfestmachen der Nazi-Verbrechen vorgebracht wurden: des Befehlsnotstandes und der Vollstreckung geltenden Rechts. Indem belegt wird, daß die bedingungslose Geltung des Führerprinzips eben nicht straffe Aufgabendelegation von oben nach unten bedeutete, daß die Außerkraftsetzung der rechtsstaatlichen Rationalität im Gegenteil die Kompetenzerweiterung der »Unterführer« zur Folge hatte, wird der verbrecherische Charakter der Nazi-Organisationen insgesamt bekräftigt; gleichzeitig sind die Fallstricke der Kollektivverantwortungs-These vermieden, die auf vertrackte Weise, nämlich durch *falsche* Generalisierung, den verantwortlichen Entscheidungsträgern zur Exkulpation dienen konnte.

Entnazifizierung und Ahndung von Kriegsverbrechen – die Enthauptung des vielköpfigen und doch totalitären »Behemoth« – waren unter den Vorhaben der Alliierten wahrscheinlich diejenigen, mit denen die Vorstellungen der politischen Emigranten noch am ehesten direkt übereinstimmten. Gleichwohl muß ein grundlegender Widerspruch angenommen werden, der vermutlich weniger in der moralischen Radikalität des »Säuberungswillens« als vielmehr in der Einschätzung lag, auf welcher Ebene der in die Praxis umgesetzte Antifaschismus ansetzen sollte. Die OSS-Analysen verfolgen deutlich die Absicht, mit der Entfernung der Nazi-Elite die gesellschaftliche Basis des Nationalsozialismus mitzutreffen – hinter der Elitentheorie stand schließlich eine marxistische Strukturanalyse –, während es den späteren Exekutoren der Militärregierung lediglich um die Beseitigung der ideologischen und personellen Hindernisse ging, die dem Aufbau einer parlamentarischen Demokratie nach westlichem Muster im Wege standen. Der Effekt der Entnazifizierung war, wie die einschlägigen Analysen bestätigen[8], lediglich ein Austausch der Eliten bei ansonsten wenig veränderter Eigentums- und Sozialstruktur. Ein Grund dafür war, daß es die »Stunde Null«, in der die deutsche Gesellschaftsordnung den Vertretern des »anderen Deutschland« tatsächlich zur Disposition gestanden hätte, nicht gab.[9]

8 Vgl. die Einschätzungen von Niethammer, *Entnazifizierung in Bayern*, a.a.O., S. 655ff; Latour, Vogelsang, *Okkupation und Wiederaufbau*, a.a.O., S. 144.
9 Niethammer, a.a.O., S. 138ff.

Dokument III. 1
Leitfaden für die Zivilverwaltung
Die Auflösung der Nazi-Partei und der ihr angeschlossenen Organisationen

Kriegsministerium
Washington, 25 DC, 22. Juli 44

Nr. 31-110 der Schriftenreihe des Kriegsministerium als Leitfaden für die Zivilverwaltung mit dem Titel »Die Auflösung der Nazi-Partei und der ihr angeschlossenen Organisationen« wurde von der Forschungs- und Untersuchungsabteilung des Office of Strategic Services verfaßt und zur Information und Orientierung aller zuständigen Stellen veröffentlicht.
[A. G. 461 (10. Juli 44)]
Durch Befehl des Kriegsministers

Als Amtsträger:
J. A. Ulio
(Generalmajor, Generaladjutant)

G. C. Marshall
(Stabschef)

Vorbemerkung

Die Informationsleitfäden und Leitfäden der Zivilverwaltung sollen den Zivilverwaltungsoffizieren bei der Lösung von Problemen in den befreiten Gebieten helfen, wobei sich jeder Leitfaden auf ein spezifisches Problem in einem bestimmten Gebiet konzentriert. Die Leitfäden sind keine Sammlungen von grundlegenden Fakten und Informationen, wie die Handbücher für die Zivilverwaltung, noch sollen die Empfehlungen, die die Leitfäden enthalten, die Ausarbeitung von Plänen an Ort und Stelle ersetzen. Sie sollen vielmehr dazu dienen, die einschlägigen Informationen so aufzubereiten, daß die Zivilverwaltungsoffiziere ihre Pläne und deren Ausführung an den jeweiligen Schauplätzen daran orientieren können. Keineswegs dürfen die Leitfäden als Befehle betrachtet werden; Befehle werden auf dem regulären Weg erteilt werden.
Dieser Leitfaden wurde vom Komitee für Zivilverwaltungsstudien genehmigt.
Diese Schrift enthält Informationen, die die nationalen Verteidigungsinteressen der USA gemäß § 50 des Spionagegesetzes in Ergänzung zu Art. 31 und 32 der US-Verfassung berühren. Die Weitergabe an unbe-

fugte Personen oder die Veröffentlichung ihres Inhalts in irgendeiner Form ist gesetzlich untersagt.

Kurzfassung

1. Zum Zeitpunkt der militärischen Besetzung Deutschlands wird sich das Naziregime wahrscheinlich im Zustand der Auflösung befinden. Im Zuge des Zusammenbruchs des nationalsozialistischen Herrschaftsapparates wird es zu individuellen oder gar organisierten gewalttätigen Handlungen kommen. In aller Regel wird es sich dabei um Racheakte oder Akte der Empörung gegen den Naziterror und gegen vereinzelte Sabotageakte der Nazis handeln. Die Wiederherstellung der öffentlichen Ordnung und die Sicherheit der Besatzungsstreitkräfte erfordern daher eine rasche und systematische Ausschaltung des Nazismus. Je gründlicher und rascher dies geschieht, desto besser sind die Chancen, die Anarchie und dem Chaos in Deutschland zuvorzukommen.
2. Die Auflösung der Nazi-Partei und der ihr angeschlossenen und von ihr dirigierten Organisationen sowie die Ergreifung der politisch verantwortlichen Nazifunktionäre bilden den ersten Schritt bei diesem Vorhaben.
3. Dieser Schritt allein eliminiert jedoch keineswegs die Gefahr des Fortbestehens des Nazismus. Das schwierigste Problem stellen vermutlich Personen, Gruppen und Institutionen dar, die sich nicht offen mit der Nazi-Partei identifizierten und die deshalb nicht unmittelbar als »aktive Nazis« zu erkennen sind.
4. Ihre Identifizierung ist nur mit Hilfe der örtlichen Bevölkerung möglich. Zu diesem Zweck werden verschiedene Maßnahmen für eine effektive Zusammenarbeit zwischen der Militärregierung und der Bevölkerung vorgeschlagen. (Die allgemeinen Empfehlungen dieses Leitfadens werden in anderen Leitfäden, die sich mit Institutionen oder besonderen Tätigkeitsbereichen befassen, durch spezifische Empfehlungen zur Ausschaltung der Nazis ergänzt.)

I. Analyse des Problems

A. Allgemeines

Wenn die Alliierten in Deutschland einmarschieren, wird sich das Naziregime wahrscheinlich in Zerfall befinden. Einige Behörden und Institutionen des Nazismus mögen noch funktionieren, zumal solche, die insbesondere ›technische‹ Aufgaben erfüllten (die lokale Verwaltung, Hilfs- und Wohlfahrtsorganisationen). Die Inhaber der Schlüsselpositionen der politischen Herrschaft und des Terrors indes werden diese verlassen haben,

werden geflohen sein oder sich verborgen halten; die weniger bekannten und weniger auffälligen Repräsentanten der Nazi-Partei und der Regierung werden alle äußeren Zeichen ihrer früheren Stellung abgelegt haben und sich für einfache Bürger ausgeben.
Die Auflösung des Machtapparates der Nazis wird vermutlich beträchtliche Unruhe, Aufstände und ein Durcheinander bei den notwendigen Dienstleistungen zur Folge haben. Die Opposition gegen die Nazis, über Jahre hinweg verfolgt und terrorisiert, wird an die Öffentlichkeit treten, und es mag zu zahlreichen Rache- und Vergeltungsakten kommen. Die Besatzungsbehörden sind verpflichtet, die Sicherheit der alliierten Streitkräfte zu garantieren und Recht und Ordnung in der Öffentlichkeit aufrechtzuerhalten; sie sind außerdem verpflichtet, den Nazismus zu zerschlagen. Das erste Ziel ist, genaugenommen, nicht ohne das zweite zu erreichen: Je rascher und gründlicher der Nazismus eliminiert werden kann, desto rascher und dauerhafter werden Sicherheit und Ordnung wieder einkehren. Gerade im Interesse der Sicherheit der Besatzungsstreitkräfte und der Wiederherstellung von Recht und Ordnung sind Nachsicht gegenüber den spontanen Akten der antinazistischen Opposition[1] und Härte gegen alle Nazis geboten. Im Grunde kann der Nazismus nur von innen, durch eine politische Bewegung in Deutschland selbst überwunden werden.
Der erste Schritt wäre die Auflösung der NSDAP, der ihr angeschlossenen und der von ihr kontrollierten Organisationen sowie die Ausschaltung und Verhaftung aller Funktionäre, die die Politik der Nazis mitformuliert haben oder für deren Durchsetzung beträchtliche Verantwortung tragen. Es mag den Anschein haben, als könnten die Auflösung der Nazipartei und die Verhaftung ihrer Führer mit einem Schlag die Gewalt brechen, die der Nazismus über das deutsche Volk gehabt hat. Doch der Nazismus läßt sich nicht auf die Aktivitäten und Institutionen der Nazi-Partei einschränken; jeder Bereich des öffentlichen und privaten Lebens war in dieser oder jener Form durch das Nazisystem geprägt. Das System wurde gefördert und gestützt von Gruppen außerhalb der Partei (z. B. von Repräsentanten der Wirtschaft, vom Landadel und vom Militär). Manche Faschisten haben mit Vorbedacht die offene Identifikation mit der Politik des Regimes vermieden und hatten keine Positionen in der Partei und den ihr angegliederten Verbänden inne.
Die Besatzungsbehörden haben daher eine zweifache Aufgabe:
1. die Auflösung der Nazi-Partei und der ihr zugehörigen oder von ihr kontrollierten Organisationen und die Ergreifung der politisch verantwortlichen Nazifunktionäre;

1 Vgl. den Civil Affairs Guide: *Policy towards Revival of old Parties and Establishment of New Parties.*

2. die Überwachung oder Verhaftung von »aktiven Nazis«, die nicht durch ihre Stellung in der Partei oder in der Regierung als solche erkenntlich sind.

B. Die Zusammensetzung der Nazi-Partei

Die Nazi-Partei umfaßt die folgenden Gliederungen und Verbände:

Sturm-Abteilungen (SA)
Schutzstaffeln (SS)
Nationalsozialistisches Kraftfahrerkorps (NSKK)
Hitlerjugend (HJ), eingeschlossen Bund deutscher Mädchen (BDM)
Nationalsozialistischer Deutscher Studentenbund (NSDStB)
Nationalsozialistisches Fliegerkorps (NSFK)[2]
Nationalsozialistischer Deutscher Dozentenbund (NSDoB)
Nationalsozialistische Frauenschaft (NSF)

Angeschlossene Verbände:

Deutsche Arbeitsfront (DAF)
Nationalsozialistische Volkswohlfahrt (NSV)
Nationalsozialistischer Deutscher Ärztebund
Nationalsozialistischer Rechtswahrerbund
Nationalsozialistischer Lehrerbund (NSLK)
Nationalsozialistische Kriegsopferversorgung (NSKOV)
Reichsbund der Deutschen Beamten (RDB)
Nationalsozialistischer Bund Deutscher Technik

Kontrollierte Organisationen:

Deutsche Studentenschaft
Nationalsozialistischer Altherrenbund
Deutsches Frauenwerk
Deutscher Gemeindetag
Nationalsozialistischer Reichsbund für Leibesübungen
Reichsbund Deutsche Familie
Nationalsozialistischer Reichsbund Deutscher Schwestern
Reichskolonialbund[3]
Nationalsozialistischer Reichskriegerbund[4]

2 Rechtlich nicht Bestandteil der Partei.
3 Aufgelöst im Zusammenhang mit der totalen Mobilmachung 1943.
4 Arbeitet nur auf lokaler Ebene.
5 Für die Details vgl. die Civil Affairs Guides: *Administration of Labor Supply in Germany; Police and Public Safety in Germany; Food Administration for Germany during the Period of Occupation.* Die Auflösung der gemischen Organisationen impliziert nicht die Aufhebung der Statuten und Erlasse, die diese Organisationen begründet haben.

Gemischte Organisationen von Staat und Partei:[5]

Reichsarbeitsdienst
Organisation Todt (OT)
Baustab Speer
Technische Nothilfe (TN)
Reichsnährstand

II. Empfehlungen

A. Die Auflösung der Nazi-Partei

Nach der Besetzung sollte so bald wie möglich eine Proklamation herausgegeben werden, in der die Auflösung der Nazi-Partei und der ihr angeschlossenen bzw. von ihr kontrollierten Verbände sowie der gemischten Organisationen (vgl. obenstehende Liste) verkündet wird.[6]
Das gesamte Eigentum dieser Organisationen sollte von den Besatzungsbehörden eingezogen werden (vgl. den Civil Affairs Guide: *Property of the Nazi Party, Its Affiliates, Members, and Supporters)*. Ein Entwurf für eine solche Proklamation findet sich im Anhang. Organisationen und Institutionen, die zwar nicht offiziell Gliederungen der Nazi-Partei oder einer der ihr angeschlossenen Verbände, wohl aber Produkte nazistischen Denkens sind und im Bewußtsein der Öffentlichkeit mit dem Nazismus gleichgesetzt wurden, sollten ebenfalls aufgelöst werden. Beispiele dafür sind:

Volksbund für das Deutschtum im Ausland
Verband Deutscher Vereine im Ausland
Deutsches Auslandsinstitut
Kameradschaft USA
Ibero-Amerikanisches Institut
Deutscher Fichte-Bund
Weltdienst
Reichskulturkammer

B. Die Erfassung und Inhaftierung von Nazifunktionären

Die Sicherheit der Besatzungsstreitkräfte und die Aufrechterhaltung von Recht und Ordnung in der Öffentlichkeit gebieten, daß diejenigen Nazifunktionäre erfaßt und verhaftet werden, die kraft ihrer Stellung das Kommando über den Terrorapparat der Nazis und dessen vielfältige Unterabteilungen geführt haben. Dieser Grundsatz gilt für Partei- und für

6 Zum Vorgehen hinsichtlich der NS-Volkswohlfahrt vgl. den Civil Affairs Guide: *Public and Private Welfare in Germany.*

Regierungsfunktionäre ebenso wie für die offiziellen Vertreter der gemischten Organisationen. Diese Funktionäre gehören einer oder mehreren der in der Liste unten aufgeführten Kategorien an, ihre Gesamtzahl dürfte bei 222 000 liegen.

Tatsächlich wird die Zahl der Personen, die von den Besatzungsbehörden zu prüfen sind, wesentlich kleiner sein. Bei einigen Kategorien gibt es notwendigerweise Überschneidungen. Außerdem sind viele der in Betracht kommenden Personen bei der Armee, und viele werden nicht auffindbar sein. Es ist anzunehmen, daß die Nazis umfangreiche Vorbereitungen für den Fall der Niederlage getroffen haben und alle Möglichkeiten der Verschleierung und Verdunkelung nutzen werden. Dies ist besonders leicht für die weniger bekannten Funktionäre, daher wird deren Verhaftung nur durch die Mithilfe der Bevölkerung möglich sein.

Vor der Besetzung sollten Listen der zu erfassenden Funktionäre zusammengestellt und nach Möglichkeit Photographien sichergestellt werden. Bekanntmachungen mit der Ankündigung von Belohnungen bzw. von Strafen sollten frühzeitig vorbereitet werden. Furcht vor Repressalien und starke nationalsozialistische Gefühle werden jedoch viele Menschen davon abhalten, den Besatzungsbehörden Informationen zu liefern. Unterstützung ist daher vornehmlich von der politischen und ideologischen Opposition zu erwarten, die nun mit den Nazis auf ihre Art wird abrechnen wollen. Spontane Racheakte lassen sich hier nicht ausschließen. Wenn die Besatzungsbehörden in solchen Fällen im Interesse von Sicherheit und Ordnung die Täter festnehmen müssen, sollten sie extensiven Gebrauch von ihrem Begnadigungsrecht machen. Wenn es zur Bildung von eigenen deutschen Anti-Nazi-Gerichten kommt, sollte ihnen die Gerichtsbarkeit über diese Personen übertragen werden.

Unter den zu erfassenden Nazifunktionären wird es viele Kriegsverbrecher geben, die gemäß den unter den Alliierten getroffenen Vereinbarungen zu verfolgen sind. Wie mit allen anderen Nazis, die festgenommen werden, zu verfahren ist, muß noch entschieden werden. Wenn die Gefängnisse überfüllt sind, sollten die verhafteten Nazis in den ehemaligen Konzentrationslagern untergebracht werden.

	Ungefähre Anzahl
1. Minister und Staatssekretäre	40
2. Beamte des Reichspropagandaministeriums und seiner regionalen Unterabteilungen, seiner Vorsitzenden und untergeordneten Behörden	300
3. alle höheren Beamten (vom Ministerialrat aufwärts) in Speers Ministerium für Wehrwirtschaft und die Vorsitzenden der Hauptausschüsse und Ringe dieses Ministeriums	70
4. die Leiter der obersten Reichsbehörden (Kommissare, Inspektoren, Abteilungsleiter im Amt für den Vierjahresplan usw.)	30

5.	die Vorsitzenden bestimmter Reichs-Institutionen wie der Reichsbank, der Reichsversicherungsanstalt des Obersten Verwaltungsgerichtshofs, des Reichsgesundheitsamts, des Obersten Kriegsgerichts	20
6.	alle Angehörigen des Volksgerichtshofs (einschließlich der Schwurrichter und Anwälte) und der Sondergerichte	300
7.	alle Reichsgouverneure und Provinzpräsidenten (die meisten von ihnen sind Gauleiter)	30
8.	alle Angehörigen der Landesregierungen	30
9.	alle Regierungspräsidenten	40
10.	die Bürgermeister von Städten mit mehr als 100000 Einwohnern und alle Oberbürgermeister	90
11.	alle Reichstreuhänder der Arbeit	40
12.	alle Generalstaatsanwälte	30
13.	alle Oberstaatsanwälte	200
14.	alle Landräte	700
15.	alle Mitglieder des derzeitigen deutschen Reichstags und des Preußischen Staatsrats (die meisten sind bereits unter anderen Kategorien erfaßt)[7]	
16.	alle Funktionäre des Reichsnährstandes	800
17.	die Leitung der Reichswirtschaftskammer	10
	die Vorsitzenden der sieben Reichsgruppen (und deren Stellvertreter)	14
	die Vorsitzenden der sechs Reichstransportgruppen (und deren Stellvertreter)	12
	die Vorsitzenden der (ca. 60) den Reichsgruppen unterstellten Wirtschaftsgruppen	60
	die Vorsitzenden der (42) Gauwirtschaftskammern und der (18) angeschlossenen Wirtschaftskammern	60
18.	alle Wehrwirtschaftsführer[8]	150
19.	alle politischen Funktionsträger der NSDAP in der Reichs-, Gau- und Kreisverwaltung (vgl. Anhang B u. D)	40000
20.	alle Ortsgruppenleiter der NSDAP	27900
21.	die Offiziere der SS und SA vom Untersturmführer (einschl.) aufwärts[9]	46000
	die Unteroffiziere dieser Organisationen vom Scharführer (einschl.) aufwärts	33000
	alle (bezahlten und unbezahlten) Vollzeitbeschäftigten dieser Organisationen, soweit sie nicht unter den vorstehenden Kategorien erfaßt sind	1000
22.	die Vertreter der Deutschen Arbeitsfront in der Reichs- und Gauverwaltung	300

7 Beide Gruppen setzen sich ausschließlich aus prominenten Nazis zusammen; die Mitglieder des Preußischen Staatsrates wurden von Göring ernannt.

8 Über die Einsetzung der Wehrwirtschaftsführer vgl. *Mitteilungsblatt des Wehrwirtschafts- und Rüstungsamtes* Bd. I, Nr. 7 v. 10. 4. 1942.

9 Die einfachen Mitglieder von SS und SA werden durch den Katalog in Anhang E erfaßt.

23.	die politischen Stoßtrupps und die Angehörigen der Werkscharen in den Fabriken	15000
24.	alle Beamte und Angestellte der Gestapo und des Sicherheitsdienstes	10000
25.	die Lehrer und das Verwaltungspersonal der Parteischulen, Ausbildungsstätten, Ordensburgen usw.	2000
26.	die Offiziere des NS-Kraftfahrerkorps	200
27.	die Offiziere des Reichsarbeitsdienstes	250
28.	die Offiziere der Technischen Nothilfe	150
29.	die Funktionäre der Hitlerjugend und des BDM vom Bannführer bzw. Bannmädelführer aufwärts	10000
30.	die Funktionäre auf Reichs- und Gauebene des Deutschen Studentenbundes und des NS Dozentenbundes (NSDoB)	200
31.	die Chefs der deutschen militärischen und zivilen Verwaltung in den besetzten Ländern und Gebieten (vgl. Anhang G)	3000
32.	die Funktionäre der Nazipartei (entsprechend Ziffer 2 u. 17–30) in den besetzten Ländern und Gebieten	30000
Insgesamt etwa		222026

Es sollten Maßnahmen ergriffen werden, um die unter Ziffer 31 und 32 genannten Personen (von denen viele unter die Kategorie »Kriegsverbrecher« fallen) daran zu hindern, über die Grenzen nach Deutschland zu gelangen. (Die Angehörigen der Waffen-SS und der Organisation Todt und des NS-Fliegerkorps gelten als Teil der Wehrmacht und sind daher nicht in dieser Liste aufgeführt.)

C. Die Identifizierung ›aktiver Nazis‹, soweit sie nicht durch ihre offizielle Stellung zu identifizieren sind

Die Auflösung der Nazi-Partei und die Verhaftung der verantwortlichen Amtsträger in Partei und Regierung sind nur ein erster Schritt, den Nazismus aus der Gesellschaft zu eliminieren. Viele der aktivsten Nazis werden von den oben definierten Kategorien nicht erfaßt, und viele gesellschaftliche und wirtschaftliche Institutionen, die für den Aufstieg und den Fortbestand des Nazismus von entscheidender Bedeutung waren, erscheinen leicht als »neutrale« Einrichtungen außerhalb des Einflußbereichs der Nazi-Partei.[10] Aktive Nazis, soweit sie nicht durch ihre offizielle Stellung als solche zu erkennen sind, zu entdecken, ist schwierig und kann wohl nur mit Hilfe der Bevölkerung gelingen. Verdächtig sind Personen, die während der Nazizeit beteiligt waren

1. an der Denunzierung von politischen Gegnern des Naziregimes und/oder an deren Verhaftung;

10 Diese Institutionen werden diskutiert in den entsprechenden Leitfäden über Verwaltung, Arbeiterschaft usw.

2. an der politisch motivierten Aufhetzung zu Gewaltakten und zu Brutalität gegen politische und religiöse Gegner des Naziregimes, gegen ausländische und deutsche Arbeiter, gegen Juden, Kriegsgefangene usw. oder an solchen Gewalttätigkeiten selbst;
3. an der Verbreitung der Naziideologie (im Falle von Lehrern, Schriftstellern, Herausgebern, Verlegern, Autoren, Ärzten, Juristen usw. über ihre beruflichen Verpflichtungen hinaus);
4. an der bereitwilligen Entgegennahme von Ehrungen durch die Nazi-Partei;
5. an der Aneignung von Sacheigentum, Wertpapieren und anderem Eigentum von erheblichem Wert im Zusammenhang mit der Plünderung besetzter Gebiete, dem »Arisierungs«-Programm und der Beschlagnahme von Eigentum von politischen Gegnern, von Juden, von »Volksschädlingen« usw.
Überdies müssen bis zur Feststellung ihrer Gutgläubigkeit folgende Personengruppen als verdächtig gelten:
6. Die politischen Repräsentanten der Deutschen Arbeitsfront (zusätzlich zu den oben unter Ziffer 22 und 23 aufgeführten) in den Fabriken, Betrieben und Büros (die Unterführer, Betriebsobmänner usw.). Es muß jedoch betont werden, daß in manchen Fällen Nicht-Nazis oder sogar Antinazis solche Funktionen übernommen haben, um ihre oppositionelle Haltung zu tarnen.
7. Personen, die der NSDAP vor 1933 beigetreten sind.
Bei der Zuordnung zur letztgenannten Gruppe und – in geringem Umfang – auch zur Gruppe 6 können genaue und objektive Kriterien zugrunde gelegt werden. Hingegen sind bei den fünf ersten Gruppen Kriterien im Spiel, die einen sehr breiten Interpretationsspielraum lassen; sie erfordern daher umfangreiche Nachforschungen, wenn es nicht zu ernstlichem Mißbrauch kommen soll. Für diese Kriterien oder vergleichbare, wie sie von Nazigegnern aufgestellt werden könnten, müssen also diejenigen Personen aus der örtlichen Bevölkerung zu Rate gezogen werden, die am besten über das faktische Verhalten von Nazis Bescheid wissen.
Die Erfahrung hat die Unzulänglichkeit der beiden weithin üblichen Methoden erwiesen, nämlich der Identifizierung durch namhafte Personen am Ort (also Pfarrer, Richter, Bürgermeister usw.) und durch anonyme Denunziationen. Die lokalen Amtsinhaber sind, selbst wenn sie nicht Parteimitglieder oder aktive Nazis waren, durch politische und gesellschaftliche Beziehungen mit den Nazis eng verbunden gewesen; in vielen Fällen werden diese Personen nicht nur sich scheuen, die wirklichen Nazis anzuzeigen, sondern sie sogar vor Denunziation von anderer Seite schützen und verteidigen wollen. Kirchenführer, sofern sie sich nicht selbst durch die Unterstützung des Naziregimes kompromittiert haben, können eine weitaus verläßlichere Informationsquelle sein. Jedoch haben sie auf-

grund ihrer apolitischen Einstellung häufig einen sehr engen Begriff von »aktiven Nazis« und sind geneigt, eher auf Personen ihr Augenmerk zu richten, die sich in kirchliche Angelegenheiten eingemischt haben. Anonyme Hinweise wird es in großer Zahl geben, und die Besatzungsbehörden werden in vielen Fällen kaum umhin können, diesen nachzugehen; doch sie sollten nicht als Hauptinformationsquelle oder als Grundlage für die endgültige Entscheidung akzeptiert werden. Denn bei Denunziationen wird leicht das Element persönlicher Rache überwiegen; oder Nazis bedienen sich selbst dieses Mittels, um ihre eigenen Aktivitäten in der Vergangenheit zu kaschieren.

Eine genaue Identifizierung ist am ehesten von Nazi-Gegnern, die die betreffende Person und ihre Machenschaften kennen, zu erwarten. Es empfiehlt sich, daß die Besatzungsbehörden zu diesem Zweck so früh wie möglich Kontakt zu örtlichen Gruppen von Nazigegnern aufnehmen.

Sämtliche Personen, die den sieben genannten Kategorien zuzurechnen sind, sollten sorgfältig überprüft werden. Nicht alle von ihnen müssen noch zum Zeitpunkt der Besetzung gefährliche Nazis sein; manche von ihnen mögen ihre Gesinnung geändert und ehrlich Abstand genommen haben. Doch findet sich in diesen Gruppen mit Sicherheit der schlimmste und brutalste Typus des aktiven Nazis. Die Bewertung von Verdächtigen muß daher vom Ergebnis der Überprüfung des Einzelfalles abhängen, und dementsprechend werden die Maßnahmen von der Gefängnisstrafe oder Inhaftierung bis zur Überwachung oder zur Amtsenthebung reichen.

Eine Untersuchung erfordert jedoch zwangsläufig langwierige Verfahren. Es sollten daher Sofortmaßnahmen ergriffen werden, um zu verhindern, daß aktive Nazis oder aktive Nazi-Sympathisanten wichtige öffentliche Funktionen übernehmen oder weiterhin wahrnehmen. Dazu folgende Vorschläge:

Während der Dauer der erforderlichen Überprüfung sollten alle Personen, die zu den folgenden Gruppen gehören, von der Ausübung wichtiger öffentlicher Funktionen ausgeschlossen sein:[11]

1. außer den in der Liste auf S. 162ff. genannten Funktionären alle bezahlten und unbezahlten (ehrenamtlichen) Repräsentanten der Nazi-Partei und der ihr angeschlossenen oder von ihr kontrollierten Organisationen;

2. aktive Mitglieder der Partei, der SS, SA und anderer paramilitärischer Parteiorganisationen sowie Mitglieder der Nazi-Partei mit eher politischen als technischen Aufgaben;

3. zusätzlich zu den in der Liste auf S. 162ff. aufgeführten, bei der Regierung oder in der Wirtschaft Beschäftigten sämtliche Personen, die dem

11 Vgl. den Civil Affairs Guide: *General Principles of Administration and Civil Service.*

Naziregime in führenden Positionen in der Regierung oder in der Organisation der Wirtschaft treu gedient haben.
Diese Gruppen sollten auch von der Ausübung ihres Wahlrechts im Falle von Wahlen ausgeschlossen werden. Bei der Auswahl irgendwelcher Funktionsträger und bei der Vorbereitung irgendwelcher Wahlen sollten die Besatzungsbehörden eidesstattliche Erklärungen über die Stellung der Bewerber zum Naziregime entsprechend Ziffer 1–3 oben einfordern. Für Falschaussagen sollten harte Strafen angedroht werden.
[...]

Dokument III. 2
Leitfaden für die Zivilverwaltung
Die Auflösung der Nazipartei und der ihr angeschlossenen Organisationen

Nachtrag
Die Entnazifizierung bedeutender Wirtschaftskonzerne in Deutschland

Dieser Beitrag verfolgt den Zweck, die im Leitfaden der Zivilverwaltung über »die Auflösung der Nazi-Partei und der ihr angeschlossenen Organisationen«[1] niedergelegten Grundsätze zu ergänzen und ihre Anwendung auf eine spezifische Personengruppe zu zeigen: auf Führer und offizielle Vertreter der Wirtschaft, die in diesem Bereich einen beherrschenden Einfluß ausübten. Eine Liste mit den Namen der Betroffenen findet sich im Anhang. Als vorläufige Maßnahme wird empfohlen, diese Personen in Haft zu nehmen bis zum Abschluß der Überprüfung ihrer Vergangenheit und bis eine Entscheidung darüber herbeigeführt ist, unter welchen Bedingungen Nazis und Nazi-Sympathisanten auf freien Fuß gesetzt werden können.

I. Die im »Auflösungs-Leitfaden« niedergelegten Grundsätze

Der »Auflösungs-Leitfaden« hat das Problem der Wirtschaftsführer in zweierlei Weise aufgegriffen: Erstens hat er verschiedene Typen von Positionen bezeichnet, deren Inhaber die Organisation der deutschen Wirtschaft kontrollieren. Es wurde darauf hingewiesen, daß Personen in dieser Kategorie als »aktive Nazis« zu betrachten sind, und es wurde empfohlen, die Militärregierung solle diese Personen verhaften und bis zur endgültigen Klärung ihres Falles in Abstimmung mit zukünftigen Entscheidungen festhalten (S. 158ff.). Folgende Positionen wurden im einzelnen aufgeführt:

3. alle höheren Beamten (vom Ministerialrat aufwärts) in Speers Ministerium für Wehrwirtschaft und die Vorsitzenden der »Hauptausschüsse« und »Ringe« dieses Ministeriums

1 Schriftenreihe des Kriegsministeriums Nr. 31-110 – im folgenden zitiert als »Auflösungs-Leitfaden« oder »Leitfaden«. Die Zahlenangaben beziehen sich auf diesen Text.

17. die Leitung der Reichswirtschaftskammer, die Vorsitzenden der sieben »Reichsgruppen« und deren Stellvertreter;
die Vorsitzenden der sechs »Reichstransportgruppen« und deren Stellvertreter;
die Vorsitzenden der (ca. 60) den Reichsgruppen unterstellten Wirtschaftsgruppen;
die Vorsitzenden der (42) Gauwirtschaftskammern und der (18) angeschlossenen Wirtschaftskammern
18. alle Wehrwirtschaftsführer.

Zweitens hat der »Auflösungs-Leitfaden« in bezug auf die Wirtschaftsführer die Anwendung bestimmter Grundsätze empfohlen. Im Hinblick auf Wirtschafts- und andere Organisationen, die nicht erklärtermaßen politisch sind, hat der »Leitfaden« auf die Tatsache hingewiesen, daß

»viele gesellschaftliche und wirtschaftliche Institutionen, die für den Aufstieg und den Fortbestand des Nazismus von entscheidender Bedeutung waren, [...] als ›neutrale‹ Einrichtungen außerhalb des Einflußbereichs der Nazi-Partei« erscheinen.

Weiter fordert der »Leitfaden«, alle Personen von der Ausübung wichtiger öffentlicher Funktionen auszuschließen,

»die dem Naziregime in führenden Positionen in der Regierung oder in der Organisation der Wirtschaft treu gedient haben«.

Um deutlich zu machen, wer von diesem allgemeinen Grundsatz betroffen sein könnte, hat der »Leitfaden« bestimmte Kriterien benannt, mittels deren sich feststellen ließe, welche Verdächtigen, die nicht von ihrer offiziellen Position her als aktive Nazis zu identifizieren sind, in diese zweite Kategorie gehören. Unter den Kriterien sind zwei, die sich besonders auf Führungskräfte aus Industrie und Wirtschaft anwenden lassen:

»4. die bereitwillige Entgegennahme von Ehrungen durch die Nazi-Partei;
5. die Aneignung von Sacheigentum, Wertpapieren und anderem Eigentum von erheblichem Wert im Zusammenhang mit der Plünderung besetzter Gebiete, dem ›Arisierungs‹-Programm und der Beschlagnahme von Eigentum von politischen Gegnern, von Juden, von ›Volkschädlingen‹ usw.« (S. 164f.)

II. Die von dem »Auflösungs-Leitfaden« betroffenen Personen

Die Namen der Personen aus beiden der oben bezeichneten Kategorien sind in alphabetischer Reihenfolge in Anhang I aufgeführt. Es handelt sich um Personen, die in ganz besonderer Weise unterm Nationalsozialismus Erfolg gehabt haben, die das Nazisystem in seinen Anfängen begrüßt, ihm bei der Machtergreifung geholfen und es, solange es an der Macht war, unterstützt haben, die an der Beute aus seinen Enteignungen und Eroberungen Anteil gehabt oder unter den Nazis in anderer Weise eindeutig für ihre Karriere oder ihr Vermögen profitiert haben. Die Liste umfaßt annähernd 1800 Namen. Sie enthält nicht die Namen von offiziellen Repräsentanten der Nazis im Rang von Ministern oder darüber, denn dies sind unstrittige Fälle. Es fehlen auch die Namen von wichtigen Funktionären, die möglicherweise indirekten Einfluß auf die Wirtschaft gehabt haben (z. B. die Gauleiter, die Polizei usw.), ferner die Namen von untergeordneten Funktionären oder von Geschäftsleuten, die zwar einigen Einfluß gehabt haben, aber nicht zu den obersten Rängen Zugang fanden. Die Liste umfaßt die Namen all derjenigen, die Schlüsselpositionen in Wirtschafts- und Industriekonzernen innehatten (einschließlich Banken und Gesellschaften in Staatseigentum), außerdem in Unternehmen mit besonderer Bedeutung für die deutschen Kriegsanstrengungen, z. B. in Luftfahrt-, Rüstungs- und Munitionsfirmen. Tatsächlich gehören über 50 Prozent der genannten Wirtschaftsführer in die Kategorie derjenigen, deren Inhaftierung der »Auflösungs-Leitfaden« ausdrücklich empfohlen hat. Das heißt, sie haben entweder 1. wichtige offizielle Positionen in der »Selbstverwaltung« der Wirtschaft oder in anderen Institutionen der Organisation der Wirtschaft inne, oder sie gehören 2. dem Speer-Ministerium an; oder sie sind 3. Wehrwirtschaftsführer oder nehmen politisch maßgebliche Funktionen in typischen Nazikonzernen wie den Hermann-Göring-Werken, den Gustloff-Werken oder den Betrieben der Deutschen Arbeitsfront usw. wahr.[2]

III. Empfehlungen

Als sofortige Sicherheitsmaßnahme wird empfohlen, daß die Militärregierung diejenigen Personen, deren Namen in den Listen dieses »Leitfadens« erscheinen, in Gewahrsam nimmt und ihnen verbietet, während der Dauer dieses Gewahrsams irgendwelche Verfügungen über Eigentum zu treffen, Leitungs-, Aufsichts- oder irgendwelche anderen Funktionen für ein Wirtschaftsunternehmen wahrzunehmen.

Dies sollte keinerlei Entscheidung im Rahmen anderer Maßnahmen vorwegnehmen, die die Militärregierung zur Ausschaltung von Nazis in bestimmten Unternehmen oder Industriezweigen für notwendig erachten

2 Der »Auflösungs-Leitfaden« erwähnt zwar nicht ausdrücklich die Direktoren und offiziellen Repräsentanten solcher Unternehmen wie der Göring-Werke, aber sie gehören ganz offensichtlich zur Kategorie der »aktiven Nazis«.

könnte.[3] Auch sollte damit keine Vorentscheidung über die Verhaftung anderer Personen getroffen werden, die entsprechend den Bestimmungen des »Auflösungs-Leitfadens« mit gutem Grund als aktive Nazis gelten.

IV. Reichweite der Empfehlungen

Andere »Leitfäden« haben sich mit der Einschätzung besonderer Industriezweige oder Unternehmen befaßt und Vorschläge zur Kontrolle solcher Unternehmen während der Besatzungszeit und im Hinblick auf die Entfernung von Nazipersonal gemacht. Das oben empfohlene Vorgehen richtet sich in erster Linie gegen Personen und nicht so sehr gegen bestimmte Industriebranchen und Unternehmen. Es ist auf rasches Handeln in der ersten Phase der Kontrolle durch die Militärregierung angelegt, um die obersten Repräsentanten der Wirtschaft dingfest zu machen. Damit wird eine bedeutsame Personengruppe aus der Vielzahl von strategischen Positionen in der von ihr kontrollierten Wirtschaft ausgeschaltet werden. Die betroffenen Personen werden Gelegenheit haben, zu beweisen, daß sie keine Nazis sind. Da sie es in erster Linie selber sind, die alle Beweismittel kennen, dürfte es nicht unbillig sein, ihnen die Beweislast aufzubürden, wenn es darum geht, sich vom Verdacht des Nazismus zu befreien. In mehr als der Hälfte der Fälle ist der Verdacht sehr stark: bei den offiziellen Mitgliedern der Speer-Organisation; bei den Wehrwirtschaftsführern oder bei Repräsentanten von Unternehmen wie den Göring-Werken. Hier handelt es sich um Machtpositionen oder um Auszeichnungen, die nur solchen Personen zufielen, die das volle Vertrauen des Regimes genossen. In den anderen Fällen beruht der Verdacht auf dem außerordentlichen persönlichen Erfolg unter einem Regime, das alle Wirtschaftsaktivitäten für seine Rüstungs- und Eroberungsvorhaben einspannte.
Es wird also empfohlen, alle aufgeführten Personen (nicht nur diejenigen, die aufgrund ihrer offiziellen Position als aktive Nazis zu identifizieren sind) zunächst einmal in Gewahrsam zu nehmen; diese Anregung geht über die ausdrücklichen Empfehlungen des »Auflösungs-Leitfadens« hinaus. Der »Leitfaden« hatte die Notwendigkeit betont, alle Personen, die unter dem Naziregime leitende Stellungen in der Wirtschaft

3 Vgl. die Civil Affairs Guides: *Control, Ownership and International Relationships of Leading German Combines; Coal Production and Distribution in Germany; The Administration of the German Iron and Steel Industry; The German Reichsbank Policy and Control; Water, Gas, Electricity, and Communication in Germany; Elimination of Nazi and Pro-Nazi Personnel from Transport and Utility Institutions in Germany; Elimination of Nazis from the German Banking Structure.*

eingenommem haben, zu überprüfen; bis zum Abschluß dieser Untersuchungen sollte ihnen nach dem Vorschlag des »Auflösungs-Leitfadens« die Ausübung jedweder wichtiger öffentlicher Funktionen untersagt werden (vgl. oben). Es wäre jedoch leichtsinnig, eine Gruppe, die unter derartig schwerwiegendem Verdacht steht, in Freiheit zu belassen. Die Haftzeit ließe sich abkürzen, wenn der Verdacht nach dem Ergebnis erster Untersuchungen nicht mehr gerechtfertigt erscheint. Im Falle derjenigen Wirtschaftsführer, die aufgrund ihrer offiziellen oder privaten Biographie eindeutig der Kategorie der aktiven Nazis zuzurechnen sind, ist eine Inhaftierung durch die Militärregierung bis zu dem Zeitpunkt gerechtfertigt, an dem durch politische Entscheidung festgelegt wird, wie mit diesem Typus von Nazis zu verfahren ist.
[...]

Dokument III. 3
Führerprinzip und strafrechtliche Verantwortung

Einleitung

Dieser Beitrag hat die Aufgabe, die allgemeine Theorie der Verantwortlichkeit eines Vorgesetzten für die Handlungen seiner Untergebenen in der hierarchischen Organisation der Nazis darzustellen.
Seiner Struktur und Funktion nach war der Nazistaat so beschaffen, daß zwar alle Macht und Autorität bei Hitler als dem Führer lagen, aber zugleich ein hohes Maß an unumschränkter Macht von bereichsspezifischen »Unterführern« ausgeübt wurde. Diese waren nicht so sehr willenlose Werkzeuge von Hitler und anderen hohen Funktionären der Hierarchie als vielmehr Mitarbeiter im Nazisystem, und als solche waren sie für die Formulierung umfassender politischer Maßnahmen in ihrem jeweiligen Kompetenzbereich verantwortlich. Je mehr derlei Maßnahmen mit einer politischen Intention verknüpft waren, desto freier waren sie von rechtlichen Beschränkungen und desto geringer war die Wahrscheinlichkeit, daß irgendwelche spezifischen Anordnungen der politischen Führung an die ausführenden Untergebenen ergingen. Es fehlten also direkte Anordnungen, oft sogar bei der politischen Führung jegliche Kenntnis davon, welche Methoden bei der tatsächlichen Ausführung politischer Pläne angewendet wurden. Es wird daher erhebliche Schwierigkeiten bereiten, die Führer nach herkömmlichen juristischen Prinzipien zu belangen. So setzt z. B. die juristische Definition der Verschwörung eine absichtsvolle Teilnahme des Mitverschwörers an dem kriminellen Vorhaben voraus; und der Theorie vom Hauptschuldigen und Mitschuldigen zufolge muß eine spezifische Anstiftung oder jedenfalls »Vorschubleisten« beim Begehen einer Straftat nachweisbar sein, bloße Zustimmung oder Einwilligung reicht zur Verurteilung nicht aus. Nach der von den Nazis vertretenen Theorie der Verantwortlichkeit ist jedoch ein Führer für die Handlungen seiner Untergebenen auch dann verantwortlich, wenn er möglicherweise eine bestimmte Handlung eines Untergebenen nicht angeordnet oder seine Einwilligung dazu gar nicht gegeben hat. In Analogie zur »Führerschafts-Theorie« der Verantwortlichkeit, wie sie von den Nazis selbst entwickelt wurde, ließe sich eine Theorie der strafrechtlichen Verfolgung von Kriegsverbrechen entwerfen, die den besonderen Umstän-

den, wie sie in der Nazihierarchie entstanden sind, Rechnung trägt. Sie wäre für ein beschuldigtes Mitglied der Nazipartei oder des Nazistaates weit plausibler als jedes andere überkommene rechtstechnische System, dem man sonst folgen könnte.

I.

Nach der Theorie der Nazis ist das deutsche politische Gemeinwesen als »Führungsordnung«[1] organisiert und auf drei Grundpfeilern aufgebaut: der Nazi-Partei, dem Staatsapparat und dem Militär. Das bedeutet, daß Macht und Amtsautorität stets von einem einzelnen »Führer« ausgeübt werden, der sich zwar auf das angebliche Vertrauen und die Treuepflicht seiner »Gefolgschaft« stützt, aber in seinem Zuständigkeitsbereich an oberster Stelle steht und von keinerlei parlamentarischer oder sonstwie repräsentativer oder demokratischer Kontrolle abhängig ist.[2]
An der Spitze der gesamten Struktur vereinigt also Hitler als »Führer«[3] alle politische Macht in seiner Person, ohne Einschränkungen durch irgendeine Gruppe oder Institution, sei es des Staates oder der Partei oder sonstiger Art; er ist, der Nazitheorie zufolge, einzig seinem »Gewissen« und dem »Urteil der Geschichte« verantwortlich.[4]
Im Schatten des Führers bestimmt das »Führerprinzip« die gesamte Struktur der Nazi-Gesellschaft:

»Das Führertum ist eine allgemeine Gestaltungsform im öffentlichen Leben des völkischen Reichs. Es gilt nicht nur für bestimmte Einzelbereiche, sondern ergreift alle Organisationen, Einrichtungen und Verbände, die am Gemeinschaftsleben des Volkes teilhaben. [...] Die staatlichen Einrichtungen –

1 Vgl. als eine der jüngsten und umfassendsten Darstellungen: H. B. Brausse, *Die Führungsordnung des deutschen Volkes*, 2. Aufl. Hamburg, 1942.
2 Dieser Gedanke wurde im wesentlichen von Hitler bei der Diskussion der Führungsorganisation der Partei, damals noch im legalen Gewand einer privatrechtlichen Vereinigung formuliert:
»Der erste Vorsitzende ist verantwortlich für die gesamte Leitung der Bewegung. Er teilt die unter ihm stehenden Kräfte des Ausschusses sowohl als die sonst noch notwendigen Arbeiter in die zu leistende Arbeit ein. Jeder dieser Herren ist für die ihm übertragenen Aufgaben restlos verantwortlich.« Hitler, *Mein Kampf*, 424.–428. Aufl., München 1939, S. 661.
3 Die Bezeichnung »Führer« ist in der Naziliteratur stets Hitler vorbehalten. Die unter ihm stehenden Führer in den verschiedenen Bereichen und Gebieten werden als »Unterführer« bezeichnet.
4 »Im Führerstaat ist die Staatsgewalt wieder in die Hand des einen und ausschließlichen Führers gelegt.« E. R. Huber, *Die deutsche Staatswissenschaft. Zeitschrift für die gesamte Staatswissenschaft*, Bd. 95, Tübingen 1934/35, S. 41f. »In allen Bezirken des politischen Geschehens gibt der Führer die Ziele an, die zu befolgen sind, und trifft er die Grundentscheidungen, die notwendig sind. [...] – In allen Angelegenheiten der Bewegung, des Volkes und des Reiches hat der Führer die alleinige letzte Entscheidungsgewalt. [...] Ihm kommt nicht nur die gesamte Exekutive in voller Unabhängigkeit zu, sondern auch Gesetzgebungs- und Gerichtsgewalt sind in seine Hand gegeben.« E. R. Huber, *Verfassung*, Hamburg 1937, S. 114, 121.

vor allem Verwaltungsaufbau, Wehrmacht, Arbeitsdienst – werden ebenso wie die Ordnungen des ständischen Lebens – Wirtschafts- und Kulturverbände, Arbeitsfront, Betriebsgemeinschaften – durch das Prinzip der Führung bestimmt.«[5]

Das impliziert z. B. im Sektor der staatlichen Verwaltung, daß es keine Räte oder repräsentativen Gremien mehr gibt, die an der Planung politischer Maßnahmen oder am Entscheidungsprozeß irgendeinen Anteil hätten (auch wenn sie als »beratende« Gremien noch fortexistieren mögen). Das Kollegialitätsprinzip ist in der gesamten Bürokratie durch die Ein-Mann-Entscheidung ersetzt worden, wobei ein Amtsträger stets die vollständige Gewalt über seine Untergebenen und die ausschließliche Verantwortung gegenüber seinen Vorgesetzten hat.[6] Freilich hat es in der Naziliteratur eine ziemlich heftige Diskussion über die Frage gegeben, ob Verwaltungsleiter wirkliche »Führer« im Sinne der Nazis sind und ob sie, wie einige Autoren vortragen, jenes spezifische und hinreichend enge »Treueverhältnis« zu ihrer »Gefolgschaft« haben, das angeblich für Führer-Gefolgschafts-Beziehungen in der Partei charakteristisch ist.[7] Dieses Argument berührt jedoch nicht das entscheidungsstrukturelle Element des Führerprinzips, wie es oben skizziert wurde und das seinen autoritären Charakter ausmacht.[8]
Bereiche der »Unterführerschaft« wurden von den Nazitheoretikern auf der Grundlage der neuen »Führungspyramide«, die in den verschiedensten Belangen des öffentlichen Lebens in Geltung ist, sorgsam festgelegt.[9] So sind im Bereich der Staatsregierung die verschiedenen Minister die wichtigsten Mitarbeiter des Führers. Diese sind wirkliche »Unterführer«. »Der Führer benutzt die Reichsminister nicht als untergeordnete ausfüh-

5 Ebd., S. 94.
6 Hans Frank, »Die Technik des Staates«, in: *Deutsches Recht,* Bd. 11, Berlin 1941, S. 2626: »Das Führerprinzip in der Verwaltung heißt demnach: an die Stelle des Ergebnisses einer Mehrheitsentscheidung jeweils die Entscheidung einer bestimmten, mit klaren Vollmachten versehenen Persönlichkeit unter deren Eigenverantwortung nach oben zu setzen und ihrer Autorität die Verwirklichung nach unten anzuvertrauen.« Vgl. auch: Otto Koellreutter, *Deutsches Verwaltungsrecht,* Berlin 1938, S. 8.
7 Ein Überblick über die verschiedenen Theorien findet sich bei C. H. Ule, »Herrschaft und Führung im nationalsozialistischen Reich«, in: *Verwaltungsarchiv,* Bd. 45, Berlin 1940, S. 205 ff. Der prominenteste Vertreter der Theorie, daß Verwaltung »echte« Führerschaft bedeutet, ist Huber (vgl. Huber, *Verfassung,* a. a. O. S. 94, 243 f.); seine hervorragenden Gegner sind R. Hoehn und Th. Maunz (vgl. Maunz, *Verwaltung,* Hamburg 1937, S. 43 f.), die behaupten, die Bürokratie sei eine bloße Apparatur in den Händen der wahren Führer.
8 Wie sehr alles andere reine Ideologie ist, zeigt sich in der Betonung des Rechts des alleinigen Führers, zu entscheiden, was der »Wille« seiner »Gefolgschaft« ist, die er angeblich »verkörpert«: »Der Führer verficht die objektive Idee der Nation, notfalls auch gegen die subjektive Willkür der irregeleiteten Volksstimmung.« Huber, »Die deutsche Staatswissenschaft«, in: *Zeitschrift für die gesamte Staatswissenschaft,* Bd. 95, 1935/36, S. 41.
9 Zu einigen Einzelheiten hinsichtlich der Realisierung des Führerprinzips bei der tatsächlichen Organisation des öffentlichen Lebens in Nazi-Deutschland vgl. Anhang I.

rende Organe«, als bloße technische Agentur, sondern als »Mitarbeiter [...], die in ihrem Aufgabenbereich schöpferisch und gestalterisch zu wirken vermögen [...], als verantwortliche Mitgestalter des Führers, die ihr Amt unter der Leitung des Führers selbständig verwalten«.[10] Daß er Gesetze mitunterzeichnet, ist ein Symbol dafür, daß der Minister »mehr [ist] als nur ein technisches Hilfsorgan des Führers, daß er vielmehr selbständige sachliche Arbeit leistet«.[11] Seine Unterschrift bedeutet, daß er die Verantwortung gegenüber dem Führer übernimmt. Ähnlich und auf der gleichen Stufe sind »Spitzenbeamte« wie der Chef der Polizei oder der Reichsarbeitsführer des Arbeitsdienstes unmittelbare »Unterführer« unter dem Führer.[12]

Während die Reichsregierung also den »Obersten Führerrat« bildet, sind als wichtigste »Unterführer« der staatlichen Bürokratie mit eigenem, autonomem Zuständigkeitsbereich u. a. die Reichsgouverneure, Provinzialpräsidenten, Bezirkspräsidenten und Landräte zu nennen. Die Oberbürgermeister und Bürgermeister der größeren und kleineren Städte gelten ebenfalls allgemein als »Führer« ihrer Gemeinden, da alle repräsentativen Institutionen der lokalen Selbstverwaltung abgeschafft wurden.[13] »An der Spitze jeder deutschen Gemeinde steht heute ein Gemeindeleiter, der die alleinige Verantwortung trägt und damit in einem ganz anderen Sinne als der frühere Gemeindevorsteher zur zentralen Figur geworden ist.«[14]

In ähnlicher Weise ist die Wirtschaft eine »Führungswirtschaft« geworden, an deren Spitze Göring als Bevollmächtigter des Vierjahres-Planes steht. Ihm unterstehen die Führer der verschiedenen Organisationen der sogenannten »Selbstverwaltung der Wirtschaft«, die »Wehrwirtschaftsführer« usw.[15] Daneben gibt es die Führer und Unterführer der anderen »Standes«-Organisationen, wie des Reichsnährstands, der Arbeitsfront, die Führer der Gewerbe- und Handwerksinnungen.[16] Gegenüber der Arbeiterschaft wurden nicht nur den Reichstreuhändern der Arbeit, sondern jedem »Betriebsführer« solche Führerfunktionen eingeräumt.[17] In

10 Huber, *Verfassung,* a. a. O., S. 115ff.
11 Ebd., S. 116f.
12 Koellreutter, *Deutsches Verfassungsrecht,* 3. Aufl. Berlin 1938, S. 139.
13 Vgl. Huber, *Verfassung,* a. a. O., S. 291.
14 Arnold Köttgen, *Deutsche Verwaltung,* 2. Aufl. Berlin 1937, S. 100; Vgl. auch Weidemann, »Die Selbstverwaltung der Gemeinden und Gemeindeverbände«, in: Frank (Hrsg.), *Deutsches Verwaltungsrecht,* München 1937, S. 218: »Im Gegensatz zur alten Städteordnung gibt es für den Bürgermeister keine Verschiebung der Verantwortung auf Kollegien oder Parlamente mehr.«
15 Huber, *Verfassung,* a. a. O., S. 294f.; Brausse, a. a. O., S. 144; Dannbeck, »Die Amtshaftung«, in: Frank, *Deutsches Verwaltungsrecht,* München 1937, S. 297.
16 Brausse, a. a. O., S. 166ff; W. Laforet, *Deutsches Verwaltungsrecht,* München 1937, S. 89ff.
17 Brausse, a. a. O., S. 163ff.

der Armee und in der Partei hat das Führungsprinzip selbstverständlich seinen augenfälligsten Ausdruck gefunden. Was die Partei angeht, so bilden unter dem Führer und seinem Stellvertreter die Reichsleiter den obersten Führerrat, ihnen unterstehen die verschiedenen regionalen und funktionalen »Hoheitsträger« der Partei und der Parteiorganisationen.[18]

II.

Angesichts dieser sehr fest umrissenen Ordnung von Zuständigkeiten in der Führungshierarchie der Nazis könnte es scheinen, als gäbe es ein ähnlich klar umrissenes System von Verantwortlichkeiten, das sich auf der Basis der individuellen Anweisungen und Befehle der verschiedenen Führer und Unterführer in ihren jeweiligen Sachgebieten und Kompetenzbereichen erhebt. Dies ist jedoch nicht der Fall. Es wäre der Fall in einem nicht-totalitären System, in welchem die Kompetenzen und deren Schranken auf genau definierten gesetzlichen Bestimmungen beruhen und in dem angenommen werden kann, daß die Inhaber von Amtsgewalt oder von offiziellen Funktionen innerhalb dieser Schranken agieren. In dergleichen Systemen können Handlungen, die gesetzliche Grenzen überschreiten, dem individuellen Amtsträger zugeschrieben werden, der gehandelt oder in einem bestimmten Fall Anweisungen zum Handeln gegeben hat, und nicht seinem Vorgesetzten. Im Gegensatz dazu ist das totalitäre System der Nazis außer durch das Führerprinzip noch dadurch charakterisiert, daß die einzelnen Behörden und Organisationen weitgehend von gesetzlichen Beschränkungen ausgenommen sind. So besitzen die Führer nicht nur unlimitierte Machtbefugnisse, sondern auch einen praktisch unbegrenzten Handlungsspielraum. Das heißt, im allgemeinen wirkt ein Führer oder Unterführer nicht so sehr mittels direkter Anweisungen, er formuliert vielmehr bestimmte Prinzipien und politische Grundsätze und delegiert im übrigen die Festlegung der Ausführungsbestimmungen an seine Untergebenen in den verschiedenen Bereichen und Regionen. Einer der Gründe, warum das Nazi-System sich nicht vor allem auf ausdrückliche Befehle, sondern eher auf die Beachtung und Befolgung impliziter politischer Grundsätze stützte, liegt in der faktischen Illegalität oder Amoralität der Mehrzahl seiner politischen Maßnahmen. So wäre es z. B. aus Sicherheitserwägungen wie aus Gründen der Propaganda nach innen und außen nicht ratsam gewesen, die Politik der Judenvernichtung, einschließlich ihrer »technischen« Einzelheiten (der systematischen Verschleppung, der Errichtung von Gaskammern,

18 Brausse, a. a. O., S. 137ff; Koellreutter, *Deutsches Verfassungsrecht,* S. 154, Dannbeck, a. a. O., S. 297.

der Beseitigung und der »Verwendung« der Leichen usw.), in schriftliche Anweisungen zu fassen, die von der Spitze der politischen Entscheidungsgewalt bis hinunter zu den ausführenden Organen an der Basis hätten vermittelt und spezifiziert werden müssen. Daher formulierte man an der Spitze allgemeine politische Richtlinien und verließ sich bei deren Durchsetzung auf die Unterführer, ohne daß diese konkrete Anweisungen empfangen hätten.

Es hat deshalb die Nazi-Theorie der Führung immer wieder betont, daß die Führer (einschließlich der Unterführer) einerseits frei sind von »formalistischen« und »legalistischen« gesetzlichen Beschränkungen, während andererseits jeder von ihnen strikt daran gebunden ist, in jeder seiner Handlungen die Grundprinzipien des Nationalsozialismus zu beachten und in jedem Einzelfall »im Geist des Nationalsozialismus« zu handeln. So besteht nach Huber[19] »der Sinn jeder Verwaltungstätigkeit [darin], den Willen des Führers als obersten Träger der politischen Gewalt zu verwirklichen«. Dies bedeutet jedoch nicht,

»die Verwaltung unter abstrakte Normen zu stellen, wie im liberalen Rechtsstaat. Dort hatte das Prinzip von Gesetzmäßigkeit der Verwaltung den Sinn, daß jeder Exekutivakt im Gesetz genau vorausbestimmt sein sollte. [...] Das Führerreich kennt dieses Streben, die Exekutive durch ganz spezialisierte Gesetze zu beschränken, nicht. [...] Durch die Tätigkeit der Verwaltungsbehörden wird das im Volke lebendige Recht entfaltet und verwirklicht, es wird nicht einfach die formale, im Gesetz niedergelegte Norm vollzogen. Deshalb können Verwaltungsbehörden unter Umständen auch ohne ausdrückliche gesetzliche Grundlage tätig werden, wenn nämlich das im Volk lebendige ungeschriebene Recht diese Tätigkeit verlangt.«

Ähnlich stellt ein anderer Nazi-Theoretiker fest, »daß grundsätzlich [...] auch der Verwaltungsbeamte in eine persönliche Verantwortung hineingestellt wird, ohne sich hinter gegebenen Ordnungen verschanzen zu können«. Um den Führungscharakter der Verwaltung zu behaupten, werde der neue Staat zu viele gesetzliche Regelungen eher vermeiden.[20]

Allerdings hing dieser Spielraum bei der Weitergabe und Befolgung von Richtlinien ohne Rücksicht auf gesetzliche Beschränkungen davon ab, wie weit der Gegenstand der jeweiligen Richtlinie einen »politischen« Aspekt aufwies. Je bedeutender der politische Aspekt einer Maßnahme war, desto weniger sollte sie gesetzlichen Restriktionen unterworfen sein. Je mehr andererseits eine Maßnahme mit rein »technischen« Belangen zu tun hatte, desto mehr sollte sie ausdrücklichen Regelungen unterliegen. Freilich nimmt im Nazisystem noch der »neutralste« und »technischste«

19 *Verfassung,* S. 149f. Vgl. auch Huber, »Justiz und Verwaltung«, in: *Deutsches Recht,* 1935, S. 403.

20 Arnold Köttgen, *Deutsche Verwaltung,* S. 21f, 42.

Vorgang politischen Charakter an, da alles und jedes der politischen Beurteilung im Lichte der Vereinbarkeit oder Unvereinbarkeit mit der nazistischen »Weltanschauung« bedarf. Mehr noch, selbst die Verrichtungen der »technischen« Dienststellen können zu Hilfstätigkeiten für hochpolitische Aktionen werden, so z. B. wenn dem Präsidenten einer Eisenbahndirektion der Auftrag erteilt wird, Transportmittel zum Import ausländischer Arbeitssklaven in das Reich oder zur Deportation von Juden in die Vernichtungslager bereitzustellen. Dennoch ist es möglich, zwischen Behörden und Tätigkeiten, die üblicherweise politisch sind, und solchen, die unpolitische sind, zu unterscheiden.[21] Zu den ersteren gehört vor allem die Polizei, die nach Auffassung der Nazis weit umfassendere Funktionen als lediglich die Aufrechterhaltung von Sicherheit und Ordnung hat. In ihrer übergreifenden Funktion, die innere Struktur von Staat und Gesellschaft gegen jede Störung zu verteidigen, wird sie mit der Armee verglichen,[22] und ihre wichtigste Abteilung, die Gestapo, ist in der Tat allmächtig, denn im Nazistaat liegt die »Kompetenz-Kompetenz«, das heißt, das Recht, über Zuständigkeiten zu entscheiden, bei der politischen Autorität.

Für den polizeilichen Sektor hat deshalb die Nazi-Theorie ganz offen das Prinzip der im Grunde »gesetzlosen« Aktion der öffentlichen Behörden anerkannt. Vorausgesetzt, die Polizei hat im Nazistaat die allgemeine »Aufgabe«, Staat und Regime vor Störungen jeder Art zu schützen, so bedeutet das, daß alle ihre Handlungen (sei es in der Form von Erlassen, Verfügungen, internen Anweisungen, sei es in Gestalt baren Handelns) über jedem geltenden Recht stehen:

»Die Tätigkeit der Polizei ist nicht rechtlos oder rechtswidrig, auch wenn sie von den Polizeigesetzen abweicht, sondern sie setzt neues Polizeirecht. Dies ändert, gleich in welcher Form [...] es in Erscheinung treten mag, das bisher geltende Polizeirecht – und habe es die Form des Gesetzes – wirksam ab.«[23]

Die Polizei soll sich von allen anderen Zweigen der öffentlichen Verwaltung, die in festen und gleichbleibenden gesetzlichen Formen wirken, unterscheiden. »Allein die Wehrmacht im Kampf gegen den äußeren Feind und die politische Polizei im Kampf gegen die staatsgefährdenden Bestrebungen müssen von solchen Forderungen frei bleiben, um ihre Aufgaben

21 Vgl. dazu Ernst Fraenkel, *The Dual State,* New York 1941, deutsch: *Der Doppelstaat,* Frankfurt/M. 1974, wo zwischen »Maßnahmestaat« und »Normenstaat« unterschieden wird. Der erstere ist der Bereich der Gestapo. »Der Maßnahmestaat, der den Anspruch darauf erhebt, eine ›materielle‹ Gerechtigkeit zu repräsentieren, glaubt, [...] auf eine an die Form gebundene Gerechtigkeit verzichten zu können.« Sein Wesen sei daher »der Verzicht auf rechtlich gesicherte formale Bindungen« (S. 76).

22 Werner Best, *Die deutsche Polizei,* Darmstadt 1940, S. 13ff.

23 Ders., »Volksordnung und Polizei«, in: *Deutsche Verwaltung,* Stuttgart 1939, S. 241.

erfüllen zu können.«[24] Ein anderer Nazi-Autor[25] hat, um den praktisch unbegrenzten Ermessensspielraum der Polizei zu begründen, folgende These entwickelt:

»Die Polizei hingegen bleibt der irrationale unbestimmte Teil der Staatshoheit, der nach Ausgliederung aller Sondergebiete übrigbleibt. Ist die Hoheit des nationalsozialistischen Staates nicht rational begrenzbar, so muß es innerhalb der Staatsverwaltung auch eine letzte unbestimmbare Substanz geben. [...] Es gibt kein positives Gesetz, aus dem heute die Zuständigkeit der Polizei abgelesen werden könnte. Rechtsgrundlage der Polizei ist vielmehr lediglich das Wesen der Staatshoheit und ihre Ausgestaltung durch den Führer und Reichskanzler.«

Die Polizei berühre und durchdringe die Freiheit des Individuums auf irreguläre Weise, jede gesetzliche Autorisierung müsse hier Fiktion bleiben.

»Die Polizei wird daher zu einer Funktion, deren Aktivitäten allein dadurch bestimmt werden, was gerade politisch erforderlich ist, und das einzige auf die Polizei anwendbare ›Gesetz‹ besteht in der Gesamtheit von Vorschriften, die diese politische Aufgabe den verschiedenen Polizeibehörden zuweisen.«

Das heißt, die Polizei kann tun, was immer sie für nötig erachtet, ohne durch gesetzliche Beschränkungen behindert zu sein. Die einzigen gesetzlichen Restriktionen, die selbst unter dem Nazisystem in Geltung sind, betreffen die Regelung der internen Zuständigkeiten, indem sie diesem oder jenem Teil der Polizei vorschreiben, was er zu tun oder zu lassen hat, d. h. sie markieren funktionale und regionale Zuständigkeitsbereiche. Was Mittel und Maßnahmen angeht, gab es keine Schranken:

»Die rechtlichen Mittel für die präventivpolizeilichen Zwecke der politischen Polizei haben eine gesetzliche Regelung nicht gefunden. Sie können sie auch nicht finden, denn die präventivpolizeilichen Aufgaben der Politischen Polizei [...] können nicht für alle Zeiten beschrieben und normiert werden. [...] so muß die Politische Polizei zur Bekämpfung der staatsgefährdenden Bestrebungen freie Hand in der Wahl der jeweils erforderlichen Mittel haben. [...]Nach dieser Auffassung hat die Politische Polizei ihrem Wesen nach alle staatsgefährdenden Bestrebungen zu bekämpfen und damit das Recht, alle für diese Bekämpfung erforderlichen Maßnahmen durchzuführen, soweit nicht gesetzliche Bestimmungen ausdrücklich entgegenstehen. [...] Daß solche Schranken nach der Verordnung zum Schutze von Volk und Staat vom

24 Ders., »Die Politische Polizei des Dritten Reiches«, in: Frank (Hrsg.), *Deutsches Verwaltungsrecht,* S. 426.

25 Walter Hamel, »Wesen und Rechtsgrundlagen der Polizei im nationalsozialistischen Staate«, in: Frank (Hrsg.) a. a. O., S. 386 u. 389. Vgl. ders., »Die Polizei im neuen Reich«, in: *Deutsches Recht,* 1935, S. 412ff.

28. Februar 1933 und nach der Umstellung von der liberalen auf die nationalsozialistische Staats- und Rechtsauffassung nicht mehr bestehen, ist bereits dargelegt.«

Es gebe daher die »denkbar größte Skala an gesetzlich zulässigen Mitteln«.[26] In verschlüsselter, jedoch hinreichend klarer Sprache hat ein Nazi-Autor, der mit dieser radikalen Theorie und Praxis[27] offenbar nicht völlig übereinstimmte, beschrieben, wie im Zuge der Entwicklung des Polizeirechts unter dem Nazismus gesetzliche Beschränkungen völliger Gesetzlosigkeit und Willkür weichen mußten:

»Zweck und Arbeitsumfang der Geheimen Staatspolizei nach dem heute erreichten Stand können in keiner Weise durch die gesetzlichen Bestimmungen erschöpft werden, die für sie erlassen worden sind. [...]
Vom Organisatorischen, nicht vom Materiell-Rechtlichen her erfolgte der Umbau. Das im Augenblick Notwendige und Zweckmäßige überwog das Streben nach einem rechtlichen System inhaltlicher Sätze. In einem politischen Stadium rasch wechselnder Situationen mußte das entschlossene Zugreifen nach situationsgebundenen örtlichen Bedürfnissen wichtiger erscheinen als das peinliche Klammern an sorgsam ausgefeilte Rechtssätze. So ist das materielle Polizeirecht zunächst von sekundärer Bedeutung gewesen. [...]
Die Begriffe Sicherheit, Ordnung und Gefahr erwiesen sich als so elastisch, daß schlechterdings jede gemeinschaftsgestaltende, die völkischen Werte schützende, die Ordnung des Zusammenlebens stützende Handlung der Polizei mit ihnen gerechtfertigt werden konnte.«[28]

III.

Betrachtet man die hierarchische Struktur der nazistischen Führungsorganisation auf der einen Seite und den breiten und undefinierbaren Entscheidungsspielraum, der dem Führer bei der Verwirklichung politischer Leitideen zukam, auf der anderen, dann scheint es möglich, einen neuen Begriff von Verantwortlichkeit für Taten zu entwickeln, die im Namen des politischen Programms der Nazis begangen worden sind. Es handelt sich ja dabei um ein System, in dem auf einer bestimmten Stufe der Führungshierarchie allgemeine politische Richtlinien formuliert werden, deren Ausführung jedoch unteren Organen überlassen bleibt, ohne daß formale oder schriftliche Anordnungen hierzu ergingen und ohne daß den unteren Organen rechtliche Restriktionen auferlegt wurden. Ein solches System, so scheint es, weist die Verantwortung für alles, was bei der Aus-

26 Best, »Die Politische Polizei des Dritten Reiches«, a. a. O., S. 424.
27 Theodor Maunz, »Gestalt und Recht der Polizei«, in: E. R. Huber (Hrsg.), *Idee und Ordnung des Reiches,* Bd. 2, Hamburg 1943.
28 Maunz, a. a. O., S. 49, 53, 57. Vgl. auch ders., »Staatsbegriff und Verwaltung«, in: *Deutsches Recht,* 1935, S. 297.

führung der allgemeinen Richtlinien innerhalb der funktionalen und regionalen Zuständigkeitsbereiche geschieht, den Führern zu, unter deren Kontrolle diese Bereiche stehen, und zwar unabhängig davon, ob sie nachweislich besondere Anordnungen getroffen haben oder auch ob sie von den zur Ausführung der politischen Richtlinien gebrauchten Methoden gewußt haben. Ein Beispiel: Auf der höchsten Führungsebene ist als allgemeine politische Richtlinie beschlossen worden, »alle Juden ein für alle Mal aus dem europäischen Leben zu beseitigen«, und in Erfüllung dieses politischen Vorhabens wurde ein großer Teil der jüdischen Bevölkerung unter der Naziherrschaft tatsächlich vernichtet. Die Verantwortung für die Maßnahmen zur physischen Vernichtung ist dann allen Führern und Unterführern aufzubürden, die, unterhalb der obersten Führungsgruppe, funktional und regional für die Durchsetzung der nationalsozialistischen »Judenpolitik« zuständig waren. Sie alle haben vermutlich das Programm und die Politik der Nazis in dieser Frage gekannt, und sie alle haben ihre Position dazu benutzt, Programm und Politik zu realisieren, und sie alle haben gewußt, daß die politischen Direktiven ohne Rücksicht auf rechtliche Einschränkungen befolgt werden würden. Ob sie sich jeder Einzelheit der praktischen Ausführung in jedem einzelnen Fall bewußt waren, erscheint bedeutungslos.
Die Nazis selbst haben diese Interpretation der Verantwortung von »Führern« verfochten. So hat Hitler erklärt: »Wer Führer sein will, trägt bei höchster unumschränkter Autorität auch die letzte und schwerste Verantwortung.«[29] Naziautoren haben wiederholt diesen »Verantwortungs-Aspekt« von Hitlers Macht erwähnt.[30] Im Nazisystem war die Verantwortung des obersten Führers freilich praktisch nicht einklagbar; daher war der Grund dafür, diese Verantwortlichkeit hervorzuheben, offensichtlich rein propagandistischer Natur – es sollte damit suggeriert werden, daß das Naziregime, anders als »tyrannische« oder »diktatorische« Regimes, kein System der Willkür und Verantwortungslosigkeit sei.[31] In gleicher Deutlichkeit wurde die Verantwortlichkeit der Unterführer betont; hier handelte es sich jedoch darum, gegenüber den Vorgesetzten über die eigenen Handlungen und das eigene Verhalten Rechenschaft abzulegen. Allein unter dem Führerprinzip, so wird behauptet, gebe es »echte Verantwortung«: »Die Verantwortung, die es auferlegt, ist klar und eindeutig; niemand kann sie auf eine anonyme Mehrheit abschieben, sie ist unabwälzbar.«[32] Die Verantwortlichkeit der Führer wurde von Nazi-Theoretikern

29 *Mein Kampf,* S. 379.
30 Vgl. z. B. Huber, *Verfassung,* S. 93.
31 Vgl. z. B. Koellreutter, *Deutsches Verfassungsrecht,* S. 147: Der Führerstaat sei »keine Diktatur«, sondern »der Ausdruck der volksverbundenen Leitung dieses Volkes und dieses Staates durch Adolf Hitler«.
32 Vgl. Brausse, »Führung und Verwaltung«, in: *Verwaltungsarchiv,* Bd. 42, 1937, S. 90.

weit über die strafrechtliche Verantwortung hinaus gefaßt. Deren Konzept zufolge hat der Führer über das, was die seiner Führung Anvertrauten tun, Rechenschaft abzulegen, selbst wenn sie in einem besonderen Fall gegen seine Anweisungen und ohne eine zurechenbare Schuld des Führers (Vorsatz oder Fahrlässigkeit) gehandelt haben:

»Es steckt ein tiefer Sinn darin, daß sich ein Offizier unmöglich damit entschuldigen kann, seine Leute hätten versagt. [...] Der echte Führer sieht die Schuld seiner Gefolgschaft als seine Schuld an und steht für sie ein, auch wenn er persönlich für ihr Versagen einmal wirklich nichts kann. Er mag seinerseits die zur Verantwortung ziehen, die gefehlt haben, nach oben ist der Schuldige immer er. Nur von hier aus ist der Grundsatz: ›Autorität nach unten‹, ›Verantwortung nach oben‹ in seiner ganzen Tiefe zu begreifen.«[33]

Es dürfte in der Tat einen »tieferen Sinn«, eine fundamentale Rechtfertigung dafür geben, diejenigen zur Verantwortung zu ziehen, die unter dem Nazisystem die hohen Führungspositionen innegehabt haben. In einem System, das auf Terror einerseits und Propaganda (einem Meinungsmonopol) andererseits beruht, werden, so ließe sich argumentieren, die »Anhänger« auf den unteren Stufen der »Führungspyramide« nachgerade ihrer Fähigkeit, frei zu handeln, beraubt. Aufgrund physischen oder psychischen Drucks agierten sie, mehr oder weniger, wie Automaten; ihre Taten sollten daher rechtlich denen zugeschrieben werden, die diese Mittel der Beeinflussung gebraucht haben.
Selbstverständlich werden in der Theorie der Nazis Handlungen, die nicht mit dem Programm und der politischen »Linie« der Partei in Einklang stehen, als »Versagen« klassifiziert, für das die Führer zur Rechenschaft gezogen werden sollen. Wenn wir diese Maßstäbe umkehren und die Naziführer für das verantwortlich machen, was wir als Kriegsverbrechen auffassen, dann müßten sie sich zweifellos für all das verantworten, was in Übereinstimmung mit ihren eigenen Normen und mit ihren Richtlinien geschehen ist. Das »Gesetz«, nach dem die Naziführer gehandelt haben, war in Wahrheit die Abwesenheit jeder rechtlichen Schranke. Ihre Handlungen standen in Gegensatz zu dem, was die überwiegende Mehrheit der Völker und Nationen für die Grundregeln von Recht und Moral[34] halten. Diese Grundregeln auf die Naziführer anzuwenden, bedeutet nicht Rechtlosigkeit, sondern das Einklagen von Gerechtigkeit.

33 Vgl. Brausse, *Die Führungsordnung des deutschen Volkes*, S. 92.
34 In vielen Fällen sogar tatsächlich im Widerspruch zu Normen, die die Nazis selbst gelegentlich als rechtlich bindend anerkannt haben, wie z. B. die Haager Kriegsordnung oder die Genfer Konvention.

Dokument III. 4
Projektentwurf:
Die wichtigsten Nazi-Organisationen und ihre Beteiligung an Kriegsverbrechen

I. Aufgabe und Gegenstand der Untersuchung

Ziel des Projektes ist es, die juristische Verantwortung von Organisationen und Institutionen wie der Nazi-Partei, der Reichsregierung und der Wehrmacht für bestimmte Verbrechen festzustellen. Unsere Untersuchung setzt also bei Gruppen an und nicht bei Individuen; dem liegt die Annahme zugrunde, daß ein Prozeß gegen jene Organisationen oder deren untergeordnete Stellen die Verfolgung der Kriegsverbrecher beschleunigen würde. Es wäre damit auch leichter, zu beweisen, daß die Kriegsverbrechen der Nazis nicht lediglich Akte der individuellen Verletzung bestehender Gesetze, sondern Manifestationen eines umfassenden Planes waren, der zu seiner Verwirklichung, sei es notwendig, beiläufig oder implizit, der Unterstützung durch bestimmte Organisationen bedurfte.

Nach dem Konzept, das unserem Projekt zugrunde liegt, erübrigt es sich also, einen vollständigen Katalog der Nazi-Verbrechen zusammenzustellen, die von Gruppen oder Individuen begangen wurden. Art und Ausmaß dieser Verbrechen gingen vielmehr aus der weiter unten formulierten Liste bestimmter Anklagekategorien hervor. Es wäre auch nicht erforderlich, alle Nazi-Organisationen zu analysieren, um deren Funktionen zu ermitteln. Vielmehr wären nur diejenigen Organisationen oder Teile von ihnen zu untersuchen, die kraft ihrer rechtlichen Zuständigkeit die Verantwortung für bestimmte Kategorien von Kriegsverbrechen tragen, wie sie im folgenden zu definieren sind.

Beweise – dokumentarische oder andere – müssen für folgende Anklagepunkte erbracht werden:

a. daß die betreffenden Organisationen oder Teile von ihnen für den besonderen, wenngleich nicht unbedingt ausschließlichen Zweck geschaffen wurden, Verbrechen zu begehen oder Beihilfe dazu zu leisten, z. B. die SS, das Hauptamt für Wirtschaft und Verwaltung, die Amtsgruppe D, die Leitung und Verwaltung der Konzentrationslager;

b. daß aufgrund ihrer Funktionen diese Organisationen oder Teile von ihnen tatsächlich für Verbrechen benutzt wurden, z. B. die Organisation Todt;

c. daß aufgrund ihrer Funktionen diese Organisationen oder Teile von ihnen Verbrechen vorbereitet, veranlaßt, begünstigt, gerechtfertigt oder fortgesetzt ermöglicht haben, z. B. das Propagandaministerium, das Amt für den Vierjahresplan, der Volksgerichtshof und andere Behörden aus Politik, Propaganda, Gesetzgebung und Rechtsprechung.

II. Die Angeklagten

Es wurde vorgeschlagen, die Angeklagten in zwei Kategorien einzuteilen:

a. Einzelpersonen wie Hitler und Göring,

b. Organisationen wie die SS oder die Gestapo,

die so offensichtlich und in kollektiver Weise in Gewaltakte verwickelt waren, daß sie strafrechtlich zur Verantwortung gezogen werden können.

Angeklagt werden können offizielle oder inoffizielle Organisationen, und zwar, wie schon angemerkt, auf der Basis der Gruppenrepräsentanz; d. h. diese Gruppen können wegen Verbrechen oder wegen Beteiligung an Verbrechen angeklagt werden, indem das Verfahren gegen solche Gruppenangehörige eröffnet wird, die das Gericht für die Hauptrepräsentanten hält.

Unser Projekt befaßt sich mit der zweiten Kategorie von Angeklagten und mit Personen, die an der Spitze der in Betracht kommenden Organisationen standen, als die Verbrechen begangen wurden. Dies mag dann die Grundlage für die Auswahl individueller Anklageerhebungen bilden.

A. Auswahl der Organisationen

Die Auswahl der Nazi-Organisationen wird, wo es möglich ist, nach Funktion und nach Anklage differenziert werden.

1. Auswahl nach Funktionen

Der Begriff »Nazi-Organisationen« umfaßt eine Vielzahl von Gruppen und Institutionen, deren vielfältige Aktivitäten nicht alle auf Kriegsverbrechen oder Verbrechen ausgerichtet waren. Und es gab in einzelnen Nazi-Organisationen eine große Zahl von Funktionären und Mitgliedern, die unterschiedliche Verantwortung trugen oder keinerlei Verantwortung hatten. Infolgedessen wäre eine Anklage gegen manche Nazi-Organisationen in ihrer Gesamtheit, also z. B. gegen die NSDAP selbst, unpraktikabel. Sie erfaßte die unmittelbare Verantwortlichkeit bestimmter Dienststellen und Ämter innerhalb der betreffenden Organisationen für die Verbrechen, die in ihrem Zuständigkeitsbereich begangen wurden, nur unzureichend, z. B. die Rolle der Gestapo innerhalb des Reichssicherheitshauptamtes. Es hieße dies auch, zu ignorieren, welcher Grad an Verantwortlichkeit einzelnen Funktionsgruppen oder Stellen in diesen Organisationen zukam, z. B. den Gauleitern innerhalb der Partei. Es ist daher notwendig, die Verantwortlichkeit von Organisationen wie der NSDAP, der Regierung, der Wehrmacht, aber auch kleinerer Organisationen wie der SS, der Polizei usw. aufgrund einer Analyse der spezifischen Verantwortung ihrer jeweiligen Untergliederungen zu bemessen. Eine derartige Verfahrensweise kann nicht nur dazu beitragen, spezifische Verbrechen spezifischen Stellen zuzuordnen; sie wird es auch erleichtern, eine Rangordnung der Verantwortlichkeit (und der Bestrafung) nach der funktionalen Nähe einer Organisation oder einer Person zu dem jeweiligen Verbrechen festzulegen.

2. Auswahl nach Anklagepunkten

Um zu klären, welcher Verbrechen sie angeklagt werden sollen, wird man die einzelnen Organisationen und Behörden oder Teile von ihnen zu bestimmten Anklagekategorien in Beziehung setzen müssen.

Die Anklagepunkte lauten:

a) daß die Angeklagten zu einem Zeitpunkt vor dem 1. September 1939 sich einem gemeinschaftlichen Plan oder Unternehmen angeschlossen haben, dessen Ziel die Errichtung der vollständigen deutschen Vorherrschaft in Europa und letzten Endes in der Welt war, und daß dieser Plan oder dieses Unternehmen zu seiner Verwirklichung den Gebrauch ungesetzlicher Mittel bis hin zu grausamen Gewaltakten und weiter unten aufgeführten Verbrechen einschloß, diese direkt beabsichtigte oder in sein Kalkül einbezog;

b) daß die Angeklagten am oder um den 1. September 1939 und zu unterschiedlichen Zeitpunkten danach illegale Aggressionskriege begonnen haben;

c) daß die Angeklagten im Verlauf der Kriegshandlungen internationales Recht, die Gesetze, Regeln und Gewohnheitsrechte der Kriegführung bzw. des Seekrieges verletzt haben;

d) daß die Angeklagten vor oder nach diesen Aggressionskriegen sowie in deren Verlauf zu brutalen Gewaltakten und anderen Verbrechen aufgehetzt haben, Verbrechen dieser Art begangen oder billigend in Kauf genommen haben, und zwar unter Verletzung internationaler Gesetze und Verträge oder deutschen Rechts oder der Gesetze eines oder mehrerer der deutschen Alliierten, mitkriegführenden Länder oder Satellitenstaaten;

e) daß die Gewaltakte und andere oben erwähnte Verbrechen begangen wurden in der Folge, im Rahmen oder unter bewußter Ausführung eines gemeinschaftlichen kriminellen Plans oder einer entsprechenden Unternehmung.

B. Zuordnung der Verantwortlichkeit

Um eine Organisation als Angeklagte einzustufen, muß bewiesen werden, daß sie oder Teile von ihr an Verbrechen gemäß einem oder mehreren der oben genannten Anklagepunkte beteiligt war.

Anklagepunkt 1: Verschwörung zum Zwecke der Weltherrschaft

Dieser Punkt soll in seinen wesentlichen Zügen noch gesondert dargelegt werden.
Der Anklagepunkt 1 richtet sich gegen alle Organisationen, die an der Formulierung eines umfassenden Planes beteiligt waren, der letzten Endes zu – vorsätzlich begangenen – Verbrechen führte. Zu dieser Kategorie gehören nicht nur kriminelle Taten als solche, sondern alle Handlungen, die der Vorbereitung, Förderung und Ausführung des kriminellen Planes dienten, einschließlich (u. a.):
a) der politischen Maßnahmen der Angeklagten nach innen und außen,
b) der ideologischen, organisatorischen und materiellen Vorbereitung der ihnen zur Last gelegten Gewaltakte und anderer Verbrechen, sowie
c) der vor dem Krieg (also vor dem 1. September 1939) begangenen Gewaltverbrechen und anderer Vergehen sowie der Verbrechen gegen die Angehörigen befreundeter oder neutraler Nationen, gegen staatenlose Personen und Staatsangehörige der Alliierten.
Organisationen, denen die Formulierung eines umfassenden Welteroberungsplanes zur Last gelegt werden muß, finden sich in der Partei, in der Regierung und in der Armee, wobei sie auch aus offiziellem oder inoffiziellem Zusammenwirken aller drei oder einzelner dieser drei Stützen des Nazisystems hervorgegangen sein können. Zu ihnen gehören die folgenden Instanzen und Organisationen:

Auf Parteiebene:
der Führer
  Reichsleiter, Gauleiter und Reichsdienststellenleiter (Hauptamtsleiter und Amtsleiter)
besondere Parteiämter:
  der Schulungsbeauftragte des Führers
  der Reichspropagandaführer
  der Reichspresseführer
  der Reichspressechef
  das politische Auslandsamt

das Parteikolonialamt und die Auslandsorganisation
Parteigliederungen:
die SS (Reichshauptämter, insbesondere das Reichssicherheitshauptamt, Hauptabteilungsleiter, höhere SS- und Polizeidienstgrade)
die SA (SA-Oberkommando, Hauptgruppe und Gruppenführer)
die Hitlerjugend (Reichsführung)
das NS-Kraftfahrerkorps und die Gebietsleiter (Reichsführung)
der NS-Frauenbund (Reichsführung)
der NS-Studentenbund
der NS-Dozentenbund
der Partei angeschlossene Organisationen, z. B.:
die Deutsche Arbeitsfront
die NS-Bünde für Freiberufler (Ärzte, Lehrer, Juristen usw.)
andere Organisationen mit Verbindung zur Partei:
der Reichsarbeitsdienst
das NS-Fliegerkorps
der Volksbund der Auslandsdeutschen
das Deutsche Auslandsinstitut
binationale und internationale Institute

Auf Regierungsebene:
das Staatsoberhaupt
die Kanzleien
Reichskanzlei, Präsidialkanzlei
der geheime Kabinettsrat
das Reichskabinett
Reichsministerien:
Auswärtiges Amt (Abteilung für Kultur und Politik)
Justiz
Wirtschaft
Inneres (einschließlich Polizei, d. h. Ordnungs-, Sicherheits- und Geheime Staatspolizei)
Finanzen
Arbeit
Erziehung
Ernährung und Landwirtschaft
Propaganda
Kirchliche Angelegenheiten
Luftfahrt
das Amt für den Vierjahresplan und von diesem ernannte Beauftragte
der Reichstag

Auf militärischer Ebene:
der Oberbefehlshaber
das Oberkommando der Wehrmacht (OKW)
Amt für Abwehr
Hauptstabsabteilung

das Oberkommando des Heeres (OKH)
das Oberkommando der Marine (OKM)
das Oberkommando der Luftwaffe (OKL)

Es muß der Beweis erbracht werden, daß diese Organisationen für die Planung und/oder die Ausführung einer oder mehrerer der folgenden Maßnahmen verantwortlich waren:

a. für die Indoktrination der Deutschen im In- und Ausland mit der Nazi-Ideologie;
b. für die Koordination von politischen, berufsständischen und wirtschaftlichen Aktivitäten mit dem Zweck, ein Monopol der Nazipartei in allen Bereichen des öffentlichen und privaten Lebens zu begründen;
c. für die Verletzung oder Einschränkung von bürgerlichen Rechten, von Verfassungsrechten, des rechtsstaatlichen Verfahrens und der parlamentarischen Regeln;
d. für das Eindringen in fremde Organisationen, Agenturen und in fremde Länder zum Zwecke der Propaganda, Spionage, Sabotage und Subversion;
e. für die Erschließung menschlicher und wirtschaftlicher Ressourcen, um damit einen Angriffskrieg gegen andere Nationen vorzubereiten und zu führen.

Anklagepunkt 2: Illegale Kriege und Aggressionen sowie die Verletzung internationaler Abkommen

Dieser Anklagepunkt bedarf ersichtlich keiner näheren Erläuterung. Es geht dabei um die von Deutschland angezettelten Kriege gegen Polen, Dänemark, Norwegen, Holland, Belgien, Frankreich, Jugoslawien, Griechenland und die UdSSR. Hinzu gehören auch die Angriffe gegen ehemalige deutsche Verbündete, z. B. Bulgarien, Rumänien, Ungarn, Finnland und Italien. Dieser Anklagepunkt soll zwar nicht vom OSS vorbereitet werden, aber es wird unsere Aufgabe sein, die Organisationen und Institutionen und deren Führer zu benennen, auf die dieser Anklagepunkt zutrifft. Dazu gehören die folgenden Instanzen:

Auf Parteiebene:
der Führer
die Reichsleiter und Gauleiter
die Presse- und Propagandabüros der Partei
die Auslandsorganisation
die allgemeine SS und die Waffen-SS
das NS-Kraftfahrerkorps (NSKK)
das NS-Fliegerkorps (NSFK)
die Hitlerjugend (HJ)

der Reichsarbeitsdienst (RAD)
die Organisation Todt (OT)

Auf Regierungsebene:
das Staatsoberhaupt
der geheime Kabinettsrat
das Reichskabinett
der Ministerrat für die Reichsverteidigung
das Amt für den Vierjahresplan
die Reichskommissare
das Auswärtige Amt
das Reichskriegsministerium
das Reichsluftfahrtministerium
der Reichstag

Auf militärischer Ebene:
der Oberbefehlshaber
das Oberkommando der Wehrmacht
das Oberkommando des Heeres
das Oberkommando der Marine
das Oberkommando der Luftwaffe
die Feldkommandeure, d. h. die Kommandeure von Wehrmachtseinheiten, Armeen, Flotten und Luftflotten
die Kommandeure aller Hilfsstreitkräfte, die einer oder mehreren Abteilungen der drei Streitkräfte angegliedert waren.

Es muß erstens bewiesen werden, daß diese Organisationen und Instanzen oder deren funktionale Untergliederungen für die unmittelbare Vorbereitung, den Beginn und die Ausführung aggressiver Akte verantwortlich waren, die zum Kriegszustand zwischen Deutschland einerseits und der angegriffenen Nation und deren Verbündeten andererseits führten; es muß zweitens bewiesen werden, daß diese Kriegshandlungen

a. internationale Verträge und Übereinkommen verletzt haben, denen Deutschland beigetreten war,
b. darüber hinaus jedwedes geltende internationale Recht verletzt haben,
c. Teil eines umfassenden Planes zur Beherrschung der Welt waren.

Anklagepunkt 3: Verletzung internationaler Regeln der Kriegführung

Dieser Anklagepunkt kann untergliedert werden in a) Verbrechen im Verlauf militärischer Operationen und b) Verbrechen im Verlauf der Planung und der Durchsetzung der nationalsozialistischen Besatzungspolitik.

a) Verbrechen im Verlauf militärischer Operationen

Es ist nicht unsere Aufgabe, festzustellen, welche Tatbestände eine Verletzung der Haager oder Genfer Konventionen oder der Seekriegsordnung darstellen. Es kann davon ausgegangen werden, daß diese Vereinbarungen verletzt wurden; für besonders krasse Beispiele beziehen wir uns auf die Unterlagen des Büros für Kriegsverbrechen (War Crime Office). Unsere Aufgabe wird es sein, die Verbrechen nach Typen zu gliedern, um – nach dem Muster von Anklagepunkt 1 – die Verantwortlichkeit den einzelnen Organisationen zuzuordnen.
Es kann mit Sicherheit angenommen werden, daß folgende Typen von Verbrechen begangen wurden:

1. Geiselerschießungen
2. die Erschießung von Kommandos und paramilitärischen Einheiten (hierüber liegt schon gesammeltes Beweismaterial vor);
3. die Mißhandlung alliierter Kriegsgefangener durch
   a. Hunger
   b. Demütigungen
   c. Tötung (Lynchen)
   d. rechtswidrigen Einsatz von Kriegsgefangenen;
4. kollektive Repressalien gegen die Zivilbevölkerung oder Mißhandlung von Zivilisten;
5. vorsätzliche Plünderung oder Zerstörung von Eigentum;
6. Bombardierung von ganzen Städten und von Zielen, die aufgrund von Gesetzen oder Vereinbarungen nicht angegriffen werden dürfen, wie z. B. Lazarettzüge;
7. andere Grausamkeiten über das bei Kriegshandlungen unvermeidliche oder herkömmliche Maß hinaus, Gewaltakte außerhalb von Kampfzonen oder nachdem militärischer Widerstand erklärtermaßen bereits eingestellt worden war (z. B. bei der Bombardierung von Rotterdam).

Es mag sich als notwendig erweisen, diesen Katalog noch zu erweitern, wenn das Büro für Kriegsverbrechen seine Auffassung vom Tatbestand der Verletzung von Regeln der Kriegführung ausführlicher dargelegt haben wird. Die oben skizzierten Fallbeispiele genügen jedoch, um die Kette der Verantwortlichkeit für die meisten dieser Verbrechen zurückzuverfolgen. Zu den mutmaßlich verantwortlichen Stellen gehören:

Auf Parteiebene:
der Führer
die Parteipresse- und Propagandaämter
die Gauleiter in ihrer Eigenschaft als Organisatoren von Stoßtrupps im Inland wie z. B. dem Volkssturm
die SA

die SS
die allgemeine SS und die Waffen-SS und inbesondere die Sicherheitsdienste (im Reichssicherheitshauptamt), wozu auch die Geheime Staatspolizei zu zählen ist
das NS-Kraftfahrerkorps (NSKK)
die Hitlerjugend (HJ)

Auf Regierungsebene:
das Staatsoberhaupt
der Ministerrat für die Reichsverteidigung
das Auswärtige Amt
das Innenministerium einschließlich der verschiedenen Abteilungen der Polizei
das Propagandaministerium
das Luftfahrtministerium

Auf militärischer Ebene:
der Oberbefehlshaber
das Oberkommando der Wehrmacht
das Oberkommando des Heeres
das Oberkommando der Marine
das allgemeine Wehrmachtsamt, insbesondere der Generalinspekteur und der Führungsstab
das Oberkommando der Luftwaffe
die Feldkommandeure, dazu gehören die Kommandeure von Wehrmachtseinheiten, Armeen, Flotten und Luftflotten
die Kommandeure besonderer Hilfskräfte, z. B. der Feldgendarmerie.

Es ist der Beweis zu erbringen, daß diese Organisationen und Instanzen im Verlauf ihrer Beteiligung an den Feldzügen Handlungen veranlaßt oder begangen haben, die internationales Recht, die Gesetze, Regeln und Gewohnheitsrechte der Krieg- und Seekriegführung verletzt haben.

b) Verbrechen bei der Planung und der Durchsetzung der nationalsozialistischen Besatzungspolitik

Es ist in diesem Fall möglich, zu einem ziemlich frühen Zeitpunkt gegen die Naziorganisationen und ihre Führer Anklagematerial wegen der Planung und der Ausführung von Verbrechen im Zusammenhang mit ihrer Besatzungspolitik vorzulegen.

1. Planung und Vorbereitung, wozu folgende Handlungen gehören:
a. offen und wiederholt betriebene »Spaltungsmanöver« in anderen Ländern, z. B. durch Schüren ethnischer, religiöser und politischer Auseinandersetzungen und Differenzen mit dem Zweck, dem Einfluß der

Nazis auf lokaler und nationaler Ebene den Weg zu bahnen und damit den Widerstand gegen die beabsichtigten militärischen und politischen Übergriffe zu schwächen;

b. Einsatz und Ausnutzung von Gruppen mit gespaltener Loyalität oder von regelrechten deutschen und einheimischen »fünften Kolonnen« zu dem nämlichen Zweck;

c. Bestechung und Korruption sowie propagandistische Lügen- und Subversionstätigkeit in diesen Ländern;

d. das Eingehen von Verträgen in der Absicht, sie nicht einzuhalten, sowie die nachfolgende Verletzung dieser Verträge im Dienste eines umfassenden Eroberungs- und Unterwerfungsplanes;

e. das Einschleusen von Spionen und Saboteuren in diese Länder zusammen mit der Androhung von Invasionen und Angriffskriegen;

f. die mit den vorangegangenen Tatbeständen verbundene Verletzung internationaler Gesetze und von Gesetzen des jeweiligen Landes;

g. die Stärkung des deutschen Kriegspotentials und die Schwächung der Verteidigungskapazitäten anderer Nationen durch monopolistische und andere gesetzeswidrige Praktiken im Dienste des allgemeinen Plans der Beherrschung Europas.

Die mutmaßlich verantwortlichen Instanzen für die Planung und Vorbereitung der Besatzungspolitik sind unter Anklagepunkt 1 aufgeführt. Zu ihnen gehören insbesondere:

Auf Parteiebene:

die Reichsdienststellen
- das Parteiamt für Außenpolitik
- das Parteibüro für Schulung
- das Parteibüro für Presse und Propaganda
- das Parteibüro für Volkstum

die Auslandsorganisation

die SS
- das Stabshauptquartier des Reichsbeauftragten für die Stärkung des Volkstums
- das Amt für ausländische Intelligenz innerhalb des Reichssicherheitshauptamtes
- das Zentralamt für Schutzmaßnahmen für Nichtdeutsche
- das Amt für binationale und internationale Vereinigungen und Einrichtungen
- das Amt für den Vierjahresplan

das NS-Kraftfahrerkorps

die Vereinigung der Deutschen im Ausland (VDA)

das deutsche Auslandsinstitut.

Auf Regierungsebene:

die Reichsministerien

für besetzte Gebiete
Innenministerium (Abteilung I: annektierte und besetzte Gebiete; die Polizei)
Auswärtiges Amt (Abteilung Kulturpolitik)
das Amt für den Vierjahresplan

Auf militärischer Ebene:
das Oberkommando der Wehrmacht
das Oberkommando des Heeres
das Oberkommando der Marine
das Oberkommando der Luftwaffe.

Es muß der Beweis erbracht werden, daß diese Organisationen oder Instanzen als Urheber der oben aufgeführten Gewalttaten und anderer Verbrechen innerhalb ihres Zuständigkeitsbereichs insofern voll verantwortlich waren, als ihre gesamte Handlungsweise auf diese Verbrechen ausgerichtet war oder sie in Kauf nahm.

2. Durchsetzung
Untersucht man die Durchsetzung der Besatzungspolitik, so sind die folgenden grundlegenden Unterscheidungen geboten:
a. UdSSR: bei seinem Krieg gegen die Sowjetunion sah sich Deutschland an internationales Recht nicht gebunden (Belege hierfür folgen);
b. Tschechoslowakei und Polen: Deutschland behauptete, daß diese Länder als Staaten nicht mehr existierten;
c. Frankreich: Deutschland war durch den Waffenstillstand gebunden;
d. alle übrigen Länder: Deutschland behauptete, es habe sich an internationales Recht gehalten.

Wir müssen zunächst die Gebietstransaktionen in der Zeit nach dem 1. September 1939 betrachten, nämlich die Einverleibung
a. von Luxemburg, Eupen-Malmedy und Moresnet
b. von Kärnten und der Steyermark
c. von Elsaß-Lothringen
d. der polnischen Gebiete.

Anhand offizieller deutscher Erklärungen und Dekrete läßt sich nachweisen, daß Deutschland sich der Illegalität seiner Aktionen voll bewußt war. Dementsprechend haben wir im R & A-Bericht Nr. 2500 die Verantwortlichkeit der Planer und der Hauptakteure für die Besatzungspolitik dargelegt. Zu diesen beiden Gruppen zählen offenbar:
der Ministerrat für die Reichsverteidigung
das Reichsministerium des Inneren
das Reichsministerium für die besetzten Gebiete im Osten
das Auswärtige Amt
das Amt für den Vierjahresplan

die Verwaltungskommissare
die höheren SS-Dienstgrade und Polizeiführer
das OKW, OKH und OKL
das Reichsparteiamt für auswärtige Politik
die Gauleiter-Auslandsorganisation der Partei
andere Stellen, denen die Ausführung von Befehlen der oben genannten Stellen oblag.

Sodann geht es um die Maßnahmen der eigentlichen Besatzungspolitik. Zur Vereinfachung beschränken wir uns auf schwere Verbrechen, die über die bloße Aufteilung der besetzten Gebiete hinausgingen. Dies sind:

1. die Deportation ziviler Arbeitskräfte. Unter diesem Aspekt werden wir untersuchen und mit Beispielen belegen:
a. die rechtlichen Grundlagen
b. die beteiligten Organisationen:
das Amt für den Vierjahresplan
der Generalbeauftragte für Arbeitskräftebeschaffung
das Ministerium Speer (seit 1943)
die Deutsche Arbeitsfront
der Reichsarbeitsdienst
die SS-Werksbrigaden
das NS-Kraftfahrerkorps
die VA (Lagerwachen)
die Organisation Todt
die Technische Nothilfe usw.

2. die Vernichtung der Juden:
a. die Gesetzgebung
b. das Schicksal der jüdischen Bevölkerung
c. die verantwortlichen Stellen:
die SS
das Amt für den Vierjahresplan
das Ministerium Rosenberg
das Reichsministerium des Innern usw.

3. Die Vernichtung anderer Gruppen: z. B. der polnischen Intelligenz.

4. Die Plünderung von Eigentum. Wiederum werden wir untersuchen:
a. die gesetzliche Grundlage
b. die beteiligten Stellen:
das Amt für den Vierjahresplan (Haupttreuhandstelle Ost)
das OKW (Amt für Wehrwirtschaft und Rüstung)
das Wirtschaftsministerium
das Ministerium Speer
das Ministerium für Ernährung und Landwirtschaft und

der Reichsnährstand
der Einsatzstab Rosenberg
der Reichsbeauftragte für die Stärkung des deutschen Volkstums (und die entsprechende Parteibehörde)
das Rasse- und Siedlungsamt der SS
die »Selbstverwaltung« der deutschen Industrie.

Zu diesem Punkt existieren umfangreiche Dokumentationen sowie die R&A-Studie *Ökonomische und finanzielle Kontrolle im besetzten Europa.* Darüber hinaus sind die Hauptnutznießer der »Germanisierung« auszumachen.

5. *Die Unterhaltung von Konzentrationslagern für Angehörige fremder Nationen in Deutschland und in den besetzten Gebieten.* Hier stehen zur Diskussion:
a. die gesetzliche Grundlage
b. die beteiligten Stellen
die SS
der SD usw.

Anklagepunkt 4: Verbrechen im Inland

Von allen Punkten bereitet die Frage der Verletzung der Gesetze, die nach 1933 in Deutschland in Geltung waren, juristisch die meisten Schwierigkeiten:

1. *das rechtliche Problem.*
Hier geht es um die Frage: Was war in Deutschland gültiges Recht? Möglich sind zwei Antworten:
a. die Gesamtheit aller in Deutschland zum Zeitpunkt seiner Kapitulation gültigen Gesetze;
b. die Gesetze der Weimarer Republik, da die Nazis unrechtmäßig an die Macht gelangten.

Die erste Alternative (Gültigkeit der Nazigesetze) läßt jedoch zweierlei Interpretationen zu:
a. man kann die Nazigesetze entsprechend der Naziideologie interpretieren;
b. man kann die Nazigesetze nach der liberalen Rechtsauffassung interpretieren.

Der Unterschied ist erheblich. Interpretiert man die Nazigesetze entsprechend der Naziideologie, so kann kein Mord in einem Konzentrationslager als Verbrechen gelten; denn es ist der Kernpunkt der Politik- und Verfassungstheorie der Nazis, daß die Handlungen der Parteiorgane als souveräne Handlungen keiner gerichtlichen Überprüfung unterliegen. Interpretiert man jedoch die Nazigesetze nach liberalen Grundsätzen, so

ist festzuhalten, daß § 211 des Strafgesetzbuches für Mord die Todesstrafe vorsieht, ohne daß ein rechtlicher Vorbehalt irgendeiner Macht das Recht gäbe, einen Menschen ohne Gerichtsprozeß zu töten.
Man muß daher von zwei Ausnahmen ausgehen:
a. die Nazigesetze waren nicht rechtsgültig;
b. ihre Geltung unterliegt der Auslegung nach zivilisierten Maßstäben.

2. Typen von Verbrechen.
Hierbei muß man sich vergegenwärtigen, daß wir die Nazis wegen ihrer Verletzung deutschen Rechts anklagen wollen, und zwar um zweierlei zu zeigen:

a. im Kampf um die »Machtergreifung« und die Festigung ihrer Macht in Deutschland haben die Nazis vorsätzlich Verbrechen begangen;
b. die totale Herrschaft über Deutschland war für die Nazis nur ein Schritt auf dem Weg zur Eroberung der Macht über Europa und womöglich darüber hinaus.

Anklagepunkt 4 hängt daher mit Anklagepunkt 1 zusammen. Es ist jedoch erforderlich, den Naziterror und die Haltung der Naziführer zu den Terrorakten ihrer Untergebenen näher und im einzelnen Fall zu untersuchen.
Der Beweis muß – und kann – erbracht werden, daß bereits in der Zeit vor 1933 Verbrechen als notwendiges und erwünschtes Kampfmittel zur gewaltsamen Unterdrückung der Opposition galten. (Eine Studie hierüber wurde in Auftrag gegeben und wird in ca. zwei Wochen vorliegen.)
Die Vorstellung von einem Gesamtplan zur »Machtergreifung« bestimmt auch die Auswahl der Verbrechen, die für unsere Untersuchung in Betracht kommen. Es handelt sich um

a. die Errichtung eines starren Systems innerer Kontrolle über die Regierung und ihre Behörden, über die Kirchen, die Justizverwaltung, das Erziehungswesen, das Nachrichtenwesen, über Finanzen, Handel und Industrie, über die Arbeiterschaft und die freien Berufe;
b. die Zerstörung jeglichen politischen Widerstandes gegen das Nazisystem mittels Terrorisierung, Verhaftung und Vernichtung von Oppositionellen;
c. die Bestimmung der deutschen Staatsangehörigkeit nach rassischen Gesichtspunkten und die Diskriminierung all jener Staatsbürger, denen die Zugehörigkeit zur arischen Rasse nicht attestiert wurde;
d. die gesetzwidrige Enteignung und Plünderung oder den Zwangsverkauf von Eigentum zugunsten der persönlichen Bereicherung

von Nazis und mit dem Zweck, die Kontrolle nach innen in die Hände der Nazis zu bringen, zu festigen und aufrechtzuerhalten;

e. die Errichtung und Verewigung der Naziherrschaft durch Installierung des »Führerprinzips« in allen Bereichen;

f. die Vernichtung rassischer Minderheiten und politischer Gegner mittels Unterernährung, Sterilisation und Kastration, durch Entzug des Lebensunterhalts, der Unterkunft, des Heizmaterials, der sanitären Anlagen oder der medizinischen Versorgung, durch Deportation in Zwangsarbeitslager, durch Arbeit unter menschenunwürdigen Bedingungen.

3. Unter diesen Anklagepunkten sind die folgenden von herausragender Bedeutung:

a. die Ausschaltung der politischen Opposition. Hier werden wir die Gesetze und Erlasse gegen politische Parteien und zur »Behandlung« von Oppositionellen untersuchen. Die OSS-Abteilung für ausländische Nationen wird uns genauere Informationen liefern über: Führer der politischen Opposition, die ohne Prozeß umgebracht wurden, die näheren Umstände hierbei, die Täter (soweit sie bekannt sind) und die Zeugen;

b. die Ausschaltung der Gewerkschaften. Hier geht es um die Statuten, die Beschlagnahme von Gewerkschaftseigentum, das Schicksal von Gewerkschaftsführern (vgl. das, was oben zur OSS-Abteilung für ausländische Nationen gesagt wurde);

c. der Röhm-Putsch vom 30. Juni 1934 und die Ausschaltung der konservativen Opposition (Schleicher, Bredow, Kahr, Klausner). Mit den Opfern aus den Reihen der Nazis selber werden wir uns nicht befassen, nur mit denjenigen, die mit ihnen umgekommen sind. Es soll jedoch das sogenannte »Entschädigungsgesetz« diskutiert werden, das zur »Rechtfertigung« der »Säuberungsaktion« diente, und die verantwortlichen Führer und Instanzen sollen benannt werden;

d. die Verfolgung der Kirchen. Hier geht es um die rechtlichen Verfügungen, das Schicksal der Kirchen und Sekten und einzelner Personen. Besondere Aufmerksamkeit wird den Scheinprozessen gegen Mitglieder katholischer Orden gelten. (Hier rechnen wir wieder mit Unterstützung durch die Abteilung für ausländische Nationen);

e. die antijüdischen Maßnahmen: Hier sind von Interesse

   1. die rechtlichen Verfügungen. Im Mittelpunkt unseres Interesses steht hier das Problem, ob und in welchem Umfang und bis zu welchem Stadium ein vorgefaßter Plan zur Ausführung gelangte;

2. das Schicksal der Juden. SHAEF (Supreme Headquarters, Allied Expeditionary Forces) hat Daten über die verbliebene jüdische Bevölkerung gesammelt.

4. Zu den Stellen, die für die Verbrechen nach Anklagepunkt 4 verantwortlich sind, gehören praktisch der gesamte Partei- und Regierungsapparat, insbesondere:

Auf Parteiebene:
der Führer
sein Stellvertreter und designierter Nachfolger
die Parteikanzlei
die Kanzlei des Führers
die Reichsleiter
die Gauleiter
die Leiter der Reichsdienststellen
der Reichsorganisationsleiter und sein Stab
der Reichsschatzmeister und sein Stab
das oberste Parteigericht
der Schulungsbeauftragte
der Reichspropagandaleiter
der Reichspressechef
der Reichsleiter für die Presse
der Chef der Parteizensurbehörde
die Reichsleiter für die freien Berufe (Ärzte, Juristen, Ingenieure, öffentliche Bedienstete, Bauern usw.)
das Hauptamt für Volksgesundheit
das Hauptamt für Volkswohlfahrt
die Beauftragten des Hauptamtes für Volkstum
das Amt für Rassepolitik
das Amt für Ahnenforschung
die SS- und SA-Wehrmannschaften
die SS, allgemeine und Waffen-SS einschließlich
der Totenkopf-Einheiten und der folgenden SS-Dienststellen:
die Hauptämter der SS, z. B.
das SS-Hauptamt
das SS-Führungshauptamt
das Wirtschafts- und Verwaltungshauptamt (insbesondere die Abteilung D, die Leitung und Verwaltung der Konzentrationslager)
das Reichssicherheitshauptamt, insbesondere
Abteilung III (»deutsche Lebensgebiete«), Abt. IV (Gestapo), Abt. V (Kripo)
das SS-Rasse- und Siedlungshauptamt
der persönliche Stab des Reichsführer SS (einschließlich der Vereinigung »Lebensborn« und der Gesellschaft »Ahnenerbe«)
die Dienststelle des Obergruppenführers Heissmeyer
die höheren SS- und Polizeidienstgrade

die Führer der Oberabschnitte, Abschnitte und Standarten.
die Hitlerjugend (Streifendienst)
das NS-Kraftfahrerkorps
der NS-Frauenbund
der NS-Studentenbund
der NS-Dozentenbund
der Partei angeschlossene Verbände:
die Deutsche Arbeitsfront
die NS-Volkswohlfahrt
die NS-Kriegsopferversorgung
der NS-Freiberufler-Bund
andere Organisationen mit Verbindung zur Partei:
der Reichsarbeitsdienst
die Organisation Todt
der NS-Fliegerbund

Auf Regierungsebene:
das Staatsoberhaupt
die Kanzleien
das Kabinett
der geheime Kabinettsrat
der Ministerrat für die Reichsverteidigung
die Reichsministerien
Inneres: einschließlich verschiedener Abteilungen der Polizei, des Gesundheitsamtes usw.
Finanzen
Wirtschaft
Ernährung und Landwirtschaft
Arbeit
Erziehung
Propaganda, einschließlich der Reichskulturkammer
kirchliche Angelegenheiten
das Amt für den Vierjahresplan
die Reichsbeauftragten (z. B. für Arbeitskräftebeschaffung, Preise, Gesundheit, Stärkung des deutschen Volkstums)
die Reichsbank
der Reichstag
die obersten Gerichte
das Reichsgericht
das Reichsverwaltungsgericht
der Volksgerichtshof (einschließlich der höchsten Richter und obersten Staatsanwälte)

Auf militärischer Ebene:
der Oberbefehlshaber
der NS-Führungsstab
der Befehlshaber der Heimatarmee und des Volkssturms

III. Verfahren und Quellen

Die oben dargelegte Liste von Organisationen, Behörden und Unterabteilungen erhebt keinen Anspruch auf Vollständigkeit. Mit Hilfe des verfügbaren Dokumentenmaterials soll jedoch eine Vervollständigung und, sofern notwendig, eine Korrektur der Liste versucht werden. Angesichts der Tatsache, daß Gegenstand der Untersuchung nicht die Aufdeckung von Verbrechen ist, sondern die Offenlegung der juristischen Zuständigkeit, kraft deren bestimmte Verbrechen begangen wurden, verdienen diejenigen Quellen Vorrang, die den Ursprung solcher Machtbefugnis erkennen lassen.

Dementsprechend werden wir uns bei der Beweiskraft der Dokumente an die folgende Rangordnung halten:

a. Gesetze, Verordnungen, Erlasse, Befehle und Verfügungen deutscher ziviler oder militärischer Behörden, z. B. Hitlers Befehl vom 12. Oktober 1942, Kommandotrupps zu erschießen;
b. Verlautbarungen führender deutscher Politiker in Reden, Radiosendungen, Büchern, Zeitungen, Zeitschriften usw.;
c. offizielle Literatur, die von einer der beteiligten Organisationen oder Dienststellen veröffentlicht worden ist;
d. offizielle deutsche Dokumente, die nicht zur uneingeschränkten Veröffentlichung bestimmt waren, z. B. militärische, diplomatische u. a. Leitfäden, Berichte, Briefwechsel, Memoranden, Pläne, Entwürfe usw.;
e. diplomatische und politische Verträge und Vereinbarungen öffentlicher und geheimer Art;
f. Finanz-, Handels- und Wirtschaftsabkommen und -daten;
g. biographische Berichte;
h. Aussagen offizieller deutscher Experten, Kommentatoren und Propagandisten;
i. Vernehmungsprotokolle;
j. Zeugenaussagen;
k. Bildmaterial (z. B. aus deutschen Wochenschauen).

IV. Die behinderte Demokratie – Rekonstruktion des politischen Lebens unter der Militärregierung

Vorbemerkung des Herausgebers

Die beiden R & A-Texte, die die Wiederbelebung der politischen Demokratie in Deutschland ins Auge fassen, können deshalb als besonders symptomatisch für den politischen Diskurs der R & A Branch gelten, weil sie dessen inneren Widerspruch gleichsam von dem Pol her aufspannen, der den bisher herausgestellten Zielvorstellungen der Neumann-Gruppe direkt entgegengesetzt ist. Es ist dies das politische Realitätsprinzip, das dem utopischen Entwurf eines sozialistischen Nachkriegsdeutschlands mit der »law and order«-Herrschaft der Militärregierung in den Weg treten mußte.
Deutlich wird dies wiederum zunächst an der Form, in die die Deutschlandanalysen eingepackt sind – es handelt sich um strategisch gehaltene Texte, die den Entnazifizierungs-Leitfäden nahestehen. Stellt die Instruktion zur »Behandlung der Parteien«, die als Nummer 1 der *Civil Affairs Guides* konzipiert war und vom Kriegsministerium übernommen wurde, einen, wenngleich sehr gerafften analytischen Teil voran, so kann man den zweiten Text als eine Zusammenfassung mehrerer solcher *Guides* lesen, und zwar soweit sie unter dem Gesichtspunkt von Souveränität und staatlichem Gewaltmonopol bedeutsam sind. Freilich ist auch schon die rudimentär erkennbare marxistische Parteiensoziologie eingelassen in den Sicherheitspanzer der Besatzungsherrschaft. Der zweite Text steuert dann vergleichsweise direkt auf das Problem der Militärregierung zu, deren Planung ein gut Teil der Produktion der R & A Branch ab 1944 galt.
Wichtig für die Beurteilung der Stellung der deutschen Emigranten wäre es herauszufinden, mit welchem Abstraktions- bzw. Konkretionsgrad diese Planung erfolgte. Dazu sind die *Civil Affairs Guides* als bevorzugtes Belegmaterial anzusehen. Sie konstituieren einen ganz bestimmten Typus von Informationsverwertung, der erkennen läßt, über welche Stufen sich die politische Transformation des Wissens bewegte. Definiert wird hier gleichsam eine mittlere strategische Ebene zwischen der empirischen Gesamterfassung der deutschen Verhältnisse *(Civil Affairs Handbook)* und den konkreten Aufgaben, die die Mitglieder der Militärregierung nach Einstellung der Feindseligkeiten erwarteten. Die *Guides* sind, auch durch ihre prägnante Form von durchschnittlich 10 Druckseiten, auf die Bedürfnisse der zukünftigen Civil Affairs Officers zugeschnitten, sie sind konkret genug, um sich in ihre Handlungssituation einzupassen; andererseits sind sie abstrakt genug, um gegenüber den nicht genau vorhersehbaren Verhältnissen eine hinreichende Flexibilität zu

gewährleisten. Sie sollten also die Befehle der Militärregierung nicht prädisponieren oder ersetzen, aber doch ein Scenario vorzeichnen, das den auf dem Dienstweg erteilten Anordnungen, die notwendig punktuell sein mußten, einen größeren Sinnhorizont eröffnete. Als dieser Sinnhorizont erscheint hier die Konstruktion einer deutschen Demokratie nach dem Muster des westlichen Parteienpluralismus.

Die archäologische Forschungsmethode beruht auf der Annahme, daß die Formen, in denen das Wissen sich ausdrückt, für seine Inhalte nicht gleichgültig, sondern daß sie ein Faktor ihrer Formierung sind. Diese Annahme läßt sich an den vorliegenden Texten exemplarisch demonstrieren. Wenn die Nationalsozialismusanalyse der Neumann-Gruppe auf einer marxistischen Strukturtheorie beruhte, zu der eine politische Theorie der Revolutionierung bzw. der Reformierung der Gesellschaft gehörte, so ist an den vorliegenden Texten zu studieren, wie dieser Zusammenhang dekomponiert und durch neue Zielvorstellungen überlagert wird. Die Perspektive des antifaschistischen Kampfes, der gleichzeitig ein antikapitalistischer Kampf sein sollte, verwandelt sich in eine Politikstrategie, in deren Zentrum die Militärregierung, ihre Sicherheits- und Ordnungsinteressen treten. Der in diesem Formierungsvorgang liegende Widerspruch indes erscheint auf folgenreiche Weise gleichzeitig reproduziert *und* überlagert.

Gerade im Augenblick seines Erfolges mußte der antifaschistische Kampf identisch sein mit der Stillegung des politischen Lebens überhaupt. Der aus dem Sieg resultierende Zustand würde die Einrichtung einer militärischen Besatzung sein, ihre Überführung in eine Militärregierung würde die Normalisierung von »law and order« auf jenem extremen Niveau bedeuten, das durch die Überantwortung der Politik an das Militär definiert war. Ein politisches Regime dieser Art mußte, so sehr es das Gegenteil davon intendieren mochte, in vertrackter Weise den Nationalsozialismus gerade dort beerben, wo die Emigranten die Veränderung am dringendsten für nötig erachteten – in der Niederhaltung der spontanen politischen Erhebung der revolutionären Kräfte.

Wenn in dieser Konstellation tatsächlich der entscheidende Widerspruch im Diskurs der R&A Branch steckt, so ist an den Texten zu erkennen, daß er keineswegs offen ausgetragen wird, daß er vielmehr überdeckt ist – von einer bestimmten Demokratietheorie. Gerade an ihr aber läßt sich, weil sie eine Art Brückenfunktion für die widersprüchlichen Elemente im Diskurs der R&A-Texte übernimmt, der Widerspruch noch einmal in konzentrierter Form greifen. Die Vorstellung von Parteiendemokratie, deren Rekonstruktion als das Ziel der Militärregierung dargestellt wird, enthält nämlich zu gleichen Teilen Elemente einer Klassentheorie der Parteien und Elemente der »catch-all-party«, für die ein unspezifischer Bezug auf die soziale Basis anzunehmen ist. Den Gegensatz zwischen diesen beiden Parteiauffassungen, von denen die eine in die Tradition der europäischen Arbeiterbewegung und die andere in die amerikanische Tradition gehört, sollte später niemand deutlicher herausstellen als Otto Kirchheimer.[1] Geht der erste Text von der ersten Vorstellung

1 Vgl. Otto Kirchheimer, »Der Wandel des europäischen Parteiensystems«, in: *Politische Vierteljahresschrift* 1965.

aus, so schreibt der zweite mehr oder weniger deutlich die amerikanische Parteiauffassung fest. Sinnfällig wird dies vor allem daran, wie die Delegation der Interessen von unten nach oben institutionalisiert werden soll: durch Wahlen, die von den Gemeinden über die Länder hin zu einer föderalistisch vorgestellten Staatsgewalt progredieren sollten. Die Legitimierung der künftigen Demokratie durch klassenspezifische Repräsentation konnte so abgeschwächt werden.

Es geht sicherlich auf den maßgeblichen Einfluß von Neumann, Kirchheimer und Marcuse als ehemalige Theoretiker und Praktiker der deutschen Arbeiterbewegung zurück, wenn die Texte immerhin ein klares Bewußtsein davon offenbaren, daß sich in den beiden Seiten dieser Demokratietheorie mehr verbirgt als lediglich ein marginales Problem. Worum es sich vielmehr handelt, war, daß einer nach wie vor vom Klassenwiderspruch geprägten Sozialstruktur ein dieser fremder politischer Überbau aufgesetzt werden sollte. Daß dies das Kernproblem einer künftigen deutschen Demokratie sein würde und daß seine Lösung mit dem von den Amerikanern bevorzugten Demokratiemodell nur repressiv möglich sein würde, zeigen indirekt auch die Empfehlungen, die gegenüber den erwartbaren Rätebewegungen ins Auge gefaßt werden: Einerseits wird ihre spontane Entfaltung als eine Bedrohung der Souveränität als solcher, der der Militärregierung und der eines späteren deutschen Staates, aufgefaßt; andererseits werden ihre Stärke und ihr legitimatorisches Potential so hoch angesetzt, daß sie als die berufenen, wenngleich nur provisorischen, Träger einer deutschen Übergangsverwaltung in Erwägung gezogen werden.

Vor allem auf die Zwiespältigkeit der Demokratiekonzeption, das entscheidende politsche Thema einer künftigen deutschen Demokratie, und nicht so sehr auf das Selbstdarstellungsbedürfnis des Siegers gegenüber den Besiegten scheint die Betonung von »law and order« als dem zentralen Politikziel der Militärregierung zu reagieren;[2] hier liegt auch der politische Grund für die Forderung nach raschem Aufbau einer deutschen Verwaltung, d. h. nach Ausbildung einer Organisationsstruktur, die Sicherheit und Ordnung in unpolitischer Weise zu garantieren übernähme – das rein militärische Diktat der Sieger mußte so schnell wie möglich durch ein autochthones Sicherheitsgerüst auf deutscher Seite abgestützt werden. Ein anderer, der situative Grund lag natürlich im erwartbaren ökonomischen und Versorgungs-Chaos, das die militärische Eroberung des Landes hervorrufen mußte; in diesem Punkt sind die Prognosen der R & A Branch vermutlich realistischer als das meiste, was die anderen amerikanischen Planungsinstanzen vortrugen. Der praktische Vorschlag zum Aufbau einer deutschen Verwaltung, nämlich die Ersetzung der nationalsozialistischen Verwaltung durch alte Funktionäre aus der Weimarer Arbeitsverwaltung, zeigt die Handschrift der deutschen Emigranten ganz unmittelbar.

Vergleicht man die Pläne für eine zukünftige Demokratie in Deutschland, wie

2 Interessant wäre hier ein Vergleich mit Kirchheimers einziger theoretischer Arbeit aus der OSS-Zeit: »Zur Frage der Souveränität« (1944), wiederabgedruckt in: *Politik und Verfassung*, Frankfurt/M. 1964, S. 57ff. Vgl. dazu Söllner, *Politische Dialektik der Aufklärung*, a. a. O.

sie im OSS seit Frühjahr 1944 entwickelt wurden, mit der tatsächlichen Politik der amerikanischen Besatzung bis zur Zulassung der politischen Parteien auf nationaler Ebene um die Jahreswende 1945/46, so sind die Unterschiede schlagend. Die Exekutoren der amerikanischen Militärregierung, aber auch manche amerikanischen Historiker[3] neigen dazu, die Problematik der Nachkriegsentwicklung in Deutschland auf die Diskrepanz zwischen Planung und unvorhersehbarer Realität zu verschieben. Von den Planern des OSS hätte man lernen können, daß ausschlaggebend die Tatsache der Militärregierung selber war: als Mittel der Politik stand sie in einem Gegensatz zum Ziel einer authentischen deutschen Demokratie. Die Schwierigkeiten der Militärregierung lassen sich auch nicht damit entschuldigen, daß das kriegsbedingte Chaos das Gebot von Sicherheit und Ordnung in den Vordergrund rückte; klar ist vielmehr, daß in den Rekonstruktionsprozeß der Demokratie in Deutschland von vornherein – wie gut geplant, ist gleichgültig – politische Entscheidungen eingingen, die die Ausgangschancen der westdeutschen Demokratie eng begrenzten. Dies wird an der Niederhaltung der »Antifa«-Bewegung in den ersten Monaten nach der Kapitulation[4] ebenso deutlich wie daran, daß dem Aufbau einer unpolitischen deutschen Verwaltung gegenüber der Zulassung der demokratischen Institutionen, seien es Parteien oder Wahlen, der Vorrang gegeben wurde.[5] Dies zusammen mit dem Fiasko der Entnazifizierung gab der deutschen Demokratie schwere Hypotheken mit auf den Weg. Stellt man dies in Rechnung, so offenbart sich die Empfehlung des etwa gleichzeitig mit unseren Texten fertiggestellten *Handbook of Military Government for Germany* als die wichtigste Kontinuitätslinie zwischen Planung und Praxis der amerikanischen Besatzung: »The first concern of Military Government will be to see that the machine works efficiently.«[6] Die politische Durchsetzung des Unpolitischen war das genuine Resultat der Bevorzugung des Militärischen vor dem Politischen, was ironisch durch eine Order vom 28. Juli 1944 bestätigt wird, die verfügte, der Begriff des »military government« sei durch den der »Civil Affairs« zu ersetzen.[7]

3 Z. B. Harald Zink, *The United States in Germany,* a. a. O., bes. S. 20; Lucius D. Clay, *Decision in Germany,* Garden City 1950.
4 Vgl. Niethammer, Borsdorf, Brandt, *Arbeiterinitiative 1945,* a. a. O., bes. S. 635ff.
5 Vgl. Vogelsang, Latour, *Okkupation und Wiederaufbau,* a. a. O., bes. S. 86ff. und 106ff.
6 Zitiert nach Niethammer, *Entnazifizierung in Bayern,* a. a. O., S. 60.
7 Ziemke, *The U. S. Army in the Occupation of Germany,* a. a. O., S. 86.

Dokument IV. 1
Leitfaden für die Zivilverwaltung
Politische Leitsätze zur Rekonstruktion alter Parteien und zur Gründung neuer Parteien in Deutschland

Vorwort

Dieser Leitfaden befaßt sich mit Verhaltensmaßregeln gegenüber den politischen Parteien in Deutschland nach dem Krieg ausschließlich unter den Gesichtspunkten der Sicherheit der Besatzungsstreitkräfte sowie der Überwindung des Nazismus. Folglich werden die zukünftigen Parteien im Hinblick auf ihre zu erwartende Einstellung gegenüber diesen beiden Zielsetzungen der alliierten Militärregierung beurteilt. Die Empfehlungen folgen ebenfalls den Bedingungen dieser Zielsetzungen. Es wird jedoch angenommen, daß es zur Beseitigung des Nazismus als einer der Aufgaben der militärischen Besetzung gehört, dem deutschen Volk schrittweise die Freiheiten zurückzugeben, die für den demokratischen Wiederaufbau einer Gesellschaft notwendig sind, denn nur so werden die Wurzeln des Nazismus extrahiert werden können. Dementsprechend werden diejenigen Parteien und Organisationen, die voraussichtlich dem demokratischen Wiederaufbau in Deutschland entgegenstehen werden, im Zusammenhang mit einem möglichen Wiederaufleben des Nazismus erörtert.
[...]

A. Analyse des Problems

I. Einleitung

Zum Zeitpunkt der militärischen Besetzung Deutschlands wird der Nazistaat sich vermutlich in Auflösung befinden. Der Herrschaftsapparat der Nazis wird an entscheidenden Stellen zusammengebrochen sein, und die lange Zeit terrorisierte Bevölkerung wird darauf mit spontanen Gewalt- und Racheakten antworten. Politische Parteien werden sich – vor allem lokal und regional – wahrscheinlich unmittelbar nach dem Zusammenbruch der Naziherrschaft spontan bilden. Die Untergrundbewegung wird offen hervortreten und ihren eigenen Kampf um die vollständige Zerschlagung des Nazismus führen. Die Arbeiterparteien und Gewerkschaf-

ten werden wiederaufleben. Gegen diese antifaschistischen Kräfte werden die Nazis ihre Reserven zu mobilisieren versuchen, die möglicherweise für eine solche Situation besonders ausgebildet wurden.
Die Besatzungsbehörden werden sich daher einem schwierigen Problem gegenübersehen: Die Sicherheit der Besatzungstruppen gebietet die sofortige Wiederherstellung von Recht und Ordnung, aber dies hat die Beseitigung des Nazismus zur Bedingung, die einzig durch die in Deutschland selbst gewachsene politische Opposition erfüllt werden kann. Diese Opposition wird das denkbar wirksamste Mittel sein, um das deutsche Aggresssionpotential außer Kraft zu setzen. Man erinnere sich, daß einer der Gründe für das Scheitern einer auf Dauer friedlichen Organisierung der deutschen Gesellschaft nach dem Ersten Weltkrieg in der mangelnden Beachtung und Unterstützung der demokratischen Interessen und Institutionen, die während der Revolution entstanden waren, durch die Besatzungsbehörden lag. So vertraten z. B. die französischen Besatzungsbehörden damals die Auffassung, die neuen Arbeiter- und Soldatenräte störten die öffentliche Ordnung, und sie entschlossen sich daher, die Räte nicht anzuerkennen, sondern auf ihrer Auflösung zu bestehen. Die Franzosen erhoben auch Einspruch gegen Wahlen für neue Stadträte.[1] Die Folge war, daß antidemokratische Tendenzen im Staatsdienst und in der Leitung der Industrie gefördert oder bestätigt wurden.
Am Ende des jetzigen Krieges wird eine im Lande gewachsene politische Bewegung für die Entwaffnung und Befriedung Deutschlands noch wichtiger sein als 1918, denn dieses Mal wird es keine fest etablierte und organisierte demokratische Kraft in Deutschland geben. Sie wird vielmehr auf neuer Grundlage erst entwickelt werden müssen. Es wird keine geschulten und disziplinierten Organisationen geben (wie die freien Gewerkschaften), deren Apparat zum friedlichen Wiederaufbau eingesetzt werden könnte. Was von den einstmals starken Organisationen übriggeblieben ist, wird in kleine Gruppen zersplittert sein, die im nationalen Rahmen wenig oder keinen Kontakt miteinander haben und deren Projekte und Strategien oft miteinander in Konflikt liegen werden.
Das politische Leben wird wohl zuerst im lokalen Zusammenhang wiedererstehen. Mit dem Zerfall der Naziherrschaft, womöglich noch vor der Besetzung durch die Alliierten, werden sich spontan kleine Gruppen bilden, die versuchen werden, den Machtapparat der Nazis in den Dörfern, Städten, Stadtteilen, Betrieben, Kasernen usw. auszuschalten oder zu ersetzen. Ihre Tätigkeit wird sich auf die dringlichsten Probleme vor

1 *Occupation Government in the Rhineland – 1. 18. 1923,* Institute of World Affairs, Research Project on Germany's Position in European Postwar Reconstruction, S. 12–13.

Ort konzentrieren: darauf, die Fabriken und Dienstleistungen in Gang zu halten, politische Gegner festzunehmen, eine neue Verwaltung aufzubauen. In einigen Fällen werden sie die Fabriken oder die lokale Verwaltung übernommen haben und sich den Besatzungsbeamten als die legitimen neuen Behörden präsentieren.
Vermutlich werden sich diese Gruppen relativ rasch nach mehr oder minder klaren politischen Grundsätzen entfalten, mit einer Tendenz, sich zu nationalen Parteien zusammenzuschließen. Damit wird sich ein allgemeines Muster politischer Organisationen herausbilden, das den Hauptzügen der Sozialstruktur in Deutschland entspricht.
In der Zeit der Weimarer Republik war das politische Leben in Deutschland hauptsächlich durch drei soziale Gruppen bestimmt: 1. durch Schwerindustrie, Landadel und Militär, 2. durch die Arbeiterschaft und 3. durch das Zentrum, einen katholischen Zusammenschluß von Angehörigen aller sozialen Gruppen, die zwischen »rechts« und »links« lavierten. Die alten Mittelschichten (kleines und mittleres Gewerbe, Einzelhandel und Handwerk) waren für sich genommen kein gravierender politischer Faktor mehr. Das gleiche gilt für die Bauern, die überwiegend für die Rechten oder für das Zentrum stimmten, bis schließlich ein großer Teil von ihnen ins Lager der Nazis überlief.
Die wichtigsten politischen Parteien korrespondierten weitgehend den erwähnten drei größeren Gruppen:
1. die Deutschnationale Volkspartei und die Deutsche Volkspartei;
2. die Sozialdemokratische Partei und die Kommunistische Partei;
3. die Zentrumspartei und die Bayrische Volkspartei.
Das Naziregime hat diese und alle anderen Parteien mit Ausnahme der NSDAP verboten, doch es veränderte im Grunde nicht die soziale Schichtung, die sich im deutschen Parteiensystem widerspiegelte. Die Schwerindustrie und der Landadel auf der einen Seite und die Arbeiterschaft auf der anderen Seite bestimmen nach wie vor die gesellschaftlichen Kräfteverhältnisse in Deutschland. Die Mittelschichten waren bereits in der Weimarer Republik im Niedergang begriffen; sie wurden durch die Schließung der nicht kriegswichtigen Wirtschaftsbranchen und durch die Konzentration der Kriegswirtschaft in den großen Unternehmen noch weiter geschwächt. Derjenige Teil der Bevölkerung, der früher seine Interessen von der Zentrumspartei vertreten sah, wird wahrscheinlich weiter gestärkt werden, insbesondere durch den Einfluß derer, die in einem Gleichgewicht zwischen »Rechts« und »Links« die Rettung erblikken. Die Interessen und politischen Strategien der beiden wichtigsten sozialen Gruppierungen lagen während der gesamten Periode der Weimarer Republik miteinander in Konflikt. Durch Vollbeschäftigungspolitik und mit Hilfe des totalitären Terrorapparats hat das Naziregime eine vorübergehende Integration durchgesetzt, doch diese Integration wird zer-

fallen, sobald diese Faktoren nicht mehr wirksam sind. Es steht daher zu erwarten, daß das politische Leben in seinen Grundzügen wieder dem althergebrachten Muster folgen wird – das Parteiensystem wird sich erneut um die beiden Pole »Rechts« und »Links« bewegen.
Es ist indes nicht anzunehmen, daß die traditionellen Parteien in ihrer alten Form wiedererstehen werden. Einige werden vermutlich ihren Namen, ihre Parolen und Programme ändern; sie werden sich den Bedingungen der Niederlage und der militärischen Besetzung anpassen. Diese Bedingungen werden zwangsläufig zur Folge haben, daß manche Parteien sich auf ein Minimalprogramm beschränken, daß andere gänzlich oder teilweise getarnt arbeiten oder in den Untergrund gehen. Sämtliche Parteien werden sich als Nazigegner präsentieren, so, als setzten sie entschieden auf die demokratische Regierungsform und als seien sie bereit, mit den Besatzungstruppen bei der Herausbildung einer neuen demokratischen Sozialstruktur zusammenzuwirken. In manchen Fällen wird dies freilich nicht mehr als ein Lippenbekenntnis sein, das die wahren politischen Ambitionen verdeckt.
Das Hauptproblem wird vermutlich sein, möglichst frühzeitig Deutschlands nationale Unabhängigkeit und Einheit gegen die Kontrolle durch ausländische Mächte, gegen separatistische Tendenzen und gegen Versuche von außen, das Reichsgebiet aufzugliedern, zu gewährleisten bzw. wiederherzustellen. Alle Parteien werden sich gegen jede Form von Zwangsarbeit zur Wehr setzen, und bei den linken Parteien wird der Wunsch nach nationaler Integrität und Unabhängigkeit dominieren. Das Streben nach Unabhängigkeit wird mit der Anstrengung verknüpft sein, im Zuge des gesellschaftlichen Wiederaufbaus die Macht der Junker und der imperialistischen Industriellen zu brechen und im Rahmen einer Friedenswirtschaft Vollbeschäftigung zu sichern. Die Arbeiterparteien und die liberalen Teile der Mittelschichten werden eine strukturelle Reorganisierung von Gesellschaft und Wirtschaft fordern, der sich die konservativen Parteien verweigern werden. Dieser Konflikt wird als Konflikt um nationale Würde und Unabhängigkeit und mit antinazistischen, demokratischen Parolen ausgetragen werden.
Die Verfechtung antinazistischer und demokratischer Ideologien wird, wie gesagt, in manchen Fällen nichts anderes als ein Vermummungsmanöver sein, und diese Verschleierungstaktik wird die Besatzungsbehörden vor äußerst schwierige Probleme stellen. Im Interesse der Sicherheit der Besatzungsstreitkräfte müssen diejenigen Gruppen, die den Alliierten und dem Demokratie-Postulat feindselig gegenüberstehen, enttarnt und vom politischen Leben ausgeschlossen werden, denn in eben diesen Gruppen werden aktive Nazis ihre Politik fortsetzen.
In den folgenden Abschnitten wird versucht, die verschiedenen möglichen Formen der Tarnung vorweg zu identifizieren und Methoden zur

Bestimmung jener Tendenzen vorzuschlagen, die für die Sicherheit der Besatzungstruppen und die Wiederherstellung von Recht und Ordnung die größte Bedrohung darstellen.

II. Das Wiederaufleben rechtsgerichteter, nationalistischer Parteien

In der Weimarer Republik waren die rechten Parteien hauptsächlich durch die Deutschnationale Volkspartei und den einflußreichen rechten Flügel der Deutschen Volkspartei repräsentiert. Sie verfochten die Interessen der Schwerindustrie, des Landadels und des Offizierskorps, die nachmals zu glühenden Anhängern des Naziregimes wurden und die vermutlich auch jetzt sich einer fundamentalen demokratischen Organisierung der deutschen Gesellschaft widersetzen werden. Gerade wegen ihres bekannten antidemokratischen Programms werden die Parteien der Rechten wahrscheinlich nicht an ihren alten Namen und an ihren alten Parolen festhalten, sondern als nationale demokratische Parteien auftreten, und ihr Programm wird sich auf das konzentrieren, was in ihrer Vorstellungswelt als Kampf gegen die Bolschewisierung Deutschlands erscheint, auf einen Kampf für Deutschlands kulturelle Tradition, für das freie Unternehmertum, für die Austreibung des Politischen aus der Verwaltung, für die Unabhängigkeit der Justiz oder für einen auf christlichen Prinzipien gegründeten Staat. Ihr wirkliches Vorhaben ist jedoch, die priviligierte Position der alten herrschenden Gruppen zu erhalten, und deshalb werden sie sich jedem Projekt widersetzen, das ihre Macht über Deutschlands politischen, militärischen und ökonomischen Apparat gefährden könnte. Furcht vor der Sowjetunion, vor dem Kommunismus und vor linken Bewegungen könnte sie dazu bringen, den Westmächten ihre Zusammenarbeit gegen das, was sie als Kräfte der Anarchie und des Kommunismus bezeichnen werden, anzutragen; doch sie werden jede Unterstützung, die ihnen möglicherweise zuteil wird, für ihre eigenen Interessen zu nutzen trachten. Diese Interessen können letzten Endes einzig durch ein autoritäres Regime garantiert werden, das demokratische Kontrollen und Repräsentation abschafft, die bürgerlichen Freiheiten unterdrückt und Vorbereitungen für einen neuerlichen deutschen Anspruch auf die Eroberung der Welt trifft. Die Nazis werden daher in diesen Parteien unterschlüpfen wollen, deren Politik am Ende den Vorsätzen der Alliierten zuwiderlaufen muß. Wenn die Führung solcher Parteien den Alliierten die Zusammenarbeit vorschlägt, dann allein in der Absicht, ihre Position gegenüber den demokratischen Programmatiken zu befestigen und zwischen den Alliierten Zwietracht zu säen. Unter der Hand wird die Führung der Rechten wahrscheinlich weiterhin extrem nationalistische und autoritäre Ideologien und Politiken verfolgen.
Offiziell wird die Leitung solcher Parteien vielleicht bei namhaften

Staatsbeamten oder Geschäftsleuten liegen, die nicht durch Verstrickung in das Naziregime auffällig geworden sind, oder bei Intellektuellen oder als religiös ausgewiesenen Männern mit konservativen Neigungen oder möglicherweise bei Generälen, die von Hitler entlassen worden sind. Auch einige ehemalige Demokraten und Zentrumsanhänger werden sich darunter befinden. Die Basis dieser Parteien werden vor allem ehemalige Offiziere sowie Angehörige der Mittelschichten bilden (Vertreter des kleinen und mittleren Gewerbes, Einzelhändler, Angestellte und Beamte), und unter diesen wird es zahlreiche Proselyten des Naziregimes geben.

III. Getarnte nationalistische Gruppierungen

1. Wirtschafts- und Berufsverbände

Rechtsgerichtete, antidemokratische Gruppen mögen es für nützlich halten, während der Periode der Militärregierung sich nach außen jeglicher politischen Aktivität und Äußerung zu enthalten und statt dessen ihre Interessen über »neutrale« Berufs- und Fachverbände (Handels- und Industrieverbände; Ingenieur- und Technikerverbände) zu verfolgen. Diese Tarnung wäre besonders unauffällig, da die antidemokratischen Gruppierungen in der deutschen Wirtschaft stets enge Kontakte zur regionalen und nationalen Regierungsbürokratie unterhalten haben. Unter dem Naziregime war die sogenannte »Selbstverwaltung der Wirtschaft« zum integralen Bestandteil des politischen Herrschaftsapparates geworden, die Ingenieure zu politischen Funktionären, die mit der technischen auch die ideologische Schulung der Beschäftigten besorgten. Aufgrund dieser Tradition sind die Berufsverbände in Deutschland mächtige und einflußreiche Organisationen, die leicht wirtschaftliche, technische und administrative zu politischen Problemen zuspitzen können, die dann, zum Schaden von Recht und Ordnung, innere Konflikte nach sich ziehen. Auch dürften die Verhältnisse, die aller Voraussicht nach in Deutschland gegen Kriegsende herrschen werden, derlei Aktivitäten begünstigen. Die Zerstörung von Fabrikanlagen, die Knappheit bestimmter Rohstoffe und die Notwendigkeit, Maschinen zu ersetzen, bieten vielerlei Gelegenheiten, Dienstleistungen zusammenbrechen zu lassen, die Umstellung der Produktion zu behindern und Unruhe in der Arbeiterschaft zu stiften.

2. ,Sport-, Bildungs- und Kulturvereine

Die unmittelbaren subversiven Spielräume von Bildungs- und Kulturvereinigungen sind sehr begrenzt: Sie bieten sich vor allem für die Weitergabe und Verbreitung von Ideologien an, die nicht offen propagiert werden können. Von den Elementen der Naziideologie werden nach dem Krieg vermutlich insbesondere der Nationalismus und der Antisemitis-

mus fortwirken. Der Nationalismus wird durch die bloße Tatsache der militärischen Besetzung Nahrung erhalten. Nationalismus wird auch bei den Parteien der Linken insofern verbreitet sein, als ihnen die nationale Unabhängigkeit Deutschlands die Voraussetzung für den demokratischen Wiederaufbau erscheinen wird. Der Nationalismus der Rechten jedoch wird eine ganz andere Färbung haben; er wird mit antidemokratischen, autoritären Tendenzen verwoben sein, unter nachdrücklicher Betonung der »rassischen« Symbole und Inhalte deutscher Kultur. Antisemitismus läßt sich mit einem solchen Bildungskonzept leicht verknüpfen: durch Berufung auf die Lehren »deutscher Geistesgrößen« wie Luther, Fichte und Treitschke.
Sportverbände lassen sich unschwer zu vor- oder paramilitärischen Zwekken mißbrauchen, wenn ihre Führung in die Hände ehemaliger Nationalisten oder Nazis gerät.

IV. Das Wiederaufleben der Arbeiterparteien

Aus den bereits genannten Gründen werden hier wahrscheinlich die traditionellen Organisationsmuster wieder zum Zuge kommen. Die deutsche Arbeiterschaft wird sich vermutlich wieder an den beiden wichtigsten Parteien, der Sozialdemokratischen Partei und der Kommunistischen Partei, orientieren, die die konservative und die radikale Tendenz der Arbeiterbewegung verkörpern. Deren Programme und politische Strategien werden jedoch von denen abweichen, die sie in der Weimarer Zeit verfolgten.

1. Die Kommunistische Partei

Die Politik der Kommunistischen Partei wird wahrscheinlich von der Überlegung geleitet sein, daß dem Nazismus in Deutschland eine Phase der politischen Demokratie folgen wird, die der Partei Gelegenheit geben wird, sich eine neue Massenbasis zu schaffen und die Arbeiter für eine mögliche Machteroberung in der Zukunft zu organisieren. Die Kommunistische Partei wird also vorläufig auf den Kampf für die Diktatur des Proletariats verzichten und im Rahmen demokratischer Verfahren und Zielvorstellungen operieren. Wahrscheinlich wird sie eine Einheitsfront aller Antifaschisten in Deutschland befürworten, womöglich unter Einschluß von Splittergruppen der extremen Rechten (von konservativen Nazigegnern), und sie wird die verbreitete nationalistische Stimmung für sich auszunutzen suchen, indem sie Deutschlands nationale Befreiung zur Voraussetzung seiner sozialen Befreiung erklärt. Teile der Nazipartei, der SS und der SA werden sich mit den Kommunisten verbünden; aber zu tatsächlichen Allianzen zwischen Rechts- und Linksradikalen wird es wohl eher außerhalb der Partei, bei kleinen Splittergruppen kommen

(vgl. D.3). Die Kommunistische Partei wird vermutlich auf die Bestrafung und Enteignung von Schiebern und Kriegsverbrechern dringen, wobei sie diesen Maßnahmen eine sehr weitgefaßte Interpretation geben und sie als Vorbereitung weitreichender gesellschaftlicher und wirtschaftlicher Veränderungen verstehen wird.
Die sozialistische Revolution wird das Ziel der Kommunistischen Partei bleiben, sie wird jedoch unter den Bedingungen der Militärregierung ein »Minimalprogramm« formulieren, das die Verwirklichung dieses Ziels zunächst zurückstellen und Konflikte mit den Besatzungsbehörden möglichst vermeiden wird. Die Beteiligung der Sowjetunion an der Besetzung Deutschlands wird diese Neigung zur »Kollaboration« eher noch verstärken.
Die Kommunistische Partei wird voraussichtlich insbesondere lokal und regional aktiv werden, bei Verwaltungsproblemen, bei der Reorganisation des Managements in Betrieben, bei der Festlegung von Arbeitsbedingungen, bei Hilfsmaßnahmen, bei der Verfolgung von Nazis usw. Diese Prioritäten gelten natürlich für alle politischen Parteien – unter einer nach Zonen gegliederten Militärverwaltung wird eine Organisation auf nationaler Ebene äußerst schwierig, wenn nicht gar unmöglich sein. Im Falle der Kommunistischen Partei wird es jedoch um mehr als nur eine vorübergehende Anpassung an äußere Umstände gehen. Sie wird nach wie vor unter streng zentralisierter Leitung agieren, doch vor allem über kleine, straff organisierte Kader in den Fabriken, Büros, Betrieben, Wohnblocks usw. tätig werden, weil sie damit bei der arbeitenden Bevölkerung leichter Fuß zu fassen hofft als durch umfassende Organisationen wie die Gewerkschaften. Aufgrund dieser Strategie wird sich die Kommunistische Partei auf den lokalen und regionalen Bereich konzentrieren. Sie wird vermutlich Betriebs- und Fabrikräte als die wahrhaft demokratischen Repräsentanzen der Arbeiterinteressen propagieren.
Mithin wird der wichtigste Unterschied zwischen kommunistischen und sozialdemokratischen Gruppierungen in Deutschland nach dem Krieg voraussichtlich darin bestehen, daß die Kommunisten ihre Politik gegenüber der Arbeiterklasse eher in lokalem als in nationalem Rahmen definieren, eher auf Arbeiterräte als auf Gewerkschaften hin ausrichten werden und daß sie sich eindeutig an der Sowjetunion orientieren werden.

2. Die Sozialdemokraten

Die Sozialdemokratische Partei hat während der gesamten Weimarer Zeit für die – wie sie es nannte – »politische und soziale Demokratie« plädiert. Ihre Führer in der Regierung und in den Gewerkschaften akzeptierten das herrschende Sozial- und Wirtschaftssystem als Rahmen für ihre Politik. Sie setzten sich für eine verbesserte Stellung der Arbeiterschaft in Staat und Gesellschaft ein und argumentierten gegen einen revolutionären Sturz des Kapitalismus und gegen die Diktatur des Proletariats. Die sozialdemokratische Führung bekämpfte erbittert die radikale Politik der Kommunisten und half mit bei der Niederschlagung aller Aufstände gegen das herrschende Gesellschaftssystem. Es steht zu erwarten, daß die Sozialdemokratische Partei, die offenbar immer noch über eine loyale Anhängerschaft in Deutschland verfügt, nach dem Krieg wieder als Partei der Reform und nicht als revolutionäre Partei in Erscheinung treten wird. Doch wird sie wohl die schrittweise Sozialisierung der Schwerindustrie und des Bankwesens sowie die Enteignung des Großgrundbesitzes der Junker verlangen. Auch wird sie wahrscheinlich von ihrer traditionellen Gegnerschaft zum sowjetrussischen System und zu dessen Politik nicht ablassen.

Es ist nicht anzunehmen, daß die Konkurrenz mit der Kommunistischen Partei die SPD in revolutionären Radikalismus treiben wird. Die überwiegende Mehrzahl der Parteimitglieder sind ältere Arbeiter zwischen 31 und 60 Jahren, die wahrscheinlich ihre Hauptstütze bleiben werden und deren dringlichster Wunsch der nach Frieden und größtmöglicher sozialer Stabilität sein wird. Zudem hat die Sozialdemokratische Partei stets enge Verbindungen zu den Gewerkschaften gehabt, die ihrer ganzen Struktur nach auf Zusammenarbeit zwischen Management und Arbeiterschaft angelegt sind. Die Frage, ob die Sozialdemokratische Partei wieder die Mehrheit der arbeitenden Bevölkerung Deutschlands wird hinter sich bringen können, ist schwer zu beantworten. Die bei den Massen vorherrschende Furcht vor dem Bolschewismus wird sich voraussichtlich zum Nachteil der Kommunistischen Partei, jedoch nicht unbedingt zum Vorteil der Sozialdemokratischen Partei auswirken. Viele deutsche Arbeiter machen offenbar die Beschwichtigungspolitik der Sozialdemokraten während der Weimarer Republik für den Aufstieg des Nazismus haftbar und scheinen aus diesem Grunde deren Rückkehr an die Macht nicht zu begrüßen. Der Versuch, die sozialdemokratischen Gewerkschaften neu zu gründen, könnte leicht zu heftigen Kontroversen mit den radikalen Betriebsräten führen, die sich aller Voraussicht nach im Gefolge des Zusammenbruchs der Naziherrschaft spontan bilden werden.

3. Andere Arbeiterparteien

In der Zeit der Weimarer Republik entstanden zahlreiche linke Splitterparteien. Die meisten von ihnen waren Abspaltungen von der Sozialdemokratischen oder von der Kommunistischen Partei; es gab auch eine syndikalistische Gruppierung. Diese Parteien unterschieden sich voneinander vor allem in Fragen der revolutionären Taktik, wobei jede für sich beanspruchte, die Prinzipien des Marxismus-Leninismus zu beherzigen.

Es ist natürlich nicht möglich, die Programme und politischen Strategien solcher linken oppositionellen Gruppen für die Zeit nach dem Krieg zu prognostizieren. Zu erwarten ist jedoch, daß wiederum eine Splittergruppe in Opposition zur Kommunistischen Partei entstehen wird. Es ist anzunehmen, daß sie vor allem die Bedeutung des Klassenkampfes in Deutschland betonen und auf sofortige Sozialisierungsmaßnahmen drängen wird.

Wenn die linken Splittergruppen keine Massenbasis unter der arbeitenden Bevölkerung finden sollten, könnten sie möglicherweise ein Bündnis mit radikalen Gruppierungen der Nazibewegung akzeptieren, z. B. auf der Grundlage eines »nationalbolschewistischen« Programms, was bedeutete, die Propaganda für die sozialistische Revolution der Propaganda für die nationale Befreiung Deutschlands von fremden Mächten unterzuordnen und zugleich die Kooperation mit der Sowjetunion als Gegengewicht gegen die Westmächte zu fördern. Sofern ein solches Programm eine Bedrohung für die Militärregierung darstellen sollte, würde sie durch die Tatsache einigermaßen neutralisiert, daß diese Gruppen wohl kaum eine Massenanhängerschaft gewinnen werden. Keiner linken Gruppe außerhalb der Kommunistischen und der Sozialdemokratischen Partei ist es jemals gelungen, bei der deutschen Bevölkerung hinreichend Resonanz zu finden.

V. Demokratische Parteien der Mittelschichten

Es ist zu erwarten, daß es Anstrengungen geben wird, die Mittelschichten in Deutschland hinter einem demokratischen Programm zusammenzubringen, das sich sowohl von neo-totalitären Tendenzen der Rechten als auch von revolutionären Bestrebungen der Linken abgrenzt. Ein derartiges Programm würde vermutlich für eine demokratische Regierungsform ähnlich der der Weimarer Republik votieren, ferner für die Aufhebung aller Nazigesetze, für die Wiederherstellung bürgerlicher Freiheiten (einschließlich des Koalitionsrechts) sowie für die Garantie des freien Unternehmertums und des Privateigentums. Unter Umständen könnte es jedoch auch staatliche Regulationen der Wirtschaft und umfangreiche öffentliche Arbeiten vorschlagen.

Eine Partei dieses Zuschnitts würde sich vor allem an Vertreter des kleinen und mittleren Gewerbes, an Handwerker und Angestellte wenden. Aufgrund ihrer sozialen Lage, die durch die Tendenz zur Monopolisierung in der Schwerindustrie und durch die beschleunigte Konzentration wirtschaftlicher Macht in Großunternehmen unterminiert worden ist, sperren sich diese Schichten gegen jede radikale Veränderung des Gesellschaftssystems, die die Reste ihrer Unabhängigkeit gefährden könnte. Während der Weimarer Republik erblickte die Mehrheit der Mittelklassen (mit Ausnahme der freien Berufe) eine Bedrohung ihrer Stellung vor

allem im wachsenden Einfluß der Arbeiterschaft; sie neigten deshalb den reaktionären Parteien der Rechten zu.
Nach 1919 ist es der Deutschen Demokratischen Partei, der späteren Deutschen Staatspartei, der einzigen demokratischen Partei, die keine Arbeiterpartei und nicht konfessionell gebunden war, niemals gelungen, erhebliche Teile der Mittelschichten für sich zu mobilisieren; die Partei blieb politisch belanglos und wurde beherrscht von einigen wenigen liberalen Vertretern der Wirtschaft und von einigen Intellektuellen.
Die einzige Partei von Bedeutung, die die wirtschaftlichen Interessen der Mittelschichten in der Weimarer Republik vertreten hat, war die Reichspartei des Deutschen Mittelstandes oder »Wirtschaftspartei«, die bei den Parlamentswahlen 1930 1363000 Stimmen erhielt. Trotz ihres dem Anschein nach »berufsständischen« Charakters war sie eindeutig nationalistisch, antidemokratisch und autoritär. Ihr Programm von 1926 forderte eine Revision der Weimarer Verfassung, die die Regierung vom Wählerwillen der Bevölkerung weitgehend unabhängig machen sollte; es verlangte eine Anhebung des Wahlalters auf 24 Jahre, außerdem die Rückgabe der deutschen Kolonien an Deutschland und die Wiederherstellung von Grenzen, die den deutschen Expansionsbedürfnissen entsprechen sollten.
Es ist anzunehmen, daß die Mittelschichten ihrer verschlechterten wirtschaftlichen und sozialen Lage wegen abermals nationalistischen Appellen Gehör schenken werden. Andererseits hat sich das totalitäre Experiment diskreditiert. Daher könnte eine neue mittelständische Partei zum Sammelbecken für viele Teile der deutschen Gesellschaft außerhalb der Arbeiterschaft werden, die in einer demokratischen Neugestaltung das einzige Mittel sehen, sich in Frieden und Sicherheit wieder ihren Aufgaben zuwenden zu können. Dazu zählen vor allem die freien Berufe, die kleinen Fabrikanten, die Einzelhändler und die Handwerker.

VI. Die Zentrumspartei

Die Zentrumspartei wird wahrscheinlich nach traditionellem Vorbild wiedererstehen. Diese Partei, die in der Weimarer Republik der republikanischen Regierungsform die Treue hielt, war eine nichtkonfessionelle katholische Partei und rekrutierte ihre Mitglieder überwiegend in der katholischen Bevölkerung; sie umfaßte dabei eine große Zahl von Klerikern, Arbeitern, Bauern, Adligen und Freiberuflichen. Besonders stark war die Zentrumspartei in den katholischen Gebieten West- und Süddeutschlands. Der bayrische Zweig trennte sich 1920 von der Partei, weil er mit deren zentralistischer Politik nicht einverstanden war, und gründete die Bayrische Volkspartei, die jedoch in den entscheidenden Punkten der Zentrumspartei folgte.

Die Tatsache, daß die Zentrumspartei von religiösen Anschauungen und nicht so sehr von einem politischen Programm bestimmt ist, macht sie politisch überaus flexibel; sie wird jede Regierung akzeptieren, die die Pfeiler der katholischen Sozialphilosophie anerkennt: Privateigentum, Zusammenarbeit zwischen Kapital und Arbeit, christliche Erziehung und Familie. Die Partei war antifaschistisch, insbesondere jedoch antikommunistisch. Sie würde kaum eine Demokratie unterstützen, die ihre Existenz gefährden könnte. Unter vergleichbaren Umständen, in den Jahren 1932/33, spielte der Vertreter des Zentrums, Franz von Papen, eine wesentliche Rolle bei der Zerstörung der Weimarer Republik; ein einflußreicher Kreis innerhalb der Partei, repräsentiert durch ihren letzten parlamentarischen Fraktionsführer, Dr. Kaas, hat seit 1918 eng mit den antidemokratischen rechten Parteien zusammengearbeitet.

Nach dem Krieg könnte der Zentrumspartei eine Schlüsselrolle in der politischen Szenerie zufallen. Sie könnte zum Sammelbecken für alle jene werden, die versuchen, die Gesellschaft Mitteleuropas zu stabilisieren, indem sie sich einer sozialen Revolution ebenso widersetzen wie einer neuen Variante des deutschen Imperialismus. Ein katholischer Block einer bayrisch-österreichischen Föderation könnte als geeignetes Mittel erscheinen, um die Vorherrschaft Preußens in Deutschland zu brechen, und die katholische Zentrumspartei mit ihren starken antipreußischen Affekten könnte sich bereitfinden, eine solche Politik zu stützen.

Sollte die Zentrumspartei tatsächlich sich in dieser Weise entwickeln, würde sie politische Konflikte heraufbeschwören, denn die Mehrheit der deutschen Bevölkerung würde eine Politik, die zur Teilung des Reiches führen könnte, wohl kaum gutheißen. Vielmehr werden die Deutschen an der Erhaltung der nationalen Einheit ihres Landes äußerst interessiert sein; selbst in extrem anti-preußisch argumentierenden Ländern wie Bayern geht man nicht so weit, dem Separatismus das Wort zu reden (vgl. I. C. unten).

Zwei andere mögliche politische Strategien wären für die Zentrumspartei nach dem Krieg in Betracht zu ziehen: Die Partei könnte sich wieder, wie unter der Führung von Joseph Wirth (1920–1922), mit dem rechten Flügel der Arbeiterschaft und mit liberalen Gruppierungen zu einem demokratischen Projekt gegen die radikale Linke und Rechte zusammenschließen. Oder die Partei könnte ihre weltanschauliche Basis erweitern, um alle Kräfte, die »Recht und Ordnung« vertreten, einzubeziehen. Der Sturz des Hitlerregimes wird vermutlich religiöse Einstellungen bekräftigen; breite Schichten der Bevölkerung, der Politik überdrüssig, könnten unter diesen Umständen zur Zentrumspartei abwandern, weil sie minder politisch erscheint als die anderen Parteien. Doch selbst dann wird die katholische Kirche wohl weiterhin die treibende Kraft hinter der Zentrumspartei bleiben und diese Partei lenken.

VII. Separatistische Parteien

Wie bereits erwähnt, wird es nach dem Krieg Kräfte außerhalb Deutschlands geben, die ein Wiederaufleben des deutschen Imperialismus dadurch verhindern wollen, daß sie die zentralistische Struktur des Reiches aufbrechen oder sogar das Reich zerstückeln. In Deutschland könnten diese Bestrebungen in gewissem Umfang von denjenigen gefördert werden, die die Position der Länder auf Kosten von Preußen zu stärken wünschen, mit anderen Worten: die sich Deutschland eher als eine Konföderation unabhängiger Staaten denn als einen zentralisierten Bundesstaat vorstellen. Nach dem Ersten Weltkrieg traten solche Bestrebungen in Bayern und im Rheinland hervor. Im Rheinland nahmen sie eindeutig separatistische Formen an – ein unabhängiges Rheinland wäre, mehr oder weniger, von Frankreich abhängig gewesen.

Eine Aufteilung der militärischen Verwaltung in Zonen wird die nationale Integration der verschiedenen Parteien extrem erschweren, wenn nicht unmöglich machen: Parteiaktivitäten wären regional beschränkt und würden nachdrücklich regionale Kräfteverhältnisse und Interessen zum Ausdruck bringen. Allerdings muß man unterscheiden zwischen Parteien, die nach regionaler Unabhängigkeit im Rahmen des Reiches streben (partikularistische Parteien), und Parteien, die eine Loslösung vom Reich intendieren (separatistische Parteien).

Es ist unwahrscheinlich, daß irgendeine partikularistische Partei in Deutschland in der Lage sein wird, die verschiedenen sozialen Tendenzen und Interessen eines einzelnen Landes zu einem partikularistischen Programm zusammenzufassen. Die für die deutsche Gesellschaft charakteristischen politischen Unterschiede kehrten in den Ländern oder im regionalen Bereich wieder und verurteilten jede partikularistische Partei mehr oder weniger dazu, der Agent von Sonderinteressen in dem betreffenden Land oder Gebiet zu sein, wahrscheinlich von wirtschaftlichen und agrarischen Interessen, die außerhalb Deutschlands Verbündete suchen, die jedoch den Interessen der Mehrheit der arbeitenden Bevölkerung und der Mittelschichten zuwiderlaufen. Aufgrund der deutschen Wirtschaftsstruktur kann keines der Länder für beliebig lange Zeit vom Reich oder von einem der angrenzenden Länder isoliert bleiben. Infolgedessen sind partikularistische Parteien in Deutschland seit der Gründung des Reiches entweder bedeutungslos gewesen, oder sie haben sich darauf beschränkt, bestimmte Länderinteressen innerhalb des Reiches zu vertreten (wie das bei der Bayrischen Volkspartei der Fall war).

Diese Schranken gelten erst recht für den Separatismus. Das einzige Beispiel einer wirklich separatistischen Bewegung in der jüngeren deutschen Geschichte ist die Partei der Rheinischen Republik nach dem Ersten Weltkrieg. Sie versuchte, die religiösen Unterschiede zwischen der katholischen Bevölkerung des Rheinlandes und Preußen zur Gründung einer unabhängigen »Rheinischen Republik« zu nutzen. Doch die Partei vermochte sich nur mit Unterstützung der französischen Besatzungsarmee zu behaupten – die Rheinische Republik war ein Fehlschlag von Anfang an.

Die Situation am Ende dieses Krieges wird nicht gänzlich anders sein. Die Ablehnung des Naziregimes hat sicherlich, besonders in Bayern, antipreußische Stimmungen bestärkt, aber derlei Einstellungen formieren sich wohl nicht zu dem Vorhaben, sich vom Reich loszutrennen. Nach der Besetzung Deutschlands durch die Alliierten wird wohl der Wunsch nach Erhaltung der deutschen Einheit stärker ins Gewicht fallen als Vorbehalte gegenüber der Vorherrschaft Preußens. Das wird voraussichtlich sogar für Bayern gelten. Der Plan einer bayrisch-österreichischen Konföderation mag vielleicht in Südbayern Unterstützung finden, die protestantische Bevölkerung Nordbayerns jedoch wird ihn vermutlich ablehnen, und zwar so energisch, daß er nur mit Gewalt durchzusetzen wäre. Noch weniger Chancen hätten separatistische Bestrebungen im Rheinland; eine wirklich separatistische Bewegung könnte nur dort entstehen, wo innerhalb des Reiches eine nicht-deutsche Bevölkerungsgruppe eine starke Minderheit oder eine Mehrheit darstellt.

B. Empfehlungen

I. Allgemeines

Die Sicherheit der Besatzungsstreitkräfte und die Aufrechterhaltung von Recht und Ordnung in der Öffentlichkeit erfordern bestimmte allgemeine Maßnahmen, die gegenüber allen politischen Parteien und Gruppierungen anzuwenden sind:

1. Das Verbot aller Waffen und Mittel der Gewaltanwendung.
2. Das Verbot aller zu einer bestimmten Partei oder Gruppierung gehörigen paramilitärischen Hilfsverbände (Saalschutz, Bürgerwehr oder dgl.).
3. Das Verbot aller Aktivitäten, die die Erfassung und gerichtliche Verfolgung von Kriegsverbrechern und die Entfernung aktiver Nazis aus der Öffentlichkeit behindern können.
4. Das Verbot aller Propaganda und aller Aktivitäten, die zu Gewaltakten gegen die Besatzungstruppen und gegen die demokratischen Kräfte in Deutschland aufhetzen.
5. Das Verbot von Parteien, Gruppierungen, Versammlungen und Institutionen, die weiterhin für die Praxis und die Ideologien der Nazis eintreten.

Das Prinzip der Gleichbehandlung aller politischen Parteien wird sich in Deutschland nach dem Krieg nicht sogleich anwenden lassen. Die Nazis und ihre Anhänger werden vermutlich versuchen, getarnt hinter neuen Parolen und Gruppierungen ihre Aktivitäten fortzuführen. In diesen Fällen genauso zu reagieren wie gegenüber Gruppierungen von Nazigegnern, ihnen z. B. Schutz vor Störungen durch gegnerische Parteien zuzusichern, liefe darauf hinaus, die entscheidende Gefahrenquelle für die Sicherheit der Besatzungstruppen und für die Wiederherstellung einer friedlichen Ordnung unangetastet zu lassen. Verbrechen und Vergehen müssen natürlich unterschiedslos vor Gericht gebracht werden. Die Behörden der Militärregierung könnten jedoch in Fällen von antinazistischen Aktivitäten aus ersichtlich politischen Motiven durchaus von ihrem Begnadigungsrecht Gebrauch machen, allerdings mit Vorsicht und ohne wahllosen Rache- und Gewaltakten Vorschub zu leisten. Sobald deutsche Gerichte wieder frei von personellen und ideologischen Nazieinflüssen zusammentreten können, sollte die Verfolgung von Nazis ihnen übertragen werden.

II. Verhalten gegenüber rechtsgerichteten, nationalistischen Parteien

Da gerade diese Parteien ein Refugium für diejenigen darstellen werden, die die Politik der Nazis fortzusetzen beabsichtigen, werden sie von den Besatzungsbehörden sorgfältig beobachtet werden müssen. Ihr Programm an sich mag wenig verräterisch sein, es wird sich geschickt »unpolitischer«, gar demokratischer Begriffe bedienen und vielleicht durch das Angebot kaschiert sein, mit den Alliierten zusammenzuarbeiten. Während der ersten Zeit der Besatzung werden die Neonazis in diesen nationalistischen Parteien vornehmlich hinter den Kulissen agieren; sie werden Gelder sammeln, Verbindungen zwischen den verschiedenen reaktionären Gruppen herstellen und versuchen, bestimmte Schlüsselpositionen in der Verwaltung zu erlangen, zuverlässige Anhänger zu gewinnen und zu schulen, die bereit sind, im gegebenen Augenblick loszuschlagen. Deshalb wäre es für die Sicherheit der Besatzungsstreitkräfte von Schaden, diesen Leuten zu erlauben, sich nach dem Krieg in Deutschland in aller Ruhe einzunisten. Folgende Möglichkeiten, dies zu verhindern, stehen den Besatzungsbehörden offen:

1. Das Verbot aller Parteien und Gruppierungen, die von ehemaligen aktiven Nazis, von Nazikollaborateuren und Nazisympathisanten dominiert werden. Hierzu zählen die namhaften Mitglieder der früheren Deutschnationalen Volkspartei, gehören der »Stahlhelm«, der »Kyffhäuserbund« und andere Veteranenorganisationen.
2. Die Unterbindung finanzieller Unterstützung durch den unter Nr. 1 aufgeführten Personenkreis.

3. Die Weigerung, der Einstellung eines ehemaligen Nazis oder Nazikollaborateurs in irgendeine höhere Position der Verwaltung, der Justiz, des Bildungswesens, der Wohlfahrtsverbände usw. durch Wahl oder durch Ernennung zuzustimmen.

III. Verhalten gegenüber getarnten nationalistischen Einflußgruppen

Von den getarnten politischen Gruppierungen sind die Wirtschafts- und Berufsverbände wahrscheinlich am schwersten zu kontrollieren und daher am gefährlichsten. Allgemein sind die unter II. formulierten Vorschläge auch auf diese Organisationen anzuwenden. Deren Hauptaktivitäten werden sich indes eher im Bereich der Wirtschaft oder Wirtschaftsverwaltung als im politischen Sektor abspielen. Unter Bedingungen der Niederlage und der Besatzung können wirtschaftliche Probleme und geschäftliche Angelegenheiten leicht zu politischer Sabotage mißbraucht werden. Bei der Diskussion beispielsweise von Fragen der Schließung von Werksanlagen, von Aussperrungen, der Umstellung der Produktion und der Festlegung der Arbeitsbedingungen sollten die Besatzungsbehörden darauf bestehen, daß alle unmittelbar betroffenen Parteien auch Gewerkschafter und Nazigegner, vor Ort anwesend sind und gehört werden.
Im Hinblick auf Kultur-, Bildungs- und Sportverbände wird eine strenge Überwachung und Kontrolle unerläßlich sein. Nationalistische und antidemokratische Indoktrinierung kann hier vorzüglich und hinter scheinbar harmlosen Veranstaltungen versteckt werden, so daß sich die Besatzungsbehörden wahrscheinlich weitgehend auf die Wachsamkeit einheimischer Nazigegner werden verlassen müssen. Direkte Einmischung in kulturelle und erzieherische Belange durch Besatzungsbehörden wird eher Unwillen und Widerstand hervorrufen als alle anderen Formen der Kontrolle. Die besten Ergebnisse sind vermutlich durch Stärkung der Liberalität in Deutschland selbst zu erzielen, durch den Aufbau eines demokratischen Schulsystems, demokratische Jugendorganisationen, gewerkschaftliche Aktivitäten usw.
Die Bildung von paramilitärischen Organisationen muß unbedingt unterbunden werden. Nach dem Ersten Weltkrieg haben die Sieger die Gründung solcher Organisationen zugelassen und sogar gefördert; sie sollten als »Hilfspolizei« im Kampf gegen Kommunismus und Anarchie fungieren. Damit war ein Vorwand für den Aufbau der Kerne der neuen deutschen Armee gegeben; viele der späteren Naziführer taten sich zunächst als Mitglieder der Freikorps hervor. Ein solcher Vorwand würde erneut dankbar wahrgenommen werden. Es ist daher zu empfehlen, daß die Besatzungsbehörden ihre Verantwortlichkeit für die Aufrechterhal-

tung von Recht und Ordnung nicht an irgendeine deutsche Behörde delegieren, es sei denn an eine reorganisierte und entnazifizierte Polizei.

IV. Verhalten gegenüber Arbeiterparteien

1. Gegenüber Kommunisten
Verzichtet die Kommunistische Partei unter der Militärregierung erwartungsgemäß auf Propaganda für einen sofortigen Übergang zum Sozialismus und für die Diktatur des Proletariats, so wird sie wahrscheinlich bereit sein, mit den Besatzungsbehörden bei der Überwindung des Nazismus und der Entfernung aktiver Nazis aus dem öffentlichen Leben in jeder Hinsicht zusammenzuwirken. Da die Kommunisten während der gesamten Nazizeit organisierten Widerstand im Untergrund geleistet haben, werden sie wertvolle Informationnen über getarnte Naziaktivitäten liefern können.
Da sich das Engagement der Kommunistischen Partei zur Überwindung des Nazismus vermutlich auf die Fabriken und Betriebe konzentrieren wird, könnte es zur Störung wichtiger Dienstleistungen (durch Streiks, Fabrikbesetzungen usw.) und zu Gewaltakten kommen. Bei der Ahndung solcher Vorfälle sollte im Hinblick auf die Form der Bestrafung und auf das Strafmaß grundsätzlich zwischen den von den Nazis begangenen Gewalttaten und solchen Handlungen unterschieden werden, die von Nazigegnern begangen worden sind und die sich gegen bekannte Terroristen und Hintermänner des Naziregimes richten. (Vgl. die Empfehlungen unter I.)

2. Gegenüber Sozialdemokraten
Die Sozialdemokratische Partei wird sich voraussichtlich in traditioneller Weise als Verfechterin der liberalen Demokratie rekonstituieren. Sie wird sicherlich bereit sein, mit den Besatzungsbehörden zusammenzuarbeiten, und dabei eine Politik allmählicher sozialer Reformen verfolgen. Kooperation mit früheren Nazis ist unwahrscheinlich. Jedoch könnte ein Wiederaufleben der heftigen Kontroversen zwischen dem sozialdemokratischen und dem kommunistischen Flügel der deutschen Arbeiterbewegung zu Blutvergießen und Unruhen in weiten Teilen des Landes führen. In dieser Situation wären die Empfehlungen2 und 3 zu bedenken.

3. Gegenüber anderen Arbeiterparteien
Sollten Nazis Splittergruppen der extremen Linken unterwandern, so wären politische Maßnahmen zur Auflösung von Gruppen, die von Nazis beherrscht oder beeinflußt werden, angezeigt.

V. Verhalten gegenüber anderen Parteien

Im Hinblick auf mögliche demokratische Parteien der Mittelschichten und auf die Zentrumspartei scheinen besondere Empfehlungen nicht nötig zu sein. Diese Parteien werden aller Wahrscheinlichkeit nach mit den Besatzungsbehörden zusammenarbeiten, werden sich an die Regeln demokratischer Verfahrensweisen halten und nicht zu Terror und Gewalt greifen.

Separatistische Parteien dagegen wären vermutlich ein schwieriges Problem. Es gibt jedoch kaum eine Region im Reich, wo eine separatistische Bewegung die Mehrheit der Bevölkerung hinter sich hätte. Eine derartige Bewegung könnte wohl nur mit der bewaffneten Unterstützung der Besatzungsmächte Erfolg haben. In den Augen der Deutschen würden die Separatisten damit zu Agenten einer ausländischen Macht. Das Resultat wäre wahrscheinlich ein Bürgerkrieg.

Dokument IV. 2
Die Erneuerung des politischen und konstitutionellen Lebens in Deutschland unter einer Militärregierung

I. Einleitung und Zusammenfassung

Teil A

1. Das politische Hauptziel ist es, zu verhindern, daß Deutschland jemals wieder den Weltfrieden bedroht. Die Verantwortung dafür liegt nicht bei einem einzelnen Staat, sondern bei den USA, Großbritannien und der UdSSR gemeinsam. Daher muß die Deutschlandpolitik so formuliert werden, daß die Zusammenarbeit der drei Mächte maximiert wird.
2. Um Deutschland als aggressive Macht zu eliminieren, gibt es zwei Wege: entweder die Vernichtung Deutschlands in seiner politischen Existenz oder die unmittelbare Ausschaltung der aggressiven Kräfte der deutschen Gesellschaft und die Durchsetzung von behindernden Zwangsmaßnahmen, die den Wiederaufstieg dieser Kräfte verhüten. Das vorliegende Papier geht von dem zweiten Vorsatz aus.[1]
3. Die auf die Zerschlagung der aggressiven Kräfte gerichtete Politik sollte in ihrem Charakter sowohl positiv als auch negativ sein. Es gilt nicht nur, das Aggressionspotential zu zerstören, sondern auch und auf diese Weise das entscheidende Hindernis aus dem Weg zu räumen, das der Freisetzung der demokratischen Kräfte entgegensteht, die allein ein nicht-aggressives Deutschland zu verbürgen vermögen.
4. Die Zerstörung des Aggressionspotentials ist die vordringlichste Aufgabe der Militärregierung. Sie sollte im Augenblick der Besetzung beginnen und folgendes beinhalten:
a. Demobilisierung oder Entwaffnung und Sistierung der Streitkräfte; Beschlagnahme und Zerstörung militärischer Ressourcen und Anlagen; Umwandlung, Verlagerung oder Zerstörung von Rüstungsbetrieben.
b. Entnazifizierung. Dies schließt die Aufhebung der Nazigesetze sowie die Auflösung der Nazipartei und der ihr angeschlossenen Organisationen ein, ebenso die Verhaftung und gerichtliche Verfolgung von be-

1 Die für die Teilung Deutschlands notwendigen Maßnahmen werden in einer weiteren Studie analysiert werden: R & A Nr. 2398.

stimmten Amtsträgern in Regierung, Armee und auf allen Stufen der Partei, von Mitgliedern der SA und SS und schließlich von Industrie-, Finanz- und Agrarführern, die sich entweder mit dem Naziregime identifiziert oder an der »Arisierung« oder an der Plünderung besetzter Länder beteiligt haben.
Personen, die den oben genannten Kategorien zuzurechnen sind und nicht als Kriegsverbrecher vor Gericht gestellt werden, sollten in Arbeitsbataillonen zu Wiederaufbauarbeiten in von Deutschland überfallenen Ländern verpflichtet werden.
5. Gleichzeitig wird die Militärregierung dafür sorgen müssen, daß Deutschland alle von den Siegermächten erhobenen finanziellen, ökonomischen und territorialen Forderungen erfüllt.

Teil B

Der Zweck dieser Studie ist es, das Verhältnis dieser Maßnahmen zur Erneuerung des politischen Lebens und der Verfassung in Deutschland zu beschreiben. Das Papier macht den Versuch, Methoden und Techniken zu skizzieren, mit deren Hilfe eine einheimische demokratische Regierung installiert werden kann, die den höchsten Grad von Stabilität und die größte Chance hat, von den Siegermächten akzeptiert zu werden. Zum gegenwärtigen Zeitpunkt muß die Erörterung dieser Probleme weitgehend spekulativ sein, da es nicht möglich ist, die in der Zeit nach der militärischen Niederlage in Deutschland herrschenden Bedingungen genau zu prognostizieren.
1. Das politische Leben in Deutschland sollte ausschließlich durch einen Prozeß der demokratischen Entwicklung von unten erneuert werden. Folglich sollten die Besatzungsmächte keine der amtierenden Regierungen weiterbestehen lassen. Diese Empfehlung erhält um so mehr Gewicht, als keine dieser Regierungen ihre Legalität entweder vom Nazistaat oder aus der Weimarer Verfassung ableiten kann. Im übrigen steht zu vermuten, daß die Zentralregierung noch vor der militärischen Besetzung des Landes verschwunden sein wird.
2. Um den deutschen Verwaltungsapparat für die Zwecke der Militärregierung optimal zu nutzen, ohne eine deutsche Regierung anzuerkennen, sollte in der ersten Phase der Militärregierung ein deutscher Verwaltungsrat eingerichtet werden, der sich aus Verwaltungsfachleuten zusammensetzt.
3. Das Problem von Lokalregierungen sollte so gelöst werden, daß Volksräte, die vielleicht während der Phase des Zusammenbruchs gebildet worden sind, anerkannt werden.
4. Zwar sollte die Militärregierung nicht mit irgendeiner politischen Gruppe direkt verhandeln, aber sie sollte sich gegenüber demokratischen

Initiativen, die vermutlich entstehen werden, positiv verhalten. Dies sollte einschließen:

a. eine energische und rasche Entnazifizierung nach den oben vorgeschlagenen Grundsätzen (vgl. A. 4);
b. die Auswahl von Verwaltungspersonal aus demokratischen Gruppen, auch wenn sie keine angemessene Erfahrung in Verwaltungsangelegenheiten haben;
c. die Verteilung von ökonomischen und finanziellen Lasten in der Weise, daß die Hauptbürde von den Mitgliedern der herrschenden Schichten (Industrie, Banken, Junker) getragen werden muß.

5. Es wird empfohlen, die Stärke der demokratischen Kräfte durch Wahlen auf die Probe zu stellen.

a. Zunächst sollten Lokalwahlen durchgeführt werden, und zwar gestaffelt, d. h. zuerst in Bezirken, in denen sich die Bereitschaft zu demokratischen Verfahren manifestiert hat.
b. Die Militärregierung sollte Wahlen für die Länderparlamente zulassen, außer in Preußen, wo nur Provinzwahlen gestattet werden sollten.
c. Schließlich werden nationale Wahlen zur Errichtung einer repräsentativen Regierung und zur Ablösung der Militärregierung notwendig sein. Bevor diese Wahlen abgehalten werden, sollten die Alliierten ihre Politik im Hinblick auf den endgültigen Status Deutschlands geklärt haben, und die Militärregierung sollte einigermaßen sicher sein, daß sich bei den Wahlen die demokratischen Interessen durchsetzen werden.

II. Das amerikanische Interesse an einem Dreimächte-Abkommen zur Erneuerung des politischen Lebens in Deutschland

Die amerikanischen Interessen erheischen eine Politik der Militärregierung, die die Zusammenarbeit zwischen den USA, Großbritannien und der UdSSR auf möglichst breiter Grundlage fördert. Die in diesem Papier enthaltenen Vorschläge zur Erneuerung des politischen Lebens in Deutschland sind in der Absicht formuliert, Voraussetzungen für eine solche Zusammenarbeit zu schaffen. Zu diesem Zweck wird ein Abkommen über die folgenden Punkte empfohlen:

1. die Entlassung oder Inhaftierung einer bestehenden deutschen Regierung;
2. die Einsetzung einer zentralen deutschen Übergangsregierung;
3. die politischen, sozialen und ökonomischen Maßnahmen, die in Deutschland ergriffen werden sollen;
4. den Zeitpunkt und die Bedingungen für lokale und nationale Wahlen;

5. den Zeitpunkt und die Methode der Ablösung der Militärregierung.

Einheitlichkeit in diesen Punkten kann am besten dadurch hergestellt werden, daß so viel Macht wie möglich im Alliierten Kontrollrat für Deutschland konzentriert wird und die Befugnisse der Zonengouverneure reduziert werden auf die von Exekutivorganen des Alliierten Kontrollrats.[2]

Die Deutschlandpolitik der drei Mächte wird nicht nur deren Fähigkeit zur Zusammenarbeit auf die Probe stellen, sondern auch die Stärke und Entwicklungstendenz der demokratischen Initiativen im Lande selbst nachhaltig beeinflussen. Einheitlichkeit ist unerläßlich, um die Aufteilung Deutschlands unter der Militärregierung in feste Einflußsphären zu verhindern. Grundlegende Unterschiede in der Besatzungspolitik können leicht in solchen Einflußsphären und den damit verknüpften Rivalitäten ihren Ausdruck finden. Wenn die Westmächte mit den traditionell herrschenden Schichten kooperieren, wenn sie die Gesellschaftsstruktur Deutschlands unangetastet lassen und fundamentale soziale Veränderungen ablehnen, dann werden die demokratischen Kräfte ihre Hoffnung auf die UdSSR setzen, selbst in dem Falle, daß sich die Politik der UdSSR von der der Westmächte nicht wesentlich unterscheiden sollte. Und wenn die UdSSR kleine Eigentümer enteignen, offen mit der deutschen Kommunistischen Partei kollaborieren und Sozialdemokraten, Katholiken und Liberale terrorisieren sollte, werden sich die demokratischen Kräfte nach Westen orientieren.

Die USA haben ein stärkeres Interesse an einem dreiseitigen Abkommen mit der UdSSR und Großbritannien über die Militärregierung in Deutschland als die UdSSR. Die militärische Position der UdSSR in Mitteleuropa wird der jedes anderen Staates überlegen sein; keine Kombination europäischer Mächte (falls sie überhaupt entstehen kann) wird ihr auch nur annähernd gleichkommen. Diese militärische Überlegenheit wird eine gewisse Anziehungskraft ausüben, selbst auf diejenigen, die weder ideologisch noch sozial irgend etwas mit der UdSSR gemein haben. Und die militärische Überlegenheit wird durch die politische Stärke, die sowohl in den Bestrebungen der europäischen Massen als auch in der politischen Geschicklichkeit der UdSSR begründet liegt, bekräftigt und befestigt werden. Große Teile der Arbeiterschaft und die verarmten Gesellschaftsschichten in Deutschland werden von der UdSSR Hilfe bei ihrer sozialen Befreiung erwarten. Diese und andere Gruppen können von der UdSSR, deren manipulatives Vermögen unbestreitbar ist, leichter organisiert werden. Es gibt Tausende von zuverlässigen und eingefleischten Kommunisten, deutschen und ausländischen,

2 Vgl. Civil Affairs (CA) Guide: *General Principles of Administration and Civil Service.*

die jede Gruppe und Organisation zu unterwandern bereit ist, um diese auf die UdSSR einzuschwören.
Großbritannien wird, sofern es das überhaupt will, den Einfluß der UdSSR nur dann eindämmen können, wenn es entweder die Westmächte unter seiner Hegemonie organisieren kann oder wenn es jetzt und in Zukunft von den USA uneingeschränkte Rückendeckung bekommt. Beide Annahmen sind nicht sehr realistisch, während die tatsächliche und potentielle Stärke der UdSSR Realität ist und die USA in Mitteleuropa vermutlich keinen direkten militärischen Einfluß werden ausüben können. Zugleich liegt es im Interesse der USA, zu verhindern, daß Deutschland in den Einflußbereich der UdSSR gerät oder rechtlich von ihr absorbiert wird. Also entspricht es dem Interesse der USA, die Politik der UdSSR durch Abkommen zu binden, die möglichst alle vorhersehbaren Elemente der Deutschlandpolitik umfassen.
Zweifellos ist die Anwendung der im folgenden beschriebenen politischen Handlungsmaximen die beste Möglichkeit, die deutsche Gesellschaft in einer Weise zu rekonstruieren, die für eine dauerhafte Übereinkunft zwischen den drei Mächten die geringste Bedrohung darstellt. Diese Gesellschaft muß notwendigerweise Bestandteile sowohl der angloamerikanischen als auch der sowjetischen Gesellschaftsstruktur und -praxis aufweisen. Nach dieser Konzeption wäre das künftige Deutschland eine Demokratie mit konkurrierenden politischen Parteien, bürgerlichen Freiheiten und Schutz für Kleineigentümer; gleichzeitig trüge es sozialistische Züge, z. B. Verstaatlichung von Schlüsselindustrien, Banken, Versicherungsinstitutionen und die Aufteilung von Großgrundbesitz.

III. Die rechtliche Kontinuität einer deutschen Regierung zur Zeit der Besetzung

Es könnte sein, daß die drei Mächte zur Zeit der Besetzung des Landes mit einer bereits organisierten deutschen Regierung konfrontiert sind, oder daß bestimmte einheimische Gruppen versuchen werden, während der Besetzung eine Regierung zu bilden. Ob es ratsam ist, eine derartige Regierung zu akzeptieren, wird noch zu erörtern sein; ihre Legalität sollte jedoch weder als Derivat des Nazi-Staats noch der Weimarer Verfassung anerkannt werden.
Es gibt weder in der Gegenwart noch in der Vergangenheit ein Verfassungsmuster, das zur Etablierung einer Regierung in Deutschland gebraucht werden kann. Das Verfassungsleben in Deutschland hat keine Form mehr. Aufgrund des Führerprinzips vereinigt Hitler auf sich die höchste Gewalt. Das Reichskabinett besitzt keine politischen Befugnisse.

Der Geheime Kabinettsrat hat keine Funktion. Der Ministerrat für die Reichsverteidigung repräsentiert nicht einmal die wichtigeren Machthaber, z. B. sind Speer und Goebbels nicht Mitglied. Der Reichstag besteht aus Parteifunktionären, die vom stellvertretenden Führer der Partei ernannt worden sind. Zudem gibt es innerhalb der Partei keine institutionalisierte Körperschaft. Es gibt Reichsleiter für die verschiedenen funktionalen Abteilungen und Gauleiter für die größeren regionalen Untergliederungen der Partei. Aber Hitler ist die oberste Parteiinstitution. Er hat es vorgezogen, mit bestimmten Führern über bestimmte Probleme zu verhandeln und jeweils nach Belieben Leute entweder aus der Partei oder der Industrie zu Rate zu ziehen, sofern er eine solche Beratung für nützlich erachtete.

Aufgrund der Formlosigkeit der politischen Institutionen unterscheidet sich der Nationalsozialismus sehr deutlich vom italienischen Faschismus. In Italien war es die Monarchie, die für die Kontinuität sorgte, und der »Grand Council« des Faschismus selbst war der Ort, von dem aus der Sturz des Faschismus betrieben wurde. Die Existenz der Monarchie ermöglichte, ohne einen Bruch in der rechtlichen Kontinuität, den Übergang vom faschistischen Regime zum gegenwärtigen System, das man als semiparlamentarisch bezeichnen könnte. Es gibt gute Gründe, selbst die rechtliche Basis der Nazi-Regierung anzuzweifeln. Das Gesetz, aus dem der Nazi-Staat seine rechtliche Kontinuität begründet, ist das Ermächtigungsgesetz vom 24. März 1933 zur »Behebung der Not von Volk und Reich«, das dem Reichskabinett fast uneingeschränkte gesetzgeberische Macht verlieh, einschließlich der Macht, die von der Verfassung gezogenen Grenzen zu überschreiten. Das Gesetz sollte am 1. April 1937 auslaufen, wurde aber zweimal verlängert, das letzte Mal – ohne Befristung – durch ein Führeredikt vom 10. Mai 1943. Hitler allerdings behielt sich das Recht vor, zur »Bestätigung« der Befugnisse des Kabinetts den Reichstag einzuberufen.

Die Verfassungsmäßigkeit des Gesetzes ist jedoch überaus fragwürdig. Die kommunistischen Abgeordneten, die entweder in Gefängnissen und Konzentrationslagern saßen oder sich versteckt hielten, waren zu der Reichstagssitzung von Reichstagspräsident Göring nicht eingeladen worden. Einige sozialistische Abgeordnete konnten an der Sitzung nicht teilnehmen, da Gefahr für ihr Leben bestand. Das heißt, daß die Abwesenheit dieser gesetzlich gewählten Mitglieder durch Drohungen und Gewaltmethoden der Nazis bedingt war.

Das Gesetz übertrug die Machtbefugnisse dem »gegenwärtigen nationalen Kabinett«, das damals aus drei Nazis und neun Nicht-Nazis bestand. Diese Klausel wurde auf Geheiß Hindenburgs eingefügt, der hoffte, Hitler daran hindern zu können, von Papen und Hugenberg auszuschalten. Doch Hitler ließ sich davon in seinen Plänen gegen diese Männer nicht beirren.

Es wäre daher nicht ratsam, die Autorität einer Regierung auf ein Verfassungsinstrument zu gründen, dessen Rechtsgültigkeit derartig zweifelhaft ist wie das Gesetz vom 24. März 1933. Der Reichstag ist ein Instrument der Nazis und muß ebenso wie die anderen hohen Organe aufgelöst werden. Folglich gibt es für eine zukünftige deutsche Regierung keine nazistische Verfassungsgrundlage, von der sie ihre Befugnisse herleiten könnte.
Ebenso ausgeschlossen ist, sich in dieser Angelegenheit auf die Weimarer Verfassung zu berufen. Zwar ist sie durch kein Nazigesetz formal abgeschafft worden, aber die Nazis haben die gesamte verfassungsmäßige Struktur der Weimarer Republik vollständig zerstört. Die Ämter des Reichspräsidenten und des Reichskanzlers sind nicht nur miteinander verschmolzen, sondern überdies mit dem des Parteiführers verbunden worden. Die Mitglieder des Reichstags werden von der Partei ernannt. Die Länder haben ihre Eigenständigkeit verloren, insbesondere Preußen besteht als Land überhaupt nicht mehr. Das Initiativrecht des Volkes ist abgeschafft, und das Referendum der Nazis ist für die Regierung nicht bindend.
Weder als Nachfolgerin der Naziregierung noch unter Berufung auf die Weimarer Verfassung ist es also für eine deutsche Regierung möglich, Legitimität zu beanspruchen.

IV. Die Politik der Militärregierung gegenüber einer deutschen Regierung

Die drei Mächte sollten eine Legalität weder des Nazi-Staats noch einer Regierung, die ihre Macht von ihm herleitet, akzeptieren; auch eine Regierung, die sich auf die Weimarer Verfassung beruft, sollte nicht anerkannt werden. Es wird somit ein rechtliches Vakuum bestehen, es sei denn, vor der Besetzung wäre eine revolutionäre Regierung gebildet worden.
Eine deutsche Regierung kann ihre Machtbefugnisse allein von den Besatzungsmächten empfangen, die damit vor folgenden politischen Problemen stehen:

1. Soll eine deutsche Regierung anerkannt werden?
2. Wenn nicht, welche institutionellen Bedingungen sollen dafür geschaffen werden?

Einfluß auf die Entscheidung wird eventuell die Zusammensetzung einer Regierung haben, die zur Zeit der Besetzung möglicherweise schon besteht oder während des Zusammenbruchs gebildet wird. Mit höchster Wahrscheinlichkeit wird es beim Ende der Kampfhandlungen keine deutsche Zentralgewalt mehr geben. Es ist nicht anzunehmen, daß noch vor

der Besetzung Kräfte von unten das Regime umwälzen und eine revolutionäre Regierung etablieren werden. Diese Kräfte könnten nur dann hervortreten, wenn es Teilen der herrschenden Gruppen gelänge, die Nazis in einem *coup d'état* zu stürzen. Ein solcher politischer Schlag steht jedoch kaum zu erwarten, da die Führung der Opposition innerhalb der herrschenden Gruppen nach dem Attentat auf Hitler am 20. Juli 1944 anscheinend vernichtet worden ist. Es könnte geschehen, daß die Feldkommandeure kapitulieren und chaotische Verhältnisse eintreten. Und dieses Chaos wird sich verschärfen, wenn militärische Operationen auf deutschem Boden notwendig werden.
Aus allen diesen Gründen ist es unerläßlich, die mögliche Reaktion der Militärregierung auf verschiedene Varianten von Regierungen zu diskutieren, da die Zukunft nicht klar vorhergesagt werden kann.

A. Militärregierung und eine Nazi- oder eine rechte Regierung

Die klaren Verpflichtungen der Vereinigten Staaten verbieten, daß die Militärregierung mit einer Naziregierung verhandelt. Ihre Mitglieder werden abgesetzt und in Haft genommen werden.
Eine Rechtsregierung kann durch die Nazis oder zumindest eine mächtige Gruppierung in der Partei installiert werden, wobei die Partei oder Teile von ihr hoffen mögen, durch eine solche Regierung gegen Repressalien von innen oder von außen geschützt zu sein.
Eine rechte Regierung kann auch durch einen *coup d'état* an die Macht kommen, der von den alten herrschenden Gruppen (Industriellen, Bankiers, Großgrundbesitzern und hohen Beamten), die in der Vergangenheit als politische Berater der Militärs gedient haben, fraglos unterstützt würde.
Möglicherweise entschließen sich die alten herrschenden Gruppen, die Basis ihrer Regierung durch die Aufnahme politischer Persönlichkeiten aus der Zeit vor Hitler, etwa des katholischen Gewerkschaftsführers Adam Stegerwald, des Prälaten Kaas, des Nationalisten Schlange-Schöningen oder gar eines Sozialdemokraten, z. B. des ehemaligen Reichstagspräsidenten Paul Löbe, zu verbreitern.
Sollten derlei Versuche jedoch scheitern und die herrschenden Gruppen nicht willens sein, die politische Verantwortung allein zu tragen, so wäre denkbar, daß sie ein dem Anschein nach ›unpolitisches‹ Kabinett berufen, das sich aus Verwaltungsfachleuten wie Staatssekretären, Gerichtspräsidenten usw. zusammensetzte. Dies könnte jedoch allenfalls das Vorspiel zu einem tiefgreifenden sozialen Wandel sein. Die Militärregierung sollte eine solche Regierung nicht bestehen lassen, und zwar aus folgenden Gründen:
Trotz ihrer äußerlichen Kooperation mit der Militärregierung würde eine

solche Regierung sich darauf konzentrieren, ihre Kompetenzen zu stärken, um nach dem Ende der Militärregierung die Macht zu übernehmen. Sie würde eine gründliche Bereinigung des Verwaltungsapparates verhindern, jede gesellschaftliche und ökonomische Veränderung, die ihre Privilegien antastet, sabotieren und die Rekonstruktion der Demokratie ersticken.

Man könnte nun argumentieren, daß eine unpopuläre Regierung, die mit der Verwirklichung von harten Friedensbedingungen belastet ist, an der Macht gehalten werden sollte, um genau die Kräfte, denen sie ihr Entstehen verdankt, zu diskreditieren. Eine derartige Spekulation würde jedoch von psychologischen Imponderabilien in Frage gestellt, die mit einer scheinbaren Allianz zwischen den Vereinigten Staaten und der deutschen Reaktion zwangsläufig verknüpft wären. Zudem würden die reaktionären Gruppen sicherlich versuchen, gemäßigte Linke miteinzubinden, oder sie würden, wenn dies mißlingt, sich an einem kritischen Punkt mit der Militärregierung überwerfen und sich als Verteidiger der Rechte des Volks und der nationalen Interessen aufspielen. Wenn sie ihren Weg klar vor sich sähen, würden die Reaktionäre den Grundstein für ein neofaschistisches Regime legen.

Alle diese Erwägungen machen es für die Militärregierung unabdingbar, eine rechte Regierung abzulehnen, die aus Generälen, Bankiers, Industriellen, Großgrundbesitzern und Beamten bestünde oder diese repräsentierte, selbst wenn sie Vertreter präfaschistischer Parteien einschlösse. Die einzige Rolle einer solchen Regierung könnte sein, die Kapitulationsbedingungen zu akzeptieren, bevor sie aufgelöst wird.

B. Die Militärregierung und regionale Regierungen in Deutschland

Es ist sehr gut möglich, daß in der Phase des Zusammenbruchs separatistische Tendenzen manifest werden. In Bayern, Württemberg, Baden, dem Rheinland und dem Saargebiet könnten Regionalregierungen entstehen, die vielleicht sogar die Unabhängigkeit der Regionen von Deutschland erklären werden. Ganz zweifellos werden sie die Besatzungsmächte um Unterstützung ersuchen, die zur Aufrechterhaltung dieser Regierungen wahrscheinlich auch nötig sein wird, da die separatistischen Bestrebungen in Deutschland schwach sind. Diese Unterstützung sollte jedoch nur dann gewährt werden, wenn das Ziel der amerikanischen Politik die Teilung Deutschlands ist. Doch dieses Problem weist, wie schon erwähnt[3], über den Rahmen unseres Papiers hinaus.

3 Vgl. R & A Nr. 2337, *Particularism and Separatism in Germany.*

C. Die Militärregierung und die Rätebewegung

In dem Augenblick, da die Naziführer aufgeben oder gestürzt werden, ist das gesamte soziale und politische System Nazi-Deutschlands in Gefahr. Hitler allein hält die gegenwärtige deutsche Gesellschaft zusammen. Kein anderer nationalsozialistischer oder nicht-nationalsozialistischer Führer hat die Fähigkeit (das »Charisma«), diese Gesellschaft in ihrer jetzigen Gestalt zu binden. Daher wird der Zusammenbruch der Regierung möglicherweise das Signal zu revolutionären Aktionen von unten, zu Streiks, zu Blutvergießen und Gewaltanwendung sein.

Höchstwahrscheinlich werden sich diese revolutionären Impulse in Räten institutionalisieren. Vielleicht werden Arbeiterräte, Soldaten- und Matrosenräte, Bauernräte oder Volksräte, die auf lokaler Ebene verschiedene funktionelle Räte in sich vereinigen, entstehen. Deren Ziel wird es sein, Legislative, Exekutive und Judikative in ihrer Hand zu konzentrieren. Sie werden zwar den politischen Parteien gegenüber nicht unbedingt feindlich eingestellt sein (diese sind in ihnen vielleicht sogar allesamt vertreten); sie werden aber wohl eine rasche nationale Konsolidierung anstreben, bevor sich andere Autoritäten etabliert haben.

Voraussichtlich wird das Problem »Zentralregierung versus Räte« zum Zeitpunkt der Besetzung unentschieden sein. Vielleicht ist Deutschland dann mit Hunderten, vielleicht Tausenden solcher revolutionären Organe übersät, die allerdings noch keine Zeit gehabt haben werden, sich als nationale Regierung zu etablieren. Es kann unter diesen Umständen in der Tat einen dualistischen Staat geben, wie ihn Trotzki für die Periode nach Kerenskis Ernennung beschrieben hat.

Wenn man der Rätebewegung sich zu entwickeln gestattet, mag sie letztlich erfolgreich sein. Es wäre gefährlich, die Räte aufzulösen. Denn dies würde bedeuten, genau diejenigen Organe zu zerstören, die den Abscheu vor dem Nationalsozialismus und die Sehnsucht nach einer neuen Gesellschaft spontan ausdrücken. Andererseits können diese revolutionären Organe, wenn sie alle Gewalten auf sich vereinigen, unmöglich beibehalten werden.

Er erscheint geraten, Räte zu akzeptieren, wo immer sie vorgefunden werden, und sie als legitime Übergangsvertretung der Gemeinde oder Gruppe, die sie repräsentieren, gelten zu lassen. Dabei wäre folgendes zu berücksichtigen:

a. Wenn sich in einer Stadt oder in einem ländlichen Bezirk ein Volksrat oder ein Soldatetn-, Arbeiter- oder Bauernrat gebildet und die Regierungsgewalt übernommen hat, sollte die Militärregierung den Rat und nicht die bestehende Gemeinde- oder Bezirksverwaltung anerkennen. Damit wäre auf einen Schlag das Problem der Entnazifizierung auf der Ebene der Lokalverwaltungen gelöst. Zwar ist eine rigide Entnazifizierung der Bürgermeister, Stadträte und Landräte empfohlen worden[4]; aber durch die Anerkennung der konkurrierenden Räte als legitime lokale Regierung würde dieses Problem gelöst und den Zielen der Militärregierung in gleicher Weise gedient.

Die Anerkennung wirft jedoch sogleich eine wichtige Frage auf: Sind die Räte eine legitime Vertretung des Volks? Zwar braucht man angesichts der Tatsache, daß unter dem Naziregime alle Behörden ebensowenig verfassungsmäßig sind wie die Naziregierung selbst, keine legalistischen Skrupel davor zu haben, diese Behörden abzulehnen und sich neuen zuzuwenden. Aber politisch könnte dieses Verfahren zweifelhaft sein. In der Anfangsphase können unstreitig nur Minderheiten politisch aktiv sein, doch schließlich wird ihr Anspruch, daß sie die Mehrheit vertreten, wohl überprüft werden müssen. Deswegen sollten Wahlen veranstaltet werden, sobald die militärische Sicherheit dies erlaubt. Voraussetzung für Wahlen ist ein Wahlkampf; es müssen also vor den Wahlen weitgehende politische Freiheiten gewährt werden.[5]

b. Ein ganz anderes Problem entsteht durch rein funktionale Räte, besonders Arbeiter- und Bauernräte. Da sie revolutionäre Organe sind, werden sie zweifellos die Eigentumsverhältnisse umzuwälzen trachten. Die Arbeiterräte werden die Eigentümer enteignen und die Fabriken selbst verwalten wollen; Bauernräte werden den Großgrundbesitz aufteilen.

Das schwierigste Problem für die Militärregierung werden also die Arbeiterräte sein. In dem Maße, wie sich der Wiederaufbau der Gewerkschaften verzögert, werden sie zunehmend größere Bedeutung als Organe gewerkschaftlicher Aktivität erlangen. Die vollständige Zerstörung der Gewerkschaften durch die Nazis, das hohe Alter der überlebenden Gewerkschaftsführer, die zweideutige Rolle, die diese Führer in der letzten Phase der Weimarer Republik gespielt haben, die Überbürokratisierung der Gewerkschaftsbewegung – alle diese Faktoren werden die rasche Wiederbelebung und die nationale Organisierung von Gewerkschaften ohne Hilfe von außen ernsthaft behindern. Der dringende Wunsch nach solcher Hilfe ist oft geäußert worden.[6] Angesichts der hier zu erwartenden Probleme werden die Arbeiterräte überaus bedeutsam sein, und das wird von scharfsinnigen Gewerkschaftern auch bereitwillig anerkannt.[7] Vielleicht

4 Vgl. CA Guide, *The Adaption of Administration on the Local Level.*

5 Auf dieses Thema werden wir weiter unten ausführlich zurückkommen.

6 So auf der Konferenz deutscher Gewerkschaftler vom 26. bis 27. Februar 1944 in Stockholm, an der deutsche, schwedische, norwegische Gewerkschafter und Vertreter der American Federation of Labor teilnahmen. Vgl. *The Trade Unions in a New Germany.* hrsg. vom Trade Union Center in England, 13. Februar 1944; J. H. Oldenbroek, *The Construction of a New Trade Union Movement in Germany,* OSS A21371, 16. März 1944.

7 Z. B. von J. H. Oldenbroek, dem Generalsekretär des internationalen Transportarbeiterverbands.

werden allein aus den Räten Gewerkschaften und eine neue politische Arbeiterbewegung hervorgehen. Dennoch erscheint ihre Anerkennung unter einer Militärregierung nicht möglich. Die Anerkennung der Arbeiterräte, unmittelbar so wie und wo sie entstehen, würde ein politisches und ökonomisches Chaos sanktionieren. In manchen Fällen würden Fabriken von Arbeiterräten, in einigen Fällen von ihren alten Besitzern und in anderen Fällen aus einer Kombination von Arbeiterräten und Besitzern geführt werden. Dergleichen weitreichende Umwandlungen sollten jedoch nur einheitlich und für ganz Deutschland verbindlich betrieben werden. Folglich müßten die von den Räten getroffenen Entscheidungen rückgängig gemacht werden, es sei denn, schon vor der Errichtung der Militärregierung wäre Einheitlichkeit hergestellt worden.

Wenn die Militärregierung die Enteignungen rückgängig macht, sollte dafür Sorge getragen werden, daß nicht der *status quo ante* wiederhergestellt, d. h. das Eigentum nicht einfach den früheren Besitzern zurückerstattet wird. Die Besitzer und Manager der von Arbeiterräten besetzten Fabriken sollten auf nazistische Tätigkeiten und Sympathiehandlungen überprüft und nicht wiedereingesetzt werden, wenn sich herausstellt, daß sie Nazis sind.[8] In diesen Fällen sollte die Militärregierung aus den Reihen der Arbeiterräte oder anderer nichtnazistischer Mitarbeiter vorübergehend Manager ernennen.

Zusätzlich sollte durch Proklamation der Militärregierung der Status der Arbeiterräte als Beschwerdeausschuß[9] legalisiert werden, ähnlich wie im Betriebsrätegesetz von 1920 vorgesehen[10], allerdings mit dem Recht, in allen Angelegenheiten der Betriebsführung mitzusprechen. Die Proklamation sollte demokratische Wahlen zu den Arbeiterräten vorschreiben, sobald die militärische Sicherheit dies erlaubt.

Diese Politik gegenüber regierungsähnlichen und funktionalen Räten wird freilich die grundlegenden Probleme nicht lösen. Sie wird vorgeschlagen als optimale Annäherung an das höchst schwierige Problem, mit dem die Militärregierung möglicherweise konfrontiert sein wird.

8 Nach den Richtlinien des CA Guide, *Dissolution of the Nazi Party and Affiliated Organizations.*
9 Vgl. CA Guide, *German Labor Relations and MG.*
10 Vgl. R&A Nr. 1723, *Labor Relations in the Weimar Republic.*

V. Die Einrichtung einer zentralen deutschen Regierungsgewalt

Die Analyse deutet darauf hin, daß die Besatzungsmächte politisch akzeptable Regierungsorgane vielleicht ausschließlich auf lokaler Ebene antreffen werden. Die Militärregierung wird daher ihren administrativen Aufgaben nur auf zwei Wegen gerecht werden können: entweder wird sie ihre Anordnungen direkt an die verschiedenen deutschen Behörden leiten, oder sie wird sich einer zentralen deutschen Regierungsgewalt bedienen müssen, die freilich erst noch geschaffen werden müßte.

Das *Army and Navy Field Manual* stellt fest, daß die Politik der Militärregierung einzig von dieser selbst und nicht durch oder nach Konsultation mit »politischen Persönlichkeiten oder organisierten politischen Gruppen auf lokaler Ebene« bestimmt werden soll.[11] Und es sollen die Offiziere der Militärregierung nicht so sehr in der Verwaltung als vielmehr in der Überwachung tätig sein.

Deutschland nach der Besetzung zu regieren, ist eine immense Aufgabe. Ohne sich auf einheimisches Personal zu stützen, kann eine fremde Macht diese Aufgabe unmöglich bewältigen. Deutsches Personal kann auf zweierlei Weise eingesetzt werden: entweder durch deutsche Institutionen und in diesen, nachdem die Nazis daraus entfernt worden sind, oder allein durch die Organisation der Militärregierung. Die erste Methode setzt voraus, daß die wichtigeren nicht-nazistischen Behörden weiterbestehen, die zweite, daß sie aufgelöst oder suspendiert worden sind.

Nur die erste Methode kann erfolgreich sein, obwohl die Militärregierung in einigen marginalen Fällen, wo es um die Aufrechterhaltung der öffentlichen Sicherheit geht, vielleicht gezwungen sein wird, die deutsche Polizeibehörde vollständig zu suspendieren und das deutsche Personal, das beibehalten oder neu ernannt worden ist, in die Organisation der Militärregierung einzugliedern.

Daß der institutionelle Rahmen der deutschen Behörden bewahrt werden muß, zeigen die Erfahrungen deutscher Militärregierungen in Europa. Nur dort, wo Deutschland besetzte Gebiete in Kolonien verwandeln wollte[12], verzichtete es auf einheimische Verwaltungen, nämlich in Polen und im besetzten Rußland. Der Versuch scheiterte; man war lediglich in der Lage, Städte und strategisch bedeutsame Punkte zu besetzen, konnte aber nie ganze Gebiete kontrollieren. In anderen Ländern bediente man sich nicht nur einheimischen Personals im Rahmen einheimischer Verwal-

11 Der »Leitfaden« (FM 27-5 OPNAV 50E-3, S. 9, Abs. 91) empfiehlt, »nicht notwendige« Ämter zu schließen, die legislativen Organe zu suspendieren, hohe politische Funktionäre aus ihren Ämtern zu entfernen und, soweit praktikabel, untergeordnete Beamte der örtlichen Regierungen in ihrer Funktion zu belassen.

12 Dr. Werner Best, der Theoretiker der deutschen Militärregierung, hat dies in seinen Artikeln zugegeben.

tungsorgane, sondern war sogar auf die Erhaltung der einheimischen Kabinette bedacht. Wo dies nicht möglich war (wie in Belgien und den Niederlanden), wurden die ständigen Staatssekretäre der verschiedenen Ministerien zu Verwaltungsräten zusammengefaßt, die in der Praxis den Status eines Kabinetts hatten und mit Hilfe von Erlassen operierten.

Die Praxis der deutschen Militärregierung ist um so mehr bemerkenswert, als das Ziel der deutschen Politik die Ausplünderung der besetzten Länder war und sich die Deutschen wenig um die internationalen Beschränkungen der Rechte einer Besatzungsmacht scherten. Auch verfolgten die Deutschen diese Praxis, obwohl sie, verglichen mit den Vereinigten Staaten, zwei Vorteile hatten:

1. Das deutsche Personal war zahlreicher, als es das alliierte Personal vermutlich jemals sein wird, und außerdem mit den besetzten Ländern besser vertraut. Deutschland hatte die Kontrolle über Europa lange im voraus geplant und konnte sich einer großen Zahl von »Volksdeutschen« bedienen.

2. Deutschland hatte den Vorteil, daß es Militärregierungen in Ländern installierte, in denen die physischen Zerstörungen nicht sonderlich groß waren und deren Verwaltungsapparate noch existierten. Nur in der UdSSR war das nicht der Fall.

Gleichwohl geben deutsche Beobachter zu, daß die Aufgaben ihrer Militärregierung ohne eine Arbeitsteilung zwischen deutschen und einheimischen Behörden nicht zu erfüllen gewesen wären.

Aus Gründen der Effizienz wird sich die alliierte Militärregierung deshalb in beträchtlichem Ausmaß auf einheimisches Personal und einheimische Verwaltungsorgane stützen müssen. An der Spitze sollten unter der Kontrolle der Militärregierung deutsche Verwaltungsleute stehen, und die Chefs der zentralen deutschen Behörden sollten einen Verwaltungsrat, den Ausschuß der Staatssekretäre, bilden, über den die zentrale Militärverwaltung agiert. Diese Regierung wäre keine souveräne Regierung, sondern eher ein Gremium von Verwaltungsfachleuten, das nur eine geringe oder gar keine politische Bedeutung haben sollte. Alle politischen Entscheidungen in bezug auf Deutschland sollten von den Besatzungsmächten getroffen und von dem Ausschuß lediglich exekutiert werden.

Die Mitglieder des Ausschusses müssen sorgfältig ausgewählt werden. Sie sollten neutral sein, nicht Mitglieder der NSDAP oder einer reaktionären Partei und im Naziregime nicht politisch aktiv gewesen sein. Der Ausschuß sollte von der Militärregierung eingesetzt werden, und die Proklamation sollte klarstellen, daß seine Funktionen von der Militärregierung bestimmt werden und sich nicht aus dem deutschen Recht ableiten. Anordnungen an deutsche Behörden sollten in der Regel über den Ausschuß laufen, der der Militärregierung gegenüber für die effiziente Ausführung durch die Behörden haften müßte. Rechtzeitig sollte der Ausschuß mit der Vorbereitung von Wahlen beauftragt werden, sobald diese vorgesehen sind.

VI. Grundlegende Probleme der deutschen Politik unter der Militärregierung

A. Die Wiederbelebung der politischen Parteien[13]

Das politische Leben in Deutschland sollte durch demokratische Entwicklungsprozesse von unten erneuert werden. Es ist zu vermuten, daß dabei viele der politischen Traditionen aus der Zeit vor Hitler wieder an die Oberfläche treten werden. Trotz der Vernichtung der politischen Parteien und der Gewerkschaften durch die Nazis kann man mit einer Wiederbelebung des traditionellen Parteien- und Gewerkschaftssystems rechnen. Die Erfahrungen in Italien belegen die Dauerhaftigkeit der Parteienstruktur in Europa. Ihr Wiederaufleben ist nahezu sicher, da die politischen Parteien in Europa keine willkürlichen Schöpfungen sind, sondern ihren Ursprung in einer bestimmten sozialen Schichtung und in spezifischen sozialphilosophischen Systemen haben. Daher werden die Sozialdemokraten, die Kommunisten und die katholische Zentrumspartei in kurzer Frist nach dem Zusammenbruch der Naziherrschaft und wahrscheinlich unter ihren alten Namen reorganisiert werden. Auch die sogenannten bürgerlichen Parteien werden, obschon vielleicht unter anderen Namen, neu entstehen.

Voraussichtlich wird das Gewicht der linken Parteien (Kommunisten, Sozialisten und linke Katholiken) größer sein als zu irgendeinem Zeitpunkt während der Weimarer Republik. Der Grund dafür ist die veränderte Sozialstruktur der deutschen Bevölkerung, die sich gegenwärtig zu etwa 60 Prozent aus Arbeitern, Angestellten und Bauern, zu ungefähr 15 Prozent aus Arbeitslosen, zu 6–7 Prozent aus Beamten, zu etwa 8–10 Prozent aus unbezahlten mitarbeitenden Familienangehörigen und zu etwa 6 Prozent aus Eigentümern und Managern zusammensetzt.

Man darf jedoch nicht erwarten, daß breite Schichten der Bevölkerung sich nun sofort politisch engagieren und artikulieren werden. Es wird eher das Gegenteil der Fall sein. Die bestimmenden Faktoren des Verhaltens werden politische Apathie und eine fast ausschließliche Konzentration auf die »Privatsphäre« und den häuslichen Alltag sein.

Apathie der Massen indes verringert das politische Problem in keiner Weise, im Gegenteil, sie intensiviert es, denn sie überläßt das Feld ent-

13 Einzelheiten im CA Guide, *Policy toward the Revival of Old Parties and the Establishment of New Parties.*

schlossenen Minderheiten, die nicht unbedingt die unbewußten Hoffnungen und Forderungen der Massen ausdrücken. Wahrscheinlich werden sich politische Parteien auf Minderheiten beschränken. Es ist jedoch durchaus möglich, daß sich politische Massenbewegungen entwickeln, wenn entweder die drückende Last der unmittelbaren Lebensprobleme leichter geworden ist oder diese derartig dringlich werden, daß sie die Massen zur politischen Aktion treiben. Die entscheidenden Themen, um die es bei politischen Aktionen gehen wird, werden voraussichtlich die folgenden sein:

a. die Ausschaltung von Nazis;
b. die Außenpolitik (Teilung und territoriale Veränderungen);
c. das Problem der Vollbeschäftigung und ihr Verhältnis zur Sozialisierung;
d. die Auswirkungen der Reparationen.

In der Frage der Entnazifizierung und der Sozialisierung wird es zwischen Kommunisten, Sozialisten und linken Katholiken vermutlich Übereinstimmungen geben, während das Thema Außenpolitik sie wahrscheinlich tief entzweien wird, insbesondere dann, wenn die Kommunisten weitreichende territoriale Veränderungen auf Kosten Deutschlands akzeptieren und unterstützen und gewisse einflußreiche Katholiken separatistische Tendenzen fördern.

Ebenso ist denkbar, daß sich im Nachkriegsdeutschland eine mächtige nationalbolschewistische Bewegung bildet, gestützt von der nationalistischen Jugend, linken Kommunisten und radikalen Sozialisten, die das Bedürfnis nach Rache und den Wunsch nach einer sozialen Revolution miteinander verbinden. Diese Faktoren würden der Wiederbelebung der traditionellen linken Parteien entgegenwirken.

B. Die Ausschaltung von Nazis

Nach der Einstellung der Feindseligkeiten wird das politische Hauptproblem in der Entfernung der Nazis aus dem öffentlichen und gesellschaftlichen Leben bestehen. Es wäre falsch, anzunehmen, Nazi zu sein sei das Privileg irgendeiner sozialen Klasse gewesen. Der Konflikt zwischen Nazis und Nicht-Nazis geht durch sämtliche gesellschaftlichen Gruppen. Nicht minder falsch wäre es, anzunehmen, daß Nazis in höheren administrativen und gesellschaftlichen Positionen verhaßter und skrupelloser seien als die der nachgeordneten Ränge. Oft trifft genau das Gegenteil zu. Der Volkszorn wird sich gegen den örtlichen Bauernführer, den Blockwart, das Mitglied der Werksscharen usw. richten, da sie die konkreten und sichtbaren Agenten des Naziregimes darstellen. Dies alles ist möglich, doch gibt es spezifische gesellschaftliche Konnotationen des Nationalsozialismus, die vielleicht schon in der Phase des Zusammenbruchs in

den Vordergrund treten. Es finden sich unter Geschäftsleuten, Bauern und in der Mittelschicht mehr Nazis als unter den Arbeitern. Dies heißt nicht unbedingt, daß diese gesellschaftlichen Gruppen mit der nationalsozialistischen Doktrin stärker infiltriert sind (ausgenommen die Mittelschicht); es drückt vielleicht nur aus, daß der Industrielle, weil er mehr zählt, größerem Druck ausgesetzt war und mehr riskieren mußte als ein Arbeiter. Die industrielle Führung allerdings hat vom Nationalsozialismus offen profitiert und die Früchte der »Arisierung«, »Germanisierung« und Konzentration des Kapitals geerntet. Die Tatsache, daß die besitzenden Schichten in der Nazipartei numerisch relativ stark vertreten waren und sie an der Ausplünderung teilgehabt haben, könnte den Antagonismus zwischen Nazis und Nicht-Nazis in einen sozialen Konflikt verwandeln, der die Klassenstruktur der deutschen Gesellschaft selbst in Frage stellt.
Mit der Entnazifizierung von Regierung und Gesellschaft hängt auch ein gravierendes politisches Problem zusammen, nämlich die Extraktion der Wurzeln des Imperialismus und der Aggression.

C. Die Außenpolitik

Fragen der Außenbeziehungen werden zusammen mit der Ausschaltung von Nazis den ersten Rang unter den Belangen des deutschen Volks einnehmen. An oberster Stelle wird das Problem separatistischer Bewegungen stehen. Sollten separatistische Bewegungen entstehen, wären sie vermutlich Anlaß zu gewalttätigen Auseinandersetzungen in Deutschland, da alle gesellschaftlichen Klassen von dem Wunsch nach nationaler Einheit durchdrungen sind. Das Problem könnte durch religiöse und soziale Antagonismen noch weiter aufgeladen werden. Wenn katholische Regionen für den Separatismus votieren, könnte die latente Abneigung gegen den politischen Katholizismus, die von den Nazis so häufig ausgenutzt wurde, wieder zum Vorschein kommen. Die »ultramontane« Politik einiger deutscher katholischer Zirkel könnte Katholikenhaß erzeugen. Es könnten auch gesellschaftliche Aspekte des Separatismuskonflikts hervortreten. So ist beispielsweise vorstellbar, daß Gruppen von Industriellen, besonders im Rheinland, separatistische Bewegungen unterstützen, in der Hoffnung, in separierten Einzelstaaten ›besser davonzukommen‹. In diesem Falle könnten sich Sozialisten und Kommunisten mit einem nationalistischen und sozialistischen Programm gegen die Industrie verbünden.
Realistischer jedoch ist das Thema der Annektierung deutscher Gebiete wie Ostpreußen, Oberschlesien und sogar Niederschlesien. Falls dies beschlossen wird, wird die nationale Frage höchste Bedeutung erlangen. Dabei ergibt sich freilich nicht nur ein politisches, sondern ein immenses soziales und ökonomisches Problem.

Der Verlust überwiegend deutsch bevölkerter Gebiete an Polen wird auf das politische Leben in Deutschland einen tiefgreifenden Einfluß haben; er könnte in der Politik der Arbeiterbewegung wie ein Sprengsatz wirken: Sozialisten aller Schattierungen könnten sich gegen die Annektierung wenden; die Kommunisten indes könnten einwilligen unter der Bedingung, daß die Annektierung von der UdSSR gebilligt wird.[14] In diesem Fall nähe die Auseinandersetzung zwischen Kommunisten und Sozialisten in Deutschland ernstere Züge an als während der Weimarer Republik, wodurch nationalistische Tendenzen gestärkt würden.

D. Das Beschäftigungsproblem

Der wirtschaftliche Verfall wird die politische Situation verschlechtern. Eins der Schlüsselthemen im Kampf der Parteien um die Macht wird die Beschäftigungspolitik sein. Man darf nicht vergessen, daß die große Depression und das Naziregime den Umgang der Deutschen mit wirtschaftlichen Problemen radikal gewandelt haben. Arbeitslosigkeit wird nicht mehr als Schicksalsschlag und als zwangsläufiger Reflex der ökonomischen Prozesse verstanden. Es gibt schlüssige Anzeichen dafür, daß die Deutschen den nationalsozialistischen »Sozialismus« *nicht* als Schwindel oder bloße Propaganda deuten, sondern als eine Realität, weil sie Sozialismus mit Vollbeschäftigung gleichsetzen. Diese tiefgreifenden Veränderungen in der Ideologie und Psychologie des ›kleinen Mannes‹ werden zu erheblichem Druck auf jede Regierung führen, eine Politik der Vollbeschäftigung zu verfolgen.

Es ist allerdings schwer zu erkennen, wie private Initiativen Arbeitsplätze schaffen sollen. Fraglich ist, ob private deutsche Kapitalisten, ohne daß ein adäquater Gewinn in Aussicht steht, überhäupt zu Investitionen bereit sein werden. Sie sind vielleicht gewillt, ein gewisses Risiko einzugehen (obwohl monopolistische Zusammenballungen wirtschaftlicher Macht genau dies zu vermeiden suchen), doch sie werden sich sicherlich weigern, zu investieren, wenn nicht gewiß ist, daß ihr Besitz nach dem Ende der Militärregierung nicht enteignet wird. Derlei Garantien wird es allerdings kaum geben, so daß die Industriellen möglicherweise ihre Investitionen liquidieren und ihre Barvermögen entweder horten oder exportieren werden. Ein solcher Streik der Investoren wird den Antagonismus von Kapital und Arbeit vermutlich verschärfen.

14 Es gibt Beweise dafür, daß die kommunistischen Mitglieder der verschiedenen Komitees »Freies Deutschland«, besonders in Mexico und London, die Abtretung Ostpreußens an Polen bereits verteidigen, während die Sozialisten und Liberalen diese Absicht heftig bekämpfen.

E. Die Probleme der Reparationen

Das Beschäftigungsproblem hängt unmittelbar mit dem Problem der Reparationen zusammen. Reparationen könnten in drei Formen gefordert werden: als Arbeitsleistungen, als Kapitalzahlungen und als Landabtretungen.

Die Aufstellung von Arbeitsbataillonen zum Einsatz im Ausland wird zweifellos auf heftige Ablehnung stoßen, sofern alle Bürger betroffen sind, könnte jedoch goutiert werden, sofern nur Nazis dazu verpflichtet werden.

Der Transfer von Kapital wird die Arbeitslosigkeit weiter verschärfen. Zahlungen in Form von Warenlieferungen werden den Lebensstandard, die Preise und Steuern beeinträchtigen. Die Hauptfrage wird sein, wer die Kosten tragen und damit die deutsche Finanzpolitik bestimmen soll. Besteuerung, die Höhe der Sozialversicherung, der Grad der staatlichen Fürsorge, der Wiederaufbau – all dies wird weitgehend von der Verteilung der Reparationslasten bestimmt sein. Diese Faktoren wiederum werden den Wert der Ersparnisse in Pfandbriefen und Einlagen beeinträchtigen. Denn es könnte notwendig werden, staatliche Obligationen und Sparguthaben abzuwerten, um die Finanzierung von Beschäftigungs- und Reparationsprogrammen zu gewährleisten. Dies wiederum wird Unruhe und Unzufriedenheit unter den Anlegern, vor allem in der Mittelschicht, hervorrufen, wodurch das Reparationsproblem wieder, wie in der Vergangenheit, zu einem politischen Zeitzünder würde. Die Verteilung der Reparationslasten kann so noch einmal zum entscheidenden Thema im Kampf zwischen Links und Rechts werden.

F. Die Militärregierung

Die Anwesenheit fremder Truppen wird voraussichtlich aggressive Nationalgefühle wecken, was nicht notwendig heißt, daß die Bevölkerung, insbesondere Arbeiter, Katholiken und Liberale, kooperationsunwillig sein wird. Wahrscheinlich wird sie es sein. Bereitschaft zur Kooperation mit der Militärregierung ist freilich kein Indikator demokratischer Überzeugungen. Viele werden aus egoistischen Motiven kooperieren: Nazis und Nazi-Anhänger, um sich vor dem Volkszorn zu schützen, Geschäftsleute, um weiterhin Geschäfte zu machen, Beamte, um ihre Stellung zu behalten usw.

G. Die Probleme des Alltags

Alle diese landesweiten Probleme werden sich in den Alltagsproblemen der Deutschen widerspiegeln. Die Wiedervereinigung von Familien, der Wiederaufbau der Wohnhäuser, die Lebensmittelrationierung, die Aufrechterhaltung irgendeiner Art von Preiskontrolle und vor allem die Anstrengung, in einer Periode der steigenden Preise, wachsenden Schwarzmärkte und sinkenden Verdienstchancen ein angemessenes Einkommen zu finden, werden jedem Einzelnen immense Mühen abverlangen. Man wird mit Demoralisierung und bitterer Armut rechnen müssen.
Die Probleme des Alltags werden durch die Zerstörung des Verwaltungsapparats noch verstärkt werden. Schon jetzt (April 1944) ist die Lage prekär. Die Folgen des Luftkriegs und des ungeheuren Personalmangels lassen eine geordnete Verwaltung nicht mehr zu. Die Lücken sind von der Partei und ihren Hilfstruppen gefüllt worden, doch die Partei wird von der Militärregierung aufgelöst werden, wenn sie sich nicht schon vor der Besetzung selbst aufgelöst hat. Ohne einen ausreichenden Beamtenapparat müssen die Anstrengungen des Einzelnen und jeder neuen freiwilligen Organisation ins Ungeheuerliche steigen.
Man wird die Schuld für die Schwierigkeiten des Alltags abwechselnd den Nazis, den besitzenden Klassen, den Besatzungsmächten, den konkurrierenden politischen Parteien, den Strafmodalitäten, den Reparationen, den Juden, den Polen usw. zuweisen. Auf diese Weise werden die allgemeinen politischen Fragen häufig verschwimmen und nicht sofort sichtbar werden.

VII. Die Politik der Militärregierung

A. Die Notwendigkeit einer entschiedenen Politik

Es ist oft gesagt worden, daß die Militärregierung sich lediglich »bereithalten« und sich in die politische Entwicklung in Deutschland nicht einmischen solle. Auf diese Art und Weise, so wird behauptet, würden zwangsläufig die demokratischen Gruppierungen an die Macht kommen und faschistische und profaschistische Bewegungen und Tendenzen von sich aus eliminieren. Diese Rechnung ginge jedoch nur dann auf, wenn die Übernahme der Macht durch die demokratischen Kräfte in Deutschland schon vor der Besetzung oder unter der Militärregierung stattfände. Wenn diese Übernahme freilich nicht stattfindet oder wenn sie zwar begonnen, aber dann von der Militärregierung eingefroren wird, ist eine Politik der Nichteinmischung unmöglich. Talleyrand hat einmal in bezug auf die Außenpolitik gesagt, daß es zwischen Einmischung und Nichteinmischung keinen

Unterschied gebe, da Nichteinmischung in Wirklichkeit eine Einmischung zugunsten der Starken sei. Dies trifft auf Deutschland nach Beendigung der Kampfhandlungen durchaus zu. Die Kräfte des Nationalsozialismus, der Reaktion und Aggression sind in Deutschland tief verwurzelt. Es gibt sie nicht nur in der Partei, sondern auch in der Landwirtschaft, in der Wirtschaft, im Staatsdienst, im Offizierskorps und bei den Intellektuellen. Getarnt als »demokratische« oder »antibolschewistische« Bewegungen werden sie in den Untergrund gehen. Reaktionäre (jetzt vertreten durch Nazis und Nazianhänger) werden, wie schon 1918 und 1919, in den Staatsdienst, in Sportvereine, in Wirtschaftskonzerne und -verbände eindringen und versuchen, einen Staat im Staat zu formieren.

Trotz der »Entnazifizierung«[15] wäre das Potential der Reaktion und Aggression weiterhin in der sozialen und politischen Struktur Deutschlands verwurzelt. Und Nichteinmischung würde deren Macht geradezu aufrechterhalten. Folglich ist es unerläßlich, daß die Militärregierung eine entschiedene Politik verfolgt, um die demokratischen Impulse zur Entfaltung zu bringen. Dabei tritt nun allerdings eine ernste Schwierigkeit auf. Eine von den Besatzungsmächten eingesetzte demokratische Regierung wäre kompromittiert, so daß nationalistische und reaktionäre Neigungen in der Bevölkerung sehr wohl Nahrung finden könnten. Aus diesem Grund ist gelegentlich empfohlen worden, keine demokratische Regierung zu ernennen oder anzuerkennen, da sie höchst unpopuläre Maßnahmen auf ihre Kappe nehmen müßte.

Zwischen diesen beiden Extremen – Nichteinmischung und Einrichtung einer demokratischen Regierung – muß ein Weg gefunden werden, die demokratischen Gruppierungen zu stärken, ohne sie ernstlich zu kompromittieren. Die Lösung kann nicht abstrakt formuliert werden, sie muß anhand der konkreten Probleme entwickelt werden, mit denen Deutschland nach Beendigung der Feindseligkeiten konfrontiert sein wird.

B. Die Entnazifizierungspolitik der Militärregierung

Um die demokratischen Kräfte zu stärken, muß eine radikale Entnazifizierung durchgesetzt werden. Das klingt einleuchtend, doch wird diese Politik auf erhebliche Hindernisse stoßen. Eine radikale Entnazifizierung könnte sehr wohl die Verwaltungsprobleme, die die Militärregierung bei der Übernahme des Regierungs- und Wirtschaftsapparats ohnehin haben wird, noch komplizierter machen. Es könnte leicht geschehen, daß die Militärregierung zu Anfang nur die Wahl hat zwischen einer Kooperation mit den Nazis oder einem Chaos in der Verwaltung. Die Politik der Mili-

15 Richtlinien im CA Guide *Dissolution of the Nazi Party and Affiliated Organizations.*

tärregierung sollte darauf gerichtet sein, dieses Dilemma jederzeit und zum frühestmöglichen Zeitpunkt so zu lösen, daß sie einer weitreichenden Entnazifizierung den Vorzug gibt vor einer geordneten Verwaltung.

In zwei Bereichen sollte dieses Prinzip so strikt wie möglich eingehalten werden: in der inneren Verwaltung, besonders in der Polizei, und in der Wirtschaft.

Die in Italien angewandte Strategie der »vorsichtigen Säuberung« braucht in Deutschland nicht verfolgt zu werden, und zwar aus zwei Gründen: Deutschland wird nach der Kapitulation kein Kampfgebiet mehr sein, so daß strategische Überlegungen keine Rolle mehr spielen. Und die Zahl von potentiellen Ersatzleuten für entlassene oder inhaftierte Nazis ist sehr groß; es gibt in Deutschland Tausende von Laien, die frei sind vom Makel der Kollaboration mit den Nazis und die in der Lage sind, Positionen in der Verwaltung zu besetzen. Solche intensiv in der Verwaltung (auf Lokal-, Bezirks- und Staatsebene) tätigen Nicht-Fachleute, Tausende von Laienrichtern bei Arbeitsgerichten, Zehntausende von ehemaligen Betriebsratsmitgliedern, allesamt von den Nazis entlassen, verfügen über ein Ensemble von Kenntnissen in Verwaltungsangelegenheiten, wie es in Italien nicht der Fall ist.

C. Die Ausschaltung der Nazis

Der zweite Punkt ist die Frage, was mit den Nazis nach ihrer Entfernung aus dem öffentlichen Leben geschehen soll. Vordringlich sollten hier die Bestrafung von Nazi-Verbrechern und die Aufstellung von Arbeitsbataillonen aus aktiven Nazis sein. Deutsche, die Verbrechen im Sinne der Moskauer Erklärung über Kriegsverbrechen begangen haben, können von den Besatzungstruppen ergriffen werden. Die Moskauer Erklärung schließt jedoch Verbrechen nicht ein, die von Nazis in Deutschland an Deutschen begangen wurden. Schnelles Handeln ist hier unerläßlich. Diese Leute müssen entweder neukonstituierten deutschen Gerichten übergeben oder, wenn die Gerichte suspendiert sind[16], von den Besatzungstruppen verhaftet und unter Anklage gestellt werden. Die Arbeitsbataillone zum Einsatz in Deutschland und den befreiten Ländern sollten aus der SS und SA, der Parteiführung der NSDAP und anderen aktiven Nazis rekrutiert werden.

16 Vgl. CA Guide *Courts and Judicial Administration in Germany.*

D. *Die Auswahl des Verwaltungspersonals*

Der dritte Punkt ist die Auswahl von Beamten für die deutsche Verwaltung. Sie ergibt sich bereits aus dem ersten Punkt, der Entnazifizierung. Es sollte jede Anstrengung unternommen werden, um als Demokraten ausgewiesenen Leuten (vorübergehend) Positionen in der Verwaltung anzuvertrauen. Die Auswahl der Beamten wird für die Haltung der demokratischen Deutschen nicht nur gegenüber der Militärregierung, sondern ebenso gegenüber der Demokratie überhaupt ausschlaggebend sein.

Dieser Schritt bringt natürlich ernsthafte Verwaltungsprobleme mit sich. Man könnte sagen, daß es unter den ausgewiesenen Demokraten nicht genügend ausgebildete Beamte gebe. Das sollte jedoch kein Hinderungsgrund sein, da die Rolle des ausgebildeten Beamten in einer modernen Verwaltung oft übertrieben wird. An zwei historischen Beispielen läßt sich dies belegen – das eine ist die Weimarer Republik, das andere der Nationalsozialismus. In der Weimarer Republik arbeitete eine beträchtliche Anzahl von Laien in der Verwaltung. Größere Verwaltungsbereiche (besonders im Arbeits- und Wohlfahrtswesen) wurden auf allen Stufen von Laien kontrolliert. Der Erfolg dieses Experiments ist nie bezweifelt worden. Aus durchsichtigen Gründen haben die Nazis Tausende von Verwaltungsleuten entlassen und durch Parteimitglieder ohne Verwaltungserfahrung ersetzt. Der Verwaltungsapparat der Nazis ist trotzdem nicht zusammengebrochen, sondern hat hinreichend funktioniert.

Es liegt an zwei verschiedenen Faktoren, ob man Verwaltungsfachleute entbehren kann: am Engagement der Laien für die Sache und an der konsequenten Leitung des Apparats durch einen ausgeprägten politischen Willen. In der Weimarer Republik widmeten sich die Laien hingebungsvoll ihrer Aufgabe; unter dem Nationalsozialismus gab die Parteiführung die politische Richtung vor. Die Zahl der Laien, die während der Weimarer Republik in Verwaltungs- und verwaltungsähnlichen Positionen tätig waren, ging in die Hunderttausende. Es ist also ein Verwaltungsapparat mit einem Minimum an ausgebildeten Beamten, die um eine weit größere Zahl von Laien ergänzt werden, durchaus funktionsfähig.

Noch ein anderes Argument spricht für diese Personalpolitik: Sie hilft den *Korpsgeist* der deutschen Beamtenschaft zu brechen. Der Geist der Verbrüderung zwischen Richtern und Bürokraten war in der Weimarer Republik eine der mächtigsten Barrieren gegen die Idee der Demokratie in der Justiz- und Verwaltungsbürokratie. Dieser tiefsitzende und listenreiche *Korpsgeist* kann gebrochen werden, indem die Militärregierung die neuernannten Verwaltungsleute entschlossen stützt, und diejenigen, die Sabotage betreiben, rücksichtslos entfernt.

E. Entmilitarisierung und Hilfspolizei

Eine prodemokratische Personalpolitik ist mit der Frage der Entnazifizierung und Entmilitarisierung Deutschlands eng verflochten, denn die Militärregierung muß darauf achten, daß in militärischen, halbmilitärischen oder polizeilichen Behörden keine nazistischen Agenten zurückbleiben oder sie infiltrieren. Die Einstellung von demokratisch gesinnten Personen bei den einzurichtenden Schutzorganen bedeutet deshalb eine zusätzliche Unterstützung für die Militärregierung.

Entmilitarisierung umfaßt nicht nur die Abschaffung der deutschen Streitkräfte und die industrielle Abrüstung, sondern sie erheischt darüber hinaus u. a. das totale Verbot paramilitärischer Organisationen, ein wirksames Verbot des Mißbrauchs von Sport- und Kulturverbänden zu heimlicher Wiederbewaffnung und zu geheimen Naziaktivitäten sowie die Unterbindung alldeutscher und annektionistischer Indoktrination durch diese Organisationen.

Die Situation, der die Militärregierung hier gegenüberstehen wird, könnte die gleiche sein wie nach dem Ersten Weltkrieg, als die Gründung der Freikorps von den Alliierten geduldet und von der sozialdemokratischen Führung befürwortet wurde, um den »inneren und äußeren Bolschewismus« zu bekämpfen. Die Erfahrung von damals sollte eine Warnung sein. Unter keinen Umständen sollte es der deutschen Polizei – es sei denn, sie ist gründlich entnazifiziert worden – oder Teilen der deutschen Armee oder halbmilitärischen Einrichtungen noch einmal gestattet werden, »für Ordnung zu sorgen«. Dies wird allein die Aufgabe der Besatzungsmächte sein.

Eine wichtige Ausnahme von dieser Regel muß allerdings gemacht werden. Für die künftige Stärke der demokratischen Gruppen wird nicht nur ausschlaggebend sein, daß sie die Zustimmung der Massen finden, sondern auch, daß sie hinreichende Machtmittel zur Verfügung haben. Waffen zählen ebensoviel wie Massenunterstützung und Ideologie. Deswegen erscheint es ratsam, daß die Militärregierung sorgfältig ausgewählten demokratischen Gruppen die Funktionen einer Hilfspolizei überträgt und sie mit leichten Waffen ausstattet, so daß sie jederzeit in der Lage sind, die Überreste der Nazibewegung, die sich nach dem Ende der Besetzungsperiode ans Tageslicht wagen könnten, zu zerschlagen. Es leidet keinen Zweifel, daß die Militärregierung Deutschland ohne die Mitarbeit deutscher Polizeikräfte nicht unter Kontrolle halten kann.[17] Doch es ist äußerst unrealistisch, darauf zu vertrauen, daß auch nur ein kleiner Teil der bestehenden deutschen Polizeikräfte seine Macht dazu gebrauchen wird, den Nationalsozialismus und die Reaktion abzuwehren. Selbst die

17 Vgl. CA Guide *The Police and Public Safety in Germany.*

so genannten »unpolitischen « Polizeioffiziere werden sich gegen die Demokraten stellen, denn nicht ohne Grund war der Begriff »unpolitisch« während der Weimarer Republik gleichbedeutend mit »reaktionär«.

F. Die wirtschaftlichen Maßnahmen der Militärregierung

Viele Maßnahmen der Militärregierung werden die Stärke der demokratischen Kräfte beeinträchtigen.
Bei der Lösung des Inflationsproblems muß darauf geachtet werden, daß nicht wieder Entwicklungen wie 1922–23 eintreten, als einige wenige beträchtliche Reichtümer anhäuften und die Massen verarmten.[18]
Wenn die Preise stabilisiert werden, sollte Vorsorge getroffen sein, daß dies nicht mit dem Einfrieren der Löhne endet. Wenn die Währung abgewertet wird, sollte die Abwertung gerecht sein und die Reichen mehr belasten als die Armen.
Bei der Durchsetzung von Reparationsmaßnahmen sollte man darauf achten, Kürzungen bei lebenswichtigen sozialen Dienstleistungen zu vermeiden. Die Ausgaben sollten eher durch hohe Besteuerung der oberen Einkommensgruppen und der Industriebetriebe aufgebracht werden.
Wenn die Militärregierung sich zur Überwachung von Staatseigentum oder privaten Gesellschaften entschließt, sollte man das Management nicht Privatunternehmen, sondern der neuen deutschen Regierung anvertrauen, es sei denn, die Erlöse dieser Unternehmen werden zugunsten der Alliierten verwendet, um Forderungen nach Wiedergutmachung zu befriedigen.
Damit sind die ökonomischen Probleme keineswegs erschöpft. Die allgemeinen Prinzipien, die der Lösung dieser Probleme zugrunde liegen sollten, sind jedoch evident: Die Lasten sollten nicht in erster Linie den unteren Gesellschaftsschichten aufgebürdet werden, und die Forderung nach Verstaatlichung der Schlüsselindustrien, die die Militärregierung selbst allerdings nicht erfüllen kann, sollte durch die Maßnahmen der Militärregierung keinesfalls behindert oder gar verhindert werden.

VIII. Das Problem der Wahlen

Stärke und Charakter der demokratischen Bewegung werden sich schließlich in Wahlen erweisen müssen. Wahlen bringen die Gefahr mit sich, daß sich die Kräfte der Reaktion als sehr viel stärker herausstellen, als man vor der Wahl vermutet hat, und daß die Kapitulationsbedingun-

18 Einzelheiten in *The Problem of a German Inflation*.

gen einem aggressiven Nationalismus selbst bei den demokratischen Gruppen Vorschub leisten.
Diese Gefahren können zwar minimiert, aber nicht aus der Welt geschafft werden. Falls sie nach wie vor drohen sollten, wird sich die Militärregierung genau überlegen müssen, wann es ratsam ist, Wahlen durchzuführen.

A. Abschaffung des Wahlrechts für Nazis

Die wichtigste Maßnahme ist die Abschaffung des Wahlrechts für Nazis bei den ersten Wahlen auf lokaler und nationaler Ebene. Allen Deutschen, die zu einem bestimmten Zeitpunkt vor der bedingungslosen Kapitulation (etwa am 1. August 1944) oder zum Zeitpunkt der Kapitulation Mitglied der NSDAP waren, sollte das Wahlrecht aberkannt werden. Davon wären ungefähr 10 Prozent der gesamten Bevölkerung und möglicherweise ein geringerer Prozentsatz der Wahlberechtigten betroffen, wenn man in Betracht zieht, daß es in der jüngeren Generation besonders viele Parteimitglieder gibt. Die Aberkennung des Wahlrechts für bestimmte Gesellschaftsgruppen ist mit der Idee der Bürgerrechte durchaus vereinbar, da es niemals der oberste Sinn der von der Verfassung garantierten Bürgerrechte gewesen ist, alle Arten politischer Betätigung zu schützen, sondern die Basis für die politische Willensbildung zu schaffen. Eine politische Betätigung, die sich in der Hauptsache gegen die Demokratie selbst richtet, die sie ja ermöglichen soll, ist von aufgeklärten Demokratien niemals geschützt worden.
Die Aberkennung des Wahlrechts für Nazis ist eine Vorbedingung der Wiedererrichtung der Demokratie und verringert das Risiko, das in Wahlen steckt.

B. Lokalwahlen

Wahlen können nur dann durchgeführt werden, wenn die Kommunikationsmedien funktionieren, wenn es schon eine Zeitlang politische Aktivität in Form von Diskussionen, Versammlungen und Organisationen gegeben hat und wenn sich Gewalttätigkeiten gelegt haben. Es sollten also zum frühestmöglichen Zeitpunkt weitgehende politische Freiheiten gewährt werden. Die Deutschen sollten die Freiheit haben, sich zu versammeln, zu drucken, sich frei zu äußern und zu demonstrieren, es sei denn, diese Freiheit liefe der militärischen Sicherheit zuwider. Die Druckereien, Büros und Versammlungsräume usw. der Nazipartei oder ihr angeschlossenen Organisationen sollten von der Militärregierung oder dem Offizier für öffentliches Eigentum an die politischen Parteien und Organisationen vermietet werden. Nazistischen oder verwandten Organisationen sollten diese Freiheiten jedoch nicht eingeräumt werden[19] – es würden auf diese Weise Gewalttätigkeiten begünstigt werden, Nicht-Nazis würden Nazis angreifen und das Recht selbst in die Hand nehmen. Die Militärregierung wird gezwungen sein, Ausschreitungen zu unterdrükken, sie sollte aber, soweit es mit ihrer Würde und der militärischen Sicherheit vereinbar ist, dabei so milde wie möglich verfahren, um nicht in die Rolle gedrängt zu werden, als Beschützer der Nazis zu erscheinen.

Es erscheint sinnvoll, nicht mit Wahlen zu einer Nationalversammlung zu beginnen, sondern mit Lokalwahlen. Wenn sich die Volksräte durchsetzen sollten, sollten diese und nicht die traditionellen Organisationsformen (Stadtrat etc.) bei Wahlen auf die Probe gestellt werden. Wenn möglich sollten die ersten Lokalwahlen nicht sogleich im ganzen Reichsgebiet und zur selben Zeit stattfinden. Man sollte sie nach und nach, je nach dem Fortschritt der Entnazifizierung und Befriedung, in Teilen des Reichs veranstalten. Das für die ersten Lokalwahlen ausgewählte Gebiet sollte jedoch keinesfalls mit einer der Besatzungszonen geographisch identisch sein. Würde dieses Gebiet auf eine Zone beschränkt, entstünde unvermeidlich der Eindruck, daß die eine Besatzungsmacht andere politische Ziele verfolgt als die anderen beiden. Anders gesagt: Wenn beschlossen wird, nur in einem Teil Deutschlands Wahlen abzuhalten, sollte dieses Gebiet Teile von allen drei Besatzungszonen umfassen.

Da die mit Wahlen verbundenen Risiken erheblich sind, gleichgültig, wann sie stattfinden, sollten Lokalwahlen »zum frühestmöglichen Zeitpunkt«[20] durchgeführt werden. Lokalwahlen werden wahrscheinlich ein Barometer für die politische Stimmung sein, da die Themen, um die es bei den Wahlen geht, vermutlich eher nationaler als lokaler Natur sein werden.

C. Wahlmodus

Bei der ersten Wahl sollten alle Entscheidungen zum Wahlmodus von der Militärrerierung getroffen werden. Es empfhiehlt sich, das vor 1933 gültige System anzuwenden. Nach diesem System wurden lokale Parlamente von den Männern und Frauen über zwanzig nach dem Prinzip des allgemeinen und gleichen Wahlrechts in geheimer Wahl gewählt, wobei die Kandidaten auf der Basis des Verhältniswahlrechts bestimmt wurden. Die einzige Einschränkung bei Lokahlwahlen bestand darin, daß man eine bestimmte Zeit, gewöhnlich 6 Monate, in dem Ort gewohnt

19 CA Guide *Policy towards the Revival of Old Parties and the Establishment of New Parties.*
20 Vgl. CA Guide Adaption of Administration on the Local Level in Germany.

haben mußte. In Anbetracht der großen Bevölkerungsbewegungen in Deutschland könnte es notwendig sein, diese Zeitspanne zu verkürzen.
Zwei Prinzipien des Wahlgesetzes sollten kurz erörtert werden: die Begrenzung des Wahlalters nach unten und das Verhältniswahlrecht.
Es wird oft eine Anhebung des Wahlalters von 20 auf 25 oder sogar 30 Jahre gefordert, da, so wird gesagt, die Indoktrination durch die Nazis in den jüngeren Altersgruppen besonders erfolgreich gewesen sei. Die uns zur Verfügung stehenden Erkenntnisse untermauern diese Ansicht nicht. Es ist wahrscheinlich, daß die Altersgruppen, die in die »Kampfperiode« der Partei, also 1924–1932, involviert waren, den höchsten Grad von Indoktrination aufweisen. Dies beträfe die Altersgruppe der 25-40jährigen. Es scheinen Deutsche über 40 Jahre eher gegen den Nationalsozialismus relativ resistent gewesen zu sein. Da es nicht möglich ist, das Wahlrecht auf die ältere Generation zu beschränken, schlagen wir vor, die Bestimmung über das Wahlalter überhaupt nicht zu korrigieren.
Die Einwände gegen das Verhältniswahlrecht sind ernsthafter Natur. Dieses System, so wird gesagt, verschaffe dem Parteibürokraten einen Vorteil vor dem unabhängigen Politiker, und, was noch schwerer wiegt, es bewirke Stimmenzersplitterung, da kleine Parteien (so genannte Splitterparteien) unverhältnismäßig stark repräsentiert wären, was wiederum die Herausbildung eines Zweiparteien-Systems mit klaren Mehrheiten behindere, wenn nicht gar verhindere. Es gibt Leute, die dieses Wahlsystem für den Aufstieg Hitlers haftbar machen. Doch keiner dieser Einwände tritt auf die Phase nach Beendigung der Kampfhandlungen zu. Der Anteil der Parteifunktionäre an den gewählten Amtsinhabern ist in Deutschland seit 1910 ziemlich konstant geblieben. Es waren die großen Parteien, die im Kaiserreich und in der Republik die Wahlen beherrscht haben, gleichgültig, mit welchem Wahlsystem. Zwar ist unbestreitbar, daß das Verhältniswahlrecht kleine Parteien begünstigt; aber dieser Nachteil, sofern es überhaupt einer ist, kann behoben werden, indem man die erforderliche Stimmen-Mindestzahl höher ansetzt als in der Weimarer Republik.
Das Verhältniswahlrecht hat im übrigen für die Nachkriegszeit derartig eklatante Vorzüge, daß seine unverkennbaren Mängel aufgewogen werden. Wenn das Ziel der Militärregierung die Herstellung von Frieden und Sicherheit im Innern des Landes ist, wenn sie den Aufstieg von Demagogen verhindern und die Gefahr verringern will, daß sich verkappte Nazis und Agenten in die politischen Gruppen einschleichen, dann sollten die organisierten Parteien jede Chance bekommen, das Feld zu beherrschen. Die Parteien können die Wählerschaft und ihre Kandidaten kontrollieren. Das Verhältniswahlrecht gibt den organisierten Parteien die Möglichkeit, politisch eine dominierende Stellung zu erringen, und fördert so die Rationalität politischer Beziehungen.

D. Wahlen zu Länder- und Provinzparlamenten

Nach den ersten Lokalwahlen muß entschieden werden, ob Wahlen auf Landesebene stattfinden sollen. Ausschlaggebend dabei wird die Politik sein, die im Hinblick auf die Zentralisierung Deutschlands verfolgt wird. Nach Einstellung der Feindseligkeiten werden die großen Probleme in Deutschland von nationalem Zuschnitt sein, und sie können mittels regionaler Strategien nicht gelöst werden. Möglicherweise werden jedoch starke so genannte partikularistische Tendenzen auftreten, besonders in Süddeutschland, und es gibt keinen vernünftigen Grund, warum diese Entwicklungen nicht einen legalen Ausdruck finden sollten. Deshalb scheint es ratsam, Wahlen zu Länderparlamenten zuzulassen, und zwar nach dem oben beschriebenen Wahlmodus.
Dies gilt allerdings nicht für Preußen. Preußen existiert nicht mehr als Staat, wohl aber nach wie vor als Rechtseinheit. Die preußischen Provinzen sind heute nicht mehr politische Teileinheiten von Preußen, sondern des Reichs, und sie haben daher denselben Status wie die Länder. Es ist kein sinnvolles Argument dafür zu erkennen, daß die Militärregierung Preußen als Staat wieder ins Leben rufen sollte, und außerdem werden die Grenzen der Besatzungszonen vermutlich quer durch Preußen verlaufen. Konsequenterweise sollte den Provinzparlamenten in Preußen derselbe Rang zugewiesen sein wie den übrigen Länderparlamenten, und die Präsidenten der Provinzen sollten auf die nämliche Weise gewählt werden, wie die Länderparlamente ihre Regierungen wählen. So wird durch die Erhebung der preußischen Provinzen zu politischen Teileinheiten des Reichs die Auflösung Preußens vervollständigt, wobei hinzugefügt werden muß, daß die Bedeutung dieses Schrittes, verglichen mit den oben diskutierten politischen und ökonomischen Problemen, sehr gering ist.

E. Nationale Wahlen

Nationale Wahlen sind schließlich aus zwei Gründen geboten:
1. um eine authentische Regierung einzurichten;
2. um die Ablösung der Militärregierung vorzubereiten.

Es ist nicht möglich, vorherzusagen, wann nationale Wahlen zu einer Verfassungsgebenden Versammlung zugelassen werden sollten. Man kann jedoch einige Voraussetzungen definieren. Die Politik der Vereinigten Staaten gegenüber Deutschland sollte klar sein, bevor Wahlen gestattet werden. Das heißt:
1. Die Frage der Grenzen sollte geklärt sein.
2. Die Höhe der Reparationen sollte festgelegt sein.
3. Es sollte Klarheit herrschen darüber, in welchem Ausmaß und auf welche Weise internationale Kontrolle über Deutschland nach der Aufhe-

bung der Militärregierung weiterbestehen, wie lang sie dauern und unter welchen Bedingungen sie verändert oder abgeschafft werden soll.

4. Es sollte entschieden sein, ob und unter welchen Bedingungen Deutschland in eine internationale Sicherheitsorganisation aufgenommen werden soll.

Erst wenn diese Fragen beantwortet sind (gleichgültig, ob in Form von Bedingungen, die Deutschland auferlegt werden, oder in Form von Abmachungen), kann sich in Deutschland wirklich eine politische Öffentlichkeit bilden. Solange über die politische und ökonomische Zukunft des Landes Ungewißheit besteht, wird diese Ungewißheit die öffentliche Meinung notwendig verzerren.

Auch sollten die Wiedergutmachung und der Hauptteil des Reparationsprogramms abgeschlossen sein, bevor nationale Wahlen gestattet werden. Nur so kann gewährleistet werden, daß die Demokratie in Deutschland nicht von Anbeginn immense Zukunftslasten übernehmen muß und daher von Reaktionären und Nationalisten nicht abermals mit dem Verdacht der »Erfüllungspolitik« überzogen werden kann. Und erst dann wird die Militärregierung zu entscheiden haben, ob die Zeit für nationale Wahlen reif ist, vor allem, ob ein Sieg der demokratischen Kräfte realistischerweise erwartet werden kann.

Sämtliche für Lokal- und Landtagswahlen entwickelten Prinzipien sollten auf die nationale Wahl anwendbar sein; der Ausschuß der Staatssekretäre sollte mit der Vorbereitung der Wahl betraut werden.

Falls die Vorkehrungen mit der Urkunde über die bedingungslose Kapitulation und mit den Forderungen, die Deutschland erfüllen muß, vereinbar sind, sollte die Militärregierung definitiv zusichern, daß das Ergebnis der Wahl anerkannt werden wird und daß die Verfassungsgebende Versammlung befugt ist, die politischen, wirtschaftlichen, sozialen und kulturellen Strukturen so zu ordnen und zu prägen, wie es ihr am besten erscheint. Sie muß insbesondere die Freiheit haben, Enteignungs- und Vergesellschaftungsmaßnahmen zu verabschieden und für weitreichende Gesetze zur Destruktion des offenen oder versteckten Aggressionspotentials in der deutschen Gesellschaft zu sorgen.

V. Sozialdemokratischer Traditionalismus? Die Linksparteien

Vorbemerkung des Herausgebers

Die Produktion der Central European Section war in den Jahren 1943 und 1944 hauptsächlich auf die Fertigstellung des *Civil Affairs Handbook* und der *Civil Affairs Guides* gerichtet. Dazu kam im letzten Kriegsjahr als weiteres systematisches Forschungsprojekt, vermutlich wieder vom Kriegsministerium bestellt, die Serie *German Military Government over Europe* (R&A Nr. 2500), zu der Neumann den Plan entworfen hatte; der Rest der Arbeitskapazität der zeitweilig bis zu 30 Mitglieder starken Forschungsgruppe verteilte sich auf eher individuell bestimmte Studien über die politischen und sozialen Gruppen in Deutschland. Die hier ausgewählten Texte über die deutschen Linksparteien gehören in diesen wenig organisierten Arbeitszusammenhang. Als ihr Autor kommt Herbert Marcuse in Betracht, der nach eigener Auskunft für diese Thematik zuständig war.[1] Offensichtlich gab es den Plan, sämtliche sozialen und politischen Gruppierungen zu untersuchen, die im Nachkriegsdeutschland von Bedeutung sein würden; realisiert davon wurde mit Sicherheit die Analyse der Linken.[2]

Kann die Konzentration auf die Linke bereits als Indikator für die politische Orientierung der R&A Branch gelten,so dürften die Studien über die deutschen Linksparteien das geeignete Material darstellen, um der Frage nach der politischen Ausrichtung einer maßgeblich von deutschen Emigranten mitgeprägten Gruppenidentität genauer nachzugehen. Dies auch deshalb, weil es sich um Arbeiten handelt, die von direkten Auftragszwängen unbehelligt erscheinen und die gewissermaßen das politische Aktionsfeld ausleuchten, in dem die Neumann-Gruppe vor 1933 angesiedelt war, freilich in Abstufungen: Am nächsten der reformistischen Politikauffassung hatte Neumann gestanden, der als gewerkschaftlicher Arbeitsrechtler und zuletzt als Syndikus der SPD gewirkt hatte; Kirchheimers brillante Verfassungsanalysen waren zwar gegen den Legalismus der SPD gerichtet, hatten sich jedoch im Rahmen der jungsozialistischen Bewegung gehalten[3]; Marcuse schließlich war seit der blutigen Niederschlagung der Rätebewegung durch das Komplott aus Sozialdemokratie und Reichswehr von der SPD abgerückt, dennoch hatte er etliche seiner heidegger-marxistisch zu nennenden Aufsätze in der von Hilferding

1 In einem Gespräch mit dem Verfasser, das im Herbst 1978 in San Diego stattfand.
2 Vgl. Anderson, *History of the Central European Section,* a.a.O., S. 3/4.
3 Vgl. zusammenfassend Söllner, *Geschichte und Herrschaft, a.a.O., S. 86ff.*

herausgegebenen Zeitschrift *Gesellschaft* veröffentlicht.[4] Wenn dies der politisch-biographische Hintergrund der Deutschlandexperten der R&A Branch ist, wie stellten sie sich in den vierziger Jahren zu Gegenwart und Zukunft der deutschen Arbeiterbewegung? Hat sich ihre politische Identität unter den veränderten historischen Verhältnissen und unter den Praxisbedingungen des amerikanischen Geheimdienstes maßgeblich gewandelt und in welche Richtung?

»Ich würde sagen,wir stimmten weitgehend darin überein, daß wir eine Art Wiederherstellung der sozialdemokratischen Politik wie in der Weimarer Republik wollten«[5],

erinnert sich ein ehemaliger Mitarbeiter der Central European Section, der übrigens den Einfluß der deutschen Emigranten dort außerordentlich hoch ansetzt. Dieses Urteil läuft darauf hinaus, daß die Verankerung in den Weimarer Verhältnissen die Grundlage nicht nur für die hohe Expertenkompetenz von Neumann, Kirchheimer und Marcuse darstellte, sondern nach wie vor ihre politische Identität geprägt habe – bestimmend sei ein an Weimar orientierter sozialdemokratischer Traditionalismus gewesen. Interessant wird diese Einschätzung durch Gegenüberstellung mit einer anderen. Louis A. Wiesner, ebenfalls Mitarbeiter der R&A Branch, schrieb anläßlich einer Bewertung der OSS-Planung auf dem Gebiet der zukünftigen deutschen Gewerkschaftsorganisation:

»Franz Neumann and others in the OSS, Central European Section, being themselves pre-1933 Germans, did not see much need of changing the basic Weimar patterns of organized labor but felt it sufficient to return to them. This rather conservative view was partly motivated by their concern that the average Army officers in Military Government would not be disposed by themselves to permit even that, let alone having the insight to direct or guide intelligent progressive changes [...] Events showed it to be entirely justified.«[6]

Obschon dieses Urteil denselben Tatbestand anzuzeigen scheint, markiert es gleichwohl eine wichtige Differenz – die Differenz, die für die archäologische Methode entscheidend ist und indirekt ihre Angemessenheit belegt. Wiesner weist nämlich den sozialdemokratischen Traditionalismus der Neumann-Gruppe als einen strategischen aus, als eine vorweggenommene Reaktion auf den erwartbaren Konservatismus der Militärregierung in Sachen Arbeiterbewegung, auf eine Politik, vor der es für das zukünftige Deutschland wenigstens soviel zu retten galt, wie die Weimarer Arbeiterbewegung erreicht hatte. Dazu gehörten ein Minimum an gewerkschaftlicher und parteipolitischer Bewegungsfreiheit, die Konkurrenzgleichheit bei der Interessenvertretung der Arbeiterschaft sicherte, und die Institutionalisierung des Einflusses auf die Machtzentren in Wirtschaft und Staat.

4 Vgl. Marcuse, *Schriften* Bd. I, Frankfurt/M. 1978; Jürgen Habermas u. a., *Gespräche mit Herbert Marcuse,* Frankfurt/M. 1978, S. 9ff.
5 John Herz in: Hrsg. Rainer Erd, Gespräche über Franz Neumann, Frankfurt/M. 1985, S. 156.
6 Louis A. Wiesner, *Organized Labor in Postwar Germany,* unpublished Paper, Washington 1950, S. 79.

Nimmt man die hier abgedruckten Analysen als archäologische Monumente, um die politischen Optionen zu identifizieren, die in das Deutschlandbild der R&A Branch eingingen, so fällt zunächst eine generelle Zurückhaltung gegenüber expliziten politischen Stellungnahmen auf. Statt dessen findet sich eine historisch geleitete, fast historistisch anmutende Analyse, die die politischen und ideologischen Orientierungen der Arbeiterparteien ebensosehr aus ihrer Tradition wie aus den gegebenen oder erwartbaren sozialen und politischen Strukturbedingungen begründet. Diese Handlungsbedingungen scheinen in ein doppeltes Zwielicht getaucht, das sich, wie die tatsächliche Entwicklung bewies, alsbald zuungunsten der Arbeiterbewegung aufklären sollte[7]: erstens standen sie, wenn überhaupt jemandem, den Siegermächten zur Disposition, die damit die Anfangsbedingungen der parteipolitischen wie der gewerkschaftlichen Arbeiterbewegung definierten. Zweitens hatte der Nationalsozialismus die Arbeiterbewegung, weit mehr als für jede andere soziale Formation, einen Zustand der zerstörten Identität geschaffen, der eine Rückbesinnung auf die Tradition der Arbeiterschaft sehr wohl als relativen Fortschritt erscheinen lassen konnte.
Dem strategischen Traditionalismus entspricht also, so könnte man folgern, ein methodischer: Die Analyse der Arbeiterparteien zielt darauf ab, die entscheidenden identitätsverbürgenden Stationen der Arbeiterbewegung noch einmal ins Gedächtnis zu rufen, eine Brücke zu bauen, die die Arbeiterbewegung in eine bessere Zukunft führen könnte, eine Zukunft freilich, die gerade aufgrund der Rückwärtsorientierung mit schwereren Hypotheken belastet sein sollte. Wenn es in den Texten der R&A Branch allgemein und in den Studien über die Linksparteien besonders eine erkennbare parteipolitische Orientierung gibt, so bekundet sie sich in den Akzentsetzungen, die in die Geschichtsdarstellung und Zustandsbeschreibung der politischen Arbeiterbewegung eingehen. Zu beachten sind dabei vor allem die folgenden Problemkomplexe, die sich in den Texten wie Leitmotive wiederfinden und die in der Sicht der Autoren auch die Zukunft der deutschen Arbeiterbewegung – sei es positiv, sei es negativ – determinieren werden:
Im Mittelpunkt der Aufmerksamkeit, sowohl der rückwärts- wie der vorwärtsgewandten, steht die Spaltung der deutschen Arbeiterbewegung in eine kommunistische und eine sozialdemokratische Fraktion. Diese Spaltung erscheint gleichermaßen als dominierende Tatsache der geschichtlichen Entwicklung und als historisches Verhängnis; sie wird weder, wie es in der jeweiligen Parteigeschichtsschreibung später üblich geworden ist, der einen noch der anderen Seite als Schuld zugerechnet, eher geht es in den Texten darum, die sozialstrukturellen Hintergründe und die ideologischen Erscheinungsformen des Bruderzwistes verständlich zu machen. Realistisch ist die Analyse in der Einschätzung, inwieweit die spezielle Konstellation der dreißiger und vierziger Jahre die historischen Bedingungen aufgehoben hat, so daß eine Überwindung der Spaltung möglich wäre: Hat einerseits der innere Widerstandskampf Kommunisten, Sozialdemokraten und Gewerkschafter so nah wie nie zuvor zusammengeführt, so wird dieser Effekt andererseits durch die fortgesetzte

7 Vgl. Huster u. a., *Determinanten der westdeutschen Restauration,* a. a. O., bes. S. 120ff.

außenpolitische Anlehnung vor allem der KPD an die Sowjetunion wieder annulliert. Dagegen half es auch nicht, daß die KPD seit der Auflösung der Komintern 1943 sich ideologisch breit zu öffnen begann; für die mißtrauischen SPD-Funktionäre war dies nichts weiter als ein erneutes taktisches Umarmungsmanöver, das die Einverleibung der gesamten Arbeiterbewegung in die kommunistische Politik beabsichtigte.[8]
Kann man aus dem hartnäckigen Insistieren auf dem herabgesetzten Legitimitätsanspruch der KPD aufgrund ihrer Moskau-Orientierung noch auf eine reformistische Einstellung schließen, so läßt der SPD-Text keine Gelegenheit aus, die politischen Fehler des Reformismus zu geißeln. Bestimmend für die Perspektive der Analyse sind hier vor allem zwei Gesichtspunkte: die herbe Kritik an der legalistischen Politikauffassung und das Mißtrauen gegenüber der national getönten Überformung der Reformpolitik. Das naive Vertrauen in den bürgerlichen Rechtsstaat, verknüpft mit einer Fetischisierung des Organisationsapparates, also seiner Ablösung von der sozialen Basis, erscheint als eine der Hauptursachen für das Versagen des Reformismus beim Aufstieg Hitlers – dies ist der wundeste Punkt in der Geschichte der SPD, der Punkt, der die »alte Garde« in den Augen der Arbeiterschaft ein für allemal diskreditiert habe. Die zweite Warnung bezieht sich vor allem auf die ideologische Überhöhung der nationalen Identität, die als eine der Haupttendenzen der programmatischen Entwicklung der SoPaDe in der Emigration hervorgehoben worden ist.[9] Diese Analyse schließt den kritischen Blick auf das Problem der deutschen Einheit ein, deren Verwirklichung als eine der wichtigsten Aufgaben der Besatzungspolitik der Alliierten erscheint. Sofern nämlich den Deutschen – aus welchen Gründen auch immer – die Wiederherstellung ihrer nationalen Integrität verwehrt sein sollte, würde damit die Demokratisierung Deutschlands von vornherein mit der Hypothek nationalistischer Ressentiments belastet. Die SPD könnte dann, ebenso wie die KPD, dem Zwang erliegen, abermals, wie schon öfter in der Geschichte der Arbeiterbewegung, die nationalen vor die demokratischen und sozialistischen Vorsätze zu stellen, und so die Arbeiterklasse erneut in die Irre leiten.
Der SPD-Text ist von allen hier vorgelegten der, der am weitesten jenseits der kritischen Schwelle der militärischen Niederlage datiert. Interessant wäre zu prüfen, ob das Durchschreiten der »Stunde Null«, die keine war, Konsequenzen für den Blick auf die deutsche Entwicklung hatte, der zuvor ausschließlich einer der Prognose und Planung gewesen war. Dies setzt die Auswertung weiterer Deutschland-Analysen voraus, wie sie die R & A Branch nach der Auflösung des OSS am 1. Oktober 1945 und ihrer Überführung ins State Department anfertigte. Soviel freilich ist aufgrund der Einschätzung der Situation der SPD im besetzten Deutschland, wie sie der vorliegende Text enthält, klar: daß die Deutschlandsexperten die Zukunftsperspektiven für ein sozialistisches Deutschland pessimistisch beurteilten, jetzt allerdings nicht mehr nur wegen des apriorischen Widerspruchs zwischen Militärregierung und authentischer deutscher Demokratie, sondern auch, weil sich einerseits die interalli-

8 Vgl. dazu Horst Duhnke, *Die* KPD von 1933 bis 1945, Köln 1972, bes. S. 365ff.
9 Erich Matthias, *Sozialdemokratie und Nation,* Stuttgart 1952.

ierten Beziehungen rapide verschlechterten, andererseits die Rekonstruktion der politischen Arbeiterbewegungen alle Zeichen einer bloßen Restauration erkennen ließ.[10] Die von der Londoner Union der sozialistischen Splittergruppen projektierte einheitliche deutsche Arbeiterbewegung war gleich zu Anfang an ihr Ende gelangt.[11]

10 Vgl. Ernst-Ulrich Huster, *Die Politik der* SPD 1945–1950, Frankfurt/M. 1978; Werner Müller, *Die KPD und die »Einheit der Arbeiterklasse«,* Frankfurt/M. 1979; auf die Entwicklung der Gewerkschaften und die diesbezügliche OSS-Planung braucht hier nicht eingegangen zu werden, weil soeben eine ausführliche Arbeit darüber erscheint: Mike Fichter, *Besatzungsmacht und Gewerkschaften,* a. a. O.
11 Vgl. Werner Röder, *Die deutschen sozialistischen Exilgruppen in Großbritannien,* a. a. O., S. 216ff.

Dokument V.1
Die Kommunistische Partei Deutschlands

Einleitung

Vor 1933 war die Kommunistische Partei ein bedeutender Faktor im politischen System Deutschlands und eine der größten politischen Parteien. Nach ihrer Auflösung durch die Nazis 1933 hat die Partei sowohl in Deutschland als auch außerhalb weiterbestanden; sie konnte sich die Loyalität vieler ihrer alten Mitglieder erhalten und möglicherweise durch ihren Widerstand gegen das Hitlerregime neue Mitglieder hinzugewinnen. Gegenwärtig ist die Kommunistische Partei die einzige Partei aus der Zeit vor 1933, die ein systematisches Programm formuliert und Taktiken entwickelt hat, aus den von ihr für Deutschland prognostizierten Verhältnissen Nutzen zu ziehen. Die innere Stärke der Kommunistischen Partei, ihre Zusammenarbeit mit Gruppen von Militärs in der Bewegung »Freies Deutschland« und das internationale Kräftespiel bieten der Kommunistischen Partei gegenüber anderen bestehenden politischen Gruppierungen in Deutschland Vorteile ...

I. Die KPD seit 1933

Seit ihrer Auflösung durch die Nazis 1933 besaß die KPD eine Untergrundorganisation in Deutschland und hielt die offizielle Struktur der Parteiführung im Ausland aufrecht. Das Zentralkomitee übersiedelte nach Moskau, viele prominente Parteimitglieder der oberen Ränge flohen aus Deutschland, um in verschiedenen Teilen der Welt ihre Tätigkeit für die Partei fortzusetzen. Parteitage fanden nach 1933 in der Tschechoslowakei und in Belgien statt. Da jedoch die Aktivitäten der Kommunisten allgemein gesetzlichen Sanktionen unterlagen, konzentrierte sich die deutsche kommunistische Bewegung in Moskau, London und Mexico-City. Theoretisch kontrollieren die Führer die Mitglieder im deutschen Untergrund, doch es läßt sich nicht bestimmen, wie effektiv diese Kontrolle ist. Es gibt allerdings Indizien, daß die Partei im Untergrund die Veränderungen in der »offiziellen Linie« zur Kenntnis genommen hat und die neue Richtung der kommunistischen Politik billigt.
In ihrer Ideologie und Taktik folgte die Partei seit 1933, wie andere kom-

munistische Parteien auch, den von der Komintern beschlossenen Direktiven. 1934 übernahm man die Einheitsfront-Taktik, die deutschen Kommunisten unterstützten dieses Vorhaben in Frankreich und in Spanien. 1939 stellte sich die KPD hinter den sowjetisch-deutschen Nichtangriffspakt und verurteilte den englisch-deutschen Krieg als »imperialistisch«. Nach der Auflösung der KPD widerrief die Partei ihr Konzept der proletarischen Revolution als unmittelbares Ziel.

1. Der kommunistische Untergrund in Deutschland

In der Periode unmittelbar nach der Auflösung der Partei vertraten die Kommunisten im Untergrund die These, das Naziregime werde bald zusammenbrechen und an seine Stelle werde ein kommunistischer Staat treten. Aus diesem Grunde behielt die KPD ihre starre, komplizierte Organisation bei und betrieb weiterhin Massenpropaganda. Parteimitglieder traten in Naziverbände und Nazivereinigungen ein, um sie unter Kontrolle zu bringen, wenn es zum Zusammenbruch des Systems kommen sollte. Die Partei entfaltete illegale Aktivitäten von beträchtlichen Graden, aber die Untergrundorganisation war ungeschützt gegen das Eindringen von Gestapo-Agenten. Die mittleren und unteren Kader der Parteifunktionäre erlitten schwere Verluste. Während der Phase des deutsch-sowjetischen Nichtangriffspakts (1939–1941) stellten die Kommunisten ihre illegalen Tätigkeiten praktisch ein, nahmen sie jedoch nach dem Angriff auf die Sowjetunion wieder auf.[1]

Die verfügbaren Informationen lassen vermuten, daß seit 1941 der kommunistische Untergrund an Stärke zugenommen hat, wieder aktiver geworden ist und gegenwärtig die bestorganisierte und effektivste Widerstandsformation in Deutschland darstellt. Es ist jedoch unmöglich, ihre Kraft und Verbreitung genau zu beurteilen und einzuschätzen, inwieweit sie bei der Bevölkerung Rückhalt hat. Fragmentarischen Berichten zufolge ist sie in Zellen von jeweils wenigen Mitgliedern organisiert, deren Hauptaufgabe darin besteht, miteinander Kontakt zu halten.[2] Es gibt wohl auch verschiedene Tarngruppen, doch die wichtigste operative Einheit ist die Zelle. Es liegen zwar keine genauen Informationen über die Zusammensetzung der Zellen vor, einzelne Hinweise lassen aber den Schluß zu, daß sie aus älteren Kommunisten, jüngeren Arbeitern aus kommunistischen Familien und neu Hinzugekommenen bestehen, die unter unzufriedenen Mitgliedern der Hitlerjugend[3] geworben wurden.

1 R&A Nr. 992: *The Underground in Germany* (siehe vorne in diesem Band); Otto Bauer, *Die illegale Partei,* Paris 1939.

2 Central Intelligence Division (CID) 61464 – 0, 14. Febr. 1944.

3 Viele Kriegsgefangene, die in Deutschland wegen kommunistischer Aktivitäten in Haft gewesen waren, erklärten bei ihrer Befragung, sie seien durch familiäre Einflüsse zur Arbeit im Untergrund gekommen.

Überdies gibt es Anzeichen dafür, daß Studenten an illegalen Aktionen beteiligt sind.
Trotz der Polizeikontrollen, die einen organisierten Widerstand auf breiter Basis ausschließen, haben die kommunistischen Zellen viele Gelegenheiten zu subversiven Aktionen. Diejenigen ihrer Mitglieder, die in Fabriken arbeiten, können die Rüstungsproduktion der Nazis sabotieren oder andere Arbeiter überreden, langsamer zu arbeiten. Sabotage kann jedoch nur in geringem Umfang betrieben werden, und angesichts der damit verbundenen Risiken haben die Kommunisten einen Widerstand »auf breiter Front« nicht befürwortet. Eine wichtige Aufgabe der Zellen scheint die Förderung defätistischer Einstellungen mit Hilfe von Flugblättern, illegalen Zeitungen und politischen Diskussionen zu sein. Berichte aus Deutschland besagen, daß die Kommunisten sich eher dieser Tätigkeit als der direkten Sabotage zugewandt haben. Verschiedene Male, insbesondere 1941, zur Zeit des Kriegseintritts gegen die Sowjetunion, hat die Gestapo Massenverhaftungen unter »Kommunisten« vorgenommen und so die derzeitige wie die potentielle Führung des Untergrundes auszuschalten versucht. Eine neue Verhaftungswelle begann im April 1944 im Anschluß an die Rede des Gauleiters Wernicke, der sich über die »sinkende Moral« und die Verbreitung von Gerüchten beklagt hatte, die auf Radiosendungen aus London oder Moskau zurückgingen.
Deutschlands veränderte militärische Position hat die Chancen für illegale Aktionen verbessert. Da die Sicherheitskräfte zunehmend durch Aufgaben im Luftkrieg in Anspruch genommen sind, haben die Kontrollen nachgelassen. Zwar werden die oppositionellen Aktivitäten in Deutschland leicht überschätzt, aber zweifelsfrei haben Demonstrationen gegen das Regime stattgefunden. Beispiele sind die Friedensdemonstration in Hamburg nach den Luftangriffen im Herbst 1943 und sporadische Streiks in West- und Mitteldeutschland. Hier hat die KPD Gelegenheit, ihren Einfluß auszudehnen und die Leitung der illegalen Opposition gegen die Nazis zu übernehmen. Infolge der Auswirkungen des Luftkriegs können Personen untertauchen oder ihre Identität ändern; viele »Staatsfeinde« vermochten ihre Tätigkeiten fortzusetzen, weil ihre Akten vernichtet wurden.[4]
Es liegen nur allgemeine Berichte über Ausmaß und Verzweigung der kommunistischen Untergrundbewegung vor. Sie konzentriert sich offenbar auf Gebiete, in denen die Partei traditionell stark war, auf Berlin und die Industriezentren West- und Mitteldeutschlands. Als besondere Gruppen lassen sich die »Navajos« identifizieren, eine kommunistische

4 *Die Nation* (Bern), 4. März 1944, in: *News Digest,* Nr. 1386; *St. Galler Tageblatt,* 25. März 1944 (Press Intelligence Cable).

Gruppe, die innerhalb der Hitlerjugend operiert[5], sowie die »Kommunistische Jugend«, die »Deutsche Friedensbewegung« und die »Antifaschistische Aktion«, die ihr Zentrum in Berlin und im Rheinland hat. Berichten zufolge ist es im Wedding, dem früheren Hauptzentrum der Kommunisten, den Nazis nicht gelungen, die Loyalität zu den Kommunisten, die bei den Bauarbeitern und Eisenbahnern erheblich ist, zu zerstören. Andere Berichte besagen, daß die »Internationale Arbeiterhilfe« und der »Rote Frontkämpfer-Bund« illegal weiterbestehen. Die Kommunisten bleiben dabei, daß unabhängige Zellen der beste Schutz gegen polizeiliche Repressalien sind.
Anstrengungen, die Zellen über die Parteiarbeit in ganz Deutschland auf dem laufenden zu halten, sind erst jüngst wieder bekannt geworden. Es erscheint eine illegale Zeitung unter dem Titel *Kader-Information,* die nicht nur die Zellen in der Illegalität anleiten, sondern ihnen auch die Möglichkeit geben soll, die »Linie« der Partei zu verfolgen.

2. Die Parteistruktur im Ausland

1933 und in der Zeit danach sind zahlreiche prominente KPD-Funktionäre aus Deutschland geflohen, um im Ausland Zentren der Parteiaktivität aufzubauen. In den dreißiger Jahren lagen diese Zentren in Frankreich und in der Tschechoslowakei, von wo aus die Funktionäre nach den Anweisungen des Zentralkomitees in Moskau die Untergrundtätigkeit in Deutschland steuerten. Nach der Besetzung der Tschechoslowakei und Frankreichs wurden die Parteizentren nach London und Mexico-City verlagert.
Das Zentralkomitee der KPD hat seinen Sitz in Moskau. Führer der Partei ist Wilhelm Pieck, der dem Komitee seit den Tagen von Rosa Luxemburg angehört. Er wurde auf dem Parteitag in Brüssel 1935 zum Vorsitzenden gewählt, um dieses Amt zu versehen, solange Thälmann bei den Nazis im Gefängnis saß. Ihm zur Seite stehen prominente Kommunisten wie Walter Ulbricht, Erich Weinert, Friedrich Wolff und andere; sie sind die höchsten Repräsentanten der Parteihierarchie, soweit sie überlebt hat. Allem Anschein nach übt das Zentralkomitee in Moskau über die Partei dieselbe strenge Kontrolle aus wie in der Zeit vor 1933.
In London gibt es ungefähr 350 eingetragene Parteimitglieder unter der Führung von Wilhelm Koenen, der dem Zentralkomitee seit 1920 angehört. Mit ihm zusammen arbeiten dort viele prominente Kommunisten wie Karl Becker, Johann Fladung und Hans Kahle. Die Londoner Gruppe hat immer wieder Anstrengungen unternommen, ihren Einfluß auf andere Gruppen auszudehnen, und versucht, entsprechend der ge-

5 OSS Nr. 31330, 11. April 1944.

genwärtigen Taktik der Partei eine »Einheitsfront« aufzubauen. Ihr bedeutendster Erfolg war die Gründung des »Freien Deutschen Kulturbundes« (1939), der rund 1500 Mitglieder zählt und der die Kultur des »freien und demokratischen Deutschland« bewahren und weiterentwickeln soll. Der »Kulturbund« hat die Veränderungen in der politischen Linie der Kommunisten sei 1939 nachvollzogen. Andere Organisationen, in denen KPD-Mitglieder wichtige oder leitende Positionen innehaben, sind die »Freie Deutsche Hochschule«, die »Freie Deutsche Jugend«, der »Rat der Verbündeten in Deutschland« und das »Kriegshilfe-Komitee der deutschen Flüchtlingsfrauen«.
Der KPD-Gruppe in Mexico-City steht Ludwig Renn (Arnold Vieth von Golsenau) vor, ein namhafter Autor und Soldat, der den deutschen Kommunisten als »der Militärtheoretiker« der KPD gilt. Der maßgebliche politische Theoretiker in Mexico-City ist Paul Merker. Weitere prominente Mitglieder in Mexico-City sind Bodo Uhse, Anna Seghers, Ladizlo Radvanny (Johann Schmidt), Andre Simon und Erich Jungmann.
In den USA kann die KPD nicht als legale Partei arbeiten, jedoch macht sie, vermittelt über »Frontorganisationen« wie die »Deutsch-amerikanische Notkonferenz«, das »Vereinigte Antifaschistische Hilfskomitee« und den »Deutsch-amerikanischen Kulturbund«, einen gewissen Einfluß geltend. Die Gruppe in denVereinigten Staaten und die wenigen deutschen Kommunisten, die in den lateinamerikanischen Ländern und in Kanada verstreut leben, arbeiten unter der Anleitung der Organisation in Mexico-City. Kleine KPD-Gruppen gibt es in Schweden und Südafrika.

3. Die Ideologie der KPD seit 1933

Die augenblickliche Politik der KPD steht in deutlichem Gegensatz zum revolutionären Programm, das die Partei während der Weimarer Republik vertreten hat. Jedoch ist dieses politische Konzept das Ergebnis der logischen Entwicklung kommunistischer Taktik während der vergangenen zehn Jahre und spiegelt die neue Marschrichtung wider, die sich zwangsläufig aus der Auflösung der Komintern 1943 ergeben hat. Offenbar blieb die Parteidisziplin erhalten, denn die politischen Erklärungen namhafter Führer in der Emigration und die politischen Verlautbarungen des Untergrunds weisen dieselbe Struktur auf.
Eine einschneidende Veränderung der kommunistischen Taktik vollzog sich auf dem Brüsseler Parteitag 1934. In den damals verabschiedeten Resolutionen hieß es, daß das »Programm für die soziale und nationale Befreiung Deutschlands von 1930 [...] heute überholt« sei. Die Partei rechtfertigte ihre Programme von 1930 und 1932 mit der Erklärung, sie hätten der Entlarvung der »nationalistischen Demagogie« der Nazis gedient. Die Zielvorstellungen der Kommunisten im Jahr 1935 waren je-

doch immer noch national getönt: Annulierung des Versailler Vertrages, Zusammenschluß aller Deutschland gewaltsam entrissenen Gebiete zu einem »freien Deutschland«, enge Beziehungen zur Sowjetunion. Die Methoden, die zur Erreichung dieses Zieles vorgeschlagen wurden, waren demokratische: Bildung politischer Parteien in Deutschland, Freiheit der politischen Betätigung, Koalitionsfreiheit für Arbeiter und Bauern, bürgerliche Freiheiten, Entfernung der Nazis aus Armee und staatlicher Verwaltung. Die Partei bekundete ihre Bereitschaft, mit Sozialdemokraten, Zentrumsangehörigen, abtrünnigen Nazis oder jeder Gruppe zu kooperieren, die willens war, gegen das Naziregime zu kämpfen.[6]

Seit dem Brüsseler Parteitag hat die KPD stets mit Nachdruck auf die Bedeutung der »nationalen Frage« hingewiesen. In den Radiosendungen aus Moskau wurden die Nazis seit 1941 als »Feinde des deutschen Volkes« bezeichnet, und es wurde zum Aufstand gegen Hitler aufgerufen, um »die Integrität, Individualität und Unabhängigkeit Deutschlands als gleichberechtigt unter Gleichen«[7] zu sichern. Häufig wurde Bismarck zitiert in dem Sinne, daß Deutschland und die Sowjetunion zusammenarbeiten müßten, damit beide Länder überlebten. Wiederholt wurde die Warnung geäußert, daß die deutsche Armee vernichtet werde und Deutschland die Zerstörung drohe, wenn Hitler nicht durch eine Volksrevolution gestürzt werde.[8] An Soldaten der Wehrmacht wurde appelliert, die Waffen niederzulegen und sich wie 1918 zusammenzutun mit Bauern, den Mittelschichten und allen Kriegsgegnern unter Führung der Arbeiter. Die Soldaten sollten erkennen, daß sie gegen den großen sozialistischen Staat kämpfen, und sie müßten die Beendigung des Krieges fordern.[9] Das kommunistische Projekt eines »freien und demokratischen Deutschlands«, in dem die Bevölkerung frei sei, eine Regierungsform nach ihren Vorstellungen zu wählen, wird als der spontane und demokratische Wille des deutschen Volkes apostrophiert. Diese »Linie« wird von deutschen Kommunisten in der ganzen Welt unter Hinweis auf eine Konferenz der »Deutschen Friedensbewegung« vertreten, die im Dezember 1942 in einer rheinischen Stadt stattgefunden haben soll. Über dieses Treffen hat im Januar 1942 die kommunistische Presse in Mexico und den USA berichtet. Es war der Anlaß zu verschiedenen taktischen Schritten der Kommunisten: zu der politischen Erklärung Paul Merkers in seiner Broschüre *Was wird aus Deutschland?*, zur Erweiterung der Bewegung »Freies Deutschland« und

6 Bauer, *Die illegale Partei,* a. a. O., S. 103ff.
7 *Prawda,* 16. Okt. 1941, zitiert nach CID 44338.
8 Die *Die Kommunistische Internationale,* 1941, Nr. 6.
9 *Aufruf der* KPD zum 1. Mai 1943. Dasselbe Argument fand sich in einem Flugblatt deutscher Kommunisten, das in Belgien zum 1. Mai 1943 an die Besatzungstruppen verteilt wurde.

zu den Appellen des österreichischen Kommunisten Ernst Fischer aus Moskau, in Österreich eine ähnliche Bewegung ins Leben zu rufen.[10] Das allenthalben publizierte Programm der Rheinland-Konferenz wurde von einem Gremium formuliert, dem, so heißt es, Vertreter unterschiedlicher Schichten der Bevölkerung angehört haben sollen. Nach kommunistischen Presseberichten bestand die Teilnehmerschaft der Konferenz aus Akademikern, Arbeitern, einem katholischen Geistlichen, kleinen Geschäftsleuten, einem Hauptmann der Wehrmacht, Gruppen oppositioneller Nazis, Sozialdemokraten, Kommunisten, Deutschnationalen, Bauern, Mitgliedern der Zentrumspartei und Vertretern der illegalen Gewerkschaften – sie alle hätten sich zu einer »Nationalen Deutschen Front« zusammengeschlossen.[11] Ihre Aufgabe sei es, in Deutschland den Kampf gegen das Naziregime zu organisieren, denn nur die »zunehmende Aktivität des deutschen Volkes selbst« könne Deutschland »vor dem schlimmsten Schicksal« bewahren. Die Alliierten wurden nachdrücklich aufgefordert, den Aufruf der Konferenz in Radiosendungen und Flugblättern zu veröffentlichen, um »unsere Verbündeten in Deutschland« zum Aufstand zu ermutigen. Auf diese Weise könne ein gerechter Frieden zustande kommen, hieß es in dem Manifest, »der Deutschlands Unabhängigkeit und nationale Existenz garantiert«. Die Fortsetzung des Krieges würde Deutschland in »einen Schauplatz militärischer Operationen verwandeln«, und die Friedensbedingungen würden »desto härter ausfallen, ein zweites Versailles«.

Ein Zehn-Punkte Programm skizzierte die Schritte zum Sturz des Hitlerregimes und zur Einberufung einer »nationalen, demokratischen Friedensregierung« durch eine Verfassunggebende Versammlung auf der Basis gleicher, direkter und geheimer Wahlen. Das Programm forderte die sofortige Beendigung der militärischen Operationen, den Verzicht auf alle Eroberungen, die Zerschlagung des Naziregimes, die Auflösung der SS und der Gestapo und die Bestrafung der Kriegsverbrecher. Das Wirtschaftsprogramm postulierte die Aufhebung der Wirtschaftsgesetze der Nazis und die Schaffung eines neuen Wirtschaftssystems auf der Grundlage des verfassungsmäßigen Schutzes des Privateigentums und der freien

10 *Foreign Nationalities Branch* Nr. 110, 4. März 1943; *Left News,* London Nr. 84, Juni 1943; *Daily Worker,* New York, 10., 11., 24. Jan. 1943; *Soviet International News (*ICN), 31. Dez. 1942. Das Treffen wurde in einer Depesche aus Bern an die *New York Times* vom 22. Dez. 1942 erwähnt. Ein Kriegsgefangener, ein früheres KPD-Mitglied, erklärt, er habe in Deutschland von dem Treffen gehört.

11 Das Manifest enthält eine Formel für die Zusammensetzung der »Nationalen Front«, sie bestehe aus Anhängern der alten großen Parteien des Zentrums, der Deutschnationalen Volkspartei, der Kommunistischen Partei, der Sozialdemokratischen Partei, Mitgliedern der früheren christlichen und der freien Gewerkschaften, Angehörigen der früheren Genossenschafts- und Sportbewegung, alten Mitgliedern der SA und sogar ehemaligen Angehörigen der Naziorganisationen.

Entwicklung kleiner und mittlerer Unternehmen. Den Arbeitern wurden Arbeit, angemessene Entlohnung, der Acht-Stunden-Tag und das Recht auf Arbeitspausen in Aussicht gestellt. Außenpolitisch sollte das neue Deutschland »mit allen Völkern und Staaten zusammenarbeiten – ein Deutschland, das kein schwacher und wehrloser Staat, sondern ein starker Staat« sein werde, der sich auf die »Einheit und Freiheit des Volkes« stütze.

Das Votum für eine Volksfront gehörte auch in anderen Ländern, so z. B. in Italien, Ungarn und Österreich, zu den Mitteln kommunistischer Taktik. Die Betonung des Nationalismus und der demokratischen Methoden entspricht der logischen Weiterentwicklung des Brüsseler Programms. Mit dem Rheinland-Manifest wurde an keine einzelne soziale Gruppe, z. B. die Arbeiter, gesondert appelliert, sondern ein Programm vorgelegt, dem viele Gruppen zustimmen konnten, gegen die die KPD sich früher gestellt hatte. Die Kommunisten haben von ihren Plänen für ein »Sowjetdeutschland« Abstand genommen. Aber sie wollen auch nicht die Regierungsform und das Gesellschaftssystem der Weimarer Republik wiederherstellen. Sie treten für einen neuen Typus von Demokratie ein, der die nationalen Interessen Deutschlands und nicht die einer einzelnen Klasse gewährleisten soll.

Die verfügbaren Informationen über die politische Orientierung der Kommunisten in Deutschland deuten darauf hin, daß viele Mitglieder im kommunistischen Untergrund die Auffassungen des Rheinland-Manifestes und der Parteiorganisation im Exil teilen, es müsse ein neues Konzept gefunden werden. Beim deutschen Untergrund sollte man zwischen dem »alten« und dem »neuen« Widerstand unterscheiden. Die erste Variante umfaßt vornehmlich Personen, die vor 1933 bereits als Erwachsene politische Erfahrungen gesammelt haben und die Formen und Haltungen der alten politischen Parteien neu beleben wollen. Die zweite Variante sucht, angeleitet durch die Parole »Kein neues Weimar!«, neue politische Formen und Bündnisse zu entwickeln. Obwohl in den älteren kommunistischen Familien Spurenelemente der Ideologie der Zeit vor 1933 fortwirken mögen, vertreten die aktivsten dieser Personen im Untergrund den Standpunkt des neuen Widerstandes.[12] Die Berichte aus Deutschland und die Ergebnisse der Befragung von Gefangenen stimmen darin überein, daß die Kommunisten keine Neuauflage der »bolschewistischen« Ideen und Organisationen der Vergangenheit wünschen. Sie setzen statt dessen auf einen »deutschen Kommunismus« mit wohlwollender Förderung durch die Sowjetunion, der einerseits über die Mittel zur Verwirklichung der kommunistischen Ziele verfügt, andererseits der Partei ihre Hand-

12 CID 49876-C.

lungsfreiheit beläßt, die sie unter der Weimarer Regierung gehabt hat.[13] Parteimitglieder, die in Kriegsgefangenschaft befragt wurden, stimmen mit einem ehemaligen Organisator aus dem Untergrund darin überein, daß die deutschen Kommunisten einen »liberalen, demokratischen Kommunismus« anstreben, einen, der keine »extremen Maßnahmen« befürwortet.[14]

Die Partei in Deutschland erlebt jedoch weiterhin dieselben charakteristischen Spaltungen und Fraktionskämpfe, die kennzeichnend für die Entwicklung während der Weimarer Republik waren. Viele Kommunisten sollen mit der offiziellen »Volksfront«-Linie der Partei und den gemäßigten Forderungen nicht einverstanden sein. Diese sogenannten »Neuen Kommunisten« weigern sich, die Zielvorstellung von der Diktatur des Proletariats aufzugeben oder ihren internationalistischen Anspruch zu kompromittieren. Sie verurteilen scharf die Parteitaktik der Zusammenarbeit mit Generälen in den Komitees »Freies Deutschland« (siehe unten). Die »Neuen Kommunisten« bilden eine linke Opposition zur offiziellen Politik der Partei; vermutlich wird ihnen künftig das Etikett »trotzkistisch« angehängt werden.[15] Eine andere Gruppe besteht aus Anhängern des verstorbenen Heinz Neumann; sie stimmen mit dem offiziellen Konzept der Partei darin überein, daß sie die Hilfe der Generäle akzeptieren und ein Bündnis mit der Sowjetunion anstreben; aber sie wollen diese Taktik mit einer Revolution in Deutschland verbunden wissen. Diese Gruppe stellt die Exponenten des Nationalbolschewismus, wie ihn Heinz Neumann von 1923 bis 1933 vertreten hat; doch es handelt sich dabei insofern nicht um eine oppositionelle Gruppe, als es keine unüberbrückbaren Differenzen zwischen ihr und der offiziellen Parteilinie gibt.

II. Die Kommunistische Partei und die Bewegung »Freies Deutschland«

Der wichtigste Faktor sowohl im Hinblick auf die gegenwärtige Politik als auf die Zukunft der Kommunistischen Partei ist die Entwicklung der Bewegung »Freies Deutschland«. Im Nationalkomitee »Freies Deutschland« haben die Kommunisten Partner für eine »Einheitsfront« gefunden, die an die Stelle der herkömmlichen Organisationen und Parteien der Arbeiterklasse treten soll. Die Gründung und die Festigung der Be-

13 Dieser Auffassung wird beispielsweise in den folgenden Berichten Ausdruck gegeben: CID 64319-S, v. 25. März 1944, CID 61695-S, v. 9. März 1944, CID 63057-S; 63059-S.

14 CID 54293-C, 11. Dez. 1943.

15 *New York Times,* 16. März, 12. April 1944. In dem Schweizer Bericht über die Verhaftung von Kommunisten, die versucht hätten, verschiedene oppositionelle Gruppen zu einer »Europäischen Union« zusammenzufassen, mag diese Gruppe gemeint gewesen sein.

wegung »Freies Deutschland« außerhalb von Moskau sind das Werk kommunistischer Flüchtlinge. Obschon der ursprüngliche Zweck des Komitees psychologische Kriegführung gegen die Nazis gewesen sein mag, hat es unter den Deutschen im Exil eine unerwartete Anziehungskraft entfaltet. Aus Deutschland werden zahlreiche positive Reaktionen auf die Propaganda des Komitees berichtet.

Das 1943 in Moskau gegründete Komitee »Freies Deutschland« stellt eine Verbindung von Mitgliedern der Kommunistischen Partei, Nazigegnern ohne politische Zugehörigkeit, Offizieren und Soldaten der deutschen Armee und Nazis dar, die sich mit der Möglichkeit einer deutschen Niederlage konfrontiert sehen. Mitglieder können Personen oder Gruppen werden, sofern sie sich für den Sturz des Naziregimes und den Aufbau eines freien und demokratischen Deutschland engagieren. Infolgedessen sind vielerlei Interessen und soziale Gruppen im Komitee vertreten, das zur Zeit unter der Leitung des kommunistischen Schriftstellers Erich Weinert steht. Den Vorsitz in der bedeutenden Tochterorganisation des Komitees, der Offiziers-Vereinigung, führt General von Seydlitz, der in Stalingrad geschlagen wurde und für die »Ostorientierung« in der deutschen Armee wirbt. Weinert und von Seydlitz redigieren regelmäßige Radiosendungen nach Deutschland und leiten den Ausbau der Organisation »Freies Deutschland« unter den deutschen Kriegsgefangenen in Rußland.

Die Ziele des Nationalkomitees sind Hitlers Sturz, die Beendigung des Krieges und Friedensverhandlungen unter Verzicht auf alle von den Nazis gemachten Eroberungen. Es wird die Bildung einer nationalen Regierung in Aussicht gestellt, die aus dem »einen Freiheitskampf aller Klassen des deutschen Volkes« und den Teilen der Armee, die »dem Vaterland treu geblieben sind«, hervorgehen soll. Das Komitee fordert die Bestrafung der Kriegsverbrecher und die Beschlagnahme ihres Eigentums sowie die Aufhebung aller Nazigesetze, die »sich auf die menschliche Würde und Freiheit nachteilig auswirken«. Die Wirtschaft soll auf der freien Nutzung von Chancen und der Unantastbarkeit des Privateigentums beruhen; die Organisation der Gesellschaft soll bürgerliche Freiheiten und das Recht auf freie Vereinigungen garantieren. Nach Auffassung des Komitees muß die neue Regierung stark genug sein, um »den Frieden zu gewinnen« und für Deutschland gleiche Rechte in internationalen Angelegenheiten durchzusetzen.[16] In einer Moskauer Radiosendung vom 20. Januar 1944 sagte Oberstleutnant Gerlach, man könne dieses Konzept für eine Utopie halten. »Sie mögen sich fragen«, erklärte er, »ob ein Kommunist für einen gemeinsamen Kampf mit einem Deutschnationalen, sogar mit

16 Stockholm, telegrafische Nachricht Nr. 2024, 4. Aug. 1944; FCC, Sonderbericht Nr. 98: *The Free German Movement as Psychological Warfare.*

einem Nationalsozialisten zusammenwirken kann ... oder gar mit einem General.«[17] Das Komitee ist jedoch keine Utopie, denn es beruht auf historischen Vorbildern in der deutschen Politik und auf einer realistischen politischen Einschätzung, die in Deutschland nach dem Krieg durchaus einen breiten gesellschaftlichen Rückhalt finden könnte.

Die innige Beziehung zwischen der Kommunistischen Partei und dem Nationalkomitee gebietet eine Betrachtung sowohl der Entstehung als auch der Struktur der Bewegung. Das Komitee wurde gebildet, nachdem in der Sowjetunion seit Oktober 1941 eine Vielzahl von Konferenzen deutscher Kriegsgefangener stattgefunden hatten. Die erste dieser Konferenzen entwarf ein Programm, das die militärische Niederlage Deutschlands und den Sturz des Hitlerregimes intendierte; es war in einer Form abgefaßt, die an das kommunistische Programm für die nationale und soziale Befreiung von 1930 erinnert. An der Konferenz nahmen Soldaten und Unteroffiziere teil. Walter Ulbricht vom Zentralkomitee der KPD wurde der Vertreter der Partei in einem Präsidium, das auf anderen Kriegsgefangenen-Konferenzen ergänzt werden sollte. In anderen Gefangenenlagern wiederholten Soldaten und Unteroffiziere diese Prozedur, und im März 1942 folgte die Konferenz der Unteroffiziere. Im April gab die *Prawda* bekannt, 805 Kriegsgefangene hätten einen Aufruf unterzeichnet, in dem das deutsche Volk und die deutsche Armee zum Sturz Hitlers aufgefordert wurden.

Das Nationalkomitee selber wurde am 11./12. Juli 1943 aus Delegierten der Kriegsgefangenen-Konferenzen und Vertretern der deutschen Kommunisten gebildet. Das Manifest wurde von 11 Offizieren, keiner von ihnen über dem Majorsrang, 8 Soldaten und 8 namhaften Mitgliedern der Kommunistischen Partei unterzeichnet. Die Anzahl der kommunistischen Sympathisanten unter den Soldaten und Offizieren ist nicht bekannt, obwohl die Soldaten Arbeiter gewesen waren und einer von ihnen ein bekannter Organisator illegaler Gewerkschaften war. Die Offiziers-Vereinigung, die sich am 11. September 1943 unter dem Vorsitz von v. Seydlitz gebildet hatte, verabschiedete eine Resolution, die im Grundsatz mit dem Manifest des Nationalkomitees übereinstimmte. Nachdem sie sich von Mitgliedern des Komitees deren Ansichten hatten darlegen lassen, beschlossen die Offiziere, dem Nationalkomitee beizutreten; v. Seydlitz wurde zweiter Vorsitzender neben Erich Weinert. Andere offizielle Vertreter der Offiziers-Vereinigung wurden ebenfalls in die Führung des Nationalkomitees einbezogen.

Außerhalb von Moskau war die Bildung von Komitees »Freies Deutschland« das Werk emigrierter deutscher Kommunisten. Im Frühjahr 1943, noch vor der Gründung des Nationalkomitees in Moskau, wurde in

17 FCC, *Eastern European Analysis, 26. Jan. 1944.*

Mexico-City durch Ludwig Renn und Paul Merker ein Komitee »Freies Deutschland« ins Leben gerufen. Die Bewegung wuchs rasch, und bereits im September 1943 war es der mexikanischen Gruppe gelungen, Nazigegner aus 14 Ländern der westlichen Welt zu einem »Lateinamerikanischen Komitee freier Deutscher (»Comite Latino Americano de Alemans Libres« zusammenzuschließen. Die deutschen Kommunisten in Mexico hatten die Hilfsorganisationen unter Kontrolle und bemühten sich nachdrücklich um die Verbreitung kommunistischer Zielvorstellungen. Renn erklärte, die Verpflichtung auf das Programm des Komitees »Freies Deutschland«) habe »Zugeständnisse und die Preisgabe einiger Grundüberzeugungen bei allen vertretenen Parteien mit sich gebracht«; die notwendigen Anpassungsschritte wurden in Artikeln der Zeitschrift *Freies Deutschland* vollzogen, um so die Auffassungen der kommunistischen Führer mit dem Programm des Nationalkomitees in Moskau in Einklang zu bringen. Renn bestritt, daß das Lateinamerikanische Komitee eine Filiale des Moskauer Komitees sei, allerdings herrsche »Übereinstimmung in ihren programmatischen Erklärungen«.

Das Komitee »Freies Deutschland« in London wurde am 25. September nach langem Meinungsaustausch mit der mexikanischen Gruppe über politische und strategische Fragen gegründet. Da jedoch in London die Sozialdemokraten stark vertreten sind, haben die Kommunisten kaum Fortschritte bei ihren Versuchen gemacht, Nicht-Kommunisten für ihr Vorhaben zu gewinnen. Das Komitee kam vor allem durch Initiative von Wilhelm Koenen, Mitglied des Zentralkomitees der KPD seit 1920, und Hugo Graf zustande, der als Organisator kommunistischer Gewerkschaften seit 1920 bekannt ist. Der Vorsitzende des Komitees ist R. R. Kuczynski, der seit langem als kommunistischer Sympathisant gilt. Zum ursprünglichen Komitee gehörten außer den Kommunisten zwei Sozialdemokraten, Karl Rawitzki und Frau Schreiber-Krieger, die ihm entgegen den Anweisungen ihrer Partei beigetreten sind, ferner W. von Siemsen von der Nationalen Volkspartei, August Weber, der Vorsitzende der Staatspartei, und einige andere Personen ohne definitive politische Bindung. Später kamen noch ein Sozialdemokrat, Viktor Schiff (früher Herausgeber des *Vorwärts*), und ein katholischer Geistlicher, Pater Taussig, hinzu.[18]

Zu den Zielen des Londoner Komitees, wie sie in einem am 11. November 1943 verteilten politischen Flugblatt formuliert sind, gehört der Aufbau einer »nationalen Freiheits-Front« im Kampf gegen Hitler. Sie soll wiederum nach den vom Rheinischen Friedens-Manifest propagierten Leitideen gebildet werden. Das Komitee will ferner bei der alliierten Propaganda für Deutschland in Wort und Schrift mitarbeiten und letzten En-

18 CID-49796 – S. 20. Okt. 1943; CID-47683; CID-48164.

des eine »unabhängige Propaganda der freien Deutschen an die Deutschen« entwickeln. Koenens Angebot, der BBC bei der Formulierung ihrer deutschsprachigen Programme zu helfen, wurde jedoch nicht akzeptiert.

Auch in Stockholm haben Kommunisten eine Gruppe »Freies Deutschland« gegründet und erhielten dabei Unterstützung von Fritz Tarnow und seinem Kreis von Gewerkschaftern. Gegen dieses Komitee sprach sich die offizielle Sozialdemokratische Partei Deutschlands in Schweden aus. Anders als die Gruppen in Mexico und London konnte die Stockholmer Gruppe nur als kultureller Verein und nicht als Gremium mit politischen Zielen eine grundlegende Übereinkunft erzielen. An die Stelle des von Max Hodann im November 1943 gegründeten Komitees trat am 20. Januar 1944 der Kulturverein »Freies Deutschland«, wiederum unter dem Vorsitz von Hodann.[19]

Die ursprüngliche Organisation scheiterte an einer Resolution, die alle Deutschen dazu aufrief, die Wiederherstellung und den Wiederaufbau der Sowjetunion zu unterstützen, selbst wenn das die Entsendung deutscher Arbeitskräfte in die UdSSR bedeuten sollte. Diejenigen, die gegen die Resolution votierten, wurden von den Kommunisten beschimpft, die Kriegsanstrengungen der Alliierten zu »sabotieren«.[20] Der »Kulturverein« meidet solche strittigen Fragen und konzentriert sich auf Vorträge und Diskussionen über deutsche Wissenschaft und Literatur.

Es gibt Berichte, denen zufolge in Helsinki ein Komitee »Freies Deutschland« gegründet wurde, und zwar von Deutschen, die evakuiert werden wollten, denen aber vom deutschen Botschafter die Erlaubnis hierzu verweigert wurde. Die Gruppe in Helsinki soll aus Mitgliedern des »Deutschen Vereins« bestehen, der sich vor einigen Jahren der Bildung des von den Nazis kontrollierten »Deutschen Kolonie-Vereins« widersetzte. – Auch aus der Schweiz wird die Gründung eines Komitees »Freies Deutschland« berichtet.

Die Kommunisten in der Bewegung »Freies Deutschland« glaubten, ihre politische Strategie ändern zu müssen, um sich den Entwicklungen bei den Diskussionen über die Friedensbedingungen, denen Deutschland unterworfen werden soll, anzupassen. In London sind einige Mitglieder des Komitees aus Ärger über die Vormachtstellung der Kommunisten und über die von diesen befürworteten Friedensbedingungen zurückgetreten. In Moskau und Mexico-City dagegen wurde die Propaganda der Komitees geändert, um sie mit dem voraussichtlichen Grundtenor der Friedensbedingungen in Einklang zu bringen.

19 CID-51724-S, 27. Dez. 1943; CID-29250-S, 16. Nov. 1943; CID-54393, 15. Jan. 1944; Press Intelligence Cable, 21. Jan. 1944.
20 CID-51724-S, 27. Dez. 1943.

Der Hauptstreitpunkt ist gegenwärtig das Problem der territorialen Einbußen auf deutscher Seite und die Frage der Kriegsschuld. Die früher von der »freideutschen« Propaganda getroffene Unterscheidung zwischen Nazis und dem deutschen Volk wurde fallengelassen, und die Kommunisten in London und Mexico-City erklären, das deutsche Volk als Ganzes müsse die Konsequenzen der Naziherrschaft tragen.[21] Noch gibt es keinen Hinweis von dem Moskauer Komitee, daß die Kriegsschuld-Frage alle Deutschen gleichermaßen betrifft, und noch ist v. Seydlitz einer der wenigen, die weiterhin zwischen Nazis und Deutschen unterscheiden, indem er die SS für die während des Krieges begangenen Gewaltverbrechen verantwortlich macht.[22] Da die Gruppe in Mexico jedoch häufig dazu ausersehen war, neue Richtlinien der offiziellen Politik zu formulieren, werden die Kommunisten im Moskauer Komitee die Vorstellungen von Paul Merker und der Gruppe in London wohl übernehmen.
Das Problem der territorialen Eingriffe ist durch einen Bruch im Londoner Komitee zutage getreten. Die Forderung der »Union Polnischer Patrioten« in Moskau, Ostpreußen und Oberschlesien Polen zuzuschlagen, fand in kommunistischen Kreisen eine positive Resonanz, obwohl eine solche Transaktion mit dem 1943 formulierten Ziel der Bewegung »Freies Deutschland« im Widerspruch stand, die deutsche Nation vor einem »harten Frieden« zu bewahren. Noch im Feburar 1944 verabschiedete das Londoner Komitee gegen das Votum der kommunistischen Mitglieder eine Resolution für die Erhaltung der territorialen Integrität Deutschlands »in den Grenzen von 1933«. Ein Wandel in der politischen Linie der Kommunisten und in der Propaganda der »Freien Deutschen« begann sich nach der Konferenz von Teheran abzuzeichnen. Nachdem die Forderung der »Union Polnischer Patrioten« an die Öffentlichkeit gelangt war, billigten die Kommunisten offen die Abtretung deutschen Territoriums. In London wurde von kommunistischen Mitgliedern des Komitees eine Resolution eingebracht, die ausdrücklich den Verzicht auf Ostpreußen verlangte; aufgrund des Widerstandes der nicht-kommunistischen Mitglieder gelangte sie jedoch nicht zur Abstimmung. Trotzdem hieß es in der Märzausgabe der offiziellen Zeitung des Komitees, *Freie Tribüne,* die Sicherung gegen zukünftige deutsche Aggressionen mache es erforderlich, Gebiete an Polen abzutreten. Ein Artikel, der diese Auffassung kritisierte, wurde von der Redaktion mit der Begründung zurückgewiesen, daß jede Kritik an den Entscheidungen der Konferenz von Teheran das »Weltbündnis« in Zweifel ziehe. Im Mai wiederholte die *Tribüne* die For-

21 Paul Merker, »Die Erklärung von Teheran und die Freien Deutschen«, in: *Freies Deutschland* (Mexixo-City), 24. Jan. 1944, III, S. 6–7; vgl. auch das Telegramm des Sekretärs des Londoner Komitees, Siegfried Kahn, an Präsident Beneš.
22 In einer Radiosendung der Freien Deutschen vom 11. Juni 1941 wurde die »Hitler-Clique« für den Krieg verantwortlich gemacht; FCC: *Eastern European Survey,* 17. Juni 1944.

derung nach Abtretung Ostpreußens und bezeichnete diejenigen als »linksradikal«, die die Anwendung der Atlantik-Charta auf Deutschland befürworteten. Mehrere Mitglieder des Komitees erklärten ihren Rücktritt, wodurch das Restkomitee fast rein kommunistisch wurde, sieht man von den beiden Sozialdemokraten, die zum ursprünglichen Mitgliederstamm gehörten, einmal ab. Ihren Rücktritt erklärten: Viktor Schiff (SPD), Pater Taussig (Vertreter der Katholiken), Leopold Ulstein (Staatspartei), August Weber (Staatspartei), Fritz Wolff, Heinrich Fraenkel, Arthur Liebert und Irmgart Litten.
Die Kommunisten in Mexiko-City modifizierten ebenfalls ihre Vorstellungen, wie sie für die frühen Stadien der Bewegung »Freies Deutschland« kennzeichnend gewesen waren. Als die »Union Polnischer Patrioten« ihre Ansprüche auf deutsches Territorium anmeldete, gab zur selben Zeit Merker im *Freien Deutschland* zu bedenken, daß das deutsche Volk, da es die Schuld am Krieg trage, für die Verbrechen der Nazis Entschädigung leisten müsse. Im Februar 1944 unterstützte Merker die polnischen Gebietsansprüche mit der Begründung, zur Sicherheit in Osteuropa müsse ein polnischer Staat mit engen Beziehungen zur Sowjetunion geschaffen werden. Lenins Verurteilung gewaltsamer territorialer Verschiebungen – so Merkers Argument – schließe nicht aus, daß »freien« Nationen der »Zugang zum Meer« garantiert werden müsse. Indem sich die Sozialdemokraten weigerten, den vorgeschlagenen territorialen Korrekturen zuzustimmen, trügen sie mit zur Zerstörung Deutschlands bei; sie seien daher als »Feinde des deutschen Volkes« mit Lord Vansittard auf eine Stufe zu stellen.[23]

III. Die mögliche Rolle der Kommunistischen Partei in der Zukunft

Die Zukunft der Kommunistischen Partei in Deutschland hängt von einer Reihe unbekannter Faktoren ab: von der Art der deutschen Niederlage, davon, welche Verhältnisse nach der Einstellung der Feindseligkeiten herrschen werden, und davon, ob das Programm der KPD von einem großen Teil der deutschen Bevölkerung wird positiv aufgenommen werden können. Die Überlegungen der Partei zur Taktik beruhen auf Annahmen darüber, welche Bedingungen und Kräfte im Spiel sein werden.
Eine wichtige Grundlage für die Erörterung der zukünftigen Rolle der KPD ist die Stärke und Aktivität ihrer Untergrundorganisation. Allem Anschein nach verfügen die Kommunisten über die bestorganisierte und effektivste Untergrundorganisation in Deutschland. Im lokalen Bereich haben sie in verschiedenen Feldern ihre Zellen organisiert, insbesondere

23 Paul Merker, »Wir müssen auf dem Wort ›respektabel‹ bestehen«, in: *Freies Deutschland* (Mexico-City), Februar 1944, S. 9–10.

in den Fabriken, und ihre illegale Arbeit hat ihnen bei deutschen Nazigegnern ein gewisses Prestige verschafft. Gegenwärtig wenden sich die Kommunisten im Untergrund gegen exzessive Aktionen und Sabotage, aus Furcht vor Entdeckung und Repressalien. In dem Maße, wie sich Deutschlands militärische Situation verschlechtert und die Kontrollen im Innern nachlassen, könnte der Untergrund beim Sturz Hitlers oder bei der Beseitigung des Naziregimes während der militärischen Besetzung eine bedeutsame Rolle spielen. Die von den Kommunisten und den Komitees »Freies Deutschland« vorgeschlagene Taktik würde die Untergrundorganisation der Partei bei der Bildung einer politischen Führung in eine vorteilhafte Position bringen. Im Dezember 1943 propagierte das Nationalkomitee die Bildung von »Kampfkomitees« in Fabriken, Naziorganisationen und -verbänden sowie der Armee, um die Bevölkerung gegen Hitler zusammenzuführen. Gedacht war bei diesem Plan eher an »passiven Widerstand« als an einen offenen Aufstand. Im Aufruf vom 11. Juni 1944 wurde zur Bildung von »Volkskomitees« in allen städtischen und ländlichen Gebieten aufgefordert, um einen »nationalen Kampf« einzuleiten; aber auch hier wurde nicht der offene Aufstand gegen die Nazis propagiert.[24] Die Existenz von kommunistischen Zellen und ihre Aktivität in der Auseinandersetzung mit den Nazis könnten diese zur führenden Kraft in den Volkskomitees und zu organisatorischen Kernen machen, um die sich nach dem Zusammenbruch des Naziregimes örtliche politische Vereinigungen gruppieren.
Seit Anfang 1944 hat die Bewegung »Freies Deutschland« in Deutschland und in der Wehrmacht an den Vorbereitungen für einen Aufstand gegen Hitler gearbeitet. Abgesandte des Nationalkomitees halten sich als »Frontdelegierte« in den Kampfzonen der Ostfront auf, um mit jedem Kriegsgefangenen, der ihren Rat sucht, über Politik zu diskutieren.[25] Weinert zufolge haben »Hunderttausende« von Kriegsgefangenen das Manifest *Freies Deutschland* unterschrieben. Regelmäßig werden Radiosendungen nach Deutschland ausgestrahlt, und an der Front sind Lautsprecher installiert worden. Viele Berichte aus Deutschland weisen darauf hin, daß diese Propaganda tatsächlich den Rückhalt der Nazis bei der Bevölkerung unterminiert. Flugblätter der »Freien Deutschen« werden bei den Truppen an der Ostfront, ebenso in Italien und Frankreich und unter der deutschen Zivilbevölkerung verteilt. Es wird berichtet, es hätten sich unter den deutschen Truppen in Frankreich »Soldatenkomitees«

24 Ein Bericht aus der Schweiz von einem »früheren Mitglied der nationalbolschewistischen Bewegung« besagt, die »Freien Deutschen« propagierten eine Serie von »Putschs« zum Sturz Hitlers und hätten bereits ihre Leute in den Waffenlagern und Munitionsfabriken. CID 77532-S, 18. Juni 1944.
25 *Freies Deutschland* (Mexico-City) Januar 1944, S. 16; FCC: *Eastern European Analysis*, 12. Januar 1944.

gebildet, die kontinuierlich Zeitungen herausbrächten unter Titeln wie *Soldat im Westen, Soldat am Mittelmeer* (Organ der Soldatenorganisation in Frankreich) und *Volk und Vaterland*. Das regelmäßige Erscheinen dieser Publikationen läßt allerdings vermuten, daß sie im französischen Untergrund produziert werden; immerhin wiederholen sie die Hauptargumente des Nationalkomitees und nennen dessen wichtigste Mitglieder.[26] Die Aktivitäten der »Freien Deutschen« haben fraglos weithin Resonanz gefunden, doch zur Zeit können die Reaktionen der Soldaten darauf noch nicht hinreichend eingeschätzt werden, wenn man von einigen speziellen Aussagen von Kriegsgefangenen absieht, die von der Bewegung gehört haben und ihre patriotischen Motive anzweifeln. Allem Anschein nach hat die Propaganda der »Freien Deutschen« den Durchschnittssoldaten bislang wenig beeindruckt, obwohl sie mit zur gegenwärtigen hohen Rate von Desertionen beigetragen haben mag. Die Bedeutung dieser Propaganda liegt in ihrer Wirkung auf höhere Offiziere, Staatsbeamte und auf die Kommunisten in Deutschland.

Die Taktik der Kommunisten verlangt von der Partei bestimmtes Handeln in der Phase der militärischen Besetzung. 1943 beschlossen die kommunistischen Gruppen in Deutschland und in der Bewegung »Freies Deutschland«, sich gegen eine militärische Besetzung mit subversiven Aktionen zur Wehr zu setzen. Nachdem auf der Konferenz von Teheran das Problem der Friedensbedingungen geregelt worden war, hat die Partei ihre Linie geändert: Die Besatzungstruppen werden nun als »Befreiungsarmeen« begrüßt. Der augenblicklichen Taktik liegt die Annahme zugrunde, die Zeit der militärischen Besetzung werde eine Übergangsphase zwischen der Auflösung des Naziregimes und der Gestaltung neuer politischer Strukturen in Deutschland sein.

Die Partei erwartet die Abrechnung mit den Nazis und mit den »hinter ihnen stehenden Großkapitalisten«, doch sie betont, sie könne keinerlei Verantwortung für das »Blutbad« übernehmen, das aus der aufgestauten Wut der Bevölkerung gegen die Nazis entstehen könnte. Es werde keinen Konflikt mit den Bauern oder den Mittelschichten geben, die vielmehr in der »Volksfront«-Demokratie eine wichtige Rolle spielen werden. Die Partei geht davon aus, daß Deutschland in drei militärische Besatzungszonen aufgeteilt werden wird. Sie fordert, in der britischen und der amerikanischen Zone die Agitation gegen die militärische Besetzung weiterzuführen, allerdings ohne damit die Beziehungen zwischen den Alliierten zu gefährden. In der Agitation soll hervorgehoben werden, daß die besseren

26 Mehrere Exemplare dieser Zeitungen wurden dem OSS von seinen Informanten zur Verfügung gestellt. Die Wiedergabe eines Exemplars findet sich unter CID 59506-S. Ein Flugblatt aus Frankreich hat den Titel *Freies Deutschland – Organ im Sinne des Nationalkomitees Freies Deutschland*.

Lebensbedingungen und die größeren politischen Freiheiten in der sowjetischen Besatzungszone gegeben seien. Die Partei soll den sowjetischen Besatzungstruppen jede erdenkliche Unterstützung gewähren und soll versuchen, neue Mitglieder zu gewinnen.[27] Auch wenn sich diese Taktik im Verlauf der Ereignisse vor der Niederlage und Besetzung Deutschlands noch ändern kann, macht sie dennoch deutlich, mit welchen Mitteln die Partei ihre Position als politischer Faktor aufzubauen hofft. Die Zukunft der Partei hängt davon ab, inwieweit es gelingt, diese Taktik auf die deutsche und internationale Situation anzuwenden und welche Unterstützung die KPD von der Bevölkerung empfängt.

Durch die Sprecher im Komitee »Freies Deutschland« treten die Kommunisten für eine Gesellschaftsordnung ein, die der Zustimmung vieler Bevölkerungsgruppen sicher sein soll. Das Programm für die Übergangsperiode bedroht keine der traditionellen Interessengruppen mit Ausnahme der Nazis und der Kriegsverbrecher. Es beruht auf der Annahme, die auch von kommunistischen Autoren zum Ausdruck gebracht wurde, daß das deutsche Volk nach dem Krieg extreme Lösungen, wie sie die Partei vor dem Krieg propagiert hat, nicht akzeptieren wird. Das in Informationen aus Deutschland immer wiederkehrende Grundthema heißt: Das deutsche Volk ist »müde« und nicht an politischer Tätigkeit interessiert; daraus ergibt sich ein Vorteil für Gruppen politischer Aktivisten wie die Kommunistische Partei.

Sowohl das Programm der »Freien Deutschen« wie das der Kommunisten ist so konzipiert, daß eine Bevölkerung, die eine Niederlage erlitten hat, ihm ohne Bedenken beipflichten kann. Indem die Kommunisten die deutsche Nationalgeschichte als wichtige Quelle ihrer Ideologie herausstellen, hoffen sie offenbar, das Gefühl der Niederlage zu kompensieren und den Grundstein für die Wiederherstellung der deutschen Machtposition in Europa zu legen. Die nationalistischen Appelle kreisen um historische Beispiele, die enge Beziehungen mit Rußland als Garanten militärischer Stärke vorführen, so z. B. bei der Allianz von Tauroggen von 1812 und bei der Bismarckschen Außenpolitik. Diese Appelle könnten in jenen einflußreichen Armeekreisen, die eine »Ostorientierung« befürworten, durchaus auf Resonanz stoßen und sie veranlassen, mit den Kommunisten zusammenzuarbeiten, wie sie es bereits in der Vergangenheit getan haben und gegenwärtig im Nationalkomitee tun.

Möglicherweise findet das freideutsche-kommunistische Programm weitere Zustimmung infolge des wachsenden Prestiges der Sowjetunion in Deutschland. Es hat viele Hinweise gegeben, daß deutsche Zivilpersonen und Soldaten sich weigern, Goebbels' Propagandabild von Rußland als

27 Nach: *Kader-Information;* diese Zeitung ist nach Angaben von Sozialisten die offizielle Zeitung der KPD in Deutschland.

einem rückständigen, kulturlosen und barbarischen Land anzunehmen. Einerseits ist bei den Befragungen deutscher Kriegsgefangener noch immer die Furcht vor dem »Bolschewismus« und vor der russischen Besetzung das dominierende Thema. Andererseits gibt es bei vielen Soldaten die Neigung, ungeachtet der offiziellen Propaganda die militärischen und kulturellen Leistungen der Sowjetunion anzuerkennen.[28] In Deutschland zeichnet sich ein deutlicher Stimmungswandel zugunsten der russischen Arbeiter und Kriegsgefangenen ab, die mancherorts die Sympathie vieler Deutscher gewonnen haben. Mehrfach wird gesagt, die Russen führten keinen Krieg gegen die Zivilbevölkerung und bombardierten keine deutschen Städte.[29]

Die Kommunisten glauben, ihre Zukunft sei durch das Wohlwollen der Sowjetunion hinlänglich gesichert. Sie nehmen an, daß die Partei in der sowjetischen Besatzungszone wiedererstehen wird und daß sie aufgrund ihrer bedeutenden Rolle die nötigen neuen Mitglieder gewinnen wird, um zur größten Partei in Deutschland zu werden. Sollte die Partei in der sowjetischen Zone tatsächlich zum Zuge kommen, so geschähe das in einer Region, wo sie bislang besonders schwach vertreten war. Hinzu kämen dann die Gebiete West- und Mitteldeutschlands, in denen die Partei traditionell sehr stark war.

Die KPD ist nach wie vor der denkbar treueste Dolmetscher der sowjetischen Politik in Deutschland. Die Sowjetunion hat zwar das Komitee »Freies Deutschland« nicht offiziell anerkannt, es sei denn als Mittel der psychologischen Kriegführung, und die sowjetischen Behörden haben wohl keine sonderlich hohe Meinung von den deutschen Kommunisten[30]; gleichwohl wird die Partei vermutlich jede Politik der Sowjetunion gegenüber Deutschland nach Kräften zu der ihren machen. Es könnte deshalb die Sowjetunion die Partei für die Durchsetzung ihrer Deutschlandpolitik benutzen, so wie sie sie für die psychologische Kriegführung gegen die Nazis benutzt hat. Sollte das der Fall sein, so genössen die deutschen Kommunisten den Vorteil einer Unterstützung, wie sie gegenwärtig keiner anderen deutschen politischen Gruppierung zuteil wird.

Die Möglichkeiten eines Wiedererstarkens des Kommunismus in Deutschland werden von bestimmten Faktoren, die der politischen Macht der KPD nach dem Krieg wahrscheinlich Grenzen ziehen werden, konterkariert. Der jüngste Wandel in der politischen Haltung der Kommunisten: ihre Befürwortung eines harten Friedens unter Einschluß von Gebietsabtretungen, Reparationen und des Einsatzes deutscher Arbeiter beim Wiederaufbau der Sowjetunion, könnte ihre Anziehungskraft in

28 CID 62494-R, 5. März 1944.
29 CID 62765-R, 18. März 1944.
30 OSS Nr. 27306, 18. Jan. 1944; OSS Nr. 27313, 13. Jan. 1944.

Deutschland beeinträchtigen. In diesem Falle waren die Kommunisten den Kurskorrekturen der sowjetischen Politik auf Kosten ihrer eigenen früheren Pläne gefolgt, die Integrität Deutschlands zu verteidigen und bei der Bestimmung der Kriegschuld zwischen den Nazis und der Bevölkerung zu differenzieren. Welche politische Position Gruppen, die einen harten Frieden befürworten, einnehmen werden, wird weitgehend davon abhängen, wie sich die Verhältnisse im Gefolge der Niederlage und im Verlaufe der Besetzung entwickeln werden.

Eine weitere mögliche Einschränkung ihrer Entfaltungschance liegt in der Beziehung der KPD zur deutschen Arbeiterbewegung und darin, daß vielleicht Gruppierungen anderer politischer Couleur noch hervortreten werden. Die Preisgabe sozialistischer Ziele, die Formulierung eines Programms, das sich an mittelständische Interessen wendet, und die Zusammenarbeit mit Ex-Nazis und Militaristen könnten die Kommunistische Partei leicht von der Basis der Arbeiterklasse entfremden (abgesehen von Leuten, die die Partei unter allen Umständen zu unterstützen bereit sind). Die Sozialdemokratische Partei im Untergrund hat sich hartnäckig geweigert, mit den Kommunisten zusammenzuwirken. Trotz der Rede von »vereinigten Gewerkschaften« bestehen die historischen Differenzen zwischen den beiden Parteien fort. Die Kommunisten nennen die Sozialdemokraten »einseitig«, weil diese sich auf die Interessen der Arbeiter konzentrieren. Das mag darauf hindeuten, daß die Kommunisten das Problem ihrer numerischen Unterlegenheit dadurch zu lösen hoffen, daß sie den Beistand anderer Schichten suchen. Das Verhältnis der Partei zur Arbeiterbewegung kann erst dann zulänglich beurteilt werden, wenn das Programm der Sozialdemokraten feste Formen angenommen hat. Es ist vorstellbar, daß die Kommunisten, sollte es ihnen nicht gelingen, die Mehrheit der Arbeiter in Deutschland hinter sich zu bringen, wieder auf das Konzept des Nationalbolschewismus zurückgreifen, um nationalistische Stimmen für sich zu aktualisieren – ein Hinweis darauf könnte die Vereinigung deutscher Offiziere in Moskau und ihre Beziehung zu den kommunistischen Mitgliedern des Komitee »Freies Deutschland« sein. Sollte auch dies die Partei ihrer Massenbasis in der Arbeiterklasse entfremden, könnte die KPD sich zu einem Bund von Berufspolitkern verpuppen, der sich, um an die Macht zu kommen, politischer Interessen in unterschiedlicher Kombination bedient und dessen Stärke letzten Endes von seiner unterstellten oder tatsächlichen Bindung an die Sowjetunion abhängt.

Es gibt keinen stichhaltigen Grund anzunehmen, daß die Bewegung »Freies Deutschland« die Phase, in der sie den unmittelbaren Zielen der Kommunistischen Partei dient, überdauern wird; und ohne Beteiligung der Kommunisten würde dem Nationalkomitee die Massenbasis fehlen. Es liegt in der Natur der kommunistischen Strategie, die Bewegung

»Freies Deutschland« als Übergangslösung für die Periode der Niederlage und der militärischen Besetzung zu kalkulieren. Welche Politik die Partei danach verfolgen wird, hängt davon ab, welche Rolle kommunistische Parteien in der ganzen Welt in Zukunft spielen werden.

Dokument V.2
Die Sozialdemokratische Partei Deutschlands

I. Einleitung

Unter den politischen Parteien, die nach der Zerschlagung des Naziregimes in Deutschland wieder zugelassen werden, wird die Sozialdemokratische Partei Deutschlands (SPD) höchstwahrscheinlich eine wichtige Rolle spielen. Die SPD, die in den frühen Jahren des Kaiserreichs gegründet worden war, hat eine lange Tradition als stärkste – und vor 1917 einzige – Arbeiterpartei Deutschlands. Alle Informationen deuten darauf hin, daß das Naziregime zwar die Parteiorganisation gesprengt und viele Parteiführer umgebracht oder eingesperrt hat, daß es ihm aber nicht gelungen ist, die Beziehung der alten sozialdemokratischen Mitgliederschaft zu ihrer Partei zu zerstören. Diese Einschätzung bestätigen zahlreiche Bekenntnisse deutscher Kriegsgefangener sowie deutscher Zivilisten im besetzten Deutschland. Es kann insofern davon ausgegangen werden, daß die SPD bereits in einem frühen Stadium der politischen Entwicklung im Nachkriegsdeutschland wiederbelebt werden wird.
Um die künftige Stärke der SPD in der Nachkriegszeit sowie die Probleme abschätzen zu können, mit denen die Alliierten konfrontiert sein werden, sofern die SPD wieder aktiv wird, erscheint es notwendig, die traditionelle sozialdemokratische Organisation und Politik unter verschiedenen wesentlichen Gesichtspunkten zu untersuchen.

II. Ursprung, Zusammensetzung und Stärke der SPD

A. Ursprung

Die Sozialdemokratische Partei Deutschlands war das Ergebnis eines Zusammenschlusses zweier Arbeiterorganisationen: 1. des Allgemeinen Deutschen Arbeiter-Vereins (1863 von Ferdinand Lassalle gegründet), 2. der Sozialdemokratischen Arbeiterpartei (1869 gegründet von Wilhelm Liebknecht und August Bebel). Die beiden Parteien fusionierten 1875 zur Sozialistischen Arbeiterpartei Deutschlands, die sich bald darauf Sozialdemokratische Partei Deutschlands (SPD) nannte.

Diese Ursprünge der Partei begründeten entscheidend den traditionellen Dualismus ihrer Politik. Das lassallesche Konzept der Überwindung von Klassenkonflikten auf dem Wege langsamer, friedlicher Reformen unter Mithilfe des Staates stand in krassem Widerspruch zum marxistischen Konzept einer klassenlosen Gesellschaft, die nach dem revolutionären Umsturz des kapitalistischen Systems errichtet werden sollte. Unter der Monarchie konnten die Anhänger beider Konzeptionen ohne ernsthafte interne Konflikte nebeneinander arbeiten, denn man war sich einig, daß die Einführung einer Demokratie mit freiem, gleichem und allgemeinem Wahlrecht die beste Voraussetzung sei, um die jeweiligen Ziele zu verwirklichen. Doch nachdem 1919 eine solche Demokratie durchgesetzt war, ließen sich die Politik der langsamen Reform und die des revolutionären Klassenkampfes nicht mehr länger miteinander aussöhnen. Da die SPD zur wichtigsten Partei des deutschen Staates wurde, identifizierte sie das Engagement für ihre Interessen mit der Erhaltung eben dieses Staates und der Gesellschaft, die seine Grundlage bildete. Die Partei verfolgte eine Strategie demokratischer Reformen, während die marxistische Debatte in die Sphäre der Theorie verbannt wurde.

B. Zusammensetzung und Stärke

Die SPD ist als Arbeiterpartei gegründet und organisiert worden, und sie ist im Laufe ihrer Geschichte eine solche Partei geblieben. Auf dem Parteitag in Görlitz (1921) – der ersten derartigen Veranstaltung nach dem Sturz der Monarchie und der Errichtung einer parlamentarischen Republik – wurde ein Programm verabschiedet, das offen zum Ziel der Partei erklärte, die Organisation »aller körperlich und geistig Schaffender« zu werden, »die auf den Ertrag eigener Arbeit angewiesen sind«. Trotz der Ausdehnung des Begriffs »Schaffender« auf kleine Handwerker, Kleinunternehmer, Intellektuelle usw., die von den radikaleren Marxisten dem »Kleinbürgertum« zugeschlagen wurden, bildeten die Industriearbeiter weiterhin das wesentliche Kraftreservoir der Partei. Eine Schätzung der Kommunisten aus dem Jahre 1926 ergab, daß 75 bis 80 Prozent der Stimmen, die die SPD bei der Reichstagswahl erhielt, von Proletariern stammten, während das Verhältnis zwischen Arbeitern und »Kleinbürgern« unter den Parteimitgliedern mit 60 zu 40 angegeben wurde.[1] Daß die SPD einen großen Teil ihrer Wählerschaft in urbanen Gebieten hatte, geht aus Statistiken aus dem Jahre 1925 hervor; sie zeigen, daß mehr als ein Drittel aller SPD-Stimmen aus den 63 Reichs-

1 *Die Sozialdemokratischen Parteien,* Hamburg 1926, S. 44–46.

städten mit mehr als 60000 Einwohnern stammten.[2] Es ist der Partei niemals gelungen, sich unter der Landbevölkerung eine feste Gefolgschaft zu erwerben, obwohl sie in den vorwiegend agrarischen Wahlbezirken Mecklenburg und Schleswig-Holstein beachtliche Wahlerfolge erzielte.

Während der letzten sechs Jahre der Weimarer Republik scheint sich an dieser Wählerstruktur wenig geändert zu haben.

Die numerische Stärke der SPD in der arbeitenden Bevölkerung Deutschlands läßt sich an den folgenden Zahlen ablesen:

Zahl der Lohnempfänger in Deutschland[3]		*(in Tausend)*
	1925	*1933*
Lohnempfänger plus Abhängige	*28390*	*29326*
Lohnempfänger	*16035*	*16168*
Wählerstimmen für die beiden großen Arbeiterparteien		(in Tausend)
	Dez. 1924	März 1933
Sozialdemokraten	7881	7182
Kommunisten	2709	4848
Anzahl der Parteimitglieder		(in Tausend)
	1925	1931
Sozialdemokraten[4]	845	1000
Kommunisten[5]	180 (1924)	200

Es fällt auf, daß von den rund 16 Millionen Lohnempfängern jener Jahre nur 1 bis 1,2 Millionen in den beiden führenden Arbeiterparteien organisiert waren. Die wirkliche Stärke der SPD resultierte jedoch zweifelsfrei aus ihrer engen Verbindung mit den Gewerkschaften. Der Allgemeine Deutsche Gewerkschaftsbund, die sozialdemokratische Spitzenorganisation der Gewerkschaften, wies folgende Entwicklung der Mitgliederzahlen auf[6]:

1914 2076000 Mitglieder
1919 5479000 Mitglieder
1924 4618000 Mitglieder
1928 4653000 Mitglieder

Diese Zahlen lassen sich natürlich nicht unmittelbar mit den Mitgliederzahlen der SPD gleichsetzen, obwohl mehr als 50% der Parteimitglieder auch gewerkschaftlich organisiert waren. In den oberen Schichten der Partei- und Gewerkschaftsbürokratie kam es allerdings vielfach zu Personalunionen, und die SPD arbeitete in allen bedeutsamen politischen und wirtschaftlichen Angelegenheiten eng mit den freien Gewerkschaften zusammen.

Zwischen 1912 und 1930 war die SPD die stärkste Einzelpartei im Reichstag und in den Länderparlamenten. Die Partei stellte von 1919 bis 1920 und von 1928 bis 1930 den Reichskanzler; von 1918 bis 1923 und von 1928 bis 1930 war

2 Ibid., S. 45–46.

3 Statistischer Anhang zum Senate Committee Report, *The Fate of Small Business in Nazi Germany,* Washington 1943, S. 124–125.

4 *Jahrbuch der Deutschen Sozialdemokratie 1928,* S. 140, und *1931, S. 109.*

5 R&A 1550, *The German Communist Party,* S. 7.

6 *Internationales Handwörterbuch des Gewerkschaftswesens,* 1930, S. 26–27.

sie an der Regierung der Weimarer Republik beteiligt. Mit anderen Worten, sie war während der republikanischen Phase in zehn der einundzwanzig Kabinette repräsentiert.

C. Regionale Stärke

Regional war die SPD in folgenden Gebieten am stärksten: Magdeburg, Südhannover-Braunschweig, Mecklenburg, Hamburg, Liegnitz und Schleswig-Holstein. In diesen Gebieten errang die Partei 1929 zwischen 31 und 37 Prozent aller abgegebenen Stimmen. In folgenden großen Städten erzielte die SPD ihre besten Ergebnisse: Magdeburg, Hannover, Altona, Dresden, Leipzig, Chemnitz, Nürnberg, Kassel und Bielefeld.[7] Insbesondere in den Bezirks- und Gemeindeverwaltungen war der Einfluß der Sozialdemokraten beträchtlich. Im Jahre 1929, einem der besten Jahre ihrer Geschichte, stellte die Partei folgende Regierungsbeamten[8]:

4278 Kreistagsabgeordnete,
419 Abgeordnete in der Provinzialverwaltung,
353 besoldete Stadträte,
947 Oberbürgermeister und Bürgermeister,
9057 Stadtverordnete,
1109 Gemeindevorsteher.

D. Einfluß und Aktivitätsbereiche

Wie die meisten deutschen Parteien versuchte auch die SPD, Einfluß und Aktivitäten über das bloße Feld der Politik hinaus auf fast alle Lebensbereiche auszudehnen. Der Partei angegliedert waren[9]: eine Jugendorganisation (Sozialistische Arbeiterjugend; Mitgliederzahl 1929: 55800); zahlreiche Sportverbände (Gesamtmitgliedschaft 1929: 1284737); Bildungsinstitutionen (Arbeiterhochschule, Kulturbund usw.); Konsumverbände. Ferner kontrollierte die Partei eine beträchtliche Anzahl von Zeitungen, Zeitschriften und Verlagen; außerdem hatte sie über ihre Verbindungen zu den Gewerkschaften Einfluß auf einen Wohnungsbau-Konzern (Dewag AG), auf Versicherungsgesellschaften und auf die Bank der Arbeiter, Angestellten und Beamten AG (Aktienkapital 1929: 12 Millionen RM).

7 *Jahrbuch der deutschen Sozialdemokratie,* 1929, S. 364.
8 Ibid.
9 Ibid., S. 166ff., 492ff.

E. Abspaltungen von der SPD

Von 1875 bis zum Ersten Weltkrieg war die SPD die einzige deutsche Arbeiterpartei, und es war ihr gelungen, ihre Einheit zu bewahren. Während des Ersten Weltkrieges ergaben zwei Grundsatzdiskussionen über die Frage, ob und in welchem Maße die Partei den Krieg unterstützen sollte, erste Anzeichen für eine Spaltung der deutschen Arbeiterbewegung in einen konservativ-demokratischen und in einen revolutionären Flügel. 1915 gründeten Karl Liebknecht, Rosa Luxemburg und Leo Jogiches den Spartakusbund, den Vorläufer der Kommunistischen Partei Deutschlands (gegründet im Januar 1919). Im März 1916 weigerte sich eine zweite Gruppe innerhalb der SPD, die Unterstützung des Krieges durch die Partei weiterhin zu sanktionieren; sie spaltete sich von der Mehrheit der SPD-Abgeordneten im Reichstag ab und bildete, im Rahmen der Partei, die Sozialdemokratische Arbeitsgemeinschaft; 1917 trennte sich diese Gruppe endgültig von der Partei, und aus ihr entstand die Unabhängige Sozialdemokratische Partei (USPD). Die Unabhängigen errangen 1919 in der Nationalversammlung 22 und 1920 im Reichstag 84 Sitze (im Verhältnis zu 165 bzw. 102 Sitzen für die Sozialdemokraten bei den beiden Wahlen)[10]. Trotz ihrer anfänglichen Stärke gelang es den Unabhängigen jedoch nicht, einen Mittelkurs zwischen der konservativ-demokratischen Politik der SPD und der revolutionären Politik der Kommunisten zu steuern. Die Unabhängigen waren sich lediglich in ihrer Opposition zur Kriegspolitik der SPD einig; als dieser einigende Faktor fortfiel, ließ sich die Kombination von reformistischen und revolutionären Elementen nicht mehr lange retten. Bereits 1920 teilten sich die Unabhängigen, die Mehrzahl von ihnen schloß sich der Kommunistischen Partei an, die verbleibende Minderheit kehrte 1922 in die SPD zurück und wurde zum Kern der Linken in der SPD, die die Politik der Partei auf Kongressen, bei Versammlungen und in der Presse kritisierte, ohne jedoch gegen die Parteibürokratie politisch aktiv zu werden. Die Opposition plädierte für eine strikt marxistische Politik, für ein militantes Verhalten gegenüber der Rechten und für die Kooperation mit den Kommunisten. Ihren Hauptrückhalt hatte die Opposition in Sachsen, Schlesien (Breslau) und Thüringen. 1931 trennten sich ihre Führer von der SPD und gründeten die Sozialistische Arbeiterpartei, die jedoch nie stark genug wurde, um einen Wandel in der sozialdemokratischen Politik herbeizuführen oder sie auch nur zu beeinflussen. Die Kommunistische Partei blieb die einzig wirkliche Konkurrenz der SPD in der deutschen Arbei-

10 Die Zahlen sind nicht ganz korrekt – die SPD hatte in der Nationalversammlung nur 163 Sitze, und die USPD brachte es im ersten Reichstag auf 88 Mandate. (*A. d. Ü.*)

terbewegung, und die bittere Rivalität zwischen den beiden Parteien zog sich ohne Unterbrechung durch die gesamte Periode der Weimarer Republik.

III. Die Politik der SPD

A. Systempolitik

Die SPD hatte sich in ihrem Programm zur Abschaffung des kapitalistischen Systems, zur »Verwandlung der Arbeitsmittel in Gemeingut der Gesellschaft«, d. h. zur Errichtung der »sozialistischen Gesellschaft« bekannt.[11] Doch sie erachtete die demokratische Regierungsform als Voraussetzung für die Durchsetzung ihrer wirtschaftlichen und politischen Ziele. Die Partei hat gegen eine überwältigende Opposition, die zunächst innerhalb der Partei selbst hervortrat, an diesem Konzept festgehalten. Seit 1917 hat die SPD ihre Prinzipien gegen die neueren, radikaleren Arbeiterparteien durchgesetzt, die eine rasche Einführung des Sowjet-Systems in Deutschland befürworteten. Die Parteiprogramme [12] sind in diesem Punkt ziemlich klar und eindeutig:

»Die soziale Frage ist [...] untrennbar von der politischen, ihre Lösung durch diese bedingt und nur möglich im demokratischen Staat.« (Eisenach 1869)
»Die Sozialistische Arbeiterpartei Deutschlands fordert als Grundlagen des Staates: 1. Allgemeines, gleiches, direktes Wahl- und Stimmrecht mit geheimer und obligatorischer Stimmabgabe aller Staatsangehörigen.« (Gotha 1875)[13]
»Sie [die Sozialdemokratische Partei] betrachtet die demokratische Republik als die durch die geschichtliche Entwicklung unwiderruflich gegebene Staatsform, jeden Angriff auf sie als ein Attentat auf die Lebensrechte des Volkes.« (Görlitz 1921)
»Die demokratische Republik ist der günstigste Boden für den Befreiungskampf der Arbeiterklasse und damit für die Verwirklichung des Sozialismus. Deshalb schützt die Sozialdemokratische Partei die Republik und tritt für ihren Ausbau ein.« (Heidelberg 1925)

Mit Gründung der Weimarer Republik geriet das Bekenntnis zur demokratischen Regierungsform in Konflikt mit dem Bekenntnis zum Ziel des Sozialismus. In der Weimarer Demokratie repräsentierten die Arbeiterparteien (SPD, Unabhängige und Kommunisten) weder in der Bevölkerung noch im Parlament eine Mehrheit. Unter diesen Umständen verblie-

11 Felix Salomon (Hrsg.), *Die deutschen Parteiprogramme,* Leipzig 1931–1932, Bd. 2, S. 41.
12 Ibid., passim.
13 Im *Erfurter Programm* von 1891 wird dieser Satz wörtlich wiederholt.

ben der SPD nur zwei Möglichkeiten politischen Handelns: Sie konnte entweder an der Seite der radikalen Linken (Unabhängige und Kommunisten) einen revolutionären Klassenkampf für den Sozialismus und gegen die »bürgerlichen« Parteien führen, oder sie konnte im Rahmen eines kapitalistisch-demokratischen Staates mit eben diesen bürgerlichen Parteien zusammenarbeiten. Zu Beginn der Weimarer Zeit entschied sich die SPD für die letztere Lösung: Sie stellte das Bekenntnis zur demokratischen Regierungsform vor die Durchsetzung ihres sozialistischen Konzepts mit revolutionären Mitteln. Am 9. November 1918, dem Tag der Revolution in Berlin, kehrte sich die Parteiführung der SPD gegen die Forderung der Unabhängigen Sozialisten, daß »die gesamte exekutive, legislative und jurisdiktionelle Macht ausschließlich in den Händen von gewählten Vertrauensmännern der gesamten werktätigen Bevölkerung und der Soldaten« liegen solle. Die SPD wandte sich gegen diese Forderung, weil sie in ihren Augen »die Diktatur eines Teils einer Klasse« bedeutet hätte, »hinter dem nicht die Volksmehrheit steht«. Daraus folgte, so erklärte der Parteivorstand, daß diese Forderung »unseren demokratischen Grundsätzen widerspricht«.[14]

Die SPD ging sofort Bündnisse mit der Armee und den Führern der Industrie ein, die sich gegen die revolutionären Aktivitäten der Linken richteten. Am 10. November 1918 unterzeichnete der Vorsitzende der Sozialdemokraten, Friedrich Ebert, ein Abkommen mit Hindenburg, in dem er der Armee in ihrem »Kampf gegen den Bolschewismus« die Unterstützung der SPD zusagte. Fünf Tage später schlossen die sozialdemokratischen Gewerkschaftsführer mit den Leitungsgremien der Industrie ein Abkommen zur friedlichen Zusammenarbeit.[15] So wurde der Grundstein zur demokratischen Kooperation mit den »bürgerlichen Parteien« gelegt, um eine Regierung mit einer arbeitsfähigen parlamentarischen Mehrheit zu garantieren. Die Folge war, daß sich die SPD im Reich an Koalitionsregierungen mit der Deutschen Demokratischen Partei, dem Zentrum, der Bayrischen Volkspartei und der Deutschen Volkspartei beteiligte; und sie tolerierte die rein »bürgerliche« Regierung unter Brüning. Die SPD legte ihre grundsätzliche Politik hinsichtlich der Beteiligung an Koalitionsregierungen in einer Resolution fest, die auf dem Parteitag in Kiel (1927) verabschiedet wurde und in der es hieß: »die Beteiligung der Sozialdemokratie an der Reichsregierung hängt allein von der Prüfung der Frage ab, ob die Stärke der Sozialdemokratie [...] die Gewähr gibt, durch Teilnahme an der Regierung in einer gegebenen Situation bestimmte, im

14 Salomon, Bd. 3, S. 1.
15 Siehe unten.

Interesse der Arbeiterbewegung gelegene Ziele zu erreichen oder reaktionäre Gefahren abzuwenden.«[16]

Die SPD war also Bestandteil einer Regierung und eines Staates geworden, die von einem Bündnis zwischen den Sozialdemokraten auf der einen Seite und den politischen Vertretern der Armee, der Führung der Industrie, dem katholischen Zentrum und der liberalen Mittelschicht auf der anderen Seite getragen wurden. Für die SPD bedeutete dieses Bündnis die Lossagung von revolutionärer sozialistischer Taktik und die Unterstützung der Arbeiterbewegung in den Grenzen der Gesetzgebung und des Parlamentarismus. Diese Politik mündete in einen heftigen Konflikt zwischen Sozialdemokraten und Kommunisten. In einem Manifest vom 18. Dezember 1918 hatte der kommunistische Spartakusbund erklärt[17]:

»Es ist ein toller Wahn zu glauben, die Kapitalisten würden sich gutwillig dem sozialistischen Verdikt eines Parlaments, einer Nationalversammlung fügen, sie würden ruhig auf den Besitz, den Profit, das Vorrecht der Ausbeutung verzichten. [...] Der Kampf um den Sozialismus ist der gewaltigste Bürgerkrieg, den die Weltgeschichte gesehen, und die proletarische Revolution muß sich für diesen Bürgerkrieg das nötige Rüstzeug bereiten, sie muß lernen, es zu gebrauchen.«

Entsprechend forderte das Manifest die »Beseitigung aller Parlamente und Gemeinderäte und Übernahme ihrer Funktionen durch A.- und S.-Räte [Arbeiter- und Soldaten-Räte; *d. Ü.*] sowie deren Ausschüsse und Organe.«

Dieses kommunistische Programm, das unter dem Eindruck der bolschewistischen Revolution entworfen und besonders scharf formuliert worden war, stand in unüberbrückbarem Gegensatz zum sozialdemokratischen Konzept eines parlamentarisch-demokratischen Weges in den Sozialismus. Von diesem Augenblick an mußte die SPD die Weimarer Republik nicht nur gegen die Monarchisten und andere Gegner auf der Rechten, sondern auch gegen einen beträchtlichen Teil der Arbeiterbewegung selbst verteidigen. Beispiele, die diese Auseinandersetzung illustrieren, gab es bald zur zur Genüge. Im Kampf gegen die linke Opposition stützte sich die SPD entscheidend auf die Reichswehr. Im Januar 1919 mobilisierte Gustav Noske, der sozialdemokratische »Volksbeauftragte« für Heer und Marine, die Freikorps unter Oberst Wilhelm Reinhard, um den von Kommunisten geführten Aufstand in Berlin niederzuschlagen. Deren Führer, Karl Liebknecht und Rosa Luxemburg, »wurden auf dem

16 *Protokoll über die Verhandlungen des Parteitags der Sozialdemokratischen Partei Deutschlands,* Berlin 1927, S. 178.
17 Salomon, Bd. 3, S. 5f.

Weg ins Gefängnis ermordet«.[18] Im April/Mai 1919 ersuchte Johannes Hoffmann, der sozialdemokratische Ministerpräsident von Bayern, um die Entsendung von Truppen aus anderen Teilen des Reiches, um die Regierung der Arbeiter- und Soldaten-Räte in Bayern abzusetzen. Der Bitte wurde stattgegeben, die »Volksrepublik« wurde liquidiert. Auch in Sachsen, Thüringen, Bremen, Braunschweig und Hamburg wurden Truppen eingesetzt, um linke Regierungen zu stürzen.

Da sich die SPD eher als Teil des bestehenden Staates denn als Opposition gegen diesen Staat begriff, war sie auch bereit, sich einer der wirkungsvollsten Waffen der oppositionellen Arbeiterbewegung zu begeben, nämlich des politischen Streiks. Nur in einem einzigen Fall hieß die Partei das Mittel des Generalstreiks gut: 1920 gegen den monarchistischen Kapp-Putsch, und dieser Streik wurde sogar von der Regierung selbst unterstützt. Unter dem Einfluß der Gewerkschaftsbürokratie verwandelte sich der Streik mehr und mehr in ein Instrument zur Erreichung begrenzter wirtschaftlicher Ziele. Die Gewerkschaften sahen im politischen Streik eine Bedrohung ihrer Position und ihrer rechtmäßigen Interessen im herrschenden Staat, und die Partei schloß sich letztlich dieser Auffassung an.[19] Die Gewerkschaftszeitung *Die Arbeit,* herausgegeben von Theodor Leipart, dem Präsidenten des Allgemeinen Deutschen Gewerkschaftsbundes, verkündete 1925, daß die SPD nur dann eine Regierungspartei werden könne, wenn »die Gewerkschaften in der Zukunft von revolutionären Methoden Abstand nehmen und ihre Aktivitäten auf den ökonomischen Bereich beschränken. Nur unter diesen Bedingungen wird die bürgerliche Klasse ihnen das Vertrauen entgegenbringen, das notwendig ist, damit jemals wieder eine Regierung der Arbeiterschaft an die Macht kommen kann«. Die Gewerkschaften müssen, so fuhr die Zeitung fort, »die Konsequenz aus der Tatsache ziehen, daß sie zu Organen einer regierungsfähigen Partei geworden sind«. Und tatsächlich sank die Zahl der – politischen sowie wirtschaftlichen – Streiks von 3682 im Jahre 1919 auf 433 im Jahre 1931 und 634 im Jahre 1932.[20]

In den vierzehn Jahren Weimarer Republik hatte sich die SPD so uneingeschränkt zu den Regeln der Gesetzestreue und zum Kampf gegen die Radikalisierung der Arbeiterbewegung bekannt, daß sie sogar angesichts der nationalsozialistischen Gegenrevolution nicht wieder zu den traditionellen Mitteln der Revolution als Waffe gegen die offene Gewalt von rechts griff. Als 1932 Franz von Papen in Preußen die rechtmäßig gewählte Regierung Otto Braun aus dem Amt jagte, rief die SPD lediglich

18 Friedrich Stampfer, *Die vierzehn Jahre der ersten duetschen Republik,* Karlsbad 1936, S. 87.
19 *Handwörterbuch des Gewerkschaftswesens,* a. a. O., S. 1608.
20 Vollständige Tabelle in *Civil Affairs Handbook: Germany,* M 356–9, S. 22.

das Verfassungsgericht an. Im Januar 1933, wenige Wochen vor der Machtergreifung Hitlers, schrieb Hilferding[21], daß der Faschismus bereits im Niedergang begriffen sei und daß unter den gegebenen Umständen die Sozialdemokraten zur »Entscheidungsschlacht gegen die Kommunisten« antreten müßten. Diese Prognose veranlaßte ihn dazu, die Bildung einer Einheitsfront mit der Kommunistischen Partei abzulehnen. Es wurde auch nicht versucht, den Generalstreik auszurufen, um gegen die Machtergreifung des Hitler-Regimes Front zu machen, obwohl die SPD-Abgeordneten bei der Reichstagssitzung vom 16. März 1933 geschlossen gegen das Ermächtigungsgesetz stimmten.

B. Wirtschaftspolitik

Die Konzeption der Sozialdemokratischen Partei als »Teil des Staates« bestimmte auch die Wirtschaftspolitik der SPD und führte zu einer Neudefinition der sozialistischen Zielsetzungen. Von Anfang an hatte die Partei den Übergang vom Kapitalismus zum Sozialismus als einen Prozeß begriffen, der unter Leitung des Staates verlaufen müsse. Gemäß diesem Konzept sollte der Übergang eher auf dem Wege der Rechtsausübung durch die Regierung als mittels einer revolutionären Aktion zustande kommen. In den Formulierungen des *Gothaer Programms* wird das Erbe Lassalles deutlich:

»Die Sozialistische Arbeiterpartei Deutschlands fordert, um die Lösung der sozialen Frage anzubahnen, die Errichtung von sozialistischen Produktionsgenossenschaften mit Staatshilfe unter der demokratischen Kontrolle des arbeitenden Volkes.«[22]

In der Weimarer Republik fand in der Wirtschaftspolitik der SPD das legalistisch-parlamentarische Konzept der allmählichen Reform Anwendung auf dem Gebiet der Wirtschaft. Das Konzept wurde als »Wirtschaftsdemokratie« bezeichnet, und es bedeutete in der Praxis, daß die marxistische Doktrin der revolutionären Vernichtung des bestehenden Wirtschaftssystems durch gesetzgebende Maßnahmen zur Verbesserung des bestehenden Wirtschaftssystems ersetzt werden sollte. Nach Ansicht der Sozialdemokraten würde die »Wirtschaftsdemokratie« in dem Augenblick entstehen, da der staatlich kontrollierte Bereich der Wirtschaft den privat kontrollierten Bereich überflügelt. Die Arbeiterschaft, vertreten durch die freien Gewerkschaften, würde in diesem Prozeß, so glaubte man, zunehmend mehr Einfluß gewinnen. Im Rahmen dieses Konzepts trat die SPD für die »Kontrolle des Reichs über den kapitalistischen Be-

21 *Die Gesellschaft,* Januar 1933, S. 4, 7.
22 Salomon, Bd. 2, S. 26. *A. d. Ü.).*

sitz an Produktionsmitteln«[23] ein, während sie alle radikalen Sozialisierungs-Methoden »von unten« und jede revolutionäre Aktion der Arbeiter selbst in den Fabriken und Werkstätten entschieden ablehnte.
Die Partei hielt an dieser Politik fest, die Verfolgung ihrer Ziele nur auf dem Weg über die ordentliche Gesetzgebung zu betreiben. Schon im März 1919, als der Wunsch nach sofortiger Sozialisierung in der Öffentlichkeit laut formuliert wurde, erklärte der sozialdemokratische Wirtschaftsminister Rudolf Wissell in der Nationalversammlung, daß es »die Reichsregierung [...], um die drohende Anarchie abzuwenden, einmütig für ihre Pflicht hält, den sozialistischen Bestrebungen auf dem Wege der Gesetzgebung ein rechtmäßiges Betätigungsfeld einzuräumen«. Otto Hue, Führer der Bergarbeiter-Gewerkschaft, bekräftigte dieses Argument mit dem Hinweis, daß »wilde Sozialisierungen in einzelnen Fabriken das Gegenteil von Demokratie« seien.[24]
Die gesetzlichen Maßnahmen, die die sozialdemokratische Regierung vorschlug, hatten in der Tat wenig mit Sozialismus zu tun. Das Sozialisierungsgesetz, das 1919 von der Regierung Scheidemann vorgelegt wurde, verfügte in Übereinstimmung mit den oben erwähnten Prinzipien, daß das Reich berechtigt sei, bestimmte Unternehmen, die sich zur Sozialisierung eignen, in die Gemeinwirtschaft einzubringen, doch war die vorgeschlagene Gesetzgebung auf die Neuordnung der Kohleindustrie durch die Regierung beschränkt.[25] Scheidemann betonte, daß es sich bei diesen Maßnahmen nicht um Verstaatlichung handele, da die Regierung versuche, »die nachteiligen Auswirkungen einer Bürokratisierung«[26] zu vermeiden. Die abschreckende Wirkung derartiger Vorhaben wurde durch die Einsetzung eines parlamentarischen »Sozialisierungsausschusses« gedämpft, der die Aufgabe hatte, die Möglichkeiten zur Verstaatlichung bestimmter Wirtschaftszweige zu prüfen; der Ausschuß trat im Dezember 1918 zusammen, löste sich jedoch im April 1919 selbst auf, ohne irgendwelche Ergebnisse erzielt zu haben.[27]
Die Identifikation der Partei mit den vorherrschenden wirtschaftlichen Entwicklungen ging so weit, daß die Theoretiker der SPD sogar das Wachstum der großen monopolistischen Konzerne als positiven Faktor zur Stärkung der »Wirtschaftsdemokratie« deklarierten. Ihrer Meinung nach würden »innerhalb der Unternehmungsorganisationen Entscheidungen über das wirtschaftliche Wohl und Wehe gefällt [...], die nicht mehr in der Sphäre des Privaten bleiben können, sondern zur Gemein-

23 *Görlitzer Programm* (1921), in: Salomon, Bd. 3.
24 *Deutscher Geschichtskalender: Die deutsche Revolution,* Jg. 35, (1919), Bd. 10, Erg. Bd. 2.1, S. 22.
25 Ibid., S. 9f.
26 Ibid., S. 23.
27 Ibid., S. 146.

schaftssache werden müssen«.[28] Rudolf Hilferding zog auf dem Parteitag in Kiel (1927) die logischen Schlußfolgerungen aus dieser Konzeption. Er interpretierte einen »organisierten Kapitalismus« als Sozialismus:

»Organisierter Kapitalismus bedeutet also in Wirklichkeit den prinzipiellen Ersatz des kapitalistischen Prinzips der freien Konkurrenz durch das sozialistische Prinzip planmäßiger Produktion.«[29]

Wenn dieser Fall eintrete, so erklärte er, bestehe der Unterschied nicht mehr zwischen Kapitalismus und Sozialismus, sondern er stelle sich vielmehr folgendermaßen dar: »auf der einen Seite die kapitalistische Organisation der Wirtschaft, auf der anderen Seite die Staatsorganisation«, und die Aufgabe läge darin, »diese von den Kapitalisten organisierte und geleitete Wirtschaft in eine durch den demokratischen Staat geleitete Wirtschaft umzuwandeln«.

Ferner gebot diese Politik der Wirtschaftsdemokratie, daß sich die SPD für eine ausgeprägte Sozialgesetzgebung innerhalb des kapitalistischen Systems einsetzte. Auf diesem Gebiet hatten die SPD und die Gewerkschaften ihre größten Erfolge zu verzeichnen: Sie unterstützten ein stabiles Reglement für kollektive Lohnverhandlungen, sie setzten durch, daß in den Fabriken eine Arbeitervertretung akzeptiert wurde, und sie führten ein umfassendes Sozialhilfe- und Sozialversicherungssystem ein. Fast ebenso bedeutend waren jene Verbesserungen, die die SPD mittels ihrer zahlreichen Schlüsselpositionen in den Gemeinde- und Bezirksverwaltungen erwirken konnte. Doch alle diese Erfolge machten die Partei blind für die Gefahren, die die wirtschaftlichen Fundamente der Weimarer Republik bedrohten.

Die schnell fortschreitende Konzentration und Rationalisierung in der deutschen Industrie vor Augen, hielt die SPD an ihrem Glauben fest, daß sich der »organisierte Kapitalismus« allmählich in eine sozialistische Wirtschaftsstruktur würde umwandeln lassen. Selbst in den Krisenjahren 1929 bis 1932, als die Zahl der Arbeitslosen von 1260000 auf 7603000 stieg, entwickelte die SPD keine eigene Wirtschaftspolitik, sondern unterstützte bzw. tolerierte die Subventions- und Deflationsmaßnahmen der Regierung Brüning, die wachsende Steuerbelastungen für die mittleren und unteren Einkommensgruppen, sinkende Löhne und beträchtliche Ausgabenrückgänge im sozialen Bereich nach sich zogen.

Da sich die Politik der SPD auf die Sozial- und Wirtschaftsgesetzgebung im Rahmen des demokratisch-kapitalistischen Staates konzentrierte, wuchs der Interesseneinfluß der Gewerkschaften auf die Partei. Die Ge-

28 *Protokoll der Verhandlungen des 13. Kongresses der Gewerkschaften Deutschlands, abgehalten in Hamburg 1928 vom 3. bis 7. September,* Berlin 1928, S. 177ff.
29 *Protokoll des Kieler Parteitages 1927,* a. a. O., S. 168ff.

werkschaften gaben der Partei nicht nur ihre Wirtschaftspolitik vor, sondern sie übernahmen auch die Führung auf dem Weg zur wirtschaftlichen Zusammenarbeit der Klassen. Die Marschrichtung für die wirtschaftliche Zusammenarbeit zwischen sozialdemokratischen Gewerkschaften und Unternehmen wurde durch die Gründung der »Zentralarbeitsgemeinschaft der industriellen und gewerblichen Arbeitgeber Deutschlands« am 15. November 1918 festgelegt. Besonders aktiv in dieser Organisation waren auf seiten der Unternehmer die industriellen Hugo Stinnes, von Siemens und Borsig, und auf seiten der Arbeiter die Gewerkschaftsführer Karl Legien und Siegfried Aufhäuser. Es wurde damals ein Abkommen geschlossen, in dem die Absicht formuliert war, daß Lohn- und Arbeitsbedingungen durch gemeinsame Übereinkünfte zwischen Arbeitgeber- und Arbeitnehmerorganisationen geregelt werden sollten, daß Arbeiterkomitees gemeinsam mit dem Unternehmer darüber wachen sollten, daß die Vereinbarungen in den Fabriken auch Anwendung fänden, und daß die Arbeitgeber den Zustand einer nichtorganisierten Arbeiterschaft nicht länger fördern und nur die freien, christlichen und demokratischen Gewerkschaften anerkennen sollten.[30] Die Anerkennung der Gewerkschaften sowie die wichtigsten Übereinkünfte dieses privaten Abkommens wurden später in der Weimarer Verfassung (Artikel 159 und 165) verankert. Die Gewerkschaften bekannten sich (vielleicht sogar in ernster Absicht) zu einer Politik der friedlichen Zusammenarbeit mit den kapitalistischen Parteien und Organisationen. Der Gewerkschaftskongress von 1927 übernahm die Doktrin der »Wirtschaftsdemokratie«.

Das Prinzip der Neutralität gegenüber den verschiedenen politischen Parteien, das auf den Gewerkschaftskongressen von 1910 und 1922 beschlossen worden war, trug zu einer weiteren Intensivierung dieser Politik bei. Sie gipfelte in der Deklaration vom 9. April 1933, in der Theodor Leipart und Peter Grassmann, die Vorsitzenden der Freien Gewerkschaften, ihre Verbindungen zur Sozialdemokratischen Partei für abgebrochen erklärten und ihre Absicht bekundeten, mit dem Hitler-Regime zusammenzuarbeiten, vorausgesetzt, die Gewerkschaftsorganisation bliebe unangetastet.[31] Das Angebot wurde abgelehnt, und am 2. Mai 1933 wurden die Gewerkschaften aufgelöst.

30 *Handwörterbuch des Gewerkschaftswesens,* a. a. O., S. 2088ff.

31 Frederick Schumann, *The Nazi Dictatorship,* New York 1939, S. 232; Franz L. Neumann, Behemoth (1942), Frankfurt/M., S. 478ff.; Text in Willy Müller, *Das soziale Leben im neuen Deutschland,* Berlin 1938, S. 39.

C. Außenpolitik: Stellung zu den Fragen des Krieges und der Wiederbewaffnung

Die SPD hat immer wieder ihre Verbindungen zur Arbeiterbewegung in anderen Ländern betont. Da die Befreiung der Arbeiterklasse als internationales gesellschaftliches Projekt erschien, war die SPD aktives Mitglied der Sozialistischen Arbeiter-Internationale. In der Zweiten Internationale, deren wichtigste Theoretiker deutsche Sozialdemokraten waren, spielte die SPD eine führende Rolle.

Gemäß den Prinzipien des internationalen Sozialismus verabschiedete die Internationale bei ihrem Kongreß in Stuttgart (1907) eine Resolution, in der die Glieder der Organisation dazu verpflichtet wurden, alles zu tun, was in ihrer Macht stand, um einen Krieg zu verhindern. Würde jedoch der Krieg ausbrechen, so sollten die sozialistischen Parteien den Anlaß nutzen, um das kapitalistische System abzuschaffen. Die Resolution kam niemals zu einer wirksamen Anwendung, weil der Internationalismus mit stark positiven nationalen Interessen-Konnotationen gepaart war, die häufig die Oberhand behielten. Das zeigte sich besonders deutlich in Deutschland, wo die SPD die nationale Einheit und den sozialen und politischen Fortschritt im nationalen Rahmen als Grundbedingung der zukünftigen Entwicklung der Arbeiterbewegung betrachtete. Diese Konzeption bestimmte die Parteipolitik auch in der »Kriegsfrage«; die Partei stand insofern hinter den nationalen Kriegsanstrengungen, als es sich um einen »defensiven« Krieg handelte, der sich gegen Feinde richtete, die »reaktionärer« waren als der deutsche Staat.

Die Definition eines »Defensiv-Krieges« ließ natürlich Raum zur Interpretation. Sogar vor 1914 unterstützte ein kräftiger Flügel der SPD unter der Führung von August Bebel die militärischen Anstrengungen des Kaiserreiches. Im August 1914 stimmte die Partei im Reichstag für den Kriegshaushalt, obwohl sich vierzehn ihrer Abgeordneten in der Fraktionssitzung dagegen ausgesprochen hatten. Ab diesem Zeitpunkt begann jedoch innerhalb der SPD die Opposition gegen die Kriegspolitik der Partei zu wachsen; dies führte 1916/1917 zur Abspaltung der Unabhängigen und der Spartakisten. 1917 billigte die SPD im Parlament eine Resolution, die einen Frieden ohne Annektionen und Kontributionen forderte. Später, bei den Debatten, die der Akzeptierung von Wilsons »Vierzehn Punkten« und der Abdankung des Kaisers vorangingen, trieb die Partei ein Doppelspiel.[32] Zwei Parteimitglieder, Scheidemann und Gustav Bauer, traten Anfang Oktober 1918 in die kaiserliche Regierung ein, und Scheidemann und Ebert versuchten alles, die Monarchie solange

32 Harry R. Rudin, *Armistice 1918,* New Haven 1944, S. 264.

wie möglich am Leben zu erhalten.[33] Gleichzeitig artikulierte die Partei selbst ein in der Bevölkerung weit verbreitetes Verlangen nach Absetzung des Kaisers.

Nichtsdestoweniger wurde die SPD durch ihre legalistische Tradition daran gehindert, die Führung der Revolution in Deutschland zu übernehmen; am 19. November 1918 machte beispielsweise Ebert Scheidemann heftige Vorwürfe, weil er die Republik ausgerufen hatte: »Du hast kein Recht, die Republik auszurufen! Was aus Deutschland wird, ob Republik oder was sonst, das entscheidet eine Konstituante!«[34] Am folgenden Tag wurde das Abkommen zwischen Ebert und Hindenburg zur Aufrechterhaltung von Recht und Ordnung und zum gemeinsamen Kampf gegen den Bolschewismus unterzeichnet.[35] Dieses Abkommen bildete das Fundament für die Verbindung zwischen SPD und Reichswehr. Die SPD trat für den Aufbau einer republikanischen Reichswehr ein, und zwar aus den folgenden Gründen[36]: a) Nur mit einer gut ausgerüsteten Militärstreitmacht konnten Recht und Ordnung aufrechterhalten und der Kampf gegen den Bolschewismus geführt werden; b) für die Bemühungen der SPD um die Stärkung der nationalen Einheit und Unabhängigkeit Deutschlands und für ihren Widerstand gegen eine unilaterale Abrüstung war eine Armee vonnöten. Aus demselben Grunde setzten, mit Zustimmung der Partei, die SPD-Minister im Kabinett Marx (1928) die Bewilligung der Mittel für den Schlachtkreuzer »A« durch – eine Bewilligung, gegen die sich die SPD im vorangegangenen Wahlkampf entschieden gewandt hatte.[37] Als es dann 1931 um die Finanzierung eines zweiten Kreuzers ging, enthielt sich die überwiegende Mehrheit der SPD im Reichstag lediglich der Stimme.[38]

Die SPD hatte unter Protest dem Versailler Vertrag zugestimmt und die Bildung des Völkerbundes sowie das Prinzip eines internationalen Gerichtshofes gebilligt. In der Zeit der Weimarer Republik unterstützte die SPD ein Konzept (das vor allem durch die Außenpolitik Gustav Stresemanns hervorragend repräsentiert wurde) , demzufolge Deutschland als »Mittler zwischen Westeuropa und Rußland«[39] fungieren sollte. Und sie förderte intensiv gute Beziehungen sowohl zu Sowjetrußland als auch zu den Westmächten. Gleichzeitig jedoch blieb die Partei bei ihrer Ablehnung des sowjetischen Systems, einer Einstellung, die zur Abspaltung der

33 Philipp Scheidemann, *Memoiren eines Sozialdemokraten,* Dresden 1928, S. 313ff.; Rudin, a. a. O., S. 359.
34 Scheidemann, a. a. O., S. 313ff.; Rudin, a. a. O., S. 359.
35 Neumann, *Behemoth,* S. 35.
36 *Protokoll des Kieler Parteitages,* a. a. O., S. 182f.
37 *Jahrbuch der deutschen Sozialdemokratie 1928,* S. 12ff.
38 *Jahrbuch der deutschen Sozialdemokratie 1931,* S. 12ff.
39 Ibid., 1929, S. 21.

Unabhängigen Sozialisten, der Spartakisten und der Sozialistischen Arbeiterpartei von der SPD beigetragen hatte und die in den folgenden Jahren mehr oder weniger unverändert fortwirkte.

D. Die äußere Anziehungskraft der SPD

Die Stimmenverteilung sowie die Daten über Mitgliedschaften der Arbeiterparteien und Gewerkschaften zeigen, daß die Mehrheit der organisierten Arbeiter bis zum Ende des Jahres 1933 sozialdemokratisch wählten. Dies scheint den Eindruck zu bestätigen, daß die Mehrzahl der organisierten Arbeiter in Deutschland die Politik der SPD und ihrer Gewerkschaften der Politik der Kommunisten vorzog – ein Eindruck, der differenziert werden muß. Selbst wenn die Basis mit der Politik ihrer Partei nicht einverstanden gewesen wäre, hätte sie kaum die Möglichkeit gehabt, ihre Opposition wirksam zum Ausdruck zu bringen. Der Erfolg von Massendemonstrationen und Massenstreiks hing selbstredend von der Unterstützung durch den Apparat der Partei und der Gewerkschaft ab, und dieser Apparat befand sich fest in den Händen der Bürokratie. In den obersten Rängen der Partei- und Gewerkschaftsbürokratie, die ihre Politik überaus selbstherrlich festlegte, hatte Demokratie keinen Platz. So hegte die sozialdemokratische Bürokratie die Loyalität der arbeitenden Bevölkerung, die ihrerseits für die Macht der Bürokratie und deren Erhaltung sorgte.
Wenn die Arbeiter mehrheitlich auch weiterhin die SPD wählten und ihren Weisungen folgten, so vielleicht deshalb, weil sie in der SPD die einzige Kraft erblickten, die die Reaktion einzudämmen und die sozialen und politischen Errungenschaften der Weimarer Republik zu garantieren vermöchte. Diese Vermutung erfuhr wohl im Laufe der Monate einige Bestätigung. Als 1924 die letzten linken Regierungen in Mitteldeutschland aufgelöst worden waren, hatte die Deutsche Demokratische Partei ihre Macht eingebüßt, und im Zentrum unterlag der linke Flügel (unter der Führung von Joseph Wirth) dem rechten, der eine Koalition mit den Deutschnationalen (1925) plante. So erschien denn die Sozialdemokratische Partei als die einzige Massenpartei, die in der öffentlichen Meinung unzweideutig mit der demokratischen Republik identifiziert wurde. Deshalb muß die Tatsache, daß es der Partei nicht gelang, die Republik vor der Gegenrevolution durch die Nazis zu schützen, ihrem öffentlichen Ansehen noch mehr geschadet haben als ihr Versagen bei der Durchsetzung des von ihr versprochenen sozialen und wirtschaftlichen Wandels. Dies nun ist von grundlegender Bedeutung, wenn man die Zukunftsaussichten der SPD und ihren Rückhalt in der deutschen Bevölkerung einschätzen will.

IV. Die SPD im Exil

Das Hitler-Regime zerschlug den gesamten Apparat der SPD, entfernte ihre Mitglieder aus sämtlichen wichtigen öffentlichen Ämtern, verbrachte viele ihrer militanten Mitglieder und ihrer Führer in Konzentrationslager und ermordete eine nicht bekannte Anzahl von ihnen. Die meisten Männer der obersten Führung gingen ins Exil. Bis zum Ausbruch des Krieges unterhielten die Leute im Exil relativ regelmäßige Kontakte mit ihren Parteifreunden in Deutschland; während des Krieges brachen die Kontakte nahezu vollständig ab. In Deutschland blieben die meisten älteren Mitglieder der SPD und der Gewerkschaften ihrer früheren Organisation treu. Kleine Gruppen von zuverlässigen Freunden hielten miteinander Verbindung, doch es gab keine zentral organisierte sozialdemokratische »Untergrund«-Bewegung. Einigen Sozialdemokraten gelang es anscheinend, in den Fabriken Positionen in Vertrauensräten der Arbeitsfront (DAF) zu erlangen und sie auch zu halten; dort versuchten sie, die Interessen ihrer Genossen zu vertreten.
In den Konzentrationslagern haben die Sozialdemokraten (wie die anderen militanten politischen Gefangenen auch) an ihren Überzeugungen und Vorstellungen durchaus festgehalten und sie weiter ausgeprägt. Die antifaschistische Einheitsfront, die während und nach dem Zusammenbruch des Naziregimes an die Öffentlichkeit trat, war in entscheidendem Maße in den Konzentrationslagern geplant und gebildet worden. Das vielleicht bedeutsamste Dokument, das Zeugnis von den politischen Anstrengungen sozialistischer Gefangener gibt, ist das »Buchenwalder Manifest« [40] des Bundes demokratischer Sozialisten, unterzeichnet von Hermann Brill und datiert vom 13. April 1945. Das »Manifest« bestimmt die Umwandlung Deutschlands in eine sozialistische Gesellschaft als Voraussetzung für die Abschaffung von Nazismus und Militarismus:

»Überzeugt, daß die letzte Ursache zu diesem ungeheuerlichsten aller Kriege in der Raubtiernatur der kapitalistischen Wirtschaft, des finanzkapitalistischen Imperialismus und der von beiden erzeugten moralischen und politischen Verwahrlosung des Lumpenproletariats und Kleinbürgertums liegt, fordern wir, daß den Gesellschaftskrisen durch eine sozialistische Wirtschaft ein absolutes Ende gesetzt wird. Deutschland kann ökonomisch nur auf sozialistischer Grundlage wieder aufgebaut werden. Ein Aufbau unserer zerstörten Städte als kapitalistisches Privatgeschäft ist ebenso unmöglich, wie ein Wiederaufbau der Industrie aus den Taschen der Steuerzahler.«

Das »Manifest« garantiert den Schutz und die Förderung des Eigentums der Bauern, fordert jedoch die Enteignung von Großgrundbesitz und des-

40 »Buchenwalder Manifest«, in Dr. Hermann Brill, *Gegen den Strom*, Offenbach a. M. 1946, S. 96ff.

sen gemeinwirtschaftliche Nutzung. Diese Aufgaben sollen im Rahmen einer demokratischen »Volksrepublik« in Zusammenarbeit aller Antifaschisten bewältigt werden. Das »Manifest« verlangt die Errichtung einer demokratischen Republik mittels der sofortigen Gründung antifaschistischer »Volksausschüsse«, die in einem Volkskongreß auf der Ebene des Reichs zusammengefaßt werden sollen. Eine einheitliche, »vom Staate unabhängige Gewerkschaftsorganisation« soll gegründet werden. Die radikale Vertreibung aller Nazis aus öffentlichen Ämtern, die Abschaffung sämtlicher Nazi-Gesetze, Institutionen und Organisationen wird gefordert. Das »Manifest« bekräftigt die Verpflichtung des deutschen Volkes zur Wiedergutmachung, es tritt dafür ein, alle Anstrengungen auf die Verhinderung zukünftiger Kriege zu richten, und nennt zwei Voraussetzungen für Deutschlands Wiedereintritt in eine friedliche europäische Staatengemeinschaft: 1. deutsch-französische und deutsch-polnische Verständigung, 2. Deutschlands Eintritt in den »angelsächsischen Kulturkreis«.

Das »Manifest«, das unter dem Terror der Isolation der Konzentrationslager geschrieben worden ist, unterscheidet sich klar durch seine politische Schärfe und Radikalität von den späteren Deklarationen der deutschen Sozialisten. Gleichzeitig enthält es unmißverständlich eine »westliche Orientierung« [41] – die heute für einen großen Teil der deutschen Sozialisten in den Westzonen charakteristisch ist – und das eindeutige Bekenntnis zu demokratischen Prinzipien und zu antifaschistischer Zusammenarbeit, die gegenwärtig das Hauptmerkmal der deutschen Arbeiterbewegung nach den Nazis geworden ist.

Was die SPD-Gruppen im Exil angeht, so herrscht fast völlige Einigkeit darüber, daß die SPD reformiert und verjüngt werden sollte; doch die Vorschläge in diesem Zusammenhang bedeuten praktisch keinerlei wesentliche Korrekturen an der alten Parteilinie. Den meisten dieser Gruppen ist der Wunsch nach einer einzigen, vereinigten Arbeiterpartei und Gewerkschaftsorganisation gemein. Es ist jedoch betont worden, daß die Kommunisten nur dann akzeptiert werden könnten, wenn sie auf »jegliche direkte oder indirekte Abhängigkeit von der UdSSR« verzichteten. In der Tat arbeiteten von den Exilgruppen nur Fritz Tarnows »Arbeitskreis« in Stockholm und die Sozialdemokraten im New Yorker »Rat für ein demokratisches Deutschland« mit den Kommunisten zusammen. Mitglieder der »Union Deutscher Sozialistischer Organisationen« in London sind die SPD, die Sozialistische Arbeiterpartei, »Neu Beginnen« und der Internationale Sozialistische Kampfbund, nicht aber die Kommunisten.

41 Hermann Brill war von der amerikanischen Militärregierung zum Regierungspräsidenten der Provinz Thüringen ernannt worden. Er wurde später von den Russen wieder abgesetzt. Seine prowestliche Orientierung mag bei seiner Absetzung eine Rolle gespielt haben.

Das Präsidium der Sozialdemokratischen Partei sowie ihre Anhänger äußern strenge Kritik an der sowjetischen Politik in Osteuropa, die ihrer Meinung nach Deutschland zu bolschewisieren droht. Es hat den Anschein, als gäbe es zur Zeit kaum Chancen für eine Einigung zwischen der Exil-Führung der SPD und den Kommunisten, auch wenn es so aussieht, als löste sich die Parteistrategie der Kommunisten vom Klassenkampf-Konzept und akzeptierte für das Deutschland nach Hitler demokratische Verfahrensgrundsätze.
Die Exil-Führung der SPD selbst wiederholt ihr Bekenntnis zu demokratischen Prinzipien und Verfahren. Sie erklärt, ihr politisches Projekt für Deutschland sei eine »soziale Demokratie« und eine »demokratische Republik«, in der sämtlichen Parteien und Gruppen, die gegen die Nazis eingestellt waren, ihren Platz hätten. Die neu belebte Partei wolle versuchen, nicht nur die Arbeiter, sondern auch die untere Mittelschicht, die Bauern und die Freiberuflichen für sich zu gewinnen. Religion wird wieder als »Privatsache« aufgefaßt, und es wird Glaubensfreiheit gefordert. Die Zusammenarbeit mit der Kirche wird angestrebt. Die Partei scheint nach wie vor auf der Sozialisierung privatkapitalistischen Eigentums und der Überwindung der Klassenstruktur zu beharren, doch für die erste Phase nach dem Sturz des Hitlerregimes wird vorgeschlagen, daß nur »die lebenswichtigen gemeinnützigen Einrichtungen« und die Nazi-Unternehmen unter »öffentliche Verwaltung« gestellt werden sollen. Weiter wird betont, daß in

»allen Fabriken usw. [...] die Arbeiter gemeinsam mit dem technischen und dem Büropersonal sich selbst einen kontrollierenden Einfluß auf die Fabrikverwaltung sichern müssen, ohne damit einer späteren Regelung bezüglich der Eigentumsrechte in Fabriken usw. vorzugreifen.«[42]

Im Hinblick auf eine zukünftige Friedensordnung trennen die Sozialdemokraten im Exil strikt zwischen Nazis und Antinazis und pochen darauf, daß die Mehrheit der deutschen Arbeiter in Opposition zum Nazismus stand. Dementsprechend plädieren sie dafür, daß Strafmaßnahmen auf Nazis beschränkt bleiben sollen. Eine Teilung Deutschlands wird abgelehnt. Die Abtretung großer deutscher Gebiete wird ebenso klar verworfen wie die Verwendung von deutschen Arbeitern als »Sklavenarbeiter« und das Programm zur Entindustrialisierung Deutschlands. Mit der Entwicklung der sowjetischen Politik in Deutschland ist der Ton, in dem sich die altgediente SPD-Führung im Exil gegenüber den Sowjets und den Kommunisten äußert, noch feindseliger geworden.

42 *Suggestions for a Programme of Immediate Action in the Transitory Period, by the Union of German Socialists in Great Britain,* 18. September 1944.

V. Entwicklungen innerhalb der SPD seit der Besetzung Deutschlands

A. In den Westzonen

Obwohl das Verbot organisierter politischer Betätigung in den Westzonen mittlerweile aufgehoben ist, hat sich die SPD in diesen Sektoren noch nicht wieder offiziell konstituiert. Das Wiederauftreten der Partei kann in naher Zukunft erwartet werden: Nach dem Zusammenbruch der Nazi-Herrschaft sind nahezu überall Gruppen von SPD-Führern und -Mitgliedern aufgetaucht, und die Vorbereitungen zur formellen Wiederbegründung der Partei sollen inzwischen weit fortgeschritten sein. Doch gemäß der anglo-amerikanischen Politik wird es der SPD – wie allen anderen Parteien auch – zunächst lediglich erlaubt sein, sich regional zu organisieren, was der SPD in der Sowjetzone, wo sie zentral organisiert und integriert ist, einen beträchtlichen Vorsprung einräumen könnte.

1. Beteiligung an der Militärregierung. Inzwischen sitzen SPD-Funktionäre und treue Parteianhänger in Positionen der Alliierten Militärregierung. Im September 1945 waren Sozialdemokraten in den Westzonen auf allen Stufen der Verwaltung stark repräsentiert. Alles in allem hat die SPD in diesen Zonen mehr Posten für sich reklamieren können als irgendeine andere Partei. Am stärksten ist sie zweifellos in der städtischen Verwaltung, was angesichts der Tatsache, daß die SPD schon immer vor allem in der städtischen Arbeiterschaft ihre Anhänger gehabt hat, durchaus verständlich ist. An zweiter Stelle folgt mit großem Abstand die katholische Zentrumspartei.[43]

2. Programm. Bislang haben die Sozialdemokraten in den Westzonen noch kein spezifisches Programm vorgelegt. Wenn sie dies tun werden – und zweifellos werden sie es bald tun –, so werden zu den Gegenständen eines solchen Programms möglicherweise die Verstaatlichung der Großindustrie, eine sorgfältige Eliminierung des Nazismus und die Wiedererrichtung eines demokratischen, parlamentarischen Systems gehören. Dies zumindest läßt sich aus den sozialdemokratischen Programmen erschließen, die in der sowjetischen Besatzungszone und in anderen europäischen Ländern formuliert worden sind.

3. Führung. In den Westzonen hat die SPD die Möglichkeit, sich in größerer Unabhängigkeit zu entwickeln, als dies höchstwahrscheinlich ihrer Schwesterpartei im Osten vergönnt sein wird. Die Partei wird versuchen, dort weiterzumachen, wo sie 1933 aufgehört hat, ohne grundlegende Än-

43 R&A Report Nr. 1113.119, 14. Juli 1945.

derungen an ihrer Führung oder ihrer Politik vorzunehmen. Der SPD-Führer Wilhelm Knothe, der aufgrund seiner Rolle als Herausgeber der *Frankfurter Rundschau* gegenwärtig in einer einflußreichen Position ist, hat beispielsweise positiv auf den Vorschlag reagiert, die im Exil befindlichen »Weimarer« SPD-Führer wie Ollenhauer, Stampfer und Aufhäuser so bald wie möglich wieder in ihre Führungsstellen einzusetzen.[44] Kurt Schumacher, augenblicklich einer der aktivsten SPD-Führer in den Westzonen, soll die in London im Exil befindlichen SPD-Führer zur Teilnahme an einer Konferenz in der Nähe von Hannover eingeladen haben.[45]

Doch die Versuche, die Partei unter der alten Führung zu rekonstruieren, werden vermutlich selbst in den Westzonen auf heftigen Widerstand stoßen. Die verfügbaren Informationen deuten darauf hin, daß diejenigen, die die Partei gern unter einer neuen Führung und mit einer neuen Politik wiederbegründen wollen, über weit mehr Unterstützung an der Basis verfügen als die Fürsprecher der »alten Linie«. Andererseits scheint es den verschiedenen Dissidentengruppen, die sich vor und nach der Nazi-Herrschaft von der SPD abgespalten haben, nicht gelungen zu sein, eine beachtenswerte Gefolgschaft hinter sich zu bringen. Von »Neu Beginnen« werden keinerlei Aktivitäten gemeldet. Vertreter des ISK (Internationaler Sozialistischer Kampfbund) und der SAP (Sozialistische Arbeiterpartei) sollen in Bremen, Frankfurt, Hamburg und einigen anderen Städten tätig geworden sein, doch die Möglichkeiten dieser Gruppen, sich als unabhängige Parteien zu entwickeln, erscheinen außerordentlich gering.

4. Beziehungen zur KPD. Obwohl es den SPD-Kreisen in den Westzonen freisteht, ihrer antikommunistischen Einstellung Ausdruck zu verleihen, und sie von diesem Privileg auch häufig Gebrauch gemacht haben, ist es unter der Militärregierung in vielen Fällen zur Zusammenarbeit zwischen Gruppen oder Personen aus SPD und KPD gekommen. Hierbei sind vor allem die verschiedenen »Antifa«-Organisationen zu erwähnen – lose Komitees, meist unter der Führung von Kommunisten, aber mit starker SPD-Beteiligung –, die sich an mehreren Orten unmittelbar nach oder sogar schon vor dem Einmarsch der alliierten Truppen gebildet haben.[46]

Amerikanische Beobachter kommen zu dem Schluß, daß sich in ihrer

44 OSS Quelle S, 17. Mai 1945.

45 OSS Quelle S, 21. September 1945.

46 In den Westzonen wurden sie meist aufgelöst, weil sie gegen das Verbot politischer Aktivitäten verstießen. Ihr gegenwärtiges Programm und ihre Betätigung geht in den meisten Fällen nicht über die Entlarvung von Nazis und die Forderung nach einer strikten »Säuberungspolitik« hinaus. Es hat sich eindeutig gezeigt, daß ein solches Programm nicht ausreicht, um die »Antifa«-Organisationen zusammenzuhalten; sie haben sich mehr und mehr in die politischen Partei-Komponenten ihrer Mitglieder aufgelöst. (R & A Report Nr. 1113.125).

Zone die Sozialdemokraten in zwei klar definierte Gruppen teilen. Mitgliedern der ersten Gruppe gelten die Kommunisten für maßvolle Leute, die ähnliche Auffassungen haben wie sie selbst; sie sprechen gelegentlich von der Gründung einer einheitlichen Partei der Arbeiterklasse – ein Vorhaben, das von den Kommunisten in der Sowjetzone gefördert wird. Sie machen geltend, daß die frühere Spaltung der Parteien der Arbeiterklasse es Hitler erleichtert hat, seine Gegenrevolution zum Erfolg zu führen. Um zu verhindern, daß sich ein derartiges Ereignis wiederholen kann, und um sich in bestimmten sozialen und wirtschaftlichen Belangen durchzusetzen, wären sie bereit, mit den Kommunisten und der UdSSR zusammenzuarbeiten.

Andere Sozialdemokraten beteuern, sie befürchteten eine rote Revolution in Deutschland unter sowjetischem und kommunistischem Schutz. Sie betrachten die Kommunisten nach wie vor als Agenten des sowjetischen Imperialismus und als Vorhut eines totalitären Systems, das sich über den größten Teil Europas auszubreiten droht. Zur Zeit fehlen ausreichende Informationen, um klären zu können, welche der beiden Positionen den größeren Rückhalt in der Basis hat.

B. In der Sowjetzone

Fast unmittelbar nachdem Marschall Schukow in seinem Befehl vom 10. Juni 1945 die politischen Parteien zugelassen hatte, sofern sie sich bei den sowjetischen Behörden registrieren ließen, formierte sich die Sozialdemokratische Partei in der Sowjetzone neu. Am 19. Juni 1945 schloß sie sich einer »antifaschistischen Front« mit den Kommunisten an, und knapp einen Monat später, am 14. Juli , bildeten alle fünf Parteien in der Sowjetzone gemeinsam eine »Einheitsfront der Antifaschistischen Demokratischen Parteien«, mit einem weitgefaßten Programm, das Meinungsfreiheit und die Überwindung der militaristischen Ideologie forderte. Innerhalb der »Front« scheinen sich die verschiedenen Parteien ihre organisatorische Unabhängigkeit und zumindest einen gewissen Handlungsspielraum bewahren zu können.

1. Programm. Zwar schließt sich die SPD in der Sowjetzone dieser gemeinsamen Plattform der »Front« an, doch hat sie auch ein eigenes Programm, das am 7. Juli in der ersten Ausgabe der Parteizeitung *Das Volk* in Gestalt eines Manifests veröffentlicht worden ist. In ökonomischen Fragen setzte dieses Programm den Hauptakzent auf den Wiederaufbau der deutschen Wirtschaft, um Arbeitslosigkeit und Hunger zu vermeiden. Auch verlangte es wichtige Veränderungen in der Struktur und Organisation der deutschen Wirtschaft – Verstaatlichung von Banken, Versicherungsgesellschaften, Rohstoffquellen, Bergwerken und Energieversor-

gungsunternehmen – sowie die Zusicherung, daß es in Zukunft aus Landbesitz ohne Arbeit kein Einkommen geben dürfe.[47]
Zu den weiteren Forderungen gehörte die Beteiligung von Gewerkschaften, Arbeiterräten und Verbraucherkooperativen an der Organisation der Wirtschaft. Es wird nicht ganz klar, ob gemeint war, daß die Gewerkschaften Management-Funktionen übernehmen sollten. Das Programm sah jedoch vor, daß der Freie Deutsche Gewerkschaftsbund zur Bewältigung der »Herkulesarbeit« spezielle Organe schaffen sollte, die mit gut ausgebildeten Leuten besetzt sein sollte. Unternehmer sind gemäß dem SPD-Programm Treuhänder, denen eine Fabrik zur Leitung anvertraut ist; sie dürfen nicht zu Ausbeutern, Diktatoren oder Lohnräubern werden. Angestellte und Arbeiter sollen zusammenwirken und mit gleichen Rechten ausgestattet sein – eine Forderung, die Probleme aufwerfen könnte, wenn Verantwortungsgrenzen abzustecken sind und für Disziplin gesorgt werden soll. Das SPD-Programm wies allerdings darauf hin, daß die deutsche Wirtschaft wegen der beträchtlichen Zerstörungen nur eine niedrige Produktivität habe und daß sich die Arbeiter insofern eine Zeitlang mit geringen Einkünften abfinden müßten, und daß ein organisierter Kampf zwischen den Interessengruppen der Arbeitgeber und Arbeitnehmer um die Anteile am Gesamtergebnis jetzt nicht zur Debatte stünde.[48]
2. Beziehungen zur KPD. Die Veröffentlichung dieses Manifests war ein Zeichen der Entschlossenheit der SPD, ihre Identität zu wahren. Bestätigt wurde dies in einem Interview, das das Zentralkomitee der Partei dem sowjetischen Journalisten Karl Hoffmann gab. Die Sprecher des Zentralkomitees erklärten, ihre Partei und ihre kommunistischen Freunde seien nach reiflichen Überlegungen zu dem Schluß gekommen, daß es noch nicht an der Zeit sei, die beiden Parteien zu einer organischen Einheit zu verbinden.[49] Aus den jüngsten Ausgaben von *Das Volk* geht jedoch eindeutig hervor, daß die Partei nach wie vor Wert darauf legt, mit der KPD zu kooperieren. In fast allen diesen Ausgaben wird die Notwendigkeit harmonischer Beziehungen zur Kommunistischen Partei hervorgehoben.
3. Parteiführung. Der Wunsch nach engerer Zusammenarbeit mit der KPD bei der sorgfältigen Neuorganisierung der deutschen Gesellschaft ist einer der Faktoren gewesen, der die SPD in der Sowjetzone dazu veranlaßt hat, die im Exil lebenden Führer der Partei, die im westlichen als antisowjetisch gelten, zurückzuweisen. In dem Interview mit Hoffmann erklärten Mitglieder des Zentralkomitees, daß sie in Berlin nichts über

47 »Die Wirtschaft im Spiegel des Parteiaufrufes«, in: *Das Volk,* 13. Juli 1945.
48 *Das Volk,* 8. Juli 1945.
49 *Das Volk,* 13. Juli 1945.

die Position wüßten, die die ehemaligen sozialdemokratischen Führer während ihres Aufenthalts außerhalb des Landes bezogen hätten. Sie könnten mit jenen nicht identifiziert werden. Nur sie hätten das Recht, im Namen der Sozialdemokratischen Partei Deutschlands zu sprechen.[50]
Zur Zeit gibt es drei gleichberechtigte Parteivorsitzende in der SPD: Max Fechner, Erich W. Gniffke und Otto Grotewohl. Fechner ist ein eher farbloser Parteifunktionär, vormals einer der Herausgeber einer SPD-Publikation, die sich mit Stadtproblemen befaßte, und ehemaliger Mitarbeiter des Zentralkomitees. Gniffke ist dem überwiegenden Teil der Mitglieder gänzlich unbekannt. Grotewohl dagegen ist ein facettenreicher und energischer Mann, der zur Zeit sowohl in Gewerkschafts- wie auch in Parteiangelegenheiten aktiv ist. Er war zeitweilig Mitglied der Unabhängigen Sozialdemokratischen Partei und kehrte später in die SPD zurück. In einem Artikel, der am 7. Juli 1945 in der ersten Ausgabe von *Das Volk* erschien, versicherte er, die Sorge um den Existenzkampf des deutschen Volkes eine die SPD mit allen antifaschistischen Gruppen und Parteien. Was sie eine, sei stärker als das, was sie trenne.
Die wichtigsten Mitglieder des neuen Zentralkomitees sind offensichtlich Gustav Dahrendorf und Otto Meier, der Herausgeber der Zeitung *Das Volk*. Unmittelbar nach ihnen folgt Josef Orlopp, ehemaliger Gewerkschafter und heute tätig im Berliner Stadtrat. Dahrendorf, der bis 1933 keine Führungsposition in der SPD innehatte, hat die vielleicht wichtigste Rede gehalten, die bislang aus den Reihen der Partei zu hören war. Bei einem Treffen am 12. Juni 1945 in Berlin, an dem die Kommunistische Partei, die Sozialdemokratische Partei, das Zentrum und die Demokratische Partei teilnahmen, erklärte Dahrendorf, die neue Sozialdemokratische Partei stehe in keinerlei Zusammenhang mit den politischen Praktiken der alten SPD, noch stehe sie in irgendeinem Zusammenhang mit der Politik der Emigranten. Das Aktionsprogramm der KPD finde bei ihnen rückhaltlose Unterstützung. Man sei »bereit für die gemeinsame Aufgabe«.[51]
Und was Otto Meier betrifft, so hat er *Das Volk* darauf eingeschworen, die antifaschistische Einheit in einer Weise zu stilisieren, die sich nur wenig von dem unterscheidet, was in der kommunistischen Presse zu lesen ist. Eine Reihe von Leuten , die mit seinem Vorleben vertraut sind, halten ihn für einen Opportunisten.
Die Bedeutung Orlopps scheint eher in seiner Position als Mitglied des Berliner Stadtrats, wo er das Handelsressort vertritt, als in irgendwelchen intellektuellen Beiträgen zur Parteipolitik zu liegen. Seine eher technisch argumentierende Rede anläßlich der Einführung neuer Maßnahmen auf

50 Ibid., 13. Juli 1945.
51 *Deutsche Volkszeitung,* Organ der KPD in Berlin, 14. Juni 1945.

dem Gebiet des Handels hinterließ den Eindruck, daß er den Nöten, denen die kleinen Ladenbesitzer und vergleichbare Gruppen der unteren Mittelschicht in der Nazizeit ausgesetzt waren, aufgeschlossen gegenübersteht und sich bemüht, die wirklichen Antinazis unter ihnen zu unterstützen.[52]

Neben Dahrendorf, Meier und Orlopp findet sich im Zentralkomitee der Partei eine Reihe alter Parteigenossen: Karl Germer, Bernhard Göring, Hermann Harnisch, Helmuth Lehmann, Karl Litke, Fritz Neubecker, Hermann Schlimme und Richard Weimann. Einige von ihnen, zum Beispiel Göring und Schlimme – ehemals führend in der deutschen Arbeiterbewegung –, haben beim Wiederaufbau der Gewerkschaften aktiv mitgewirkt. Die Erklärungen, die sie gelegentlich in der Öffentlichkeit abgeben, lassen darauf schließen, daß sie den Enthusiasmus ihrer Parteiführer über die engen Beziehungen zu den Kommunisten nicht gänzlich teilen. Aber sie haben offenkundig nur eine zweitrangige Position innerhalb der Partei. Alles in allem läßt sich sagen, daß die gemeinsame Opposition gegen die Ex-Nazis und gegen viele der Machteliten in Deutschland sowie ein gewisser Druck der Sowjets die Kommunisten und die Sozialdemokraten in dieser Zone noch eine Weile Seite an Seite halten werden.

C. Die Politik der SPD in spezifischen Problembereichen

1. Gewerkschaften. Wie oben hervorgehoben, wurzelte die Stärke der SPD zu einem erheblichen Teil in ihrer engen Verbindung zur Gewerkschaftsbewegung; ihr Grundsatz des »Gradualismus« stand in Einklang mit der Strategie der Gewerkschaften, das Los der Arbeiter durch tägliche kleine Schritte zu verbessern. Deshalb bemühen sich die SPD-Führer in beiden Zonen, den Gewerkschaften wieder eine Machtposition zu verschaffen, die der einstigen gleicht.

In den Westzonen sind die Gewerkschaften gegenwärtig in ihrem Handlungsspielraum äußerst beschränkt: Sie sind noch nicht berechtigt, Löhne und Arbeitszeiten auszuhandeln, und sie müssen sich politischer Aktivitäten enthalten. Sofern sie sich in einem Rahmen organisieren wollen, der über den einzelnen Betrieb hinausgreift, müssen ihre Anträge vom Hauptquartier des United States Forces European Theater genehmigt werden, und es ist ihnen – offiziell zumindest – nicht gestattet, sich auf einer höheren als der Kreis-Ebene zu organisieren. Tatsächlich scheint es jedoch so zu sein, daß die Vorbereitungen der Gewerkschaften zur Integration auf Provinz- bzw. Landesebene schon recht weit fortgeschritten sind, vor allem in Bayern.

Die bislang veröffentlichten Programme der Gewerkschaften waren – mit

52 *Das Volk,* 18. Juli 1945.

Ausnahme ihrer Forderung nach sorgfältiger Entnazifizierung – eklatant unpolitisch; sie wahren strikte Neutralität gegenüber allen politischen Parteien und legen Wert auf eine Zusammenarbeit zwischen Arbeiterschaft und Management bei den Aufgaben des wirtschaftlichen Wiederaufbaus, womit sie die Tradition der deutschen Gewerkschaftsbewegung aus der Zeit vor Hitler fortsetzen. Die wesentlichste Abweichung von dieser Tradition besteht in ihrer offensichtlich einhelligen Billigung einer einzigen vereinigten Gewerkschaftsorganisation, die die ehemals unabhängigen christlichen und demokratischen sowie die kommunistischen Gewerkschaften einschließen soll. Die Wahrscheinlichkeit, daß dieser Vorschlag verwirklicht werden wird, ist neuerdings sicherlich noch gestiegen, da zur Zeit die Gewerkschaften fast ihre gesamte Aufmerksamkeit auf die Tagesfragen richten, während die Auseinandersetzung mit politischen Sachverhalten vernachlässigt wird, ja sogar »verpönt« ist.
Treue Parteigänger der SPD scheinen leitende Rollen in den wiederauflebenden Gewerkschaften wahrzunehmen. Sie sollen entschieden für eine mächtige zentrale Führung eintreten, die alle wichtigen Funktionäre ernennt, so daß Wahlen nur auf der unteren Stufe des Betriebsrats stattfinden.[53] Ähnliche Anzeichen für eine autoritäre Herrschaft in der neuen Gewerkschaftsbewegung lassen sich daran ablesen, daß eine Zwangsmitgliedschaft erwogen wird.[54]
In der Sowjetzone ist – in Berlin – bereits eine einzige, vereinigte Gewerkschaftsorganisation eingerichtet worden, die für sämtliche Industriebereiche zuständig ist; ein neu gebildetes Vorbereitungskomitee der Gewerkschaften hat gefordert, diese Organisation auf die gesamte Provinz Brandenburg auszudehnen.[55] Ähnliche Organisationen sind in anderen Städten und Regionen der Sowjetzone gegründet worden oder befinden sich im Stadium der Gründung. Die SPD hat sich überall diesen Vorhaben angeschlossen.
2. *Entnazifizierung.* Sozialdemokratische Kreise haben sich mehrfach darüber beschwert, daß unter der anglo-amerikanischen Administration die Entnazifizierung zu langsam vorangehe. Die Sozialdemokraten sind empört über den Druck, der angeblich von einigen konservativen und Zentrums-Gruppen auf die westlichen Besatzungsmächte ausgeübt wird, damit sie jene Nazis, die behaupten, sie seien der Partei unter Zwang beigetreten, in ihren zum Teil sogar mit relativer Verantwortung ausgestatteten Positionen belassen. Die weitaus meisten Mitglieder der Sozialdemokratischen Partei sind während der ganzen Hitler-Herrschaft Antinazis geblieben, sei es aktiv oder passiv; viele von ihnen sind verfolgt,

53 Vgl. zum Beispiel OSS Quelle S-R, 8. August 1945.
54 Vgl. R&A Report Nr. 1113.125.
55 *Das Volk,* 3. August 1945.

eingesperrt und gefoltert worden. So ist es verständlich, daß sie eine strenge Verfolgung der Nazis wünschen.
Ferner ist zu berücksichtigen, daß der Kampf gegen den Nazismus den rechten und linken Gruppen eine Chance eröffnet, ihren Wettbewerb um politische Macht unter einem System fortzusetzen, das wegen der Anwesenheit der Besatzungsmächte eine offene Auseinandersetzung nicht zuläßt. In dem Maße, wie es den Sozialdemokraten und den linken Gruppen gelingt, ihre rechten Gegner als Nazis oder Nazi-Sympathisanten zu klassifizieren und die Behörden der Militärregierung zu zwingen, gegen diese vorzugehen, wird es für sie leichter, sich dem Ziel der Machterlangung zu nähern. Die Tatsache allerdings, daß viele rechte Gruppen – vor allem die Industriellen – in der Vergangenheit eine offene Zustimmung zu den Vorhaben und Praktiken der Nazi-Partei vermeiden konnten, hat den Linken die Grenzen der Nützlichkeit ihrer Verfahrensweise deutlich gemacht und sie erkennen lassen, daß sich das grundlegende Problem der Neuorganisierung der Gesellschaft nicht allein durch Entnazifizierung lösen läßt.
3. Reparationen. SPD-Führer haben prinzipiell die Notwendigkeit deutscher Reparationszahlungen anerkannt und sich nicht aus der Verantwortlichkeit für die Leistung dieser Zahlungen davongestohlen. Allerdings wird sich die SPD wohl jedem Versuch widersetzen, die Last der Reparationen auf die Arbeiterklasse abzuwälzen, da sie noch sehr genau im Gedächtnis hat, daß die Reparationspolitik nach 1918 die Verarmung der deutschen Arbeiterschaft und eine Machtausweitung der Industriellen nach sich gezogen hat. Die SPD und ihre Anhänger werden sich um so mehr bemühen zu verhindern, daß sich eine derartige Entwicklung wiederholt, als in ihrer Sicht die meisten dieser Industriemagnaten mit dem Nazismus identisch sind; Milde gegenüber diesen Leuten würde das genaue Gegenteil der Entnazifizierung bedeuten, die die SPD so dringend fordert.
Die SPD ist einverstanden mit dem Einsatz deutscher Arbeiter zur Sanierung ehemals besetzter Gebiete, doch sie widerspricht entschieden der Verpflichtung deutscher Arbeiter als »Sklavenarbeiter«, die nicht in den Genuß elementarer Rechte und Garantien vertraglich geregelter Arbeit kommen.
4. Entindustrialisierung. Da eine Entindustrialisierung Deutschlands die SPD des größten Teils ihrer Arbeiter-Basis berauben würde, wird die Partei wahrscheinlich einen solchen Vorsatz mit allen ihr zu Gebote stehenden Mitteln befehden. Die Parteiführer werden argumentieren, daß die deutsche Industrie dem friedlichen Wiederaufbau Europas dienen kann, vorausgesetzt, man entzieht den Industriellen die Kontrolle über sie. In der Sowjetzone hingegen, wo die Sowjets bereits eine beträchtliche Menge an Industriematerial demontiert haben, hat die neugegründete SPD keinen öffentlichen Protest geäußert. Dies muß allerdings eher ihrer

Furcht vor den Konsequenzen eines solchen Einspruchs als einer Zustimmung zu der Aussicht auf ein »pastoralisiertes« Deutschland zugeschrieben werden.
5. *Verstaatlichung.* Verstaatlichung – zumindest der Schlüsselindustrien und des Bankwesens – steht, wie schon in der Nazizeit, auch jetzt wieder im Programm der Sozialdemokraten. Dieser Umstand läßt das SPD-Programm radikaler erscheinen als das der Kommunisten, denn diese konzentrieren sich dabei auf die Zerschlagung »faschistischer« Konzerne und Monopole und betonen stärker, als es die SPD in ihrem Manifest tut, die Notwendigkeit der Privatinitiative. Beide Parteien stimmen darin überein, daß der Schutz und die Beibehaltung des kleinen Privateigentums zu gewährleisten sind.
Derlei langfristige fundamentale Prinzipien haben jedoch heute, unter militärischer Besetzung, wenig Bedeutung für die aktuelle Politik der deutschen Arbeiterparteien. Auch ist wohl kaum zu erwarten, daß Differenzen über das Ausmaß der Verstaatlichung gravierende Probleme hervorrufen werden. Eine Verstaatlichung, die sich auf einen bestimmten »faschistischen« Typus von Unternehmen beschränkt, fände nicht nur die Zustimmung der SPD und der KPD, sondern auch der linken Flügel aller Parteien der Mitte. Die entscheidenden sozialen und politischen Konflikte werden sich daher voraussichtlich nicht an der Frage entzünden, ob, wie die SPD es fordert, *alle* Schlüsselindustrien verstaatlicht werden sollen, sondern daran, in welcher Form die Verstaatlichung vor sich gehen soll – d. h. ob das Management der verstaatlichten Betriebe vom Staat auf die organisierte Arbeiterschaft übertragen werden und damit die Verstaatlichung zum Hebel einer allgemeinen Sozialisierung werden soll. Weder die Sozialdemokraten noch die Kommunisten haben bislang dieses kontroverse Thema erörtert.
Im Osten, so wird berichtet, läuft die von den Sowjets verfolgte politische Linie darauf hinaus, daß konfiszierte Unternehmen, deren Besitzer vom Naziregime profitiert haben, sowie Unternehmen, die von ihren Besitzern verlassen worden sind, der Kontrolle der Regionalverwaltung unterstellt werden. Vielleicht wird die SPD in den Westzonen ein ähnliches Verfahren vorschlagen.
6. *Agrarpolitik.* Sowohl die Sozialdemokraten als auch die Kommunisten fordern die Teilung großer Güter, vor allem solcher, die Nazis oder Nazi-Anhängern gehören. Zusätzlich befürworten die Sozialdemokraten Verbraucherverbände und Kooperativen.
7. *Separatismus.* Die breite Mehrheit der Sozialdemokraten – sowohl in Deutschland als auch im Exil – scheinen Separatistenbewegungen, so wie sie im Rheinland und in Bayern aufgetaucht sind, abzulehnen. Sie befürchten, daß die Abtrennung dieser Gebiete es den dortigen Industriellen ermöglichen könnte, sich den Konsequenzen der Niederlage zu ent-

ziehen. Ein zweiter, nicht minder wichtiger Grund für die ablehnende Haltung der SPD ist die Befürchtung, daß eine Abspaltung zu regionalen reaktionären Diktaturen unter katholischen Vorzeichen führen könnte. Ein letzter Grund, der heute bei der Erörterung dieses Problems durch die SPD nicht direkt benannt wird, jedoch in der Vergangenheit eine wichtige Rolle gespielt hat, ist die Vermutung, daß ein starkes, aber friedliebendes Deutschland der deutschen Arbeiterklasse am ehesten Sicherheit garantieren wird.

8. *Teilung.* Ehemalige SPD-Führer in New York und anderswo haben auf die territoriale Verstümmelung Deutschlands mit heftigem Widerspruch reagiert. Die Sozialdemokraten in Deutschland selbst haben sich zu diesem Punkt des Potsdamer Abkommens nicht geäußert; der Grund dafür liegt möglicherweise in der Einsicht, daß sie aus ihrer Position heraus in dieser Sache wenig oder gar nichts ausrichten können, so daß es für sie nahelag, sich in ihr Schicksal zu ergeben. Das trifft vor allem auf die SPD-Führung in der Sowjetzone zu. Dieses Thema wird jedoch in Zukunft möglicherweise entscheidenden Einfluß auf die Beziehungen zwischen der SPD und der Kommunistischen Partei haben. Und wenn sich herausstellen sollte, daß solche territorialen Tribute die ersten Schritte zu einer generellen Teilung Deutschlands sind, wird die SPD – obwohl sie sich mit dem Verlust gewisser Gebiete im Osten abfinden würde – wahrscheinlich nichts unversucht lassen, um ihren Widerstand zu bekunden.

9. *Religion.* Die Sozialdemokraten in den Westzonen wie im Osten begrüßen die Zusammenarbeit mit liberalen, katholischen und protestantischen Gruppen bei der Entnazifizierung und dem unmittelbaren Wiederaufbau. Sie betonen immer wieder, daß die Partei die Religion als eine »Privatangelegenheit« betrachtet. Doch gleichzeitig haben viele SPD-Funktionäre ihre Sorge über die angeblich reaktionären Zielsetzungen der hohen Kirchenvertreter, sowohl der protestantischen als auch der katholischen, erkennen lassen und sich gegen eine Ausweitung ihres politischen Einflusses verwahrt.

VI. Die Aussichten der SPD

Die Einschätzung der Zukunftsaussichten der SPD hängt zu einem großen Teil davon ab, wie lange die gegenwärtige antifaschistische Einheitsfront in Deutschland fortbestehen wird. Im Augenblick wird diese Einheitsfront durch drei Faktoren zusammengehalten: durch die gemeinsame Anstrengung, den Nazismus zu eliminieren; durch die Notwendigkeit, unverzichtbare soziale und wirtschaftliche Leistungen zu reaktivieren; und durch die Beschränkungen, die der vollständigen Entfaltung des politischen Lebens auferlegt sind. Diese Faktoren haben alle

Parteien, die an der »Front« mitwirken, gezwungen, ihre politischen Programme auf einen groben gemeinsamen Nenner zusammenzustreichen und ihre traditionellen Differenzen auszuklammern. Aber die Einheitsfront wird sich möglicherweise nach Abschluß der ersten Phase der Entnazifizierung mit einer gelockerten Entwicklung des politischen Lebens auflösen.

In den Westzonen scheint dieser Prozeß bereits eingesetzt zu haben, denn viele der antifaschistischen Komitees zerfallen dort in ihre politischen Bestandteile, und die alten sozialen und politischen Konflikte, die charakteristisch für das moderne Deutschland sind, brechen wieder hervor.[56] Mit einem Wort, in dem Maße, in dem im Verlauf der Entnazifizierung die deutsche Gesellschaftsstruktur von ihren hitlerschen Farbschichten befreit wird, kommt ihre ursprüngliche Maserung aus der Epoche vor den Nazis wieder zum Vorschein. Ein unmittelbarer Ausdruck der früheren deutschen Gesellschaft und ihrer Aufspaltung in gegeneinander wirkende Blöcke waren die politischen Parteien, die spezifische soziale Gruppen repräsentierten und insofern meist in entgegengesetzte Richtungen wirkten.

Bei den Parteien, die gegenwärtig die Einheitsfront bilden, handelt es sich im wesentlichen um diese alten Parteien; was fehlt, ist lediglich die extreme Rechte, die zu klar mit dem Nazismus identifiziert war, als daß sie sich bislang neu hätte konstituieren können. Funktionstüchtig in einer oder in mehreren Zonen sind zur Zeit die Freie Demokratische Partei (ehemals der linke Flügel der Deutschen Volkspartei und der Deutschen Demokratischen Partei), die Christlich-Demokratische Union (ehemals das Zentrum), die SPD und die Kommunistische Partei – also zwei Arbeiterparteien und zwei »bürgerliche« Parteien. Es gibt, wie schon gesagt, in den gegenwärtigen Programmen dieser Parteien keine fundamentalen Gegensätze, doch mit dem Fortgang des sozialen und wirtschaftlichen Wiederaufbaus werden aller Wahrscheinlichkeit nach die traditionellen Konflikte – über Themen wie Verstaatlichung, radikale Agrarreform, zunehmende Beteiligung der Arbeiterschaft am Wirtschaftsmanagement selber, endgültige Festlegung der deutschen Grenzen und Verteilung der Reparationslasten – wieder aufbrechen. Ein Anzeichen dafür ist die Tatsache, daß in all diesen Bereichen die bürgerlichen Parteien versuchen, die Reformen zum Stillstand zu bringen, bevor sie die Position der ehemaligen Oberschicht bedrohen könnten. Darüber könnte sich die Einheitsfront in einen Arbeiter- und einen »Bürger«-Block spalten.[57]

Eine Einschätzung der Rolle, die die SPD in einem Arbeiter-Block spie-

56 OSS Quelle S, 7. September 1945.

57 Zum Zeitpunkt, da dies niedergeschrieben wird, scheint sich eine derartige Entwicklung zum Beispiel in Bremen zu vollziehen; vgl. *Situation Report: Central Europe,* 7. September 1945.

len könnte, wenn der Auflösungsprozeß der Einheitsfront einmal eingeleitet ist, muß mit äußerster Vorsicht vorgenommen werden. Zuviel hängt von Faktoren ab, die sich nicht genau prognostizieren lassen, zum Beispiel von der Entwicklung, die die Politik der Militärregierung nimmt, von den Absichten der UdSSR, den wirtschaftlichen Bedingungen in Deutschland usw. Es ist jedoch unverkennbar, daß die Chancen für eine vereinigte Arbeiterpartei oder eine gemeinsame Arbeiterpolitik nicht sehr groß zu sein scheinen.
Diese Einschätzung ist in jüngster Zeit durch eine Reihe von Ereignissen bestätigt worden. Zum Beispiel ist der von den Kommunisten unterstützte Vorschlag einer organisatorischen Einheit der beiden Parteien von der SPD in der Sowjetzone abgelehnt worden – zumindest vorläufig.[58] Gegenwärtig verzichten die Kommunisten darauf, in dieser Angelegenheit Druck auszuüben.[59] In den Westzonen wiederum könnte die Politik der Alliierten, deren Ziel es ist, den Bemühungen zur Bildung einer demokratischen Einheitsfront entgegenzuwirken, zur Stärkung jener Kräfte beitragen, die für die Aufrechterhaltung unabhängiger Parteien plädieren. Die Sozialdemokraten selbst bringen einen Faktor ins Spiel, der gegen eine vereinigte Arbeiterpartei spricht. Es steht zu vermuten, daß die traditionell antikommunistische Einstellung der großen Mehrheit der SPD-Mitglieder, die während der Zeit der Entnazifizierung und der ersten Phase des Wiederaufbaus in den Hintergrund gedrängt wurde, wieder an Gewicht gewinnen wird. Im übrigen ist diese Einstellung dadurch verstärkt worden, daß die Kommunisten weitgehend mit jenen Elementen der sowjetischen Deutschland-Politik identifiziert werden, die, wie Entindustrialisierung, Abtransport von Fabrikausrüstung, territoriale Beschneidung Deutschlands im Osten, von erheblichen Teilen der deutschen Bevölkerung abgelehnt werden, auch wenn sie ansonsten den Kommunisten durchaus positiv gegenüberstehen.
Gleichzeitig gibt es Anzeichen dafür, daß selbst in der Sowjetzone der Rückhalt der Kommunisten in der Bevölkerung nachläßt.[60] Diese Entwicklung könnte Rückwirkungen auf die Situation in den Westzonen haben, wo die Sozialdemokraten nicht nur in der Verwaltung, sondern auch in den Fabriken bemerkenswert stark repräsentiert sind.[61] Sie profitieren auf zweifache Weise: erstens von den zahlreichen Positionen, die von der Militärregierung an sie vergeben worden sind, und zweitens von der Tatsache, daß die Kommunisten mit den Maßnahmen der sowjetischen Besatzungsmacht identifiziert werden.

58 *Das Volk,* 13. Juli 1945. Diese Ablehnung ist am 20. September 1945 im Rundfunk von Otto Grotewohl wiederholt worden. Vgl. FCC: *Daily,* 22. September 1945.
59 OSS Quelle S, 7. September 1945.
60 OSS Quelle S, 7. September 1945.
61 Vgl. zum Beispiel OSS Quelle S-R, 22. September 1945.

Es kann also mit allem Vorbehalt davon ausgegangen werden, daß die Aussichten der SPD, sich in den Westzonen als große nichtkommunistische Arbeiterpartei (die linke Sektoren der Mittelschicht und der Intelligenz miteinschließt) zu etablieren, aller Wahrscheinlichkeit nach recht günstig sind. Wohl wird die SPD nach Hitler der SPD vor Hitler in Zusammensetzung und Politik weitgehend ähneln, doch wird ihre Führung überwiegend neu sein. Die Tatsache, daß die SPD den Aufstieg der Nazi-Bewegung nicht wirksam zu verhindern vermochte, hat sie entscheidend kompromittiert und wird sie dazu zwingen, sich von einem gewichtigen Teil ihrer Führungsspitze zu trennen – obwohl gewisse Sympathien für die Führer im Exil gehegt werden. Die positiven Aussichten für die SPD hängen allerdings von der fortdauernden Wirksamkeit zweier wesentlicher Faktoren ab: von der Identifikation der Kommunisten mit der zur Zeit unpopulären Besatzungspolitik der Sowjets in Deutschland und von der Kooperation zwischen Militärregierung und Sozialdemokraten in den Westzonen. Jede Veränderung dieser Situation muß sich auf die Zukunftsaussichten der SPD nachteilig auswirken. Wenn der wirtschaftliche und politische Wiederaufbau in der Sowjetzone schnellere Fortschritte machen sollte als in den Westzonen, dann würden die Kommunisten auf Kosten der SPD an Stärke gewinnen. Unter solchen Umständen würde sich die enge Identifikation der Sozialdemokraten mit der Verwaltung der Militärregierung in den Westzonen eher als Negativposten denn als Vorteil erweisen.
Außerdem ist die SPD einer Bedrohung von innen ausgesetzt. Es ist denkbar, daß der SPD in den Westzonen nach der Auflösung der antifaschistischen Organisationen und infolge der großzügigeren Entwicklung des politischen Lebens eine Spaltung nicht nur ihrer Führung, sondern auch ihrer Basis bevorsteht. Der Konflikt, der die Spaltung verursachen könnte, wird sich höchstwahrscheinlich an der Frage der Fortsetzung der Zusammenarbeit mit den Kommunisten entzünden. Es muß daran erinnert werden, daß die Parteiführung vor 1933 kaum Schwierigkeiten hatte, die Einheit der Partei gegen die verhältnismäßig schwache Opposition linker Schismatiker zu verteidigen. Jetzt freilich, da der mächtige Parteiapparat nicht mehr existiert und die zentrale Führung zerschlagen ist, sind die Aussichten, daß eine solche Opposition bedrohliche Kräfte entfalten kann, sehr viel günstiger. Die Berichte über Gegensätze zwischen der »alten Riege«, den altgedienten Parteifunktionären mit antikommunistischer Einstellung, und den jüngeren, militanteren Sozialisten scheinen den Schatten einer möglichen Spaltung bereits vorauszuwerfen.[62] Wenn sich jedoch die linken Dissidenten von der Partei abspalten, so ist es wahrscheinlicher, daß sie der Kommunistischen Partei beitreten, als daß sie

62 OSS Quelle S, 4. August und 7. September 1945.

unabhängige Splittergruppen bilden, denn die Geschichte solcher Gruppen läßt sich nicht als sonderlich ermutigend bezeichnen.
In der Sowjetzone ist wohl kaum davon auszugehen, daß sich die SPD zu einer unabhängigen Massenpartei entwickeln wird. Bislang hat sich die dortige SPD dem Programm und der Politik der Kommunisten in jeder Hinsicht angeschlossen, und es gibt keinerlei Anzeichen dafür, daß sich dies in absehbarer Zukunft ändern wird. Es ist möglich, daß die SPD in der Sowjetzone als separate Organisation weiterbestehen wird, und sie hat ja wiederholt und entschieden ihren Anspruch formuliert, wieder »zum Sprecher der deutschen Arbeiterklasse zu werden«[63]; doch ein solcher Status wird zweifellos von der Bereitschaft der SPD abhängen, die Zusammenarbeit mit der Kommunistischen Partei fortzusetzen.

63 FCC: *Daily*, 22. September 1945.

Bitte umblättern:

Rolf Steininger

Deutsche Geschichte 1945–1961

Darstellung und Dokumente in zwei Bänden

Band 4315/Band 4316

Wie sah die Deutschlandplanung der Alliierten im Krieg aus; wann und von wem wurde die Entscheidung getroffen, Deutschland zu teilen; wie wurde die Teilung durchgeführt? Welche Rolle spielten die Deutschen bei der Teilung ihres Landes; welche Bedeutung hatte dabei das Ruhrgebiet; warum gründeten die Briten Nordrhein-Westfalen? Wurden Chancen vertan, die Teilung zu verhindern: etwa 1947 auf der gesamtdeutschen Ministerpräsidentenkonferenz in München oder 1948, als der britische Militärgouverneur Robertson einen Geheimplan vorlegte, über den in diesem Band zum ersten Mal berichtet wird?
Wurden Chancen vertan, die Wiedervereinigung zu erlangen? Warum lehnte der Westen Stalins Angebot 1952 ab?
Was war die »Stunde Null«; wie sah der politische Neubeginn in Ost- und Westdeutschland aus? Warum scheiterte die Entnazifizierung; wie ist die These von der »verhinderten Neuordnung« zu beurteilen; warum fand die Sozialisierung nicht statt, was wollten die Sowjets in Deutschland?
Welchen Stellenwert haben Koreakrieg und Wiederbewaffnung, Adenauers Westpolitik, der 17. Juni 1953 und der Bau der Mauer in Berlin 1961 in der deutschen Geschichte nach 1945? Wie stellte sich Adenauer gesamtdeutsche Wahlen vor?
Das sind nur einige jener Fragen, die in diesen beiden Bänden untersucht werden – auf der Grundlage bisher nicht zugänglicher und hier erstmals veröffentlichter Schlüsseldokumente, die zum größten Teil aus dem Public Record Office in London bzw. dem Departement of State in Washington stammen. Die ausführlichen Einleitungen zu den einzelnen Kapiteln erläutern die abgedruckten Dokumente: eine an überraschenden Erkenntnissen reiche Gesamtdarstellung der jüngsten deutschen Geschichte.

»Euthanasie« im Nationalsozialismus

Band 4326

Ernst Klee beschreibt erstmals umfassend und detailliert die als Geheime Reichssache bis 1945 durchgeführte Massentötung von alten, kranken oder sonst für »lebensunwert« erklärten Bürgern.
Als Grundlage dienten dem Autor u. a. bisher unbekannte Text- und Bilddokumente aus Archiven der Bundesrepublik, der DDR, aus Österreich, Polen sowie der UdSSR.

Band 4327

Die meisten Materialien werden hier in dieser Form zum erstenmal veröffentlicht oder – sofern sie vor Jahrzehnten schon einmal gedruckt erschienen sind – der Vergessenheit entrissen.
Erschreckend ist nicht allein, was und wie dies geschah. Erschreckend ist, wie viele Menschen freiwillig mitmachten.

Fischer Taschenbuch Verlag

fi 315/2

Taschenbücher Syndikat / EVA
Geschichte

Band 2 Arthur Rosenberg
Entstehung und Geschichte der Weimarer Republik
550 Seiten, ISBN 3-434-46002-0

Band 13 Nahum Goldmann
Das Jüdische Paradox
Zionismus und Judentum nach Hitler
292 Seiten, ISBN 3-434-46013-6

Band 35 Ulrich Sonnemann
Die Einübung des Ungehorsams in Deutschland
152 Seiten, ISBN 3-434-46035-7

Band 37 Alexander W. Tschajanow
Reise ins Land der bäuerlichen Utopie
130 Seiten, ISBN 3-434-46037-3

Band 49 Ulrich Sonnemann
Das Land der unbegrenzten Zumutbarkeiten
Deutsche Reflexionen
300 Seiten, ISBN 3-434-46049-7

Band 75 Günther Mensching (Hrsg.)
Voltaire
Recht und Politik
352 Seiten, ISBN 3-434-46075-6

Band 76 Günther Mensching (Hrsg.)
Voltaire
Republikanische Ideen
344 Seiten, ISBN 3-434-46076-4

Band 77 Benedikt Kautsky (Hrsg.)
Rosa Luxemburg
Briefe an Freunde
180 Seiten, ISBN 3-434-46077-2

Band 78 Paul W. Massing
Vorgeschichte des politischen Antisemitismus
296 Seiten, ISBN 3-434-46078-0